JN214587

ベトナム社会文化研究会 編

ベトナムの社会と文化

第8号

*

風響社

ベトナムの社会と文化

第８号／2018

【論文】

【研究ノート・資料】

【特集：ホイアンにおける二種類の中国系住民社会】

【追悼　カム・チョン先生】

【書評】

【研究通信】

ベトナムの社会と文化第８号
2018 年２月 10 日

ベトナム言語学の「伝統文法」

福田康男

1　はじめに

本稿は、ベトナム言語学（Việt ngữ học）界に存在する「伝統文法（Ngữ pháp truyền thống）」という概念が一体どんなものであるかを多面的に考察しながら探究しようとするものである。

その「伝統文法」という術語は、21 世紀に入ったこの数年来、ベトナム言語学の講義や発表の中で頻繁に用いられている。その理由が何なのか、が本稿の出発点である。「伝統文法」の意味は、一見わかりやすそうだが実は実体が掴み難い。そこで、まずその糸口として「伝統文法」という術語の指示内容を考えてみたい。

現在のベトナム人言語学者たちが用いる「伝統文法」の「伝統（truyền thống）」には、「前の時代からの連続性」より、現在と断絶した「古さ」の方がつよく含意されている。それは、現在のベトナム語の「伝統」が日本語の「伝統」が指し示す意味とは若干異なり、古さのほうが強調されて使われるケースが多いためである。そのため専門外のベトナム人には「古典文法」という意味に理解されやすい。

上記の状況とは別に、「伝統」には次のニュアンスも存在する。そのニュアンスとは、昔から受け伝えてきた様式（「古伝（cổ truyền）」）という意味あいよりも、むしろ「正統」という意味に近いものである。この意味において「伝統文法」は「正統派文法」と呼ぶことができる。この「正統派文法」と意味する場合を考えた場合、ベトナム語文法研究史を繙く必要がある。ベトナム語文法研究は、フランス植民地期（1887–1954）（以降は仏領期と記す）にフランス人研究者主導により、フランス語文法をベトナム語に適用する形で発展を遂げてきた。その方法論の中心は、品詞の確定と、文の主述関係を中心に据える文分析の２点であった。けれどもそれで一部のフランス語文型に類似するベトナム語文はうまく説明できるが、そのほかに存在する文型がうまく説明できない。後者の、むしろ余剰として扱われてきた文型の中に、ベトナム語独特の文型が含まれると筆者は考えている。このベトナム語独特の文型については本稿の直接のテーマからそれるので、終節の「結論と展望」のところで少し触れるにとどめる。

こうした意味も含む「伝統文法」であるが、ここで一つ、本テーマを研究する意義を考えておきたい。本研究は、「伝統文法」がベトナム文法史のどこに位置するかを教え、さらに今まで誰もハッキリと語っていない「ベトナム文法史の全体像」を明示させることになろう。この「誰もハッキリと語っていない」という部分は誤解を生むかもしれないので多少解説を加えたい。すでに現ハノイ人文社会科学大学言語学部ベトナム言語学部門長のグエン・ティエン・ザップ（Nguyễn Thiện Giáp）が編者となってベトナム言語学史の流れを提示した本を 2005 年と 2007 年に出版したが、これはベトナム文法史を語彙論、品詞論、統語論などに分けてそれぞれの専門家が執筆したものであり、各論考が互いに連関性をもたないためにベトナム文法史を貫く「軸」が明確に示されていない。この軸とは、ベトナム語文をアプリオリに主語と述語の二部分から成り立つとみる「一般理性文法」的見方であり、これについては次の 2 節で詳しく述べる。

では、本稿の構成、先行研究、本稿の制約について以下順に示しておきたい。

本稿では、2 節で「伝統文法とは何か」を探り出し、3 節で「伝統文法の指すものと対比されるもの」を確定し、4 節で「伝統文法が使われる理由」を提示し、最後の 5 節で「結論と展望」を述べる。

本テーマに関する先行研究についても触れておきたい。本稿執筆にあたり、筆者は「ベトナムの伝統文法」について言及した先行研究がないかどうか丹念に調べてみた。特にベトナム独立（1945 年）以降（本稿では独立期と呼ぶ）のベトナム語で書かれた文法書を中心にあたってみた。しかしながらそれを対象に取り上げた研究を発見できなかった。そこで、それを対象にした研究とはゆかなくとも、言語学の文法書や論文に「ベトナムの伝統文法」という術語が定義されたり解説されたりしていないか調べてみたが、やっぱりみあたらない。このことは「ベトナムの伝統文法」を対象にした論考がまだ存在しないことを示す。それでは、「ベトナムの」という限定をとりはらって「一般の」の伝統文法という枠内で調べてみると、上述のグエン・ティエン・ザップが「伝統文法」という見出しをつけて簡単に伝統文法を解説している［Nguyễn Thiện Giáp 2008: 456］。その箇所は、2008 年初版の『言語学教科書』「言語学応用」の章の、「言語教授法が頼るべき他の文法論」という題目の下位項目（節？）にあり、「「伝統文法」とは、ギリシャ・ローマ時代初期の文法に基づいた20世紀以前の言語描写を指すのに使われた術語であり、「伝統文法」は正当性を強調し、文章表現を尊び、ラテン語モデルを用い、書き言葉を優先した」と記述される。このように伝統文法という術語が何を指すか一応説明されているが、あくまでもヨーロッパ世界における「伝統文法」の指示内容がどのように理解されていたかを示したものに過ぎず、「ベトナムの伝統文法」については説明していない。

「ベトナムの伝統文法」と同義としての「一般的な伝統文法」という語句の使用は、カオ・スアン・ハオ（Cao Xuân Hạo）とホアン・ズン（Hoàng Dũng）共著の『英越対照言語学術語辞典』［Cao Xuân Hạo và Hoàng Dung 2005］に掲載されている。この辞典は、題名のとおり英語とベトナム語の対照辞典であるが、Traditional grammar/Ngữ pháp truyền thống の英越語句対応を載せただけで、一切その語義解説をしていない。ただ、この辞典に「伝統文法」という語句が載せられていることは、伝統文法という術語が元は欧米からベトナムに輸入された一つの傍証となるだろう。

以上の検討から、「ベトナムの伝統文法」は研究者により口頭ではよく用いられているものの、その用語が何を指すのかを厳密に文章で論考したものがまだ現れていないことが確認できた。

本稿の制約として次の2点を述べておきたい。その1点目は使用資料である。ベトナム言語学の「伝統文法」という術語は文語よりも口頭の方でよく用いられるので本来は口語資料から検討すべきだが、録音や映像で残された口頭資料はないため、本稿では文献上の資料のみを用いて考察を進めたことである。

もう一つの制約として、本稿は1940年代以降のベトナム語文献の検討に焦点を当てていて、それ以前の文献検討が十分できていない点である。1940年代以前のベトナム語文法研究をめぐる視点は、ベトナム語文法を詳細にレビューしたグエン・キム・タン（Nguyễn Kim Thản）の研究に基づいた［Nguyễn Kim Thản 2003:183］ことを断っておきたい。

2　ベトナムの「伝統文法」とは何か

この節では、ベトナムの「伝統文法」が何かを知るために、「伝統文法」という概念が指し示す具体的内容を考察する。ここでは、ベトナムの「伝統文法」が照射する像が一体何なのかを探し出すため、ベトナムの「伝統文法」が指し示していると思われる具体的な1冊の文法書を選び出し、その文法書の分析から文法解説上の特徴を2点取り出し、その二つの特徴に沿いながらベトナムの「伝統文法」が指すものを確定するという弁証的な作業となる。

では、ベトナムの「伝統文法」とは何かを考えるために、まずは一般的な「伝統文法」が指す内容を検討することから始めたい。

1 「伝統文法」が指すもの

「伝統文法」が何を指すかを考える上で、さきに「伝統文法」という概念の由来について言及しておきたい。

「伝統文法」は古くは近代以前の文法を指し、特にギリシア語とラテン語、アラビア語、サンスクリット語、中国語などを対象にいくつかの文明圏に存在していた文法論のことを示した[1]。とくに地域をヨーロッパに限定するなら、ギリシャ・ローマ時代、中世、ルネッサンス期までの文法論のことを指す［田中ほか 1978: 32］。

ルネッサンスを経た17世紀のヨーロッパは、古代ギリシア・ローマ文化・科学の成果への回帰を含んで近代の扉を開いた。そのうちフランスでは、1660年ポール・ロワイヤル学校においてアルノー（1612–1694）とランスロー（1615–1695）の2人が文法書を出版した。その文法書は、同時代の哲学者デカルト（1596–1650）の主張「言語は思考の表現である」、つまり「言語＝思考」という図式に従って解釈されている。この解釈は、古代ギリシア・ローマから存在した文の捉え方「文は主語と述語の二つの主要成分から成立する」という論理学の命題そのものである［Hoàng Tuệ 2001: 716］。そのためポール・ロワイヤル文法は論理と文法を一致するものとみなした文法といえる。この文法書の名称は『一般理性文法（Grammaire générale et raisonnée）』であるが、これ以降その書名に基づき、論理と文法が同一視される文法論は「一般理性文法」と呼ばれた。この「一般理性文法」は、「普遍文法」、「一般文法」とも別称される。またこの「一般理性文法」は、古代ギリシア・ローマからポール・ロワイヤルまでの文法系譜の点からいえば、古代ギリシア・ローマ以来の文法理論を引き継いでいるので、「伝統文法」とイコールの関係にあった。

このように「伝統文法」とイコールの関係にある「一般理性文法」は、どんな言語も論

1 Wikipedia「伝統文法」（2006/12 時点）。

理と文法は同一であるというアプリオリな思い込みがあった。このアプリオリな思弁が言語の本来の姿をみようとするのに弊害になったことについて、20世紀前半の言語学者イェスペルセンは次の重要な指摘をしている。「数世紀前には、文法は応用論理学にほかならない。ゆえに、現存する言語の多種多様な文法すべての根底にある原理を発見することは可能だろう、と一般に信じられていた。その結果、人びとは、論理学の法則に厳密にあてはまらないものは残らず言語から排除し、あらゆるものを、かれらのいわゆる一般文法または哲学的文法の基準で測ろうした。不幸にも、かれらは、ラテン文法が論理的な整合性の完全な標本だという妄想をいだくことがあまりにも多かったため、あらゆる言語のなかにラテン語に認められる区別を見いだそうと努力したのである」[イェスペルセン 2006: 102-103]。このようにイェスペルセンは「一般文法」すなわち「一般理性文法」がアプリオリな思弁をもつためあらゆる言語のなかにラテン語文法の要素を見つけようとした弊害があったことを指摘している。その指摘は、言語に対してそうした演繹的な思い込みがあったことが「一般理性文法」への反発を生み、別の文法論を生む契機となったことを暗に示したとみて取れる。実際、20世紀後半の言語学も同様な反発が起こって、「一般理性文法」とその反動から生まれた別の文法論との対立が常に存在した。その対立においてその別の文法論の見方に立つとき、論理に凝り固まった一般理性文法を批判的に「伝統文法」と呼ぶようになったと考えられる。

さて、もう一つ「伝統文法」を考える上で重要な問題を提起しておきたい。「伝統文法」のもとになる「文法（英語でいう Grammar）」という概念はヨーロッパで作られたということである。「文法」という学問上で注意すべき重要な事柄は、文における主語と述語の関係を、英語でいう Subject と Predicate という「論理学」で使われる術語を用いて示したきたことだ。中世まで論理学用語と文法用語は同一で、論理と文法を同一視し、また文は主語と述語の成分によって命題を表現するものだ、とみなされていた [Cao Xuân Hạo 2004: 63-64]。

日本ではそのヨーロッパの借り物が行われた。日本語にはもともと主語と述語という文法術語がなかった。そのため日本語が西欧文法を翻訳する過程で、文法用語向きに「－語」という形がつくりだされた。主語や述語という用語は、文法用語のようにみえてじつは論理学の用語であり、文法は論理学に先導されてうまれた [田中 2000: 138]。

このように近代初期まで、文法研究と論理学の間には非常に深い関係があった。そこで、言語学が論理学と決別しようとしたソシュールを開祖とする構造主義言語学以降、論理と文法を同一にみなす古い文法解釈を「伝統文法」とみなすようになったと考えてよい。つまり「伝統文法」とは、近代言語学がその克服のために骨身を削った批判の対象であった［田中 2000: 79］。

以上の一連の議論を、「伝統文法」が現代言語学の批判の対象であった点に限定してまとめるなら、「伝統文法」とは、現代言語学が文法と論理を同一視する旧来文法を批判的に呼ぶところから使われるようになったということができそうだ。また、その場合の「伝統文法」の指示内容は論理と文法を同一視した文法論であり、一般理性文法を指した、といえよう。

ただし上記の議論は、ヨーロッパや日本において、という限定つきである。では、本題であるベトナムでは「伝統文法」がどのように導入されたのであろうか。本稿冒頭で見たとおり、ベトナムにおいて「伝統文法」はヨーロッパからの輸入概念であったことがわかる。その輸入概念がベトナムにどのように導入されたを考える上で参考になるのがグエン・キム・タンの「伝統」にまつわる記述である（以後グエン・キム・タンを単に「タン」と呼ぶ場合もある）。

その記述とは、タンが『ベトナム語文法研究』（1963/1964 年）の中で示した、仏領期文法書の分類分けである。この分類分けは「〜派」という用語を使い、ベトナムの文法論を時代別に、「古典派」、「伝統派」、「構造（学）派」の 3 種類に大別する［Nguyễn Kim Thản 1997: 389-401］。このなかに「伝統派」という言葉がある。これが「伝統文法」が使われる以前、同等の内容を示す術語だったとも考えられる。

またタンは、「ベトナム語文法がフランス語やヨーロッパ諸語の文法教育の型から出発している」と論じるフランス人言語学者マルティネの記述を引用して［Nguyễn Kim Thản 2003: 187］、仏領期のベトナム語文法書の大半は「伝統文法」に沿ったものだと書いている［Nguyễn Kim Thản 2003: 183］、またベトナム語文法はフランス語文法研究にもとづいて解釈されてきたが、そこには論理と文法を同一視するヨーロッパの一般理性文法的視点が払拭されない、とも書いている。タンはそうした立場からの文法学者を「伝統」学者と呼び、「伝統」という言葉をカッコつきで強調する［Nguyễn Kim Thản 2003: 185］。こうしたタンの考えが、その後の「伝統文法」概念の元枠になっていたと考えることに大きな誤りはなかろう。

現代においても、ベトナム語文法研究の若手筆頭であるグエン・ヴァン・ヒエップ（Nguyễn Văn Hiệp）は、「仏領期のチャン・チョン・キム（Trần Trọng Kim）らの研究は、フランス語文法の概念と叙法をベトナム語にあてはめ、ベトナム語文法をまるでフランス語のように解説した」と述べ、仏領期文法の傾向についてグエン・キム・タンと同様の指摘をする［Nguyễn Thiện Giáp 2005: 231］。

上述した新旧のベトナム言語学を代表する二人が、仏領期文法を端的に「論理と文法を同一視し、仏領期のフランス語文法をベトナム語に当てはめた文法」と述べ、そうした文法をグエン・キム・タンは1960年代前半に「伝統」という用語で呼んだ。ここまでの議論を踏まえれば、「伝統文法」が仏領期の文法を指し示していることは疑いなく、北ベトナム独立以降（1945年〜）の文法を指していたとは考えにくい。

すなわち、通常ベトナムの「伝統文法」という言葉は仏領期文法を指すといってよかろう。では、その仏領期文法とは何であるのか。次にその問題を考察する。

2 『ベトナム文法』の評価

仏領期において最も完成されたベトナム語の文法書は、チャン・チョン・キム（1883-1953）らのグループが書いた『ベトナム文法（Việt Nam Văn-phạm）』であると考えられる[2]（以後チャン・チョン・キムを単に「キム」とも呼ぶ場合もある）。最近ベトナム語研究史を2冊の本にまとめたグエン・ティエン・ザップは、その本中でキムらの『ベトナム文法』を20世紀前半におけるベトナム言語学の二大集大成の内の一つ、と位置づける［Nguyễn Thiện Giáp 2007: 232］。また「『ベトナム文法』はベトナムの学校で標準的な教科書として広く利用され、以後の多くのベトナム文法研究で信頼される参考資料とされた」という認識を述べている［Nguyễn Thiện Giáp 2007: 234］。

独立期（1954年〜）にハノイの言語学院初代院長を長らく務め、ベトナム語文法界の重鎮であったホアン・トゥエ（Hoàng Tuệ）（1922–1999）も、仏領期のベトナム人文法学の代表者をチュオン・ヴィン・キー（Trương Vĩnh Ký）（1837–1898）からチャン・チョン・キムまでとし、代表者の最後にチャン・チョン・キムの名を挙げた［Hoàng Tuệ 2001: 384］。

さらに独立期のベトナム語文法研究の第一人者であるグエン・キム・タン（1927–1995）も、『ベトナム文法』を独立以前の最も有名な文法書と評す［Nguyễn Kim Thản 2003: 31］。以上の独立期を代表する北ベトナムの文法研究者の評価から、『ベトナム文法』が仏領期のベト

2　Văn phạm（文範）は仏領期の「文法」を指す術語。独立期（1954年以降）北ベトナムでは文法という術語にNgữ pháp（語法）という語を当てるようになったのに対し、南ベトナムでは仏領期のVăn phạmという術語が1975年まで使用されていた。ちなみに21世紀に入っても南ベトナムで教育を受けた人の一部はなおVăn phạmという術語を用いている場合がある。

ナム語文法のスタンダードとして仏領期文法の完成形と呼べるだろう。すなわち独立期の文法学者が仏領期文法と呼んだとき、それが指し示した具体的な文法がこの『ベトナム文法』であったとみることができるだろう。このような『ベトナム文法』について、具体的な分析に入る前に、書誌学面の考察も加えておきたい。

この『ベトナム文法』の原本はベトナム語版である。ベトナム語版は仏領期を代表するベトナム語文法書としてその後何度も出版されるが、その出版状況はちょうど仏領期末期から抗仏戦期（1946–1954）、抗米戦期（1955–1975）までの大変動期にあたったため複雑ではっきりしていない。それでもできるだけあきらかにしておきたい。

『ベトナム文法』は開智進徳会によってつくられ 1936 年に初版が誕生したというが［Trần Trọng Kim 2007: 3］、筆者はその原本を見ていないので確信がもてない。1940 年にハノイのレータン出版社（Lê-Thăng xuất bản）から第二版が出版されている。この第二版は現物を確認したが、それが開智進徳会の出版物を受け継ぐ第二版目なのか、そこがよくわからない。また 1943 年にハノイのレータン出版社から第 3 版が出版されている［Nguyễn Như Ý 1994: 359］。

その後、『ベトナム文法』は出版社をサイゴンのタンビエット出版社（Nhà Tân Việt xuất-bản）へうつして再版を数十回重ね、数万冊が流布している［Trần Trọng Kim 2007: 3］。

タンビエット社のものについては第 5 版と第 8 版の原本を確認したが、その両方とも出版年が本に印刷されておらず出版年が不明である。

タンビエット社の『ベトナム文法』の出版履歴を示すものとして、当時南部にいた研究者の次の資料が信頼できる。1952 年『ベトナム文法（Văn-phạm Việt-Nam）』を著したブイ・ドゥック・ティン（Bùi-Đức-Tịnh）は、その著書中にタンビエット社第 3 版の出版年を書かずに挙げた［Bùi-Đức-Tịnh 1952: 345］。またアメリカ人ベトナム語文法研究者トンプソン（L. C. Thompson）は、第 6 版の出版年を 1950 年としている［Thompson 1965: 367］。チュオン・ヴァン・チン（Trương Văn Chình）とグエン・ヒエン・レー（Nguyễn Hiến Lê）は、1959 年の『フエ大学』第 10 号に発表した論文の中でタンビエット社第 7 版を使用した［Nguyễn Hiến Lê 2006: 127］。これらをまとめれば、少なくとも 1950 年以前には第 3 版、1950 年には第 6 版、1959 年以前には第 7 版がすでに出版されていたことになる。

レータン版やタンヴィエット版とは異なる、別の版社から出版された『ベトナム文法』がある。それが 2007 年にタインニエン（Thanh niên）出版社から再版された。この表紙には「開智進徳会（Hội Khai trí tiến đức）1936 年初版」と明記されるが、この内容が 1936 年の初版本を底本としたかについては文学院のトン・フオン・ラン（Tôn phương Lan）が書いた序文に説明がなされておらず不明だ。

筆者は上記の版本のうち、タンビエット社の第8版と2007年版の2冊を所有する。その2冊を見比べたが内容は同一である。ただし第8版は南ベトナム時代に出版されたため、その正書法はVăn-phạm（文法）のような結合語を原本の表記法どおりにハイフンをつけているが、2007年の再版本は、完全に文字が再入力されて排列や字体が変わり、現代風にハイフンがすべて消去されている。

以上がベトナム語版の版本の検討である。筆者は、著者の意図により近い原本を使うために、今回『ベトナム文法』第8版を参考にした。そのため本稿の注記の頁数は第8版に基づく。

またこの『ベトナム文法』は、1940年にハノイのレータン出版社からフランス語版でも出版されている。そのフランス語版が作成されることになった経緯は、『ベトナム文法』の作成過程を示したその序文に書かれている。以下その過程を説明することにしたい。

『ベトナム文法』は、開智進徳会（AFIMA）文学委員会が『ベトナム辞典（Việt-Nam tự-điển）』(1931)作成に携わった新学(仏語文)・旧学(漢文)の学者を中心にその出版が着想された。そして『ベトナム文法』の作成は、チャン・チョン・キムが中心となって、ブイ・キー（Bùi Kỷ）、ファム・ズイ・キエム（Phạm Duy Khiêm）らの協力を得て共同作業で仕上げられた[3]。

この文法書は次の手順を経て作成されたと記録されている。キムがクオックグー（ベトナム語声調記号付ローマ字表記）で一項目書き上げるごとにファム・ズイ・キエムのところへ持っていってその配置の仕方を討議した。ファム・ズイ・キエムはキムの草稿を5、6度

3　彼らの当時の職位について、同文法書第二版（1940年）では、チャン・チョン・キムをハノイインドシナ男子小学校教育長（Directeur des Ecoles primaires complémentaires indochinoises de garcons de Hanoi）、ブイ・キーは副榜で元ハノイインドシナ大学アンナム語教授（Ancien chargé du cours d'annamite à l'Université indochinoise à Hanoi）、ファム・ズイ・キエムは文法学教授で、元高等師範学校学生（Ancien élève de l'Ecole Normale supérieure）と記載する。

また3人の来歴も触れておきたい。チャン・チョン・キム（1883–1953）は教育者、学者、政治家。ハティン省出身。『越南史略』『儒教』など歴史研究書を著したことでも有名。1945年日本軍の傀儡政権の首相となった。ブイ・キー（1888–1960）は教育者、言語文学者。ハナム省出身。1910年フエの会試で副榜（第二番目の成績）に合格したが、付与された視学士（訓導）の職を辞退。フランス留学後はハノイの高等教育機関で非常勤講師として教鞭をとりながら文化教育活動に携わった。ファム・ズイ・キエム（1908–1974）はフランス語の小説家。ハタイ省（現ハノイ市）出身。ゴ・ディン・ジェム政権側に就き、1956–57年駐仏大使に。ちなみに彼の父は新文学期最初の社会派小説家であるファム・ズイ・トン（1881–1924）。実弟が作曲家のファム・ズイ（1921–）。

修正した。その修正をへて、開智進徳会文学班へ提出し承認された。そうしてクオックグー版の草稿が出来上がると、今後はファム・ズイ・キエムにも依頼してフランス語へ翻訳したあと、フランス人とヨーロッパの言語学の知識を身につけたベトナム人から校閲をうけ、ベトナム語の精神と規則を記した文法書というお墨付きを得た［Trần Trọng Kim 19??: 9］。

さらに『ベトナム文法』の日本語訳版が1944年に白水社から久持義武（訳）による『安南語廣文典』という書名で出版されているが、残念ながら筆者は未見である。以下では、ベトナム語版に基づいて分析をおこなうが、そこで示した術語はベトナム語版を元にしており、日本語版は参照していないことを断っておきたい。

3　品詞論の特徴

では、本節の本題となる『ベトナム文法』の特徴に関する考察に入りたい。

『ベトナム文法』の文法説明は、「品詞論」にその大部分が割かれている。一方、『ベトナム文法』の「統語論」の説明は「文のつくり方」という章の中にたった19頁しかないが、そこに彼らのベトナム語文法への理解が凝縮されている。そこで、ここでの考察対象を「品詞論」と「統語論」の2点に絞り、その議論を通じて『ベトナム文法』の特徴を解明したい。

「品詞論」については、まず品詞確定前に存在する「語（単語）」について触れておきたい。チャン・チョン・キムらは「語」を定義せず、「語」を表す言葉として「音（tiếng）」という術語を次の通りいきなり用いる。「ベトナム語の「音」は単音「音」(tiếng đan-âm) であるが、それは、すべての音韻が一個の「音」であることを意味する」と説明するが、わかりにくい。その原因は「音」という語にありそうである。そこでこの「音」をすべて「語」に入れかえてみる。先ほどの説明が「ベトナム語の「語」は単音「語」であるが、それは、すべての音韻が一個の「語」であることを意味する」となり、わかりやすくなる。このように二つの解釈の仕方をみるならば、キムらの説明の意図がよりはっきりする。ベトナム語の「音（tiếng）」が「語」と重なるという見方は、ベトナム語の「音」が「語の区切り」を示すことを考えあわせるなら、「音」が同時に「音節」を表そうとした語彙であることがわかる。すなわちキムらは、ベトナム語の「語」は「音節」と分かちがたいものとみていたのであろう。「語」を「音節」と捉える見方は、ベトナム独立期の文法学者を代表するグエン・タイ・カン（Nguyễn Tài Cẩn）に受け継がれた。いずれにせよ、キムらは「語」を「音節」と同一視したということができよう。

キムらは、「語（tiếng）」の例として、家（nhà）、小さい（bé）、食べる（ăn）を挙げているが、上述のとおり、なぜそうした単音節語を「語」と呼ぶのかその根拠は示していない。またそうした「語」が他の語と結合する場合があるが、それを「複合語（tiếng ghép）」と呼ぶ[4]。複合語の例として、家屋（nhà-cửa）、酒造炉（lò-rượu）、飛行機（tàu-bay）を挙げている［Trần Trọng Kim 19??: 15］。これらの例は「複合語」の合成の仕方を示す。

品詞については、上述のとおり規定される「語」を13種類に分類する。筆者は、この13種類の品詞分類の特徴を考察するために、日本のフランス語学習でよく用いられる品詞用語を用いて日本語へ訳すことにする。その訳語の後の括弧内にはそれぞれ対応する漢語表記と原文表記を添える。

すると、その13種類の品詞は次のように表記できる。名詞（名字:Danh-tự）、冠詞（帽字:Mạo-tự）、類別詞（類字：Loại-tự）、指示詞（指定字：Chỉ-định-tự）、代名詞（代名字：Đại-danh-tự）、形容詞（静字：Tĩnh-tự）、動詞（動字：Động-tự）、副詞（装字：Trạng-tự）、前置詞（介字：Giới-tự）、接続詞（連字：Liên-tự）、感嘆詞（賛嘆字：Tán-thân-tự）、語気詞（助語字：Trợ-ngữ-tự）、畳語（Tiếng đệm）［Trần Trọng Kim 19??:15］。

この分類法には冠詞や副詞、前置詞などが存在するが、それらの品詞はフランス語にもみられるもので、どことなくフランス語の文法をあてはめてつくられた感じがする。そうした筆者の感覚は正しいのだろうか。その正否を確かめるために、手始めに、現代のベトナム語品詞分類と比べて、その違いを簡単に指摘しておきたい。

そこでまず現在行われているベトナム語の品詞分類をみておきたい。現在の代表的なベトナム語品詞分類法を二つ挙げるなら、その一つがベトナム社会科学委員会の分類、もう一つがレー・ビエンの分類である。ベトナム社会科学委員会は、ベトナム語の品詞を、名詞（danh từ）、動詞（động từ）、形容詞（tính từ）、代名詞（đại từ）、補助詞（phụ từ）、結合詞（kết từ）、助詞（trợ từ）、感嘆詞（cảm từ）の計8つに分けている［UBKHXHVN1983: 72-73］。一方レー・ビエンの方は名詞（danh từ）、動詞（động từ）、形容詞（tính từ）、代名詞（đại từ）、数詞（số từ）、補助詞（phụ từ）、関係詞（quan hệ từ）、状態詞（tình thái từ）の計8つに分けられている［Lê Biên:1999: 191］。この二つの分類は一部違いはあるものの、分類の仕方は似通っている。両者とも名詞、動詞、形容詞、代名詞、補助詞まで同じ品詞を立てている。残りは社会科学委員会側では結合詞、助詞、感嘆詞、レー・ビエン側では数詞、関係詞、状態詞と

4　筆者は、この術語名を冨田健次の「複合語」の呼び名に従った［冨田 2000: 47］。なお川口健一は「合成語」と呼ぶ［川口 1998: 298］。

なり、お互い異なっているが、よくみれば結合詞と関係詞は名称が違うだけで指示内容はほぼ同じであり、また助詞と感嘆詞を合わせたものが状態詞とほぼ同じ意味になる。最後に残った数詞は、レー・ビエンが形容詞的性質をもつことから名詞の中に組み込まずに独立させたものである。そのようにみれば､両者が非常に似通ったものであることがわかる。またこれらの分類には、先ほど述べた日本のフランス語文法用語にもある冠詞や副詞、前置詞の品詞が立てられておらず、その点からも現在のベトナムの代表的な二つの分類法はベトナム語の実体にみあった分類にアレンジされているといえよう。

それでは、さらにチャン・チョン・キムらが提示した13種類の品詞について、その文法書に掲載されている具体例をいくつか提示することによって、その品詞分類法の特徴などを考察しておきたい。13種類あるそれぞれの品詞には、キムらの文法書の品詞分類順のとおりに番号を振る。

〈1〉名詞：người（人）、ngựa（馬）、vườn（庭）、đạo（道）、đức（徳）、công（公）、tội（罪）

〈2〉冠詞：cái（あるもの）、những（いくつかの）、các（各）

〈3〉類別詞：con（動物一般）、cái（動かないもの一般）

〈4〉指示詞：này（これ）、kia（あれ）、nào（どれ）

〈5〉代名詞：ông（おじいさん）､thầy（先生）､chú（父方のおじさん）､anh（おにいさん）､chàng（若いにいさん）、thằng（小僧）

〈6〉形容詞：lớn（大きい）、đẹp（うつくしい）、buồn-bã（悲しい）、rộng-rãi（ひろい）、giàu（お金持ちな）、nghèo（貧しい）

〈7〉動詞：đọc（読む）、ở（いる）、nở（咲く）

〈8〉副詞：chậm（ゆっくり）、khó-nhọc（骨の折れる）、lắm（多い）、rất（とても）、bất đắc dĩ（やむを得ず）

〈9〉前置詞：bằng（～で）、bởi（～によって）、của（の）、từ（～より）、với（～とともに）

〈10〉接続詞：và（と）、rằng（という）、vậy nên（すなわち）

〈11〉感嘆詞：A!（おや！）、Kìa!（しめた！）、Trời ơi ！（なんということだ！）

〈12〉語気詞：à（～ですね）、nhé（～ね）、nào（～ぞ）

〈13〉畳詞：Lảm-nhảm（口をもぐもぐさせてしゃべる）、khấp-khểnh（でこぼこの）、đất đai（大地）、mở-mang（広げる）

このようにチャン・チョン・キムらは13種類の品詞に分けるが、なぜ13種類に分類したのかその根拠を全く示していない。そのためこの分類の仕方についての筆者の考えを述べておきたい。キムらが行った品詞分類は、フランス語を基準としてベトナム語の品詞分けをした場合に、そのような分類結果になるからだと考えている。そう考える理由について、13 種類の品詞を次の 3 グループに分けることから説明してみたい。

1）ベトナム語的品詞…〈3〉類別詞、〈12〉語気詞、〈13〉畳詞
2）フランス語的品詞…〈2〉冠詞、〈4〉指示詞、〈5〉代名詞、〈8〉副詞、〈9〉前置詞
3）双方の語にある品詞…〈1〉名詞、〈5〉形容詞、〈7〉動詞、〈10〉接続詞、〈11〉感嘆詞

筆者は上記のとおり、チャン・チョン・キムらが施した 13 種類の品詞に対して、大きく 3 つのグループに分けた。そのようにグループ分けした理由を、グループごと、品詞ごとに順に追って説明したい。

まず 1）のグループについて。このグループを「ベトナム語的品詞」という名づけたのは、類別詞、語気詞、畳詞という性質で括られる品詞がフランス語に存在しないため、フランス語しか知らない者にはそうした分類が思いもつかないからである。一方でベトナム語を知る者にはそれらの品詞分けが合理的と感じられるからである。「ベトナム語的品詞」に括った品詞はベトナム語特有の品詞群とみなせる。では、この「ベトナム語特有」の品詞群とはどんな特徴をもつのか、以下みてゆきたい。

例えば〈3〉の類別詞の con/cái は、動くものか動かないものかという基準によって選ばれて名詞の前方に付加される。その種の語はフランス語に存在せずベトナム語特有である。

〈12〉の語気詞は、à（〜ですね）、nhé（〜ね）、nào（〜ぞ）のように文末に付加して感情を表すが、そうした語類はフランス語には発達しておらずベトナム語特有である。

〈13〉の畳語は、Lảm-nhảm（口をもぐもぐさせてしゃべる）、khấp-khểnh（でこぼこの）、đất đai（大地）、mở-mang（広げる）の例が挙げられている。その内 Lảm-nhảm と khấp-khểnh は一種の擬音語、擬態語であり［冨田 2000: 47］、畳語のどちらの語にも意味がない［川口 1998: 301］。これはフランス語にない現象であり、ベトナム語特有である。Đất、mở の場合は、đất đai や mở-mang のような二音節化によって、ファン・ゴック（Phan Ngọc）が述べたように漢語化した印象を与え［Phan Ngọc 1983: 143］、さらにはよい聞き心地を与え語の安定を与えると考えられる[5]。これも多音節言語のフランス語にはない現象でありベトナム語特有である。

5　この捉え方は、すでに冨田健次が付加語の説明で次のように示す。「無意味な音節を付加するこ

以上が 1）のグループの解説である。次に 2）のグループを「フランス語的品詞」と名づけた理由を説明したい。この「ベトナム語的品詞」とは反対に、ベトナム語しか知らない者には思いもつかない品詞群ということから命名している。この「フランス語的品詞」群について次の例から説明したい。

例えば、〈2〉の冠詞は、ベトナム語しか知らない者にはなぜそうした文法範疇をつくる必要があるのか理解できない。ベトナム語の冠詞は、フランス語の定冠詞 Le/La/Les〈その（男性）／その（女性）／それらの（複数）〉の文法範疇を元に、ベトナム語で近似した意味をもつ語彙 cái（あるもの）、những（いくつかの）、các（各）にあてはめたことによって生まれたと考えられる。その具体的なあてはめとは、単数男性を示す定冠詞 Le と単数女性を示す定冠詞 La はともに cái（あるもの）に対応させ、複数を示す定冠詞 Les は、数量のはっきりしない những（いくつかの）または、数量のはっきりしている các（各）に対応させたことである。そのあてはめを示す傍証として、現在の代表的なベトナム語辞典には冠詞という品詞分類をしないことから伺える[6]。

〈4〉の指示詞については、キムらは例として này（これ）、kia（あれ）、nào（どれ）を挙げる。これらは日本語の遠近のものを指す「コソアド（これ／それ／あれ／どれ）」の範疇と非常に似通っている。これらがベトナム語の指示語範疇として設定されたのは、フランス語の指示詞の範疇があったからだと筆者は考えている。フランス語の「これ（それ、あれ）」を示す指示詞[7]は、ce/cette/ces（男性／女性／複数）である。それ一語でベトナム語の遠近を指す語 này（これ）、đó（それ）、kia（あれ）のすべて兼ねる。フランス語にはベトナム語のような遠近の区別がない。また性の区別により語形変化する。筆者は、この性の区別をもつ指

とによって、単音節語を双音節語に拡大しようとする音韻現象である。つまり、音の持続をできるだけ長くして、「聞こえ」の度合いを高めようとするものである」［冨田 2000: 46］。

6　その代表的な辞典とは、下段に掲げる、ハノイ言語学院辞書班の集大成であるホアン・フェの辞典やグエン・ニュー・イーのベトナム語大辞典、グエン・キム・タンらの小型ベトナム語辞典である。

-Hoàng Phê (chủ biên). Từ điển tiếng Việt. Nxb.Đà Nẵng, 2000.

-Nguyễn Như Ý(chủ biên). Đại từ điển tiếng Việt. TP.HCM, Nxb.Văn hóa-thông tin, 1999.

-Nguyễn Kim Thản, Hồ Hải Thụy, Nguyễn Đức Dương. Từ điển tiếng Việt. TP.HCM. Nxb. Văn hóa Sài Gòn, 2005.

7　フランス語の「これ（それ、あれ）」を示す ce/cette/ces は、現在、指示形容詞（Adjectif desmonstratif）に分類されている。『NHK　気軽に学ぶフランス語』加藤晴久著、1994 年、NHK 出版の 47 ページ、または『プチ・ロワイヤル仏和辞典［改訂新版］』編者：倉方秀憲・田村毅他、1996 年、旺文社の「指示形容詞解説欄」を参照。

示詞の概念がなければ、ベトナム語の遠近のものを示す này（đó, kia）を指示詞として文法範疇化させることがなかっただろうと考えている。なぜならフランス語の指示詞は、あとにうける名詞の性の区別によって語形変化をともなうために文法カテゴリーとして成立するが、名詞の性の区別がなく語形変化もしないベトナム語にはそれを一つのカテゴリーとする必然性がない。そのことから、フランス語の指示詞という概念がベトナム語に入らなければベトナム語に指示詞が生まれなかったと考えられる。

〈5〉の代名詞については、フランス語には主格人称代名詞の一群 je/tu/il (elle) /nous/vous/ils (elles)〈私／あなた／彼（彼女）／私たち／あなたたち／彼ら（彼女ら）〉や、目的格の一群 le/la/les〈それ（男性）／それ（女性）／それら（複数）〉のような明確な代名詞がある。そのためそれらに対応するベトナム語として、ベトナム語の名詞の中から tao (tôi) /mày/nó/chúng tao (chúng tôi) /chúng mày/họ や nó/nó/chúng が選ばれて、ベトナム語の代名詞として位置付けられたと考えられる。

キムらは代名詞として ông（おじいさん）、thầy（先生）、chú（父方のおじさん）、anh（おにいさん）、chàng（若いにいさん）、thằng（小僧）を例に挙げたが、それらを代名詞としたのは以下に説明する理由によるものと思われる。

フランス語で固有名詞を代用する語が代名詞である。たとえば「アンリ（Henri）は町をでた。彼（il）は学者になった」という文で、この「アンリ」を再度繰り返すことを避けるために、「彼」という代名詞を用いる。この「彼」の代用を、上述したベトナム語の代名詞の例からあてはめた場合、仮に ông か anh がそれにあたるとしよう。しかしその場合、ông か anh が本来、フランス語の il のような代用のために存在した語彙と考えられないことはあきらかだ[8]。ベトナム語の ông か anh には、まず先に人称名詞としての機能がある。ベトナム語を知る人なら ông か anh の第一義的用法を固有名詞を代替するための代名詞であるとは言わないだろう。それらが代名詞と位置づけられたのは、単にフランス語の je/tu/il/elle/nous/vous/ils や le/la/les のような代名詞をベトナム語の中からあてはめたときに、ông（おじいさん）、thầy（先生）、chú（父方のおじさん）、anh（おにいさん）、chàng（若いにいさん）、thằng（小僧）等の人称名詞があたったからにすぎない。

〈8〉の副詞については、一般理性文法と深い関係のある重要な問題なので、長くなるが

8　この見方は、筆者だけでなく川口健一も同様の見方をする。「ベトナム語には特殊なものを除いて、固有の人称代名詞というものがなく、普通には親族関係を表わす名詞を人称代名詞として転用する」［川口 1998: 292］。

二つの語群に分けて詳しく論証しておきたい。

まず一つ目の語群は lắm（多い）、rất（とても）である。キムらがその lắm、rất を副詞としたのは、フランス語の副詞である beaucoup（多く）、très（とても）をベトナム語にあてはめた時、lắm（多い）、rất（とても）にそれぞれ該当させたからだと考えられる。lắm（多い）、rất（とても）は共に形容詞あるいは動詞にかかるため、フランス語と同様、副詞という分類にすることが適切と判断するに至ったのだろう。これはフランス語からのあてはめがされた一例といえる。

もう一つの語群が問題である。キムらは、chậm（ゆっくり）、khó-nhọc（骨の折れる）も副詞としたが、筆者には形容詞にみえる[9]。キムらは形容詞として lớn（大きい）、đẹp（うつくしい）、buồn-bã（悲しい）、rộng-rãi（ひろい）を挙げているが、それらの間には差がないと考えられる。

では、なぜ chậm（ゆっくり）、khó-nhọc（骨の折れる）の語群を副詞としたのか。これは、動詞や形容詞にかかるフランス語の副詞をベトナム語にあてはめた場合、ベトナム語の形容詞が該当したからだと考えられる。

フランス語では語形の違いから形容詞と副詞が区別されるが、ベトナム語ではその区別がない。外国人向けフランス語の教科書がその差を次のように上手に説明する[10]。Rapide はフランス語の形容詞「速い」を意味するが、副詞の「速く」と言い表したい場合は vite という別の語彙を用いる。また lent はフランス語の形容詞「遅い」を意味するが、副詞の「遅く」を言い表したい場合は語尾に -ment をつけて lentement と語形変化をさせて示す。ベトナム語では「速い」も「速く」も nhanh だし、「遅い」も「遅く」も chậm である。ホアン・フェ（Hoàng Phê）の辞典とグエン・ニュー・イ（Nguyễn Như Ý）の辞典はこの nhanh と chậm を形容詞（tính từ）と分類する。グエン・キム・タン（Nguyễn Kim Thản）らの辞典では動詞と形容詞を分けずにその二品詞を合一させた述詞（vị từ）という術語を用いる[11]。このように現代ベトナム語辞典は nhanh も chậm も形容詞ないしは述詞と分類し、副詞と分類している辞典はない。

9　この見方は、筆者だけでなく冨田健次も同様の見方をする。冨田は副詞の説明で、副詞的にもちいられる形容詞（つまり動詞を限定修飾する形容詞）を副詞から除く［冨田 2000: 87］。

10　Maïa Grégoire ét Odile Thiévenaz ,"Grammaire progressive du francais avec 500 exercices". Phạm Tuấn, Trần Hữu Tâm dịch "500 bài tập có hướng dẫn văn phạm tiếng Pháp kèm lời giải", Nxb Trẻ, TP.HCM, 1999, P.115-116 を参照。

11　Nguyễn Kim Thản, Hồ Hải Thụy, Nguyễn Đức Đương, Từ điển tiếng Việt, Nxb.Văn hóa Sài Gòn, 2005.

では、辞典では副詞に分類されないのに、なぜ副詞となるのか。すでに述べたようにフランス語の副詞をベトナム語にあてはめると形容詞にあたるからである。例えばvite（速く）はnhanhに、lentement（遅く）はchậmにそれぞれあたる。そうなるとnhanhもchậmも形容詞であるのにもかかわらず、副詞という扱いになる。

再度、この二組の語についてフランス語とベトナム語の差異を眺めてみよう。その差異は前掲した外国人向けフランス語教科書に次の例文を用いてわかりやすく示されている。

Rapide, lent は形容詞：

-C'est un train **rapide**.（それは速い列車だ）

（Đó là chuyến xe lửa **nhanh**）

-Ces trains sont **lents**.（各列車は遅い）

（Các chuyến xe lửa này **chậm**）

Vite, lentement は副詞：

-Il roule **vite**.（彼は速く走る）

（Ông ta lái xe **nhanh**）

-Ils roulent **lentement**.（彼らは遅く走る）

（Họ lái xe **chậm**）

これらの対比はフランス語の副詞とベトナム語の形容詞の対応関係を明示する。「遅い」を例にとるなら、フランス語の形容詞lent（遅い）と副詞lentement（遅く）の間に明らかな語形変化があり形式上の違いがみえる。一方ベトナム語の形容詞（chậm）と副詞（chậm）の間には形式上の差がみえない。ベトナム語に副詞があるとされた理由は、ベトナム語を観察した人がベトナム語の品詞分類をした時にフランス語式品詞分類を用いたため、本来ベトナム語の品詞分類には不必要であるはずの副詞が無理やり作りだされたからであろう。そのため筆者は、副詞の第二群目にあたるnhanhやchậmを副詞とみる品詞分類は不要であり、現在の辞典どおりに形容詞にすべきだと考えている。

副詞を二つの語群に分けて説明したことにより、フランス語の副詞のあてはめがベトナム語の副詞を作り出したことがはっきりしたと思われる。

〈9〉の前置詞についてキムらは、bằng（～で）、bởi（～によって）、của（の）、từ（～から）、với（～とともに）の例を挙げる。それらの語はフランス語ならpar, parceque, de, de, avecにそれぞれあたる。それらの例がフランス語を基準にベトナム語にあてはめた場合に前置詞とみなされることは、辞典上の品詞分類のあり方をみればあきらかである。フランス語の辞典は必ず前置詞という品詞分類をする。一方現代のベトナム語辞典は、ホアン・フェの辞典やグエン・ニュー・イの辞典のように前置詞（giới từ）を品詞として設定しないものが多い。ただしグエン・キム・タンらの辞典のように前置詞を設定するものもあるが少数だ。ベトナム語辞典に前置詞の設定がなくても平気なのは、前置詞がなくともベトナム語文法が説明できることを示す。そのことは、フランス語の前置詞という概念がベトナム語に入りベトナム語に前置詞という範疇を生んだことを示唆する。

以上、2）の「フランス語的品詞」を説明した。最後に残ったのは、3）の「双方のある言語にある品詞」である。この名称は、どちらの言語においても品詞分類すればそれらの品詞が必然上現れてくるという意味からである。そのためそれらの品詞の議論は省く。

ここまで『ベトナム文法』の品詞分類法を「ベトナム語的品詞」、「フランス語的品詞」、「双方の言語にある品詞」の3区分に拠りながら、その3区分がフランス語的品詞分類をあてはめる場合に現われてくることを確認した。なおこのあてはめが行われた事を肯定する説明が『ベトナム文法』の序文に書かれている。キムは「この13種類に分類される単語は、決して語形変化せずに性の別に属する単数複数を示す」［Trần Trọng Kim 19??: 16］と述べる。この説明から、ベトナム語の品詞分類にフランス語式分類をあてて理解していたことが明瞭に伺える。こうした発想はベトナム語しか知らない者には思いもよらない。

このあてはめが、フランス式分類ではうまく該当しないベトナム語の語彙に対し、類別詞、語気詞、畳詞というベトナム語独自の品詞を立てさせ、一方でベトナム語しか知らない人なら意識しない品詞である冠詞、指示詞、代名詞、副詞、前置詞をベトナム語に生じさせ、分類上の整合性をはかったのである。

余談となるが、このフランス式品詞体系のベトナム語への措定は仏領期をさらにさかのぼり、17世紀初頭のヨーロッパ宣教師がベトナム語文法をラテン語式文法にあてはめて描写した時から開始され、そのフランス式品詞体系の定着は仏領期、ベトナム語文法研究者の間で次第に実体化された、と筆者は考えている。この論証は本テーマから反れるため、問題の提起だけに留めておき今後の課題としたい。

4　統語論の特徴

次に『ベトナム文法』の「統語論」の特徴をとりあげる。それは、その文法書の「文のつくり方」の章に示されている。その中でキムらは「文のつくり方」として、「語（tiếng）」を並べて一つの命題（mệnh-đề）をつくることと、各命題を並べて一文（câu）をつくることの二点を説明する。しかしながら、それだけではベトナム語文の定義がはっきりしない。その定義をキムらの説明全体から考えるなら、キムらの「命題」とは、主語（chủ-từ）と動詞（động-tự）もしくは形容詞（tĩnh-tự）という二つの主要成分から成立する主述関係を指したもの、と考えられる。それに関連して、キムらは、命題の主要成分である主語と動詞および形容詞について、命題中の主題となる語（音節）を主語と呼び、主語の状態を示す語を形容詞、主語の動作を示す語を動詞と呼ぶと説明する。たとえば Tôi viết（私が書く）という文について、Tôi（私）が代名詞となる主語であり、viết（書く）が主語に対する動詞であるという具合に解説する［Trần Trọng Kim 19??: 19］。さらに主語（Chủ-từ）には、名詞（Danh-tự）、代名詞（Đại danh- tự）、動詞（Động-tự）、形容詞（Tĩnh-tự）の各品詞あるいは一つの命題（một mênh-đề）がなれるとも説明する［Trần Trọng Kim 19??: 21］。

ここで注意したいのは、キムらが文成分（主語／述語）を説明する際、主語という文成分の、論理上の術語と、動詞、形容詞というものの性質や働きに基づく品詞論上の術語という、次元の異なる文法範疇の術語を混在させている点である。こうした説明をしなければならないこと自体、ベトナム語文法解説がフランス語文法のようにはいかないことを示す一端である。また文を成り立たせる要件として判断内容を示す論理学上の術語「命題」を用いて説明しているが、この点は論理と文の成り立ちの規則が同一であるとみていた証左となろう。

キムらは、動詞の後にくる目的語や名詞の後にくる形容詞（限定詞）を、文の主要成分の下位成分としてまとめて補語（túc-từ）と呼ぶ。この補語とは、フランス語文法の術語である補語（complétement）の訳語である。補語のうち目的語は、フランス語や英語のように、直接補語と間接補語に分けている。

では、ここまでのキムらの見方を次の 2 点にまとめておこう。その一つは、文を構成させる命題が主語と動詞（形容詞）と呼ぶ二つの主要成分から成り立つとする見方である。もう一つは、主要成分の後ろに付属する成分が補語と呼ばれて補助成分となる見方である。この 2 点のうち、「統語論」の中心的問題は、前者の、二つの主要成分がつくる主述関係の方である。

次に、ベトナム語統語論の中心的問題となる、主語と動詞（形容詞）の二つの主要成分がつくる主述関係の問題に焦点をあわせて、文と命題、命題と動詞（形容詞）、主語と動詞（形容詞）、論理と文法といった関連項目から考察をめぐらしてみたいと思う。

まず文と命題の関係から考えてみたい。キムらは、「文は、一つの命題もしくはふたつあるいは多数の命題からなる」と定義する。そこで、キムらが挙げている例文をそのまま提示し、「文」の捉え方を詳しく検討することにする。キムらは、下記のように、一文が一個の命題からなる文と、複数個からなる文に分けている。

（1）一文が1個の命題からなる文。

- Cái hoa **đẹp**.

（花は美しい）

- Con chim **bay**.

（鳥は飛ぶ）

＊文中の形容詞である đẹp（美しい）や動詞である bay（飛ぶ）を太字にしたのは、その部分が形容詞か動詞であることを示し、またその個数を明示させるためである。

（2）一文が複数個の命題からなる文。例に挙げるのは、一文がそれぞれ2個の命題、3個の命題、4個の命題からなる計4つの例文。

- Cái hoa đã **nở** thì thật **đẹp**.

（花が咲いて本当に美しい）2個の命題

- Con chim **có** cánh mới **bay** được.

（鳥は翼があって初めて飛べる）2個の命題

- Con chim đã **gãy** cánh, thì dẫu **muốn** bay cũng không **bay** được.

（鳥は翼が折れて、飛びたかったが飛べなかった）3個の命題

- Cái hoa **nở** lâu thì **tàn**, mà đã **tàn** thì không **đẹp** nữa.

（花は長く咲いていると枯れるが、枯れてしまえばもはや美しくない）4個の命題

［Trần Trọng Kim 19??: 25-26］

上記の6例文とも、形容詞を含む動詞の個数にもとづいて命題の個数とする。それについて、キムらは「一文中に複数個の形容詞（語）や複数個の動詞（語）があれば、その個数だけ命題がある」と説明する[12]。そのうち、複数個の命題があるとした後者の4例文は、

12　チャン・チョン・キムらの文と命題に関する認識として重要な記述のため原文を挙げておく。'Vậy trong một câu hễ có bao nhiêu tiếng tĩnh-tự biểu-diễn một cái thể hay tiếng động-tự biểu-diễn một cái dụng của chủ-từ, là có bấy nhiêu mệnh-đề.'［Trần Trọng Kim 19??: 26］

いずれも Con chim（鳥）や Cái hoa（花）のように主語が一個のみだが、その一個の主語に対して動詞や形容詞が複数個存在している。キムらは、動詞（形容詞）が複数個あっても、それらの動詞（形容詞）にかかる主語が一個なら一文とみていたことがわかる。そこで注目されるのは、その一個の主語が、複数個の動詞や形容詞へどのようにかかるかという点だ。しかしながら、複数個の動詞（形容詞）どうしが並列関係にあるのか、はたまた、一個の主語と各々の複数個の動詞（形容詞）の間に独自な結びつきがあるのか、この肝心な点を文章で説明していない。説明していないということは、わからなかったから説明を飛ばしたとも考えられるが、実際はその反対だったと思われる。キムらは、わかっていたが故意に説明しなかったのではなかろうか。それは、一個の主語が複数個の動詞や形容詞にそれぞれ個別にかかって複数個の主述関係をもつ可能性も否定できないと考えていたからではなかろうか。深読みかもしれないが、ベトナム語の文法を記述した『ベトナム文法』がフランス語文法とあまりにもかけ離れすぎていることを説明しまうと、植民地当局から出版が許可されないという事情が背景にあったのかもしれない。

ともあれ、主語と複数個動詞（形容詞）の関係について、そのような一部不明瞭さが残るという限界はあるものの、キムらが、動詞（形容詞）の個数を命題の個数と捉える見方をしたことは、ベトナム語文法への深い理解が感じられる。またキムらは、動詞（形容詞）という動作や叙情を示す同類の「意味グループ」に基づいて「語」の種類の識別を先におこなった。キムらの分析法はまず先に「語」の品詞を確定してから、さらに文の各成分、主語／述語の分析に進んだことを示す。この分析順序は先に「語」の意味に基づいて「語」の識別をはかったことを意味し、文全体の意味を取った後に「語」を確定する恣意的な分析をできるだけ排除しようとしたことを示す。

またキムらは、ベトナム語文がフランス語文と異なり論理と文法の間に不一致があることを暗に示した。それは次のことからわかる。キムらが、文の作り方を、音節（tiếng）を並べて一つの命題（mệnh-đề）をつくることか、各命題を並べて一文（câu）をつくることの二つの方法だと述べたことはすでにみたが、その後半の定義どおり「各命題（複数個の命題＝複数個の動詞あるいは形容詞）から一文がつくられる」と明記した。このかぎ括弧を付けた箇所はベトナム語文がフランス語文と異なり、論理と文法の間に不一致があることを暗に表明したことになる。その意味で、キムらの『ベトナム文法』は一般理性文法を乗り越えようとした革新的な要素を含んだ文法書であったとも考えられる。ただそうはいっても、キムらは複数個の命題をもつ一文について主語とそれらの動詞（形容詞）の間にどのような結合関係があるかを説明していない。その説明がないということは、従来の一般的な解釈をほどこさざるおえない。すなわち複数個の動詞（形容詞）は並列関係にあり、それらを一塊の動詞句として一述語とみることになる。そのように、キムらが説明しきっていない部分を並列関係だと解釈するなら、一般理性文法とみなせる。それを肯定する内容がキムの序文に書かれている。「ベトナム語がヨーロッパ諸言語と違う精神をもち、思想の表現方法も異なるが、論理（Cái lý）は東西たがわず同じである」[Trần Trọng Kim 19??: 9]。この趣旨は論理と文法を同一視することを表明したものであり、明らかに一般理性文法を基準にベトナム語文法を捉えていたことを示す。それらを考えあわせるなら、キムらの文法論を一般理性文法とみなすことは妥当である。

以上解釈を進めてきたチャン・チョン・キムらの「統語論」の骨格をまとめておきたい。キムらは、文中の主要成分を、主語と動詞（形容詞）という術語を使って示しただけで、文の二分割を予告させる主部、述部という術語を使用していない。しかしここでは筆者はあえて文を俯瞰するような構造論的視点を導入して、キムらの文法論の特徴を浮き上がらせようと思う。そのためキムらが使用した術語である主語、動詞（形容詞）だけではなく、主部、述部、単文という構造文法論で用いられる術語も加えて説明する。なお単文とは、重文との対比で用いられる術語で、文中に主述関係の対が一個あることを示す。それに対し重文は主述関係の対が二個以上あるものを指す[13]。単文と重文の区別は主述関係の個数に基づく。そうした構造論的術語を援用してキムらの文法論をみた場合、次の5点が「統語論」の要点として浮かび上がる。

1　意味上の主述関係によって、文は主部と述部に大きく二分される〈ここの主部と述部はそれぞれ語のまとまりである句（名詞句、動詞句など）を表すという考えにもとづく〉。

2　その主部、述部は、ともにその内部が主要成分と補助成分から構成される。主部の主要成分は主語、述部の主要成分は動詞（形容詞）とみなされる。

3　そのため、一個の主語と一個の動詞（形容詞）からなる単文がベトナム語文の基本文型として据えられる。

4　もし一文中に2個以上の動詞（形容詞）がある場合は、その動詞（形容詞）の個数に

13　Mai Ngọc Chữ, Vũ Đức Nghiệu, Hoàng Trọng Phiến, “Cơ sở ngôn ngữ học và tiếng Việt”, 2006, Nxb. Giáo dục. ‘Câu ghép’ trang 296 を参照。

応じて命題（主述関係）の個数が存在することになる。

5　ただし、その一個の主語と複数個の動詞（形容詞）との間の文法関係が明らかにされていない。一個の主語がそれぞれの動詞（形容詞）と個別に主従関係をもつのか、あるいはそれぞれの動詞（形容詞）が並列関係をもち、それを一連の複数動詞の塊（句）とみなし、一個の主部と一個の述部からなる主述関係と捉えるのか、明示されていない。

1～3は、文が命題に基づき主部と述部という二つの主要成分から作られることを言及し、4～5は、一文に複数個の動詞（形容詞）があることを言及している。特に4～5、一文中の一個の主語と複数個の動詞の関係が、一個の主語と複数個の述語からなる構文ととらえるのか、それともあくまでも一個の主語と一個の述語からなる構文ととらえるのか、明記しておらず、実際の文の分析から慎重な再検討が必要な箇所である。

ここまで一般理性文法に関連する問題ばかりを論議して述べてこなかったが、キムらは一部、構造主義的見方もしていることを付け加えておきたい。文の、主部や述部内に、さらに小さな下位レベルの主述関係があることを、補語従属命題（Mệnh-đề phụ bổ-túc）の項目で解説している[Trần Trọng Kim 19??: 26]。その補語従属命題の例として次の文を挙げている。

- Ta đừng mong **nó giúp ta**.

（私は**彼が助けてくれる**のを望まない）

この例文は、太字箇所 **nó giúp ta**（彼が私を助ける）が、一個の命題の塊として mong（望む）の目的格と読める。とはいえ、キムらがこの文に与えた名称は「補語『従属』命題」であり、括弧をつけた「従属（phụ）」とは大きいものに含まれる小さなものという意味であるから、術語からみればまだ意識的に構造的だとは捉えられていなかったことになる。もし意識的に構造的な見方を表明するのであれば、「下位（Cấp dưới）」とか「下層（tầng dưới）」とかレベルや階層に関連する術語を用いたはずである。その点からすれば、あくまでもチャン・チョン・キムの文の解釈方法は、「一般理性文法」に基づく、主語と動詞（形容詞）を見つけ出す文の二分割分析にあったといえる。

5　小結

チャン・チョン・キムらの『ベトナム文法』が仏領期のベトナム語文法書の代表であるという評価にもとづき、その解説の仕方を考察した。品詞論では、その分類法がフランス語品詞体系をベトナム語に当てはめたことが基盤となっていることを論証した。統語論では、『ベトナム文法』が論理と文法を同一視する前提をもって文を主語と動詞（形容詞）に二分割して解釈していることを論証した。この二つの論証から、フランス語文法をベトナム語に当てはめようとした共通観点があったことが確認できた。このあてはめが『ベトナム文法』の文法原理となっていたが、そこで一部あてはめられないものが、「品詞論」ではベトナム語独自の品詞を立てたことに表れ、「統語論」ではベトナム語独特の複数個動詞（形容詞）文の説明の仕方に表れていた。それでも、そうしたベトナム語の独自性の表出はわずかであった。なおも全体を覆っていた基調はフランス語文法の当てはめであり、一般理性文法に沿っていたと結論づけられる。つまりベトナムの「伝統文法」が指し示すものは「一般理性文法」のことであるといえる。

次節では、「伝統文法」という術語が『ベトナム文法』が普及した後どのように使われていったのか検討する。まず誰がベトナムではじめて「伝統文法」という術語を使い、その後その「伝統文法」という概念にどのような意味合いがもたらされたのか。これらの問いは、『ベトナム文法』以降に出版されたベトナム語文法書を一つ一つ検討することから回答を導くことにする。

3 「伝統文法」が指すものと対比されるもの

ベトナムで「伝統文法」という概念が文法書で用いられるのは、ふつう、ある文法書の著者が自分の主張する文法論の正当性を打ち出すためにそれに対比される文法論として「伝統文法」を用いる場合である。その対比とは、著者の主張する新しい文法論と、著者の主張とは異なる過去の文法論という図式である。このように対比的に用いられる「伝統文法」は、著者の主張する新しい文法論が示されることによって、はじめてその指示内容が定まるという宿命をもつ。そこで、「伝統文法」の指示内容を確定させるためには対比される文法論を確定することも必要となってくる。

この節の目的は、ベトナム言語学における「伝統文法」の指示内容の「変化」をとらえることにある。すなわち、ベトナムの「伝統文法」という概念が、著者ごと、時代ごとに、どのような指示内容の範囲をもっていたかを確認することである。そこで、ベトナム独立期（1954-）以降、「伝統文法」という術語が用いられている文法書や論文から、そこに示される「伝統文法」の指示内容とそれに対比される文法論を確定することによって、「伝統文法」の指示内容とその対比されたものの歴史的傾向を検証する。

1　文献に現われる「伝統文法」

ここでは、「伝統文法」という術語が、文法書や論文にいつ現れるのかを、チャン・チョン・キムらの『ベトナム文法』が出版された1940年以降から順次確認してゆくことにする。

日仏共同統治期（1940-1945）、レー・ゴック・ヴオン（Lê Ngọc-Vượng）が『ベトナム語考究』（1942）を発表したが、そこに「伝統文法」に相当する術語はみられない。

抗仏戦期（1946-1954）から1960年までは、グエン・ザン（Nguyễn Giang）の『文の作り方』（1950）、ファム・タット・ダック（Phạm Tất-Đắc）の『品詞分析と命題分析』（1951）、ブイ・ドゥック・ティン（Bùi Đức Tịnh）の『ベトナム文法』（1952）、グエン・ヒエン・レー（Nguyễn Hiến Lê）の『文法を理解するには』（1952）、ファン・コイ（Phan Khôi）の『ベトナム語研究』（1955）、グエン・ラン（Nguyễn Lân）の『5年生のベトナム文法』、『6年生のベトナム文法』、『7年生のベトナム文法』（ともに1956）など多数の文法書が出版されるが、それらの文中にもまだ「伝統文法」に相当する術語は現れてこない。

1960年代以降になると、「伝統文法」に相当する用語が文中に現われる。「伝統文法」またはそれに準ずる術語を著作中に書き記したのは、次の文法学者である。著者名と著作名を初版年度順に並べれば、ホアン・トゥエ（Hoàng Tuệ）の『ベトナム語教科書（草稿）第一集』（1962）、グエン・キム・タン（Nguyễn Kim Thản）の『ベトナム語文法研究』（1963/64）、リュー・ヴァン・ラン（Luu Vân Lăng）の論文「核をもつ階層句観点によるベトナム語文法研究」（1970）、グエン・タイ・カン（Nguyễn Tài Cẩn）の『ベトナム語文法』（1975）、ホアン・チョン・フィエン（Hoàng Trọng Phiến）の『ベトナム語文法――文』（1980）、リー・トアン・タン（Lý Toàn Thắng）の論文「文の実在分断理論の紹介」（1981）、ディン・ヴァン・ドゥック（Đinh Văn Đức）の『ベトナム語文法――品詞』（1985）、再出のホアン・トゥエの論文「文成分の問題について」（1988）、カオ・スアン・ハオ（Cao Xuân Hạo）の『ベトナム語――機能文法草案』（1991）、ジエップ・クワン・バン（Diệp Quang Ban）の『ベトナム語文法　第一集』（1991）、レー・スワン・タイ（Lê Xuân Thại）の『ベトナム語主述文』（1994）、グエン・ドゥック・ザン（Nguyễn Đức Dân）の『論理とベトナム語』（1996）、グエン・ミン・トゥエット（Nguyễn Minh Thuyết）の『ベトナム語文成分』（1998）、ダオ・タイン・ラン（Đào Thanh Lan）の『題説構文にもとづくベトナム語単文分析』（2002）、再出のジエップ・クワン・バン（Diệp Quang Ban）の『ベトナム語文法』（2005）、グエン・ティエン・ザップ（Nguyễn Thiện Giáp）やグエン・ヴァン・ヒエップ（Nguyễn Văn Hiệp）の『ベトナム言語学略史』（2005）となる。彼らはみな北ベトナムで教育を受けたあるいは教鞭を取った文法学者たちである。

以下では、冗長になることを恐れずに、上述した各文法学者の著作から「伝統文法」ないしはそれに準ずる術語が用いられている箇所を取り出して和訳し、①「伝統文法」の指示内容と、②「伝統文法」に対比される文法論が何を指すのか、その2点に的を絞って分析考察を進めていくことにする。

2 「伝統文法」に準ずる術語

最初に、「伝統文法」に準じた術語がベトナム言語学の著作中にあらわれるのは、ホアン・トゥエの文法書である（以後ホアン・トゥエを単に「トゥエ」と呼ぶことがある）。この文法書のはしがきにはこの文法書の成り立ちが説明されている。それによれば、ハノイ師範大学の指示によりゼロから計画的に編まれたとある。この文法書は共著であるが、誰が文法編を執筆したか記載されていない。しかし彼の没後に出版された全集から、文法編はトゥエによって書かれたことがわかる［Hoàng Tuệ 2001: 1152］。

その書は『ベトナム語教科書（草稿）　第一集』［Hoàng Tuệ 1962］である。この中に「伝統文法」の萌芽とみられる術語がすでにみえる。その術語は4種類あり、「文法の伝統（Truyền thống của ngữ pháp）」、「伝統観念（Quan niệm truyền thống）」、「伝統文法学（Ngữ pháp học truyền thống）」、「伝統文法書（Sách ngữ pháp truyền thống）」である。先にそれらの指示内容を先取りするなら概略次のようにいえる。「文法の伝統」、「伝統観念」、「伝統文法学」、「伝統文法書」とも仏領期文法のことを指す。では続いて、それらの根拠となる箇所を詳細に示し分析を加えることとする。

トゥエは「文法の伝統」を次の箇所で使用している。「多くのベトナム人研究者は、長くつづいてきたベトナムの「文法の伝統」とは違う観念、すなわちフランス語文法の枠に縛られないで、より高い科学価値をもつ研究を行ってきた」［Hoàng Tuệ 1962:134］。ここの「文法の伝統」は「フランス語文法の枠（あてはめ）」を指し、仏領期文法を指すといえよう。この「文法の伝統」は用語中に「の（của）」が入り、一つの術語として完成していない印象を与える。

では、この「伝統の文法」に対比される対象はなにか。その対象は、ホアン・トゥエが彼の文法書で書こうとした彼の文法論だったはずである。その文法論とは、次にとりあげる「伝統観念」の箇所で詳述するが、当時ベトナムで流行しはじめていた構造文法（Ngữ pháp cấu trúc）であったといえる。この「構造文法」という言い方は、現在、ベトナム語文法用語として定着しているが、日本語文法用語では用いられていない。以後この「構造文法」は、「構造言語学式文法論」あるいは「構造論」と同様の意味で使う。

トゥエは「伝統観念」を次の文中で使用している。「異なった多くの言語研究、特に東南アジア諸言語は、ギリシア・ローマ時代から継承されてきた、言語が論理学観念に基づく思惟の産物だという「伝統観念」について、再検討の余地を与えることになった。……しかしながら、「伝統観念」は19世紀においても依然大きな威信を保っていたし、現在でもその威信は保たれており、特に学校においてはそうだ。……仏領期の研究は多くの目的をもち、その価値も様々であるが、しかしそれらはすべて「伝統観念」に拠っており、実際にはフランス語文法に拠っていた」[Hoàng Tuệ 1962: 133-134]。この文章中、三度現われる「伝統観念」は、言語が論理学観念にもとづく思惟の産物だとしていることから、言語と論理を同一視する一般理性文法のことを指したと考えられる。この「伝統観念」は現在使用される「伝統文法」と同様の意味で用いられており、「伝統文法」という術語につながる伏線であったと考えられる。

さらにトゥエは「文法学の観念問題」というテーマにおいて、文法論には「文法の論理範疇をみる観念」と「信号間の形式関係や概念の表示する関係だけをみる観念」という二傾向があるとしたが､その前者の観念を「詳細に関してお互い異なる『伝統観念』である」という文中で「伝統観念」を用いている [Hoàng Tuệ 1962: 181]。その文のあと、「伝統観念」はグエン・ラン（1956）やブイ・ドゥック・ティン（1952）の文法にみられ、フランス語文法の完全な模倣だと説明が加えられているため、その「伝統観念」は仏領期文法を指すと考えられる。一方、その後者の観念については、伝統から外れる新しい観念であり、レー・ヴァン・リー（Lê Văn Lý）の文法研究（1948）に初めて適用されたと述べているところから、構造文法を指したことがわかる。

このように「伝統観念」を説明した2箇所にもとづいて「伝統観念」をまとめるなら、それが指し示したものは一般理性文法であり、仏領期文法であった。一方対比されたものは、上段の「文法学の観念問題」でみたとおり構造文法であったといえる。

トゥエの「伝統文法学」については次のとおりに見られる。「品詞論は、『伝統文法学』で非常に長い間問題とされてきた。しかし現在まで品詞の観念は統一されていない。学校で使用されてきたフランス語文法書の品詞観念は、伝統に属する観念であり、古代伝統である」[Hoàng Tuệ 1962: 159]。この文脈から、この「伝統文法学」は学校で使用されてきたフランス語文法書の伝統的な品詞観念に基づいた文法論を示している。つまりは仏領期文法を指したといえる。またこれまでのトゥエの術語と同様に「伝統文法学」に対比されているのは構造文法であるといえる。

またトゥエは「伝統文法書」という術語ももちいている。この術語は語形として最も現在の術語「伝統文法」に近く、「書（Sách）」を取り除けば全く同じ術語が現われる。この「伝統文法書」が用いられている箇所は、「動詞と形容詞という区分がすなわち伝統文法書的な分類である」という文脈のなかである［Hoàng Tuệ 1962: 249］。これは、前後の意味から、トゥエの前時代の文法書にかかれた文法、すなわち仏領期文法を指すと考えられる。またこれまでのトゥエの術語と同様に「伝統文法書」に対比されているのは構造文法であるといえよう。

ホアン・トゥエの術語の使い方を検討してきたが、「文法の伝統」も「伝統観念」も「伝統文法学」も「伝統文法書」も、その指示内容はすべて仏領期文法を指し示していた。また「伝統観念」の使い方の一つに、一般理性文法を指すものがあることもわかった。この使い方は、トゥエが仏領期文法を一般理性文法とイコールと考えていたことを示す。

ホアン・トゥエとほぼ同時期に「伝統文法」に準じた言葉を文法書で用いたのはグエン・キム・タンである。1962 年脱稿の文法書『ベトナム語文法研究』（初版 1963/64 年）［Nguyễn Kim Thản 1997］に「伝統文法学」という術語が 2 箇所見られるのでまずその箇所を提示したい。

その一箇所目は次の文脈である。「語法学（形態論）に比べ句法学（統語論）は多くの成果を挙げていない。……その原因は「伝統文法学」の影響を受けすぎたことにある。「伝統文法学」が、語形変化規則や品詞論ばかりを研究したことと、本来は句法の問題を語法の問題へと、その多くが入れ間違えられたからである」［Nguyễn Kim Thản 1997: 12］。

二箇所目は次の文脈である。「構造主義者は、形式を意味から、思惟を言語から、分離させてしまった。しかしながら、構造主義者の貢献は、往々にして意味内容に傾き客観形式を軽視してきた「伝統文法学」のひとつの重大な欠陥を克服したことである」［Nguyễn Kim Thản 1997: 503］。

上記の二つの文脈にもとづくなら、「伝統文法学」とは、語法を中心にした、語形変化規則や品詞等の形態論ばかりを研究し、意味内容に傾き客観形式を無視したということになる。この解説を「伝統文法学」の特徴と考えてあてはまる文法論を探すなら、それは一般理性文法になるだろう。また、伝統文法学は構造主義者と対比されているので、この「伝統文法学」に対比されたのは構造文法であったといえる。

さらに、タンは1964年に発表した論文「ベトナム語文法研究について」のなかで「伝統文法学」を次のように使用している。「「伝統文法学」の欠点として、ベトナム語伝統学者はベトナム語の実体をみようとせずに、闇雲にヨーロッパの一般理性文法に立脚してベトナム語文法を説明してしまった。文は必ず命題のもとに判断が示され、いつでも主語、動詞、目的語を必要とする。程度の違いはあるにせよ、すべての伝統文法書が、そうした共通観点から書かれている」[Nguyễn Kim Thản 2003: 185]。ここの「伝統文法学」とは、ヨーロッパの一般理性文法をベトナム語に当てはめたことが書かれているところから、「一般理性文法」を指すといっていい。この「伝統文法学」に対比されたものは、タンが文を命題とイコールとみなす伝統文法学を批判し、論理と文法の一致を否定しようとしたことからすれば、構造文法だったといえよう。

以上の分析から、グエン・キム・タンの「伝統文法」に準ずる術語を総合すれば、彼の呼ぶ「伝統文法学」は一般理性文法であり、その「伝統文法学」と対比されたものは、構造文法であったことがわかる。

3 「伝統文法」の登場

リュー・ヴァン・ランは、ベトナム言語学専門雑誌『言語』の1970年第3号に発表した論文「核をもつ階層句観点によるベトナム語文法研究」の中で、「伝統文法」を用いた[Lưu Vân Lăng 1998: 9]。それは管見の限り、現在と全く同様の「伝統文法」という術語を文献上用いた初めての例となる。ランは形式文法との対比で用いた。彼の説明によれば、「伝統文法」とは、意味と論理に力点があり、命題成分を基本単位とみて、単語の塊（句）には注意を払わないものと捉え、形式文法とは、単語の塊（句）を句法研究の中心に据えるものと捉えていた。この「伝統文法」は、意味と論理に力点があり、命題成分を基本とするという記述から、一般理性文法を指したといえる。形式文法の方は、句を研究単位の中心とする句構造研究を行うという記述から、当時ベトナムで流行していた句構造文法を指したといえる。すなわち、「伝統文法」に対比させたものは形式文法であり、その形式文法とは具体的には句構造文法のことであったといえよう。

続いてグエン・タイ・カンも、1975年初版の文法書『ベトナム語文法』[Nguyễn Tài Cẩn 1999]の二つの章の中で「伝統文法」を繰り返し使った。そのどちらの章でも「伝統文法」をあらかじめ定義しているわけではないのでその指示内容ははっきりしないが、それを文脈から読み取ってみたいと思う。まずそれらの箇所を提示する。

その一つ目の章は、品詞論を論じる章である。カンは、自らが主張する品詞論と、以前の文法論の違いを単純化するため、以前の文法論を漠然と示す概念として「伝統文法」を次の三つの文中で使用した。1 文目は「『伝統文法』の分析方法は一般的に正しい」と述べる箇所。2 文目は「『伝統文法』では、前置詞（giới từ）や接続詞（liên từ）は通常、A と B の二つの単位の中間にある印象を与える」と述べる箇所である。3 文目は「『伝統文法』では、助詞（trợ từ）も独立分離した語の印象を与える」と述べる箇所である［Nguyễn Tài Cẩn 1999: 330, 332］。

二つ目の章は結論の章である。「『伝統文法』の観点からすれば文を文法の最大単位とするが、『伝統文法』にとらわれなければ、段落や一篇の詩、あるいはある一章、一冊の本さえも文法単位とみなせる」と述べた箇所である［Nguyễn Tài Cẩn 1999: 363］。

以上がカンの「伝統文法」の使用箇所である。これらの「伝統文法」が何を指しているのかわかりにくいが、結論の章の箇所から比定してみたい。カンは「伝統文法」にとらわれなければ文法の単位として段落、章、本というさらに大きな文法単位が考えられるとしたが、これは旧文法と新文法に区別した場合、新文法は段落、章、本を大きな文法単位としてとらえることになり、その捉え方は構造主義的な特徴を示す。一方旧文法は、その構造主義の対比となり、構造主義的なものよりも古い文法を指すため、一般理性文法を指したと考えられる。

ホアン・チョン・フィエンも 1980 年出版の文法書『ベトナム語文法——文』の中で「伝統文法」という術語を用いた［Hoàng Trọng Phiến 1980: 76］。それは文を階層的に捉えて語を分析すべきという文分析方法論の中で使用される。フィエンはその伝統文法を学校文法であると述べる。またフィエンは、構造的見方を「ロジック——語義」的見方と結合して分析すべきと述べる［Hoàng Trọng Phiến 1980: 76-77］。この「ロジック——語義」的見方とは構造論との対立概念であるわけだから、構造論よりも古い分析法を指すと考えられる。だとすれば、この「ロジック——語義」の「ロジック」は、文を常に主語と述語に二分して分析できるという一般理性文法のことを指すことになる。つまりフィエンが用いた「伝統文法」とは一般理性文法であり、その対比は「構造論」であるといえよう。

リー・トアン・タンは、1981 年の論文「文の実在分断理論の紹介」の中で、「伝統文法」を次の文脈で使う。「『伝統文法』は、主題（Theme, Topic）と解説（Rheme, comment）の定義を、主語と述語へあてたため、多くの研究者から批判をうけた。そのため主語と述語は、より高い機能性と形式性をもつ、新たな定義が必要とされている」［Lý Toàn Thắng 2002: 34］。

この「伝統文法」は、主題／解説を主語／述語へ当てはめたことが間違いだったという文中で使われている。この「主題／解説」はプラハ機能言語学派のマテジウスが提唱して使用されるようになった術語である。プラハ派が構造主義の学風の中で育った機能論だったことを考えれば、この「伝統文法」は、構造主義的機能論よりも以前の文法論、具体的には一般理性文法を指すものであったと思われる。すなわちリー・トアン・タンの「伝統文法」は一般理性文法を指し、それに対比された文法論は、単純化するなら機能論だったといえよう。

ディン・ヴァン・ドゥックは、1985年初版の文法書『ベトナム語文法——品詞』のはしがきのなかで、「伝統文法学」を、「品詞論は「伝統文法学」の重要な内容の一つである」と述べ［Đinh Văn Đức 1985: 5］、また「品詞論は、昔から、文法学において、より正確にいえば「伝統文法学」において、最も古い重要な課題の一つであった」と述べ［Đinh Văn Đức 1985: 9］、さらに結論部でも、「品詞とは、「伝統文法学」のなかにあった古くから存在する一つの問題であった」と述べ［Đinh Văn Đức 1985: 194］、繰り返し使用する。

ディン・ヴァン・ドゥックが使用した「伝統文法学」とは、上述したように、品詞論が文法における重要な課題であった点と、さらに20世紀初頭に品詞の意味の特徴に対する関心が高まったという点に比重をおいて理解すれば［Đinh Văn Đức 1985: 185: 11］、ソシュール以前の言語学、すなわち一般理性文法をさしたものと考えられる。

なおディン・ヴァン・ドゥックは著書のなかで自身の文法論的立場を明示していない。けれども参考文献を一瞥すればわかるようにソビエト言語学の強い影響を受け、また著書の冒頭でグエン・タイ・カンの研究路線を継承したという記述からも窺えるとおり、彼はソビエト言語学者たちがベトナム語研究で進めた句構造を中心とした構造論に立っていたといえる。

再度ホアン・トゥエに登場願いたい。彼は1980年後半ハノイの言語学院院長をしていたが、1988年発表の論文「文成分の問題について」のなかで、「伝統文法」に準じた術語「伝統見解」を文中3箇所で使用した。この論文は、1962年の『ベトナム語教科書（草稿）第一集』のときよりも新しい文法論を摂取して、さらに深まった各文法論の相違点を解説している。その3箇所を説明する前に、トゥエの「伝統文法」の指示内容を明確にさせるため、同論文のあらすじを以下簡単に説明しておきたい。

フランスの哲学者デカルト（1596–1650）は、言語は思考が反映されたものだという考え方に至った。その思想に影響をうけて誕生したポール・ロワイヤル文法が1660年に出版されて以降、西欧では、文は一つの判断を示すもので主語と述語の二つの主要成分からなることを基本観念としてきた。しかし20世紀に入ると、言語学の構造主義者たちは文が二つの主要成分からなるという前提を破棄、思考と言語はイコールではなく、それぞれの言語は固有の体系をもつという立場をとり、旧文法論と対立した。その後、チョムスキーの生成文法論はデカルト流の思考＝言語という発想に戻る。そうした文脈のなかで次の3箇所は書かれている。

「伝統見解」が用いられている一つ目は次のとおり。トゥエによると、現代言語学の二大潮流は構造文法論と生成文法論である。構造文法論では、それぞれの言語の分析にもとづいてその言語話者の民族思考構造が抽出され、言語と思考の関係が帰納的に捉えられる。一方、生成文法論では、人類すべての思考の型は同じであり、あらゆる言語構造も根本は同じであることを前提として、言語と思考の関係が演繹的に捉えられる。そこでトゥエは次のように肯定する。「『伝統見解』は文中の主語と述語を文の二つの主要成分であるとみなすが、この見方は時代遅れでない」[Hoàng Tuệ 2001: 718]。この「伝統見解」は、主語と述語を文の主要成分と捉えているところから、一般理性文法を指したといえる。その「伝統見解」に対比されるものは、上述の説明に基づけば、構造文法や生成文法であるといえよう。

「伝統見解」の二つ目は次のとおり。トゥエは、「テニエールやマルティネら流のヨーロッパ構造主義者たちによる文構造認識の最初の段階は、普通文の構造を、「伝統見解」に基づき「主語＋述語（＋補語）」の成分からなるとみることに始まる」と指摘する［Hoàng Tuệ 2001: 723]。この「伝統見解」は、普通文を主語と述語の成分からなるとみていることから、一般理性文法を指したといえる。その「伝統見解」に対比されるものは、この文脈からすればヨーロッパ構造主義者にあたるが、一般的には構造文法のことであろう。

「伝統見解」の三つ目は次の文脈においてである。トゥエは、文を意味上から主題部と解説部に二分するプラハ機能言語学学派の中心人物マテジウスの「実在分断（Actual division)」論と、チョムスキーの生成変形文法の二つの考え方は、学校教育のベトナム語文法解説にも有用だとしている。その理由として、「伝統見解」、「分布見解（分布文法）[14]」、「機能見解（機能文法）」らのグループは前後の文脈にとらわれない分析性と非文脈性をも

14　アメリカの言語学者ブルームフィールドが1933年出版した『言語』のなかで文をツリー状に分けて分析した文法論のこと。直接構成素分析と呼ばれる。

つが、一方の実在分断論と生成変形文法のグループは会話心理やコミュニケーション性を加味して分析するからだとしている［Hoàng Tuệ 2001: 727］。ここで使われている「伝統見解」が何を指すのかを知るためには、次の点を考慮すればあきらかになろう。まず「伝統見解」が「分布文法」、「機能文法」と一緒に並置されている点である。さらに「分布文法」の意味を考えた場合、「分布文法」は直接構成素分析のことを指し、構造主義言語学の先駆けとして構造文法のひとつとみなせる。とすれば、この「伝統見解」は、「構造文法」、「機能文法」へつづく一連の文法論の、その一つ前の文法論とみるのが妥当となるから、「伝統見解」が一般理性文法を指したと考えられる。

その「伝統見解」に対比されたものは、ここではいくつかの文法論があげられてはっきりしないが、「伝統見解」が「分布文法」、「機能文法」と同一のグループにまとめられていることから、そのまとめられたグループに対比するグループを指すと考えられる。だとすれば、それは、実在分断論や生成変形文法である。

以上の「伝統見解」の3箇所を総合してその指示内容を解釈するなら、「伝統見解」は一般理性文法を指したといえよう。またその「伝統見解」に対比させた文法論は、構造文法、生成文法、実在分断論や生成変形文法である。その指示内容は様々である。すなわちトゥエの「伝統見解」は、文脈や使い方によって対比されるものが複数にわたった。

4　機能論以後

カオ・スアン・ハオは、文法書『ベトナム語——機能文法草案』（初版1991年）［Cao Xuân Hạo 2004］の中で、「伝統文法」という術語を用いている〈以後カオ・スワン・ハオを単に「ハオ」と呼ぶことがある〉。この著書は、機能文法論を体系的、理論的にベトナム語で書いたさきがけであり、この本の出版をきっかけにベトナム語文法界はこぞって機能文法論に傾倒するようになる。その結果、後で紹介するダオ・タイン・ランの『題説構文にもとづくベトナム語単文の分析』やジエップ・クワン・バンの『ベトナム語文法』の文法書が誕生する。

さてハオは、「伝統文法」を、モダリティー（Modality：話し手の心的態度）を説明する項目のなかで「表現形式に固有の偏りのあった「伝統文法」では、体系をもってモダリティーの方法が描写されることが極めて少なかった」というくだりで使用する［Cao Xuân Hạo 2004: 101］。この文意は、伝統文法がほとんどモダリティーに注意を払わなかったことを述べている。ハオは、その前文で「モダリティーとは主体が態度や評価を表現することだ」と書いた。それからすれば、ハオのいう「伝統文法」は、主体が態度や評価を表現しない立場をとる文法を示すことになる。またハオはその後の文で、「伝統文法」がモダリティーを「提起語（Khởi ngữ）、否定副詞（Phó từ phủ định）、モダリティー動詞（động từ tình thái）」などという術語を用いて表現し、時にはそれらの語を虚詞（Hư từ）に入れて分けたことを指摘する。それらの代表をグエン・キム・タンやグエン・アイン・クエ（Nguyễn Anh Quế）だとしている。提起語はグエン・キム・タンが使い始め、虚詞はグエン・アイン・クエがベトナム語を実詞と虚詞に分けてベトナム語文法をとらえようとしたものだが、そのタンの文法論はあとの第4節でみるように、ソビエト言語学式構造主義である。またグエン・アイン・クエの文法論も、ソビエト言語学で文法研究の中心的単位となった「句（Đoản ngữ）」という術語を使用し、また彼の参考文献表に多数のソ連人研究書が列記されていることから、構造主義的である［Nguyễn Anh Quế 1988: 252-255］。その考察からいえば、ハオの「伝統文法」は構造文法を指していたことになる。またハオの「伝統文法」が対比させていたものは、言うまでもなく「構造文法」である。

ジエップ・クワン・バンは、文法書『ベトナム語文法　第一集』（初版1991年）［Diệp Quang Ban 2002］の「ベトナム語文法単位体系の注釈」という項目で、「伝統文法学（Ngữ pháp học truyền thống）」という術語を用いる。その箇所とは、ベトナム語文法の最小単位を「語（từ）」とすべきか「音節（tiếng）」とすべきかと逡巡する議論のなかで、著者が「語」に頼るべきと結論づけた文の脚注の、次の文脈である。「『伝統文法学』はいつでも語を出発点としてきたし、文法基礎単位とみていた。……現在では、一言語の文法構造の基礎単位と、一見すれば明らかな単位とを区別するときは、記述文法手法（我々は「中心単位」と呼ぶ）によってその基盤が得られる。……しかし記述文法手法に頼りすぎれば矛盾がおこるので、一見して明らかな単位である「語」を基礎単位としたい……」［Diệp Quang Ban 2002: 35］。この脚注の文脈において、バンは、ベトナム語の最小文法単位設定にあたり、その単位は記述的構造的にみれば「音節」になるが、一方「語」という単位もそれ以上にあきらかに存在するので、自分は語のほうに依拠して論を進めたい、と表明した。このことから、彼の基本的分析姿勢が構造文法にあったが、構造文法以前の一般理性文法に設定される「語」の存在も否定しがたいとみていたことがわかる。すなわちジエップ・コン・バンの用いた「伝統文法書」とは、一般理性文法を指し示し、対比させていたものは「構造文法」であったことがわかる。

レー・スワン・タイは、文法書『ベトナム語主述文』の最初の方で「伝統文法」を、何度ども繰り返して使っている［Lê Xuân Thái 1994: 11, 14, 16, 30, 82］。そのうち「伝統文法」の指示内容を最も鮮明に示した箇所がその最初に出てくる。彼は、フランス人言語学者テニエールの次の言葉、「言語と論理を同一視したポールロワイヤル文法、すなわち一般理性文法は形式的な論理学の前提にしたがっており、言語学での議論でない」を引き、それが「伝統文法」の弱点であるとみなした［Lê Xuân Thái 1994: 11］。このことから、この「伝統文法」が一般理性文法を指し示したことがわかる。

それからすれば、レー・スワン・タイが対比させていたのは機能文法であったといえる。それは、彼の『ベトナム語主述文』の結論で分析の難しい非受身文を取り上げるなか、最も重要なことは各成分の伝達・通知機能面の分析であるとし、分析は機能論に基づくことを述べていることからも明白だ［Lê Xuân Thái 1994: 182-183］。

次に、グエン・ドゥック・ザンは「伝統文法」を、文法書『論理とベトナム語』［Nguyễn Đức Dân 1998］の「述語論理（Lôgích vị từ）」の解説箇所で用いる。少し長くなるが、その解説箇所の一部分全体を以下に引用する。引用部分はその範囲がわかるように鉤カッコ（「 」）で囲んだ。

「下記の 3 文は主語の部分を変えただけである。〈1〉の主語は一人、〈2〉の主語はすべての人、〈3〉の主語は一部の人を示す。

〈1〉 Ba làm việc này.（バーはこの仕事をする）

〈2〉 Mọi người đều làm việc này.（全ての人はこの仕事をする）

〈3〉 Một số người làm việc này.（何人かがこの仕事をする）

さらに次の 2 文は、〈4〉は立つ、〈5〉は縛るというように述語が異なる。

〈4〉 Một con trâu đứng ở bụi tre.（一頭の水牛は竹藪に立つ）

〈5〉 Một con trâu buộc ở bụi tre.（竹藪に縛られている一頭の水牛）

〈4〉と〈5〉の文は見た目が同じである。もし「伝統文法」方式にしたがって文を分析すれば、その 2 文の文法形式は全く同様である〈文中を主語（chủ ngữ）、述語（vị ngữ）、補語（bổ ngữ）などの各成分に分け分析した場合〉。しかしながら、訳文の比較からもわかるとおり理論的本質が異なる」［Nguyễn Đức Dân 1998: 20］。

この説明から、グエン・ドゥック・ザンの「伝統文法」とは、文を主語や述語もしくは補語に分けて分析する方法を指していることがわかり、一般理性文法のことである。その「伝統文法」に対比される対象は、この引用箇所のみでははっきりしていない。しかしながら、それはザン独自の文法論を指すはずである。彼の文法書は、論理とベトナム語の関係を考察したもので、ベトナム語が論理に矛盾していないかという点に基づいて書かれ、その根底には論理と言語が一致するという前提があったと筆者は理解している。その内容と前提から考えあわせてみれば、この「伝統文法」に対比されたものは、構造文法でもなく機能文法でもない、論理的なベトナム語文法の確立を目指した「論理文法」と呼ぶべきものであろう。

グエン・ミン・トゥエットは、グエン・ヴァン・ヒエップとの共著である文法書『ベトナム語文成分』［Nguyễn Minh Thuyết và Nguyễn Văn Hiệp 1998］の「伝統言語学の文成分理論」という項目で、「伝統文法」を次の3箇所で用いている。一つ目は、「『伝統文法』において、実質的な文成分の確定とは、品詞とその語形態にもとづく話し言葉を各実詞に分類することだ」と述べた箇所［Nguyễn Minh Thuyết và Nguyễn Văn Hiệp 1998: 11］。二つ目は、「『伝統文法』の文成分解決方法の最大の問題点は、文成分確定指標の普遍性の欠如である」という箇所。ここでは、語形変化しないベトナム語が、インド＝ヨーロッパ言語と比べて、語という単位のみでは品詞を確定するのが困難であるという議論のなかで用いられる［Nguyễn Minh Thuyết và Nguyễn Văn Hiệp 1998: 12］。三つ目は、「『伝統文法』は、論理判断分析において、もともと文の主要成分と文の補助成分という概念が存在しないために閉塞状態に陥っている」という箇所である［Nguyễn Minh Thuyết và Nguyễn Văn Hiệp 1998: 14］。

以上の3箇所の中心的内容とは、「伝統文法」は文成分確定に品詞分類を行うが、その際分類上の指標が必要だと唱えたことと、「伝統文法」は論理判断分析をするが、文中の主要成分と補助成分を分けないことの二点である。こうした内容から判断して、グエン・ミン・トゥエットの「伝統文法」は一般理性文法を想定していたことがわかる。一方で、その「伝統文法」に対比されているものは、彼の文法論であるはずだ。彼の文法論は書名からわかるとおり、文成分から解釈する文法論であるが、主語、述語等の主要成分や補助成分を確定する以外に、階層概念を明確に打ち出している。つまり伝統文法に構造主義分析手法をかぶせた構造文法の一種とみることができよう。

ダオ・タイン・ランは、文法書『題説構文にもとづくベトナム語単文分析』のなかで「論理基礎に基づいて言語形式構造を記述するのが「古典文法」」と述べている［Đào Thanh Lan 2002: 12］。論理基礎とは、その引用部分の後にある説明からわかるように、本来は論理学用語の主語と述語が存在することにより命題が成り立つ基盤を指す。そのことから、この「古典文法」が一般理性文法を示すことがわかる。そのため「古典文法」は「伝統文法」と同義とみなせるが、これは本人に直接質問して確認済みだ。またこの「古典文法」と対比させている文法論は、この書名から明らかなように題説構文であり、一種の機能文法だといえる。

再びジエップ・クワン・バンに登場を願う。彼は既述のとおり、1991 年の『ベトナム語文法　第一集』に出版した段階では、まだ構造文法を用いてベトナム語文法を解説しているが、その後転向して機能文法に傾倒する。2005 年初版の、イギリス人言語学者ハリディの機能文法論をベトナム語文法解説へ全面応用した『ベトナム語文法』では、「伝統文法」を構造論、機能論と並列させている〔Diệp Quang Ban 2005: 6〕。それは「伝統文法」を、あたかも構造論、機能論に先立つ一文法論と位置づけているようである。この「伝統文法」の指示内容は漠然としているが、一般理性文法を指し、それとの対比は構造論や機能論だとみなせる。

ベトナム語研究史全体を初めて本格的にまとめた『ベトナム言語学略史』〔Nguyễn Thiện Giáp 2005〕の中でも「伝統文法」の語句は用いられる。その著者グエン・ティエン・ザップは、「伝統文法」では語法（形態論）研究が優先され、句法（統語論）研究がほとんどなされてこなかったと指摘する〔Nguyễn Thiện Giáp 2005: 253〕。この「伝統文法」は、語法が優先と述べられていることから一般理性文法を指し、それに対比されるものは句法と言及されるところから構造文法といえる。

またグエン・ヴァン・ヒエップも、ジエップ・クワン・バンと同様に、構造論、機能論と並置させて「伝統文法」を用いる〔Nguyễn Thiện Giáp 2005: 248〕。ヒエップの「伝統文法」は一般理性文法を指し、それに対比させたものは構造論、機能論とみなせる。

5　小結

ここまで 1962 年以降ベトナム言語学の文法書および論文に現れた「伝統文法」あるいはそれに準ずる術語が、どんな指示内容をもち、どんな文法論と対比されてきたのかを確定してきた。

仏領期文法の代表とみなされた文法書の発刊（1940）以降、1960 年頃までは、「伝統文法」およびそれに準ずる術語が文法書や論文上に現れない。「伝統文法」に準ずる術語が初見されるのは 1962 年の文法書で、1970 年には「伝統文法」という現在と全く同様の術語が現われる。

これまでの確定作業から、「伝統文法」の指示内容は大体が一般理性文法をさし、またその「伝統文法」に対比されている文法論は、1991 年のカオ・スワン・ハオの機能文法（論）を境として、それ以前は構造論、それ以後は機能論を指す傾向が強まる。ここまでの「伝

表1 「伝統文法」の指示内容と対比されるもの

文法学者名	出版年	指示内容		対比されるもの（著者の文法論）
		術語	文法論名	
ホアン・トゥエ	1962	文法の伝統、伝統観念、伝統文法学、伝統文法書	仏領期文法（一般理性文法）	構造文法
グエン・キム・タン	1963/64	伝統文法学	一般理性文法	構造文法
リュー・ヴァン・ラン	1970	伝統文法	一般理性文法	構造文法
グエン・タイ・カン	1975	伝統文法	一般理性文法	構造文法
ホアン・チョン・フィエン	1980	伝統文法	一般理性文法	構造文法
リー・トアン・タン	1981	伝統文法	一般理性文法	機能論
ディン・ヴァン・ドゥック	1985	伝統文法学	一般理性文法	構造文法
ホアン・トゥエ（再出）	1988	伝統見解	一般理性文法	構造文法、生成文法、実在分断論、生成変形文法
カオ・スアン・ハオ	1991	伝統文法	構造文法	機能文法
ジエップ・クワン・バン	1991	伝統文法学	一般理性文法	構造文法
レー・スアン・タイ	1994	伝統文法	一般理性文法	機能文法
グエン・ドゥック・ザン	1996	伝統文法	一般理性文法	「論理文法」
グエン・ミン・トゥエット	1998	伝統言語学	一般理性文法	構造文法
ダオ・ライン・ラン	2002	古典文法	一般理性文法	機能文法（題説構文）
ジエップ・クワン・バン（再出）	2005	伝統文法	一般理性文法	構造論、機能論
グエン・ティエン・ザップ	2005	伝統文法	一般理性文法	構造論
グエン・ヴァン・ヒエップ	2005	伝統文法	一般理性文法	構造論、機能論

統文法」の全検証結果を時系列順にならべると、次のような表が作成できる。

では、この表をみて読み取れる傾向と特徴を考えた場合、すぐさま次の3点が抽出できよう。

1 「術語」欄をみると、「伝統文法」の他に、それに準ずる術語として「文法の伝統」、「伝統観念」、「伝統文法学」、「伝統文法書」、「伝統言語学」、「伝統見解」、「古典文法」が挙げられており、それらの用語が使用されたことがわかる。

2 「指示内容」欄をみると、ホアン・トゥエ（1962）の「仏領期文法」とカオ・スアン・ハオ（1991）の構造文法を除き、「一般理性文法」が挙げられている。その結果から、ベトナムの「伝統文法」は、そのほとんどが一般理性文法を指したことがわかる。

3 「対比されるもの」欄をみると、そこに示された文法論は、構造文法（構造論）、機能文法（機能論）、実在分割論、生成変形文法、「論理文法」と様々である。しかしながら、最も多かったものは構造論である。その構造論に次に多いのが機能論である。その二大潮流を時代別に追うなら、リー・トアン・タンを皮切りにカオ・スワン・ハオの機能文法（1991）を境として、それ以前は構造論、それ以後は機能論に二分できる。構造論の場合は、[一般理性文法／構造論] という対比で使用された。時代が下り増えてくる機能論は、その対比が一部明確でないが、一人カオ・スアン・ハオの [構造論／機能論] を除き、[一般理性文法／構造論または機能論] で捉えられる。

以上、表1からすぐに読み取れる傾向を3点抽出したが、もうひとつ表から読み取れる傾向を述べておきたい。それはホアン・トゥエ（1988）から現われる傾向である。トゥエは、「伝統文法」に対比されるものを一つの文法論におかずに、構造文法、生成文法、実在分断論、生成変形文法などの複数の文法論を指すような使い方をした。そのような使い方をすると「伝統文法」に対比される対象がいくつも存在してくるため、「伝統文法」自体の像がぼやけてくる。さらにカオ・スワン・ハオの機能文法（1991）の登場は「伝統文法」の使い方を変えた。それまで通常「伝統文法」が指すものは一般理性文法で、対比されるものは機能文法であったが、ハオは「伝統文法」に対比されるものを「機能文法」に置いたため、「伝統文法」が「構造文法」を指すことになった。ハオ以降、この対比による「伝統文法」の使い方が増えたことにより、「伝統文法」が、ときには一般理性文法を指し、ときには構造文法を指すようになった。これでベトナムの「伝統文法」のイメージが重層的でより曖昧なものになった。

以上の分析から、ベトナム言語学の「伝統文法」の指示内容とその対比対象がはっきりした。さらに90年代以降の「伝統文法」は、そのイメージが重層的となり一層の曖昧さをもつようになったことを指摘したが、この点がまさしく「伝統文法」の指示内容をわかりにくくしている原因ではないかと考える。では、この点を含めて、次節では、なぜ今ベトナム言語学で「伝統文法」という術語がよく使用されるのかその理由を考えてみたい。

4 「伝統文法」が使われる理由

これまで、ベトナムの「伝統文法」とは何か、その「伝統文法」が指すものと対比されるものについて考察を深めてきた。しかし、「なぜ」伝統文法という術語が使われ出し、「なぜ」現在もよく使われるのかという点は言及してこなかった。本節では、「なぜ」伝統文法がベトナムで用いられるようになったのか、また「なぜ」現在もよく使用されるのか、その理由を考察する。

筆者はその考察にあたり、「伝統文法」が使用される理由について次の2点から検討をすすめる。その1点目が政治的要因である。政治面からの検討により、なぜ伝統文法という術語が使われはじめたのかその理由を提示する。2点目が「伝統文法」の語義の曖昧さである。その語義の曖昧さの議論を通じて、なぜ現在も「伝統文法」がよく用いられるのかをその理由を提示したい。

1　政治的動機

ここでは、なぜ伝統文法という術語が使われはじめたのか、いくつか考えられる政治的動機から検証してみたい。

まず一つ目の要因として、1945年のベトナム独立が契機となったと考えられる。その独立により北ベトナムの教育の場ではフランス語からベトナム語のみの使用へと変わった。その以前の仏領期の教育の場ではフランス語を使用していたが［Phan Ngọc 1983: 28］、独立後は表記文字をローマ字にしたベトナム語（クオックグー「国語」）の使用に限定した［Hoàng Phê 1960: 24］。この過程が結果的に仏領期の学術用語を捨てさせることになった。この使用言語の変革にともない、北ベトナムの文法学者はクオックグー表記のみによるベトナム語文法の再建設を図った。この際、仏領期の一般理性文法を、仏領期文法の代表である『ベトナム文法』の術語「Văn phạm（文範）」を用いて示せば、「仏領期文法（Văn phạm thời thực dân Pháp）」ということになってしまう（実際そんな名称はない）。ところが仮にVăn phạmというフランス時代の想起させる術語を使ったとなれば、フランス時代を否定し輝かしい社会主義建設の途上にあった当時においては具合が大変悪かった。そこで別称をつける必要があったと考えられる。その結果、「伝統文法（Ngữ pháp truyền thống）」という術語がうまれたとする推理である。

また二つ目の政治的動機として考えられるのが、北ベトナムが独立期（1954-）以後、抗米体制を敷く中でソ連へ接近し、政治のみならず学術面でもソ連への傾倒を進め、ソ連の強い指導的影響を受けていた点である［Nguyễn Kim Thản 2003: 269］［Hoàng Tuệ 2001: 384］。当時ソ連の文法学界では、名詞句、動詞句などの「句」を文法の一単位とする句構造の研究が盛んであった［Nguyễn Thiện Giap 2005: 76］。そうした中でグエン・タイ・カンは1955-1960年まで、グエン・キム・タンは1961-1963年まで、同じくレニングラードでベトナム語の教鞭をとるなか、ソビエト言語学の、特にレニングラード学派の学問イデオロギーを習得する［Nguyễn Thiện Giáp 2007: 269, 280］。さらに、タンの方は、言語学院のファム・ヴァン・ティン（Phạm Văn Tình）の説明によると、ソビエト留学前に 1950–1957 年という長期間、北京でベトナム語を教えている。カンやタンが学んだソビエト構造主義的文法論の特徴は、文の下位レベルを名詞句と動詞句とに分け、それぞれの句内部の構造を見分けようとしたことであり[15]、それまでの、ただ文を論理学的に二分して主述関係を見つけ、品詞分類のみに注意をむけた仏領期文法とは内容が異なった。そうした事情を考慮するなら、ソ連に長期留学しソビエト流構造主義的手法に頼ったベトナム人文法学者たちが、一時代前の仏領期文法を、時代遅れの「伝統文法」と呼んだのも合点がゆく。

三つ目の政治的動機とは、ベトナム人言語学者が政治と密接に関与していた事実から、政治が言語学の方針を決定していた可能性である。抗仏戦期（1946–1954）から抗米戦期（1955–1975）にかけて、ホアン・トゥエ、グエン・キム・タン、グエン・タイ・カンの 3 名はともに共産党の党員として、ベトナム言語学を新しく作り上げる立場にいた。ホアン・トゥエは抗仏戦期、中部人民委員会の高級行政幹部を務め、またビンチティエン区（ベトナム中部）・中部ラオス前線の政治課に勤務し、青年の指導育成にあたった。抗米戦期になると、ハノイ師範大学言語学部学部長に就き、その後ハノイの言語学院初代院長に就任し、ベトナム言語学専門誌『言語』の編集長も長年兼務した［Nguyễn Thiện Giáp 2007: 287］。グエン・キム・タンは若くから頭角と現し、ハイズオン省キムタイン県党委員会書記長、ハイズオン省党委員会事務局長の役職に就いた青年政治家であったが、党の指示により中国での言語文学の学習に配置され、1950–1957 年まで北京の各大学でベトナム語を教えることになる。さらに 1963 年のソ連留学終了後は言語学院の前身である言語学委員会の副委員長になる。その後言語学院の副院長と『言語』の編集長を務め、そののちには百科事典学院院長などを歴任した［Nguyễn Thiện Giáp 2007: 282］。グエン・タイ・カンは、抗仏戦期、大学予備学校の助手、第 4 連区教育区専門室長（1953–54）の役職に就き、その後 1955–1960 年までソ連留学するが、ソ連の言語文学分野においてベトナム人として初めて副進士（現在の博士号）を取得する。そののち 1961-1971 年までハノイ総合大学言語学部学部長の地位にあった［Nguyễn Thiện Giáp 2007: 269, 486］。

15　グエン・キム・タンの 1977 年の論文『句問題』によれば、ロシアの多くの文法学者は句単位を中心に文法を議論してきたが、最近では二つの句から成り立つ主述関係はすでに述語の優位性が唱えられ、文が命題にしたがって主述の二成分から成り立つとするくびきからはすでに脱した、という［Nguyễn Kim Thản 2003: 269-270］。

こうした経歴からもわかるように、彼らは1954年以前の抗仏戦期より共産党政権樹立のために奉仕した古参党員であった。北ベトナムがフランスから独立を勝ち取ったのち、彼らは言語学研究の指導的立場に就くが、そこではクオックグー表記によるテキスト作りを中心とした新たなベトナム言語学創設という任務をおびていた。

そのなかの一つの任務が文法書の作成であった。抗仏戦期（1946–1954）中から、のちの教育省は、クオックグー表記によるベトナム文法教科書の作成を、グエン・ランを編纂主幹としてベトナム語研究者たちに指示している［Nguyễn Lân 1957: 3］。その10年に渡る成果として、1956年、『5年生用ベトナム文法』、『6年生用ベトナム文法』、『7年生用ベトナム文法』の計3冊が一挙に出版され、その後のベトナム言語学の文法の土台となる。

ホアン・トゥエをはじめとするその3人は、その土台をもとに、新しいベトナム言語学を築き上げる。そこで、彼らが「文法」を指す術語自体を、フランス時代の「文範」とは違う、新しい術語に置き換えようとし、術語変更を推し進めたと考えることは容易に理解しうる。その端緒をはっきりと示す記述がグエン・ランの『5年生用ベトナム文法』序文に書かれている。「Văn phạm（文範）」から「Ngữ pháp（語法）」への変更は「教育省の指示に従ったものだが、この数十年来自由（解放）区の各学校で使われてきた語である」［Nguyễn Lân 1957: 3］。

この解放区での成果を受け継いだ彼らが、仏領期のイメージを断ち切ろうとしたことを示す一つの傍証がある。現在の文法を指す「Ngữ pháp（語法）」という術語の出現である。独立期（1954–）以前は、チャン・チョン・キムらの文法書の題名につかわれた「Văn phạm（文範）」を用いて文法を指すのが優勢であったが[16]、独立期以降は「語法」に取って代わられる。

グエン・ランの文法書（1956）に沿うように、彼ら3名は、1959年から1962年までの著作のなかで「語法」のみを用いている。グエン・キム・タンは、1959年に「現代ベトナム語文法（Ngữ pháp tiếng Việt hiện đại）」という論文をタイプ打ちで仕上げており、それは未出版物で現在ハノイの社会科学院図書館に所蔵されているが、その題名にはすでに文法を指す「語法」という術語が用いられている。またホアン・トゥエの1962年出版の文法書にも、「語法」という術語を用いられている。さらにグエン・タイ・カンが1960年に書

16　グエン・ヒエン・レーとチュオン・ヴァン・チンの研究によれば、独立期以前に「語法（Ngữ pháp）」が文法の意味で用いられた最初は、1939年ハノイで発行された『騒壇』新聞のグエン・チュウ・ルオットが書いた「ベトナム語文法書を作る方法」という論考であると述べている［Nguyễn Hiến Lê 2006: 102］。

き上げ1975年になって出版された文法書のなかでも、やはり「語法」という術語が用いられている[Nguyễn Tài Cẩn 1975: 11]。このように北ベトナム文法学者を代表する3名全員が、1959年から1962年までの間に執筆した著書のなかに、文法を指す術語として「語法」を用いていたことがわかる。

南部に移って文法研究していたグエン・ヒエン・レーも、1952年の最初の文法書では「文範」を使ったが、その北部の術語変化に呼応するように、1963年のチュオン・ヴァン・チンとの共著では「語法」と呼ぶようになる。グエン・ヒエン・レーたちは、その著書のなかで、「「文範」だと文章の型の意味も含むため適さず、「語法」の方が口語文法の並べ方を表す」とその変更理由を述べている［Nguyễn Hiến Lê 2006: 102]。いいかえれば、レーらの文法論が以前の著書と比べて特にシンタクス（統語論）を意識して論じたため、意識的に「語法」という術語へ変更したということである。

「文法」を指す術語の変化は、グエン・ヒエン・レーらが述べているとおり、文法研究範囲を忠実に反映させる措置だったことも事実だと思われるが、筆者はそれ以外の理由による方が大きかったのではないかと考えている。それ以外の理由とは、仏領期と独立期の間に横たわる政治的断絶である。欧米日の学術界は、学術ができるだけ政治の干渉を受けないようにするのが一般的だが、ベトナムでは事情が全く違った。当時のベトナム独立当時の状況を考えるなら、学術は政治の手段であった。若き政治家だったグエン・キム・タンが中国留学に配置されて学者に転身した一例だけをみても、学術は完全に政治に仕える時代だった。独立期の北ベトナムの文法学者にとって仏領期の「文範」はフランス語文法のイメージを与えるために払拭すべきものだったと想像できる。ホアン・トゥエは、1962年の文法書に「Ngữ pháp（語法）の伝統」という言い方をしているが［Hoàng Tuệ 2001: 382, 385]、それが前時代の仏領期文法を指していたことは間違いない。というのも、「語法」が新しく定着するなかで、「文範」が使用されない状況となったため、「語法」に「Truyền thống（伝統）」という言葉を付け加えることによって、仏領期の「文範」を表現しようとしたと考えられる。1922年生まれのトゥエの頭の引き出しには、おそらく「文範」と「語法」という術語が共立していたが、意識的に「文範」は使わずに「語法」を選択したと思われる。だから仏領期の「文範」を言うために、あえて「伝統の「語法」（Ngữ pháp của truyền thống）」という回りくどい表現をしたのだろう。このホアン・トゥエ式の言い方が徐々に広まり、そのこなれた表現として最終的に、「伝統「語法」（Ngữ pháp truyền thống）」すなわち「伝統文法」という表現に落ち着いたのではないかと思われる。

2 「伝統文法」の曖昧さ

次に、なぜ現在においても「伝統文法」がよく使われるのかその理由を考えてみたい。それは「伝統文法」の指示内容の曖昧さに由来すると考えられる。

第3節において、ベトナムの「伝統文法」が新たな文法論と対比されて使われてきたことを詳細にみた。具体的には、「伝統文法」が指したものは一般理性文法であり、それに対比されるものは構造文法や機能文法であった。そこからみえてきたのは、「伝統文法」の指示内容が、それと対比された文法論によって決定されたことだ。対比されるものが構造文法ならば、その「伝統文法」は一般理性文法であり、対比されるものが機能文法ならば、その「伝統文法」は一般理性文法および構造文法論であった。こうした流れのなかで、「伝統文法」の意味内容は作りかえされてきた。すなわちベトナム言語学の「伝統文法」は、他の文法論との対比から、自身の輪郭をつくり変えてきたのである。

しかしながら最近の傾向として注意しておきたいことは、1990年以降の「伝統文法」の使われ方が、特に不用意な口語において「構造文法でも機能文法でもない過去の文法論の総体」を漠然と意味することが多くなっている点である。つまり「伝統文法」が指し示すものが、新しい文法論的視点が提示されるなかで、以前のパラダイムを導いてきた文法論の総体となる場合が起こっている。その意味で、現在の「伝統文法」という語義が、「一般理性文法（仏領期文法）」のみを表すとは言い切れなくなっている。つまり現在の「伝統文法」とは、相対的な概念であり、ある新しい文法論が文法研究者の間で一つの潮流となるなかで、新しいものの独自性を際立たせるための対立概念となっている。現在使われるベトナム語の「伝統文法」の多くがこの用法に拠っている。

その点を踏まえれば、「伝統文法」という概念の本質は、新しい文法論と古い文法論の対立において、新しい文法論の独自性を際立たせるために、古い文法論を指し示すことにある。そこでは、何の文法論と対比されるかによって自身の意味内容も変わる相対的な概念である。そのように曖昧だからこそ、非常に便利で、また恣意的に操作可能な術語でもあるといえる。その点に注意を払う必要がある。

1990年代以降の市場経済化の進展は、言語学界にも大きな変化をもたらした。西側諸国との研究交流が活発になり、新しい言語学理論が矢継ぎ早に入ってくるようになり、言語学者たちはそれらを消化し新しいベトナム語文法論を構築するのに追われている。その際、その新しい文法論がどんな位置にあるのかを示すために、以前の各文法論を詳細に挙げて評価する総括作業が生じる。しかしながら、長期間に渡った戦争と貧困で古い本が手に入りにくい困難な状況が続いたことなどから、その総括作業が厳密にされずにきた。そうした状況のため、過去の文法論との関係を言及することや具体的に何々文法論と言及することが困難である。そこで、意味内容が曖昧で、ややもすれば過去のすべての文法論をも網羅できてしまう、非常に便利な「伝統文法」という術語を、注意せずに頻繁に用いるようになったと考えられる。そうした事情が、使われる文脈により意味内容が変化する「伝統文法」という術語の使用を氾濫させてきた理由だと思われる。

3　小結

「伝統文法」が使われるようになったことについて、政治的動機と術語の曖昧さの2点からその理由を考察した。

政治的動機では、次の3つの要因を挙げた。一つ目は、1950年代後半、北ベトナムの言語学者は、「伝統文法」というフランス時代（仏領期）を想像させない名前を付ける必要があったため。二つ目は、ベトナム言語学の言語学者はソ連に留学してソビエト言語学の構造主義的学風を強く受けて自らの学術を確立したが、その立場から旧時代の仏領期文法（一般理性文法）を指し示す言葉が必要となったから。三つ目は、学術と政治の密接な関係のなかで、ベトナム言語学は新設の言語学を立ち上げるさい術語を改変し、その一つに「文法」を示す「語法（Ngữ pháp）」という術語があったから、という点をそれぞれ提起した。

術語の曖昧さという面からは、その曖昧さが「伝統文法」の利用を増やしていることを指摘した。また最近「伝統文法」が「構造文法でも機能文法でもない過去の文法論の総体」を漠然と意味することが多いが、これは最近多様な文法論が氾濫するなか、言語学者が過去の文法論をレビューするのが困難なため、各文法論を一緒くたに「過去の文法論」と呼べる「伝統文法」を恣意的に用いるからだと論じた。

5　結論と展望

ベトナム言語学界に存在する「伝統文法」という概念がどんなものかを知るために、ベトナム言語学における、「伝統文法」とは何か、その「伝統文法」が指すものと対比されるものは何か、またその「伝統文法」が使われる理由は何かという3つのテーマに分けて考察を進めてきた。そこから引き出せた主要な事柄とは下記の4点である。

1 「伝統文法」は通常、仏領期文法、すなわち論理と言語を同一視する一般理性文法を指す。

2 独立期以降の多数のベトナム語文法書に、「伝統文法」あるいはそれに準ずる言葉が使われていた。「伝統文法」に準ずる術語が使われ始めたのは1962年以降、「伝統文法」と全く同様の術語が現われるのは1970年以降である。「伝統文法」に対比される文法論は、1960年代、70年代には構造論が最も多く、90年代以降では機能論である。

3 「伝統文法」が用いられた理由は、ベトナム独立当初に、仏領期時代の文法論を指すのに、フランス時代を想像させない用語が政治的に必要だったことや、独立期のベトナム言語学を新たに創設しようとした人々が「文法」という術語を「文範（Văn phạm）」から「語法（Ngữ pháp）」へ改変したことが作用した。

4 「伝統文法」の近年の特徴として、研究史レビューなどで「構造文法でも機能文法でもない過去の文法論の総体」として用いられることが多い。多用される理由はその語義が曖昧で使いやすいからである。たとえば、ある筆者が依拠するある新しい文法論に対して、対比されるすべての文法論を「伝統文法」として済ませられるからである。そのため使用上注意が必要な術語である。

以上の4点が本稿の結論である。この結論を踏まえて、もう一つ筆者の感想とでもいうべきものを付け加えておきたい。

この研究を通じてわかった、筆者の最大の発見は、『ベトナム言語学の「伝統文法」』が論理学の命題に基づく「文は二分割される構成をもつ」ことを前提とした文法論を指していた点である。しかし考えてみれば、この点は伝統文法に限られた前提ではなく、そのあとに続く文法論にも暗黙の了解として引き継がれたのではないか。結局、構造文法や機能文法も、この「伝統文法」の最大の特徴を捨てられずに背負っていると筆者は考えている。

この前提が構造文法や機能文法にも適用されていたことを証明するにはさらに別稿を要さなければならないが、それは今後の課題とすることにして、ここでは、本稿の研究によって、筆者がベトナム語文法史上の三大潮流を感じ取れたことを指摘しておきたい。その3大潮流とは、時代区分も添えて列記するなら、大略以下のようになる。

1 一般理性文法 ……仏領期（1887-1954）

2 構造文法 ……独立期当初（1954-）

3　機能文法　　　……1990年代以降

このように、ベトナム言語学の文法論は、仏領期の一般理性文法、独立期当初のソビエト仕込みの構造文法、そして最後に1990年代以降の機能文法という変遷をたどってきたとみることができる。この大まかな変遷がわかることにより、特に1990年代以降、文法論の主流が構造文法論から機能文法論へと移るなか、機能論からの立場の文法学者たちが、仏領期文法や構造文法をまとめて曖昧に「伝統文法」と呼んで多用してきた理由もはっきりしてくるのである。

最後に、筆者の最大の関心事であり、ベトナム「伝統文法」の最大の特徴である、「文が二分割される構成をもつ」という前提について、筆者の批判的見解を付け加えて終わりたい。

ベトナム語文のすべての種類を、主部と述部に二分割して解釈する前提は、その分析を誤るもとと考えている。一部の文型は、全体が二分割されるのではなく、主語と述語のさらに後ろに解説（述語）を加えてゆける、「述語追加構造（仮称）」をもつと考えている。その構造は従来の伝統文法では説明しにくい。たとえば、次に挙げる3種類の文型の文例がそれにあたる。

1　Các bạn trong đội **làm việc rất hăng say và vui**. [Báo sinh viên Việt Nam số 28, 13/5/2005]
　組の仲間たちは仕事し、とても積極的に楽しんでいる。

2　Tôi **đi ra** chợ **mua** thức ăn **về làm cơm đãi khách**. [UBKHXH1983:146]
　私は、市場に出かけて食料を買い、家に帰って、客をもてなす食事をつくる。

3　Ba đã **gặp** đứa bé **đi câu**. [Nguyễn Đức Dân 1992: 172]
　父は釣りに出かける少年に会った。

一つ目の文例は〈名詞＋動詞＋形容詞〉の文型であるが、最後の形容詞は英語の副詞のように動詞に係ると考えるのではなく、二つの述語があると考えるべきだ。

二つ目の文例は〈名詞＋動詞1＋動詞2……動詞n〉と続く文型である。これらの動詞どうしの関係は、文法学者ホアン・チョン・フィエンが提示した「述語の数珠連なり（chuỗi vị ngữ）」[Hoàng Trọng Phiến 1980: 185] のように並列関係として捉えるのではなく、それらの動作が進行する順に並ぶ規則があると考えるべきである。またそれぞれの動詞は一つの主語に対してそれぞれ個別の主述関係をもつことから、述語が複数個あるとみるべきだ。

三つ目の文例は〈名詞 1 ＋動詞 1 ＋名詞 2 ＋動詞 2〉の文型である。この文型もすでにフィエンが提示済みだが、名詞 2 の部分が動詞 1 の目的語になると同時に動詞 2 の主語になるベトナム語らしい文型であり、「チェーン文（Câu móc xích）」と呼ばれている［Hoàng Trọng Phiến 1980: 165］。この文型の解釈はフィエンの説に従いたい。

現代言語学は、語を意味面と形式面の一体化したものとして言語を理解するソシュール以来の視点をひきずってきた。しかしながら、文については、伝統的解釈である論理と文法は一致されるという前提をひきずってきたため、現在も元来論理学の用語である主語と述語が文法用語として使われている。この事実は、主語と述語の二つの塊が作り出す命題関係（A は B である）があることによってのみ、文が成立するという大前提を崩さずにきたことを示している。このベトナム語文法研究の伝統性を正視することなしに、ベトナム語文研究の新しい展開は困難に思われる。

［謝辞］ 本稿の完成までに、民族学の樫永真佐夫氏からは、テーマ選定のヒントや一次草稿の添削を頂き、歴史学の大西和彦氏からは、最終稿で貴重なコメントを頂いた。両氏に感謝を申し上げたい。

参照文献

イェスペルセン（安藤貞雄訳）
2006 『文法の原理（上）』東京：岩波文庫。
風間喜代三・上野善道・松村一登・町田　健
1993 『言語学』東京：東京大学出版会。
川口健一
1998 「ベトナム語」東京外国語大学語学研究所編『世界の言語ガイドブック 2　アジア・アフリカ地域』東京：三省堂。
田中克彦
1993 『言語学とは何か』東京：岩波新書。
2000 『チョムスキー』東京：岩波現代文庫。
田中春美・樋口時弘・家村睦夫・五十嵐康男・倉又浩一・中村　完・下宮忠雄
1978 『言語学のすすめ』東京：大修館書店。
冨田健次
1988 『ベトナム語の基礎知識』東京：大学書林。
2000 『ヴェトナム語の世界』東京：大学書林。
丸山圭三郎
2008 『言葉とは何か』東京：ちくま文芸文庫。
Bùi-Đức-Tịnh

1952 *Văn-Phạm Việt-nam, Sài Gòn,* P. Văn Tươi xuất-bản.

Cao Xuân Hạo

2004 *Tiếng Việt sơ thảo ngữ pháp chức năng,* Quảng Nam, Nxb. Giáo dục.

Cao Xuân Hạo, Hoàng Dũng

2005 *Từ điển thuật ngữ ngôn ngữ học đối chiếu Anh-Việt Việt-Anh,* TP. HCM, Nxb. KHXH.

Diệp Quang Ban

2005 *Ngữ pháp tiếng Việt,* Huế, Nxb.Giáo dục.

Diệp Quang Ban, Hoàng Văn Thung

2002 *Ngữ pháp tiếng Việt tập 1,* Sơn La, Nxb.Giáo dục.

Đào Thanh Lan

2002 *Phân tích câu đơn tiếng Việt theo cấu trúc đề-thuyết,* Hà Nội, Nxb.ĐHQGHN.

Đinh Văn Đức

1986 *Ngữ pháp tiếng Việt - Từ loại,* Hà Nội, Nxb. ĐH và THCN.

Đỗ Hữu Châu, Bùi Minh Toán

2002 *Đại cương Ngôn ngữ học tập 1,* Hà Nội, Nxb.Giáo dục.

Fukuda Yasuo

2006 *Khảo sát một số kiểu kết hợp các yếu tố trong thành phần vị ngữ của câu tiếng Việt,* Luận văn thạc sĩ Ngôn ngữ học ĐHQGHN.

Hoàng Phê

1960 *Vấn đề cải tiến chữ quốc ngữ , Vấn đề Cải tiến chữ quốc ngữ,* Hà Nội,Nxb.Văn hóa, trang 2-139.

Hoàng Trọng Phiến

1980 *Ngữ pháp Tiếng Việt-câu,* Hà Nội, Nxb. Đại học và Trung học Chuyên nghiệp.

Hoàng Tuệ (viết cùng Lê Cận và Cù Đình Tú)

1962 *Giáo trình về Việt ngữ (sơ thảo) Tập 1,* Hà Nội, Nxb. Giáo dục.

Hoàng Tuệ (Viện Ngôn ngữ học Hội Ngôn ngữ học TP. HCM)

2001 *Hoàng Tuệ Tuyên tập Ngôn ngữ học,* TP. HCM, Nxb. ĐHQG TP.HCM

L.C. Thompson

1965 *A Vietnamese grammar,* University of Washington Press, Seattle and London.

Lê Biên

1999 *Từ loại tiếng Việt hiện đại,* Nxb.Giáo dục.

Lê Xuân Thại

1994 *Câu chủ - vị tiếng Việt,* Hà Nội, Nxb.KHXH.

Lưu Nhuận Thanh

2004 *Các trường phái ngôn ngữ học phương tây,* Hà Nội, Nxb.Lao động.

Lưu Vân Lăng

1998 Nghiên cứu ngữ pháp tiếng Việt trên quan điểm ngữ đoạn tầng bậc có hạt nhân, *Ngôn ngữ học và tiếng Việt,* Hà Nội, Nxb.KHXH, trang 9-32.

Lý Toàn Thắng

2002 *Mấy vấn đề Việt ngữ học và ngôn ngữ học đại cương,* Hà Nội, Nxb.KHXH Hà Nội.

Mai Ngọc Chữ, Vũ Đức Nghiệu, Hoàng Trọng Phiến

2006 *Cơ sở ngôn ngữ học và tiếng Việt,* Hà Nội, Nxb.Giáo dục.

Nguyễn Anh Quế

1988 *Hư từ trong tiếng Việt hiện đại,* Hà Nội, Nxb. KHXH.

Nguyễn Đức Dân

1998 *Lôgích và tiếng Việt,* Hà Nội, Nxb.Giáo dục.

Nguyễn Giang

1950 *Cách đặt câu,* Hà Nội, Nxb. Hoành- Sơn.

Nguyễn Hiến Lê (Nguyễn Q.Thắng biên soạn)

2006 *Tuyển tập Nguyễn Hiến Lê III Ngữ học,* TP.HCM, Nxb. Văn học.

Nguyễn Kim Thản

1997 *Nghiên cứu Ngữ pháp Tiếng Việt,* TP.HCM, Nxb. Giáo dục.

Nguyễn Kim Thản (Viện Ngôn ngữ học)

2003 *Nguyễn Kim Thản Tuyên tập,* Hà Nội, Nxb.KHXH.

Nguyễn Minh Thuyết và Nguyễn Văn Hiệp

1998 *Thành phần câu tiếng Việt,* Hà Nội, Nxb. ĐHQGHN.

Nguyễn Lân

1957 *Ngữ pháp Việt-Nam Lớp năm,* Hà Nội. Tác giả xuất bản và phát hành.

Nguyễn Như Ý(Chủ biên)

1994 *Thư mục ngôn ngữ học Việt Nam,* TP.HCM, Nxb. Văn hóa.

2002 *Từ điển giải thích thuật ngữ ngôn ngữ học,* Hà Nội, Nxb.Giáo dục.

Nguyễn Tài Cẩn

1975 *Từ loại danh từ trong tiếng Việt hiện đại,* Hà Nội, Nxb. KHXH.

1999 *Ngữ pháp tiếng Việt,* Hà Nội, Nxb. ĐHQGHN.

Nguyễn Thiện Giáp

2008 *Giáo trình ngôn ngữ học,* Hà Nội, Nxb.ĐHQG Hà Nội.

Nguyễn Thiện Giáp (Chủ biên)

2005 *Lược sử Việt ngữ học tập một,* Hà Nội, Nxb. Giáo dục.

2007 *Lược sử Việt ngữ học tập hai,* Hà Nội, Nxb. Giáo dục.

P.J.B.Trương-Vinh-Ký

1867 *Abrégé de la Grammaire Annamite,* Saigon, Imprimerie Impériale.

Phạm Tất-Đắc

1956 *Phân-tích Tự-loại và Phân-tích Mệnh-Đề,* Sài Gòn, Nxb. ABC.

Phan Khôi

2004 *Việt ngữ nghiên cứu,* Nxb. Đà Nẵng.

Phan Ngọc

1983 Tiếp xúc ngôn ngữ và tiếp xúc ngôn ngữ ở Đông Nam Á , *Tiếp xúc Ngôn ngữ ở Đông Nam Á,* Hà Nội, Viện Đông Nam Á xuất bản, trang 7-75.

Trà-Ngân Lê-Ngọc-Vượng

1942-43 *Khảo-cứu về tiếng Việt-Nam,* Hà Nội, Nxb.Công-Lực.

Trần Trọng Kim, Bùi Kỷ, Phạm Duy Khiêm

1940 *Việt-Nam Văn-phạm (in lần thứ hai),* Hanoi, Lê-Thăng xuất bản.

1940 *Grammaire annamite (Première édition),* Hanoi, Editions Lê-Thăng.

19?? *Việt Nam Văn-Phạm (In lần thứ tám),* Sài Gòn, Nhà Tân Việt xuất-bản.

2007 *Việt Nam Văn phạm (Hội khai trí tiến đức xuấn bản lần đầu năm 1936),* Hà Nội, Nxb.Thanh niên.

Ủy ban Khoa học Xã hội Việt Nam

1983 *Ngữ pháp tiếng Việt,* Hà Nội, Nxb.KHXH.

ベトナムの社会と文化第 8 号
2018 年 2 月 10 日

植民地期北・中部ベトナムの米穀計量単位に見える地域的多様性の考察
ベトナム度量衡史研究の整理と課題を通じて

関本紀子

はじめに

フランス植民地期ベトナム (1887-1945 年) において、植民地政権は度量衡の統一を目指していたが、実現させることはできなかった。植民地期を通じて各時期、各地域で多種多様な計量器や計量単位が用いられていただけでなく、同名の計量単位でも、その相当する量や長さが異なっていた。そうした事例は、文献、史料や文学作品などの中で様々に確認することができる。

しかしながら、社会経済史研究を進める上で不可欠ともいえる度量衡研究が、ベトナムに関しては立ち遅れており、用いられていた計量単位や相当量の差異など、全体像が明らかにされていない現状がある。そのため、単独で計量単位名のみ文献史料中に記載されていた場合、その実際の相当量・長さを判断することが難しい。

度量衡研究が進んでいない現状では、相互に比較し得る同一形式の史料に基づいて、広範囲の事例を検討することが、有効な度量衡研究の方法であると考えられる。そこで本稿では、各省の商業統計上に記載されている度量衡の事例を対象とし、北部、中部ベトナムで実際に用いられていた単位とその相当量について明らかにする。さらに、度量衡の事例からどのような地域差がみられるのか、初歩的な考察を試みたい。

1　研究史

1　度量衡の専論

ベトナムの度量衡に焦点を絞った研究は多くないが、極東学院と東南アジア研究所（フランス国立科学研究センター・プロヴァンス大学）から『東南アジアの度量衡』全2巻が最近、刊行された［Le Roux, Sellato et Ivanoff 2004, 2008］。これは東南アジア地域における度量衡の研究が進んでいないという視点にたって進められたプロジェクトで、第1巻が「オーストロネシア語族地域とその辺境」、第2巻が「大陸部とその辺境」地域を扱っている。全体で40の論文が掲載されており、その執筆者の専門領域も歴史学、民族学、地理学、農学など多岐にわたっている。その内容は、対象とする度量衡も重量、体積、長さ、面積だけでなく時間、数え方、空間、通貨の測定や換算法にいたるまで広範囲に含んでおり、各論文が対象とする時代、地域、民族や方法論も様々である。このことは、逆に東南アジア研究の中で度量衡について特定分野、地域、時代に限定して議論できるだけの蓄積がないことも示している。

第2巻の中で、ベトナムの度量衡に関して4本の論文が発表された。これらの中でも、「ひとつの植民地化から他の植民地化へ――ベトナムにおける度量衡の二つの基準」［Nguyễn Tùng 2008］は、近年で最もまとまった度量衡に関する論考であろう。中国式度量衡が11世紀にベトナムへ入り、以降ベトナム独自に発展してきた制度があった。それはフランス植民地期においても、フランス植民地政権が強いた度量衡制度と並んで、日常生活で広く使われていたことを指摘している。この論文は、こうしたベトナム独自の公式および日常の度量衡に着目し、分析したものである。

具体的な内容は、長さ、面積、容積、体積、重量それぞれの主要単位の略史や、中国の度量衡制度との比較がまとめられており、ベトナム固有の度量衡の全般的な理解には最適である。しかしながら、この論考には再検討すべき多くの問題点が残っている。研究史については全く触れられておらず、植民地統治下阮朝の度量衡法にも影響を与えたフランス側の度量衡に関する法整備については断片的な記述しか見られない。阮朝に関して依拠しているのはベトナム語訳された漢文史料であるが、原文が参照されていない。さらに、度量衡を示すそれぞれの単語については概ね現代に刊行されたベトナム語ローマ字表記による辞典の解説に依拠しており、定義が曖昧である。植民地期、日常において使われているとされる度量衡単位に関しても、代表的な社会経済史研究のごく一部の文献中の事例を挙げるに留まっており、研究史および一次史料での事例発掘が十分とはいえない。

「地方におけるベトナムの度量衡」[Nguyễn Huy et Dorais 2008] は、メートル法が導入された後も、ベトナム固有の旧式制度は部分的にどの地方でも用いられていたことを指摘し、ベトナムの地方で知られている主要な度量衡単位を集め、提示している。この中で、度量衡単位名が文学の中で、抽象的意味合いを含意して使われている事例も挙げられ、興味深い。しかし、この論文も研究史について言及が見られず、注や典拠が一切無い。それぞれの項目で説明されている制度や歴史も非常に限られている。

上記以外の2本の論文は、ベトナムの少数民族の度量衡に着目した研究である。まず、「ひとまばたき（一瞬）からひとにぎりの米まで――中部高原の人々における度量衡」[Maurice 2008] では、オーストロアジア（モン・クメール）諸語、あるいはオーストロネシア諸語に属するバナー族、ジャライ族、ラド族、スレ族とムノン族の各語のなかで見られる時間、空間、容積と通貨を表現する用語を集め、これらを民族学的・言語学的に比較検討したものである。

次に、「ひとわたり、尋、負籠と「労働単位」――ベトナムのブルー族における度量衡単位の民族学的覚え書き」[Vargyas 2008] は、中部高原の少数民族ブルー族の度量衡に関しての文化人類学的研究である。

以上が、近年『東南アジアの度量衡』[Le Roux, Sellato et Ivanoff 2004, 2008] の中で発表されたベトナムの度量衡に関する論文である。

その他、ベトナム語で発表されている度量衡に関する独立した研究として、グエン・ディン・ダウの「往昔のベトナム度量衡問題への貢献」がある [Nguyễn Đinh Đầu 1978a, 1978b]。ダウも税制、物価、物資の生産や供給など、様々な分野の研究においても度量衡は重要な要素であるにもかかわらず、系統的な研究はまだ見られないこと、度量衡に関する記述の多くは、史料によって矛盾し合っていること、を指摘している。その上でダウは、フランス人研究者による歴史、社会経済史等に関する文献やインドシナ年報、『大南典例撮要』や『撫辺雑録』など漢籍資料のベトナム語訳の中の度量衡に関する記述を収集し、それらを比較・検討しながら標準化することで、長さ、重量、容積単位それぞれにひとつの基準を設けることを目的とした。しかし、年代（王朝）別、地域（勢力範囲）別に検討する必要のある17世紀から植民地期までの史料を単純に比較し、全国で一つの基準にまとめていることには疑問を感じる。

フランス植民地期に関して、一次史料を用いた研究として、ヴー・ティ・ミン・フウォンの「1919年から1939年におけるトンキンの度量衡」[Vũ Thị Minh Hương 2002] がある。これは、第一次世界大戦後のフランス本国経済の早期立て直しのため、植民地開発はトンキンにおいても経済、政治、文化、社会の多方向に渡り、それに伴ってフランスの度量衡も徐々にベトナムの市場に持ち込まれていった過程を、明らかにしようとするものである。ベトナム国家第一文書館に所蔵されているRSTのNo. 71315[1]を主に用いて整理し、ヨーロッパや外国と取引があるところはメートル法を使い始めているが、日々の生活では慣習が残っていたこと、主要都市以外の、特に山間部ではメートル法の適用は困難であったこと、こうした状況は20世紀半ばまで続き、さらにマウ（mẫu）やダウ（đấu）といった単位は今日でも使われて続けていることを指摘している。一次史料を用いて各省の度量衡を取り巻く状況を提示したこの論文は、これまでの度量衡研究とは一線を画するものということができる。一方で、この論文は1936年の各省における度量衡現地調査についても考察を行っているが、調査結果を基に作成された表をそのまま提示するにとどまり[2]、各省からの報告書について検討されていない。

次に、長さに関する制度を扱ったものとして、ファン・タイン・ハイの「阮朝の尺度制度」がある [Phan Thanh Hải 2003: 319-327]。ハイは、ベトナム語辞典、中越辞典、地簿、フランス語による歴史書計6冊の中の長さに関する単位の説明、記述を比較し、それぞれ理解が異なっていることを指摘している。さらに、ベトナム歴史博物館、フエ宮廷古物博物館に所蔵されている尺を実際に調査し、用途別の尺を中心に、度量衡制度史に関しても考察を加えている。

フィン・ティ・ビック・ニャンの「フエ宮廷古物博物館における銅製度量衡用具」では、同博物館に収蔵されている阮朝の容積計量器、斛、方、斗、鉢の計4種12個の形状が写真付きで紹介されており、当時実際に用いられていた計量器の理解の一助となるものである [Huỳnh Thị Bích Nhàn 2007: 112-117]。その中で主に『大南会典事例』（以下、『会典』）に依拠して阮朝の度量衡制度の概略がまとめられているが、使用しているのはベトナム語訳である[3]。

1　TTLTQGI、RST、No. 71315, Arrêtés et circulaires du Gouverneur général.1886-1937.

2　この調査結果をまとめた表は、TTQGI, RST, No.71312, Extention au Tonkin de la règlementation des poids et mesures en application en Cochinchin et au Cambodge 1899-1937. の中に保管されている。

3　フィン・テイ・ビック・ニャンは、レ・ティ・バオ・ヴァンと共著で「明命帝期におけるふたまたグエン・ヒュゥ・ティエンは1934年、「度量衡統一の必要性」の中で、過去、そして当時における度量衡の未統一について様々な事例を挙げ、その不都合、不便さを指摘し、早急な統一の必要性を説いている［Nguyễn Hữu Tiền 1934: 333-336］。ティエンが挙げる同時代資料となる事例は、実際民間でどのような混乱が生じていたかを知る上で、非常に興味深い。しかし典拠もなく、度量衡の混乱をやや誇張して書いている傾向もある。

日本においては、中川武氏が研究代表者となって進められている「ヴィェトナム／フエ・阮朝王宮の復原的研究」[4]のなかで、ものさしや尺度制度についていくつかの報告が見られる。

第1に、阮朝王宮の実測調査で得られた数値と史料（『大南一統志』『大南会典事例』）に記された宮廷建築の規模表記を比較し、当時の現地における一尺が実際何メートルの値を示すのか分析したものが2本ある［土屋ほか 1995］［富樫ほか 1997］。フエ王宮の紫禁城、闕台、皇城、興廟、肇廟を実測調査し、一尺おおよそ4メートルという結果が得られた。しかし、皇城では東西囲繞壁では一尺3.76メートル、南北囲繞壁では4.11メートル、4.13メートルとなり、南北と東西方向で大きく異なる値を示すこと、範したといわれる同時代の中国清朝の尺度3.2メートルとも差が見られることを指摘している［土屋ほか 1995: 531］。

第2に、現地で使用されているものさしの分類整理が行われている論文が3本ある［中沢ほか 1996］［小檸ほか 1999］［清末ほか 2003］。中沢ほか［1996］では、フエ宮廷古物博物館[5]所蔵の尺3種、ハノイ歴史博物館所蔵尺1種および6名の個人が所蔵する尺それぞれ1種を、小檸ほか［1999］と清末ほか［2003］では、フエ宮廷古物博物館所蔵尺1種、ハノイ歴史博物館所蔵尺3種、ホーチミン歴史博物館所蔵尺1種を対象とし、その形状、寸法、目

つの計量器について」［Huỳnh Thị Bích Nhàn và Lê Thị Bảo Vân 2003］という論文も発表しているが、これはフエ宮廷古物博物館における銅製度量衡用具」［Huỳnh Thị Bích Nhàn 2007］で取り上げられた中の明命帝期二つの計量器について概要を紹介したものである。

4 この研究は、ヴィエトナム・フエ・グエン朝王宮の変遷の過程を建築歴史学の観点から捉えること、およびフエ遺跡群の復原研究、修復・保存方法の確立と再建計画事業に必要な学術資料の収集を継続的に進めることを目的としており、その主要な研究成果は「ヴィェトナム／フエ・阮朝王宮の復原的研究」その1から153として公開されている。

5 「ヴィェトナム／フエ・阮朝王宮の復原的研究」の中では、論文によってこの博物館は「フエ故物博物館［中沢ほか 1996］、「フエ王宮博物館」［小檸ほか 1999］、「フエ宮殿博物館」［清末ほか 2003］、「フエ宮廷美術博物館」［清末ほか 2004］と様々な訳語が用いられている。これは、この博物館の名称が「フエ宮廷美術博物館（Bảo tàng Mỹ thuật cung đình Huế）」から2007年に「フエ古物博物館（Bảo tàng cổ vật cung đình Huế）」に変更された（博物館ホームページ：http://www.hueworldheritage.org.vn/baotang/ より）ことにもよるであろうが、本稿では現在の名称をより原語に近い「フエ宮廷古物博物館」と訳し、用いる。

盛や記載されている文字などを詳しく観察している。

第3に、阮朝・フランス植民地期の度量衡制度の概略を示しながら、フエ宮廷古物博物館、ハノイ歴史博物館、ホーチミン歴史博物館所蔵の尺と比較した論文が「ものさしについてⅢ」［清末ほか 2004］である。

第4に、建築に必要な大工道具を調査した中で、ものさしについても言及が見られるものがある。「大工道具の分類」［川嶋ほか 1999］では、現在の文化財建築物修復技術者が用いる各工具の形状、機能、用法などを整理し、分類しているなかで、ものさしとしてはトゥオック・ナック（thước nách、腋尺、屋根勾配の決定に用いる）、トゥオック・ヴォン（thước vuông、L字型尺、短い垂直を出す）、トゥオック・ター（thước ta、T字型尺、柱などの曲面に垂線を引く）を挙げている。「ものさしについてⅡ」［中沢ほか 2000］では、大工が柱に仕口、継手などの接合部を刻む際に必要な間竿（トゥオック・タム/thước tâm、トゥオック・ムック/thước mực、コン・カーン/con cán）について調査している。伝統建築において主要な寸法を決定する際、その吉凶判断の手段として使われる魯盤尺と十二直については、清末ほか［2004］が詳しい（既出の中沢ほか［1996］でもこの魯盤尺と十二直の用い方について検討されている）。腋尺についての詳しい報告は、林ほか［2005］、レほか［2007b］［2008］、林・中川［2010］がある。北部において用いられるトゥオック・サーム（thước sàm、L字型の尺で仕口の製作や架溝調整に使う）についての報告も見られる［レほか 2007a］。

「ヴィェトナム／フエ・阮朝王宮の復原的研究」の一連の研究の中で、ものさしは道具という表面的要素の背後に、この道具を通じて土地や建築、製作物の標準・規制、つまり社会の在り方を制御する行政的意味合いをうかがうことができることを指摘している［清末ほか 2004: 585］。また、中部の腋尺、北部のトゥオック・サームに代表されるような大工道具の相違が、中部と北部の地方差を決定づけることも明確に示している［レほか 2007a］。

以上が、「ヴィェトナム／フエ・阮朝王宮の復原的研究」の中で見られる度量衡に関係する論文である。これらに加えて、ベトナム中部に位置するホイアンの大工道具については、松波［1994］の研究があり、その中で建築に関わる数種の尺が実地調査を元に紹介されている。

このように、日本におけるベトナム度量衡に関する研究は、伝統的建築に用いられる尺の現地調査による詳細な検討が主であり、これらは非常に貴重な情報、報告である。

また、欧米語、ベトナム語による研究では、度・量・衡全てを対象とし、度量衡研究の問題点を明確にしつつ、多くの事例を収集し、歴史的経緯を通じて検討したグエン・ディン・

ダウの研究［Nguyễn Đình Đầu 1978a: 1978b］が、これまでにおいて最も代表的な研究といえる。次に1919年以降のトンキンでの度量衡に関する状況を一次史料を用いて分析したヴー・ティ・ミン・フウォン［Vũ Thị Minh Hương 2002］と、長さに関してのファン・タン・ハイの研究［Phan Thanh Hải 2003a］が最も詳細なものであろう。

上記3つの研究を除くと、①文化人類学的手法による少数民族の度量衡研究［Maurice 2008; Vargyas 2008］、②博物館収蔵の特定の計量器の観察・報告［Huỳnh Thị Bích Nhàn 2007］、③度量衡全体の概要・略史紹介［Nguyễn Tùng 2008; Nguyễn Huy et Dorais 2008; Nguyễn Hữu Tiền 1934］の3つの種類に分けることができる。それぞれの内容については既述の通りであるが、これら研究史に共通する最も大きな問題は、度量衡の時代別、地域別の実態や法整備の過程について実証的に明らかにし、全体像を把握できるだけの研究がないため、個別の事例研究を比較、還元する基盤がないことである。

この背景には、先に述べたように各時期、各地域において用いられていた度量衡制度があまりに多様であるため、本格的に手が付けられていない現状がある。社会経済史研究の基本分野である度量衡研究の意義や重要性は認識されているにもかかわらず、である。

こうした現状を踏まえて、筆者はこれまで体系的に度量衡研究を可能とする方法論と史料[6]に依拠して検討し、その成果の一部として、以下の研究を発表している。まず『はかりとものさしのベトナム史——植民統治と伝統文化の共存』［関本 2010］では、第1に、植民地期北部ベトナムにおける度量衡の地域的多様性を北部各省の月別商業統計という同時期、同目的のために作成された同質性の高い行政文書上の事例を使用し、明らかにした。第2に、1927年に度量衡統一に向け意見を求めたトンキン理事官長と、それに対する各省知事の回答、および1936年に同じく度量衡統一に向け、各省で行われた度量衡の現地調査の報告書をもとに、北部ベトナムにおいて多様であった度量衡の実態と、その背景、地域性について明らかにした。この部分は、ベトナムにおいても「植民地期北部ベトナムの度量衡統一とその実態」［Sekimoto 2010］として発表した。

また、「植民地期北部ベトナムの度量衡統一議論とその背景」［関本 2013］では、度量衡統一に対して各省知事の意見および当時の現状について、1910年から1927年までの変遷をまとめている。その過程で、メートル法は外国との大口取引に関係する部分でしか浸透していなかったこと、度量衡統一についてはインドシナ総督府、トンキン理事長官府共に

6　詳しくは関本［2014: 16-19］参照。

強制的施行ではなく、現地の実状にあわせた形での導入を模索していたことが具体的に明らかとなった。さらに、金のかからない、官僚主義的植民地経営の一端を度量衡統一政策の側面から検討している。度量衡が不統一であったベトナムの社会的・文化的背景についても、現地調査の結果を踏まえて考察を行っている。

これら植民地期に関係する史料に基づいた研究に加えて、現在のベトナムにおける度量衡についての現地調査も筆者は平行して行っており、その成果は「個人アーカイブズの価値の発揮――度量衡研究を通じて」[Sekimoto 2013] でまとめている。この中では、歴史研究においても現地調査から得られる示唆は非常に重要であり、こうした調査による歴史研究への還元の可能性について指摘している。

以上の研究を発展させ、2014年には博士論文『植民地期ベトナムの度量衡制度にみる地域的多様性と植民地統治』[関本 2014] を提出した。

2　ベトナム度量衡制度史研究の諸問題

ここで、上記にあげた先行研究や度量衡に関する記述の比較・検討[7]を通じて明らかとなった、ベトナム度量衡史研究をめぐる問題を再度指摘したい。

第一に、同時代史料および近年の研究においても、フランス植民地政府によって施行された具体的な公式度量衡制度の紹介が、ほとんどないことである。これは、植民地政府によって度量衡制度が施行されたが、それは国家に関係する事柄と、西洋人とインドシナ人との間の交易でのみ用いられているに過ぎなかった [Nguyễn Hữu Tiền 1934: 335]。また、度量衡制度の選択をめぐって、民間では旧式度量衡制度を用いるか、新制度を用いるかについて、国家は選択の自由を与えており強制はしていなかった [Nguyễn Hữu Tiền 1934: 335]。それゆえに、植民地政府による度量衡制度が一般的に普及していなかったためだと考えられる。また、度量衡法などを明らかにするため、政府刊行物、官報などが、研究史上参照されてこなかったこともうかがえる。

第二に、現代の歴史研究においても、黎朝、阮朝期の度量衡制度に対するベトナム語ローマ字表記（クオックグー）への訳語［以下「クオックグー訳」と呼ぶ］に一貫性が見られないこと、である。例えば、同じ「合」でも、ホップ、カップ、ヒエップと3種類の訳語がみられ、また升は文献によってトゥンとタンに訳されている［関本 2010: 12（表3)]。この升につい

7　詳しくは関本［2014: 33-70］参照。

ては、北部のア（a）音は南部ではウ（ư）音になることから、地域の差とも考えられるが、「トゥン（南部ではタン）」［Đặng Phương Nghi 1969: 105］と書かれたものもあり、この場合上記の発音の原則から考えた場合とは反対になる。

嘉隆帝による度量衡制度に出てくる盌をめぐっても、訳語が一貫していない。盌のベトナム語音はウィェン（uyển）であるが、『会典』の翻訳書ではダウ（đấu、斗）と訳されている。[8] 1 ウィェン =1 ダウ（đấu）= 約 1L［Henry 1932: 14］［Souvignet 1903: 454］であるため、相当量では同一であるが、盌と斗は別の単位名であるため、訳し分ける必要がある。また、盌の俗字は碗であるためか、盌をバット（bát、鉢）と訳しているものもあるが、バットはウィェンの半分の量であり［関本 2010: 8］、異なる単位である。

このように、不適切なクオックグー訳の事例は枚挙にいとまがない。多くのベトナム人研究者は漢籍などの原文を見ず、そのベトナム語訳をもとにした研究を行なっているが、このことも混乱の要因のひとつだと考えられる。同時に、ベトナム社会経済史研究において度量衡に関する統一的見解がまだないことも示唆している。

第 3 は、各単位に相当する量の換算が、研究者の見解や調査によって異なっていた点である。ひとつ例を挙げると、ロードの見聞録をめぐっても翻訳の違いが見られる。ロードは市場での魚の売買で、「最も大きい魚は 10–12 リーブル」と記しているが、このリーブルをベトナム語翻訳書ではリウ（líu）とクオックグー訳しており、1 リウは 0.5 キロであり 0.5 カン（cân）と注をつけている［Rhodes 1651/1994: 34/214］。一方でグエン・トゥア・ヒーは著書『17、18、19 世紀におけるハノイ経済史』の中で同部分を引用しており、リーブルを直接カンと訳した上で、1 カン = 約 0.6kg としている［Nguyen Thua Hy 2002: 82］。つまり、翻訳書では 1 リーブル =0.5 カンとなるが、ヒーでは 1 リーブル =1 カンとなるのである。

また、同時代においても、1 メートルはトゥォック（尺）の 2.5 倍の長さにあたるにもかかわらず、多く文筆家や新聞などの記者は、トゥォック・タイ（西洋尺）つまりメートルと、トゥォック・クウ（旧尺）の違いを判別せず、ただトゥォックと書くにとどまっていることから、読者は実際の長さを判断できない［Nguyễn Hữu Tiền 1934: 335］。トゥォック・クウ（旧尺）も文献によってトゥォック・タ（thước ta、我々の尺）［Dương Kinh Quốc 2002: 236］、トゥォック・アンナン（thước An Nam、アンナン尺）［Hồ Tuấn Dung 2003: 48］など、様々な呼び

8　Khâm định đại nam hội điển sự lệ［大南会典事例］, Trần Huy Hân và những người khác dịch, tập 5, Huế: Thuận hóa, 1992, p.74.

名が用いられている。

重量単位においても、商業統計の中で記入されている単位名［関本 2010: 24-25（表4）］のなかでピクルもフランスピクル（picul français）とアンナンピクル（picul Annamite）と書き分けられている箇所があり、キロでもアンナンキロ（Kilo annamite）と書かれたものもある。フランスピクルは植民地政府が定めたピクルで、アンナンピクル、アンナンキロはそれぞれタ、カンを示すものと推測できるが、1単位あたりの相当量の記載がないため検討は困難である。

これらの事例は、単にトゥォック、ピクル、キロと文献資料に書かれていても、執筆者、記入者が具体的にどの単位を想定して書いたものか、常に注意を払う必要を喚起しており、度量衡研究をより複雑にしている。

このように、植民地期に生きていた人々の認識の違い、後世の研究者による解釈の違い、これら二つの要因が複雑に絡み合っている。これは、当時の度量衡制度はもちろん、その後の研究史料の表記にも一貫性が見られない根拠のひとつと考えられる。

以上のように、社会経済史研究の基礎ともなる度量衡史の研究は、ベトナムに関しては年代、地域を問わず本格的には行なわれていない。また、度量衡に関する見解や認識も、まだ一貫性が見られないのが現状である。

3　度量衡研究の方法論

前項で指摘した問題点を踏まえて、現段階で植民地期ベトナムの度量衡を理解する上で最も有効な方法は、断片的、局地的事例ではなく、客観的・合理的比較が可能となる体系的史料を用いて広範囲に検討することであると考える。

筆者が依拠する史料の中で、最も重要な史料群は「商業統計」と「度量衡統一に関わる通達（circulair）とその回答」の2史料群である。両史料の概要は関本［2014: 16-19, 105-109, 145-147］に詳しいので割愛するが、これら2史料群の最も特徴的な性質は、同時期、同目的のために一斉に作成された体系的な行政文書であるといえる。こうした史料を用いることで、客観的な相対比較が可能となる。それも各省から理事長官府、そしてインドシナ総督府という3つの行政レベルで、植民地期前期から後期までの時系列変化を追うことができる。行政文書上での詳細な分析は、ひいては民間レベルでの多様な度量衡を理解するヒントにもなるのではないかと考えている。

2　商業統計における度量衡とその地域的多様性——米穀計量単位を中心に

ここでは、各省月別商業統計の中に記載されていた、米穀計量単位の事例を対象として、トンキン及びアンナンの省別比較を行う。コーチシナの事例は紙幅の関係上割愛する[9]。米の計量には、公式計量単位、ピクル（60kg）を用いることが、1903年のアレテで定められていた。しかし、実際には1ピクルあたりの相当重量が60kgでない事例や、ピクル以外の単位も使用されて計量されていたことが、商業統計の事例から明らかになった。

ここで対象とする事例は、現在までに収集した商業統計のうち、トンキン、アンナンの米穀計量単位の約1640事例である。商業統計は、各省において月別に作成されたものであるから、これら事例の差異、分布、時系列変化を検討することで、度量衡の側面から各地における地域性と法の浸透度、浸透過程を明らかにできると考える。ここで言う地域性とは、インドシナの中のトンキン、アンナン、コーチシナ3地域の地域性だけにとどまらず、3地域内の地域性について、また行政区画を超えた共通文化圏についても論じることが可能となろう[10]。

商業統計には、米価の他にも様々な産品の物価が記載されており、それに伴ってそれぞれ計量に用いられた度量衡単位と相当量も記入されている。ここで、米に関わる単位に着目する理由は、以下の2点である。

第1に、どの地域でも主食として消費されていた米の計量単位を分析対象とすることで、より客観的にベトナム全域の地域間比較が可能となる。第2に、未だ本格的に研究が進められていない植民地期の度量衡を考察する際、植民地政権にとって最も重要な輸出産品であった米の計量単位の実態を明らかにすることは、度量衡研究の第一段階として効果的である。

以上から、ここでは商業統計上の事例から、インドシナの地域性を明らかにすること、度量衡統一の過程、実態について明らかにすること、の2点を目的としたい。

物価関連資料、商業統計の概要、所在、商業統計における度量衡の記入事例とその扱いについては関本［2014: 105-109］に詳述している。

9　詳しくは関本［2014: 126-140］参照。

10　こうした地域性は、地理、地形に影響される自然的条件、王朝の勢力圏、区分と行った歴史的条件にも規定されることが考えられるが、その影響については関本［2014: 110-113, 129-131］参照。

本稿が対象とする史料は、トンキン、アンナンの商業統計である。トンキンにおいては、商業統計の他に1930年代以降に作成された物価関連史料が存在するが、度量衡に関してはすでに統一された様式・単位を用いているため、ここでは対象外とする。

トンキンに関しては、商業統計はGGI、DAT、RSTの3つのコレクションの中に所蔵が確認できたが、重複する部分も多い。そのため、本稿では1890年代後半から1908年はGGI、それ以降1918年までのものはDATに収められている商業統計（一部重複も見られる）を対象とした。GGI中の商業統計も、1907、1908年に関しては1月−12月まで、ほとんどすべての省において欠損なく保管されているが、それ以外の年については断片的であり、これはDAT中の商業統計も同様である。そのため、比較的データが多く集まる1900−1904、1907−1910、および1912−1917年のもみ、精米済み白米1等・2等米の度量衡の記入事例、28省分約1280事例を対象とした。

アンナンの商業統計は、GGIにおさめられていた1900−1909年のもみ、精米済みの米の度量衡の記入事例14省分、約360事例を対象とした。

1 トンキン

トンキンは、1900−1917年の28省、約1280事例を対象とする。トンキンの全体的傾向は、米の計量に際してピクルを用いることは比較的浸透しているが、その相当量はまだ60kgに統一されていない。以下、ピクル以外の単位も含め、その傾向・地域的特徴をまとめる（トンキンにおける商業統計の事例は、表2−1参照）。

(1) ピクルに関して

① 1ピクル＝ 60kgで統一されていた省とその分布

対象期間中、1ピクルが公式ピクルの60kgで統一されていたのは、カオバン省、ハイニン省、クアンイエン省、トゥエンクアン省、フート省、ヴィンイエン省、キエンアン省とタイビン省の8省である。カオバン省を除く7省の地域的特徴は以下のように分類できる。

a) 大河川沿岸部（トゥエンクアン省、フート省、ヴィンイエン省）

b) 規模の大きい港を有する地域（ハイニン省、クアンイエン省）

c) 紅河デルタ地域（キエンアン省、タイビン省）

表 2−1　トンキンにおける商業統計上の度量衡の事例

省名	1900-1903 年	1904-1910 年	1912-1917 年
バクザン	ピクル II.6,7 K g III.3-7	ピクル =60kg V.1,2, VII,VIII.1,3-6,8,10-11 ピクル V.3,4,7,8, VI.1,2,7 VIII.9,12 IX. 1,4, ,X.1-10,12	ピクル XII,XIII.1-9,XIV.3-12, XV.1-2,4-10,12
バッカン	ピクル =60Kg 0.9,11,I.1,3,11,II.3,5	ピクル =60Kg V.1-4,7,8, VI.1,2,7,8 VIII.1-9,IX.1,4, X.1-8 Kg X.9-12	ピクル =60.45Kg XVII.2-4 K g ※ XII.6-XIII.8,XVI.12-XVII.1 カン (Cân)=0.604K g XII.4-5,XIII.11-XVI.9 カン XVI.10-11
バクニン	ピクル =60Kg III.3,4 ピクル II.6	ピクル VI.1, VII.11-VIII.2,4,6-8,12 ピクル＝ 60kg IX 1,4 60kg VIII 9-12, X 100kg VII.1-10,VIII.3,5	ピクル XII.10-12 タ (Tạ) XIII.1-3 60 K g XII.1-9,XIII.4-9,XIV.4-9, XV.1-9,XVI.10-12
カオバン	ピクル =60Kg I.11-12,II.2-3,6-7,10-11,III.3-6 リーブル (Livre)=0.6Kg I.10 100Kg II.1,4-5	ピクル =60Kg IV.4, VI.2,8, VII.2-6,9-10 VII.1-2,3-12, IX.1,4,12-X.12	ピクル =60Kg XII,XIII.2-9
ハドン	ピクル =62Kg 0.9 ピクル II.3	ピクル =60kg V.2-4 ピクル V.8, VI.1,7,8, VII.1-4,7-VIII.6,8-IX.1,4, X.1,2	ピクル XVI.12
ハザン	−	ピクル =60kg VI.6,8, IX.1,3,4, X.1,2	ピクル =60Kg XII.1-11,XIII-XVII.4,10,12 100 アンナン Kg(kilo annamite) XVII.9
ハーナム	ピクル =60.4Kg I.4-5,8-9,12-II.7,III.3-4 ピクル I.10-11	ピクル =60.4Kg V.1-4,7,8, VI.1,2, VII-VIII,X.3-10 ピクル =60Kg IX.1,4, X.12	ピクル =60Kg XII-XIII,XIV.4-XV
ハイズオン	ピクル =62Kg 0.5,8-11, I.4,8-9, II.1,6-7 III.3,5,6 ピクル =60kg II.5	ピクル =62Kg V.1-3,9, VI.1,7, VII-VIII.2,4-12 IX.1,2	ピクル XII.3,6,8,XIII.6,10,XIV.1,3 60kg XIV.1, 5-11, XV-XVI.9,11,12 100K g XII.12,XIII.9,12

つまり、比較的早い時期に公式ピクルが普及していた地域は、交通の便が良い[11]、ある

11　1908 年において、喫水線 1.7 メートル以上の船舶が航行できたルートは以下の通りである［関本 2006: 48-50］。①紅河：フンホア（Hưng Hóa）−ヴィエトチー（Việt Trì）間（6 月−9 月）およびヴィエトチー−イェンバイ（Yên Bái）間（6 月−10 月）。②カウ（Cầu）川：セプト・パゴダ（Sept Pagoda）−ダップカウ（Đáp Cầu）間（1 年中）。③トゥオン（Thương）川:セプト･パゴダ−フーラントゥオン（Phủ Lạng Thương）間（1 年中）。④ルックナム（Lục Nam）川:トゥオン川との合流地点−ラム（Lầm）間（1 年中）。⑤ロー（Lô）川：ヴィエトチー−トゥエンクアン間（6 月−10 月）。ローブカンが指摘しているように、植民地期、大量輸送は主に水運が担っていたが、大型船が航行できる範囲は非常に限られてい

ハイニン	ピクル =60kg I.12 ピクル 0.9-11.I.11	ピクル =60kg VIII.1-6,8-9,IX.1,4 X.4-6	–
ホアビン	ピクル =60.4Kg I.8 ピクル I.7, II.5, III.3-6	ピクル =62kg VI.1,2 ピクル V.1-4,7,8, VI.7,8, VII.1-6,8-VIII, IX.1,4, X.4-12	–
フンイエン	ピクル =60kg I.9-10,II.2 ピクル =60.4Kg 0.12-I.4 ピクル 0.5-7,9	ピクル =60Kg VII-VIII,IX.1,4, X ピクル V.1-4,8, VI.8	ピクル XII-XIII.8
キエンアン	–	ピクル =60Kg VIII.1-9,IX.1,4, X.2,3,5-12 ピクル VI.6	ピクル =60kg XII.3,5-8,XIII.4-5,XIV.6-10,XV.2,XVI.2 ピクル XIV.11-XV.1,3,6,9,12,XVI.5
ランソン	ピクル =60Kg I.10-II.8,10,III.3-6 ピクル 0.8-11	ピクル =63Kg VI.1, VIII.1-2,7-8,10-12,IX.1,4,X	ピクル =63Kg XII1,3-4,7,10,XIII.1-6 ピクル XIII.8-9 100K g XII.2 キンタルメトリック (quintal metrique) XIII.7
ラオカイ	ピクル =60kg I.4-7,10,II.2-5,10,III.3-5	ピクル (B)、100kg (P) IX.1 ピクル VII.7-VIII, IX.4, X.1,2,12	–
ナムディン	ピクル =60.4Kg 0.8,10-12, I.2,4-II.7,III.3-4 ピクル 0.5-6,I.5	ピクル =60.4Kg X.1,2,4,8, VI.1,8, VII-IX.1, .X	ピクル =60.4Kg XII-XV,XVI.4-9,XVII.1-6,10-12 100K g XVII.7-9
ニンビン	ピクル =62Kg 0.12,I.8-9,12,II.7,III.3-6	ピクル V.1-4,7-VI.2,7,8, VII.2,8-IX.1,4, X.1,2 100Kg X.4-7,9-10	ピクル XIII.7-9 100K g XII.3-4,9-12-XIII.6
フート	–	ピクル =60kg VII.7-IX.1,4, ,X アンナンピクル =60Kg (picul annamite) VII.2-6	ピクル =60kg XII.1-9 100K g XII.10-12
フックイエン	–	ピクル V.1-4, 7-VI.2, 7,8 ピクル =60kg VI.7,8 100Kg VIII.1-5,7-9,IX.1,4, X.3-4,6-12	–
クアンイエン	ピクル −60kg 0.8-10,I.12-II.1,3,III.3-4 ピクル 0.4,7 60Kg I.8-11,II.5	ピクル =60kg V.1-4,7,8, VI.1,2,7,8, VII.1-8,VIII.3 ピクル IX.1,4,　XII, XIII.1-9 100Kg VII.11-VIII.2,4-7	–
ソンラー	–	ピクル =60kg V.7,8, VI.1,2,7,8, VII.1-8,10-12,VIII.3-12, IX.4 ピクル X.10-12	ピクル XII.XIII.4-6,10-12,XIV.4-9

ソンタイ	タ II.7,III.4,5	タ =62.4Kg VII.11-VIII.12 タ =60kg V.7,8 ピクル =60kg V.3,4 ピクル V.2 100Kg VI.1,2,7,8, VII.2,4-7,9-10,IX.1,4, X.5-6,12	100K g XII.6-XIII.4,6-7,9-XIV.8,10-11
タイビン	–	ピクル =60kg VII-VIIIIX.1,4, ,X.3-6,9,12 ピクル V.4, 7,VI.2,7,8	ピクル =60kg XII-XIII.9
タイグエン	ピクル =60kg II.5 ピクル I.3 ノイ（nồi)=12Kg I.4	ピクル VII.1-2 ノイ V.1-4,7,8, 100kg VII.7,8,12-VIII.4,8,9,11-IX.1,4, X.2-7,9-12 フランスピクル VII.3-4	ピクル XII.1-3 100K g XII.8-XIII.3
トゥエンクアン	ピクル 0.4,10,12-I.2,7 アンナンピクル I.10-12,II.2-3	ピクル =60Kg VIII.1-9, IX.1,3,4, X ピクル IV.4,6,10,12, V.2,4,7,8, VI.1,2	ピクル =60kg XII.1-11,XIII-XV,XVI.7 100K g XII.12,XVI.8-10
ヴィンイエン	ピクル 0.4,5, III.3,6 パニエ (panier)=20Kg II.6-7	ピクル V.1,2,8, VI.3,9, VII.2,4-11 VIII.1-4,6-7,IX.1,4, X.1-7,9-12	ピクル =60Kg XII.1-9,12,XIII.4-6
イエンバイ	ピクル =60kg 0.11,12, I.4,12-II.7 ピクル III.3-4	ピクル V.1-4,7,8, VII.1-VIII.5,7-9,11-12 IX.1,4, X.1-6,9-12	ピクル XII-XIII.6
ハノイ	-	パニエ＝ 14Kg(P1, B1),20Kg(B2) VII.1 パニエ =10kg(P),20Kg(B) VII.3,5-6 Kg VIII.1,8 シャルジュ (charge) VIII.9-IX.1,4,12, X	ピクル =60kg XII.8-10,XIII.1-2 シャルジュ =60Kg XII.1-5,7
ハイフォン	-	ピクル =60Kg VII.1-3,6,VIII.9-IX.1, ,X 1 ピクル IX.4, X.2,4-12	ピクル =60Kg XII.2,6,XIII.1 ピクル XII.1,3 100K g XII.4-5,7-12,XIII.3-7, 9-XVI.1,3-XVII.1,3-8,10-XVIII.1

（注）単位名の下に書かれているアラビア数字とローマ数字は、データの記載されていた年月を示している。年はローマ数字（1900 年のみアラビア数字の「0」）で示し、月はアラビア数字 1-12 で示している。ローマ数字のみの場合は、一年 12 か月分のデータがすべてそろっていることを意味する。（例）XII.XIII.2-9→1907 年 1-12 月、1908 年 2-9 月分の価格表に記載が見られることを表す。

（出所）TTLTQG、（1）GGI, 北部各省商業統計（Statistiques commercials）
史料番号 9381, 9386, 9388, 9391-9394, 9397, 9399-9400, 9403-9405, 9407, 9410-9411, 9414-9416, 9418-9420, 9422-9423, 9426-9429, 9431-9435, 9437-9439, 9442-9445, 9447, 9449-4951, 9453-9457, 9459-9463, 9465-9466, 4006-4009, 7974.（2）DAT、北部各省商業統計（Statistiques commercials）史料番号 75-82, 84, 86-105. より筆者作成。

いは貿易上外国と接触のある地域だと考えることができる。

カオバンは、山間部に位置するため、水運といった交通の便も確立されておらず、鉄道も通っていない。しかし、カオバンは中国国境と接しており、長年にわたり重要な軍区として位置づけられていた。そのため、物価調査にあたった地方役人にも中央の規定が周知徹底され、商業統計上の度量衡の記入も早期から統一されていたと考えられる。

②ピクル1単位あたりの重量の差異とその分布

トンキン各省において、1ピクルが60kgではなかった省は以下の通りである。

a）1ピクル60.4kgの省：ハーナム省、フンイエン省、ナムディン省

b）1ピクル62kgの省：ハードン省、ハイズオン省、ニンビン省

c）1ピクル63kgの省：ランソン省

d）1ピクル60.45kgの省：バッカン省

データの欠損から年代を追ってその変化を見ることができない省もあるが、ハーナム省は1910年から、フンイエン省は1907年から60kgに変更されており、トンキン全体では1ピクル当り60kgに統一されていったことがわかる。しかし、ナムディン省、ランソン省とバッカン省にはこうした変化が見られない。ナムディン省は1918年に至っても60.4kgを守り続けており、ランソン省も同様に63kgから変更は見られない。またバッカン省は、1910年8月以降ピクルは使用されなかったが、1917年2月から再びピクルが使用され始めた時は60.45kgとなっていた。このピクルが使用されていなかった期間はキログラム表示か、あるいはカン（cân）という重量単位を用いており、これは1カン当り6.04kgであった。

上記のa）からd）の省の位置関係を見ると、バッカン省とランソン省を除く省はハノイ以南のデルタ地域に集中している。この地域は米田の歴史が古い地域であり[12]、それ故

た［Robequain 1939: 120-122］。しかしながら、トゥエンクアン省、フート省、ヴィンイエン省は上記の大型船舶が航行できる範囲内に位置しているため、こうした水運の発達した地域は、比較的早く公式ピクルが周知されたと考えられる。

12　ベトナム北部の人口については、大西［2011: 5-6］、桜井［1997: 25］が、『漢書』地理志に見える紀元後2年の前漢時代中国における中・南部の主要4郡（長沙、零陵、桂陽、南海）の戸口と、現在の紅河デルタを中心としたベトナム北部地域（交趾郡）の戸口を比較し、交趾郡の人口が中国側4郡の総人口を上回っており、いかに古代からこの地域において多くの人々が食べていくことができたかを明らかにしている。紀元前後に紅河デルタだけ高度な農業技術をもって低デルタまで開発していたという従来の見方に対しては、桜井は懐疑的であり、紀元前後における紅河デルタの農業規模、技術については［桜井 1979］で詳細に検討し、疑問を投げかけている。しかし、紅河デルタの稲作の歴史が紀元

に独自の枡、秤での作業工程が確立されていた、と推測される。つまり、仏領期に入ってもしばらくは独自に確立された重量単位を使用し、徐々に周辺とあわせる形で変更されていったと考えられる。

ナムディン省は、1918 年に至っても 60.4kg のピクルを使い続けていた。ここは稲作がトンキンデルタでも最も盛んであることが知られ、鉄道によるもみ、精米済み米の輸送量は、首都ハノイに次いで 2 番目に大きい［関本 2006: 43］。紅河とダイ（Đáy）川という北部の 2 大河川とその支流がナムディン省内を通じて流れており、またその幅や深さも十分に広く深かったため［Đo Đinh Nghiem, Ngo Vi Lien and Pham Van Thư 1927: 63］、蒸気輸送船会社のほとんどは 1875 年からナムディン省から各地への定期便を運行していた［関本 2006: 51-52］。中心部タンロンから紅河を通り、海へと続く通り道でもあったため、東西南北を結ぶ結節点として、行政、商業上重要な地位を築いていた［Nguyễn Quang Ngọc (chủ biên) 2003: 551］。つまり、歴史的にも稲作、経済の中心的存在であったナムディン省であったからこそ、変更が困難であったと推測する。

北部に位置するバッカン省とランソン省が、他地域とは連動しない動きを見せることについては今後の課題としたいが、両地域とも米作が盛んではないことや、ランソン省は中国国境と接していること[13]、バッカン省は周囲との交通網が確立されていなかったこと［Đo

前後までさかのぼれることは事実である。また、ベトナムの社（つまり村）は、李朝創業期のレ・ホアンや大宗（1054 年）の時に登場し、最初は紅河デルタに作られた。それは現在のハノイ周辺から次第に低デルタに向けて発達し、11-15 世紀には海浜地方に、その後タインホア、ヴィンのデルタにも進出していた［菊池 1975: 14］とあり、古くからベトナム人によって開発が進んでいたことがわかる。ベトナム人の勢力範囲であるが、彼らの村は標高 25 メートル以上のところはマラリアの危険や少数民族居住地のため住まなかった［菊池 1975: 15］ため、こうした低地のデルタが中心であったと考えられる。

13　中国廣西省東南は仏領インドシナと接し、左江の源流が仏領インドシナであるため、交易も多く、南寧、龍州地方ではインドシナピアストル銀貨も流通しており［東亜同文会編 1917a: 981-982］、雲南省河口では、トンキンの度量衡およびフランスのメートル法の使用もみられた［東亜同文会 1917b: 1010］。国境周辺では相互の通貨や度量衡制度が混在していたことは明らかであり、その影響を中国側の度量衡制度から検討する必要がある。しかし、中国においても度量衡制度は地方によって様々に異なっており［天野 1940: 1-14］、公式度量衡との比較だけでは不完全であることから、中国の影響については今後の課題としたい。

また、鉄道路線を有し、中国国境とも接しているラオカイ省は、極めてランソン省と似た環境と考えられるにもかかわらず、ラオカイ省は 1901 年では公式ピクルが普及していた（史料の欠損のため、その動向を時系列で分析することはできない）。ここで鉄道による輸送量を比較してみると、1918 年のデータではランソン省では出発 1805.4 トン、到着 222.5 トンであり、出発に関してはラオカイ省の 306 倍にも上る［関本 2006: 43］。一方で、ラオカイ駅の収益はランソン駅のそれよりも大きい。これは、ラオカイ駅がハイフォン−雲南路線に位置しており、金属工業品、繊維・織物、鉱油・石油、樹脂などの高

Đinh Nghiem, Ngo Vi Lien và Pham Van Thư 1927: 13-14］などが関係していたと考えられる。

タ、ピクルは貫銭の重さが基準となっており[14]、流通していた通貨にも影響を受けていた可能性がある。本稿が用いた商業統計には、1ピアストルあたりのサーペクの換算率を記入する欄が設けられており、ほとんどの省では1ピアストル当り何リガチュール、何ティエン、何サーペクと記入されていた[15]。

しかしこの原則から離れた記入が見られる省もある。さらに一時的ではあるが、サーペクの存在を否定する記入が見られたのが、ハイニン省[16]とランソン省[17]であった。換算レートを記入する代わりに、リガチュールではないと記入されていたのがバッカン省[18]であった。これらの記入から、ハイニン省、ランソン省、バッカン省は他の省と比較して、通貨制度が標準化されていなかったか、あるいは他省と異なる事情を抱えており、タ、ピクルにも影響を与えていたことも考えられる。

（2）ピクル以外の単位とその分布

ピクルと異なる単位は、10種類確認された。これらの単位を使用している省と、その単位の重量を以下に示す。

①タ（tạ）：バクニン省（相当重量不詳。以下「不詳」）、ソンタイ省（62.4kg）

②カン（cân）：バッカン省（0.604kg）

③アンナンキロ（kilo annamite）：ハーザン省（不詳）

④キンタル・メトリック（quintal metrique）：ランソン省（不詳）

⑤アンナンピクル（picul annamite）：フート省（60kg）、トゥエンクアン省（不詳）

⑥フランスピクル（picul française）：タイグエン省（不詳）

付加価値の工業製品、加工製品を大量に輸送していたためと考えられる［関本 2006: 39-42］。このように、ラオカイ省とランソン省は地形、経済環境とも類似した背景が見られるが、度量衡の相違を生じさせるこれら2省の異なる諸条件については非常に複雑であり、稿を改めて論じたい。

14　詳しくは関本［2010: 19-20］参照。

15　60サーペク（銭、sapèque）が1ティエン（tiền）で、10ティエンが1リガチュール（貫銭、ligature、ベトナム語でquan）であり［Lê Thánh Khôi 1955: 328］、つまり1貫銭は600銭であった。1922年出版の仏越辞書にも1貫銭は600銭とある［Génibrel 1922: 619-620］。

16　1908年1–6月、8–9月、1910年4–6月のハイニン省の商業統計に“Il n'existe pas de sapèques ou zinc dans la province de Hai Ninh”との記入が見られる。

17　1908年12月のランソン省の商業統計に“les sapèques ne sont pas émployes dans la province de Lang Son”との記入がある。

18　1917年8–9月、11–12月に“pas de ligature”と記入されている。

⑦ノイ（nồi）：タイグエン省（もみでは1ノイ20kg、精米済みの米は1ノイ12kg、もち米はもみも精米済みも1ノイ20kgと記入されている）

⑧リーブル（livre）：カオバン省（0.6kg）

⑨パニエ（panier）：ヴィンイエン省（20kg）、ハノイ市（14もしくは20kg）

⑩シャージ（charge）：ハノイ市（60kg）

上記の単位のうち、タ、カン、ノイはベトナム語で、それ以外はフランス語である。また、タ、カン、とピクル、リーブルはベトナム語とフランス語間で、1カン＝1リーブル、1イェン（yên）＝10リーブル、10イェン＝100リーブル＝1ピクル＝1タ、という対応関係にある。つまり、タ、カン、及びリーブルは、表記される言語の違いであり、異なる単位を示したものではない。

キログラムとピクルも、「アンナン（ベトナム）の」と「フランスの」を区別して記入されていた事例もあった。

次に、ノイ[19]であるが、これはベトナム語で「鍋」という意味である。相当する重量も12–20kgとピクルと比較して軽量であることから、植民地期に枡のように使用されていた鍋のようなものがあり、それが象徴的に容積単位の名前となったと考えられる。

キンタル・メトリックは一般的には100kgとされる単位である[20]。しかし、ランソン省では実際に何キロに相当するか記入されていなかった。

ハノイ市とヴィンイエン省のパニエ[21]は、民間で使用されていた米取引の際の容積単位であり、かごの意味である。ハノイ市のシャージはフランス語で「重荷、重み」の意味であり、これは重量単位である。ハノイ市だけはパニエとシャージがメインに用いられており、ピクルは1912年以降になって初めて現れる。ハノイ市はその他の省と違い、都市であり消費地であることがその理由と考えられるが、1シャージは相当重量も60kgである。それにもかかわらず、なぜ首都ハノイだけが、違う単位を使用して記入されていたのかについては、今後の課題としたい。

こうした単位の多様性は、担当官の裁量によって左右されると考えられ、その違いを過

19 「竹のかご」に関連してパニエ、ノイ、トゥンの問題については［関本 2014: 186-187］も参照のこと。

20 メートル法以前（1795年以前）の制度ではキンタルは約48.95kgであったが、現行では100kgである［新倉ほか編 1999: 612-613］。

21 注19参照。

度に強調することは危険である。しかし、ピクルとキログラムとは異なる単位がどの省で見られたか地図上で位置関係を見てみると、全ての省がハノイ以北に位置している。つまり、米作が盛んであるトンキンデルタにおける省では、一度もピクルとキログラム以外の重量単位は記入されていない。加えて、トンキンを流れる2大河川（紅河とダー川）流域となるハノイ西北に当たる省も、すべてピクルで記入されている。

このことから、米作が盛んな地域や、近隣の省との連絡が比較的便利な地域では、米を計る際にピクル、あるいはタを使用するのがある程度常識となっていたのに対し、ハノイ以北の省ではそうした意識がまだ一般的ではなく、記入する担当官によって様々な単位が使用されていたのではないか、と推測できる。こうした重量単位の多様性や非統一性は、取引や貿易の際大きな障害となる。つまり、度量衡の側面から、これらの地域は消費米の需要が主であったことの根拠を示すこともできると考える。

2　アンナン

アンナンは1900–1909年、14省約360事例を対象とする（表2–2参照）。アンナンの特徴としては、ピクル以外に阮朝の公式単位ホック（hộc）、フウォン（phương）が報告されている。南部で主に使われている単位が報告されている事例もみられた。以下、傾向、地域性とその背景について具体的に検討する。ただし、タインホア省に限っては1904年、1908年で一貫してピクルが用いられているがその相当量が不明であるため、分析から外す。

（1）ピクルに関して

①1ピクルが60kgであった省とその分布

1ピクルが60kgであった省は以下の7省である。ビンディン省、ビントゥアン省、ダックラック省、クアンナム省、クアンガイ省、トゥアティエン省、ハーティン省。ハーティン省は60kg以外のピクルも、他の単位も報告されており、その使用法が一定しない。そのため、ハーティン省については次節（2）「ピクル以外の単位とその分布」において検討する。

ハーティン省を除く6省は、1904年から1909年を通じて一貫して1ピクル60kgで統一されていた。これら6省が1ピクル60kgを統一的に使用していた要因として、以下のことが考えられる。

第一に、経済規模が大きい地域を含む省、外国との貿易があった大型の港が存在する省

表 2-2　アンナンにおける商業統計上の度量衡の事例

ビンディン	ビントゥアン	ダックラック	ハーティン
ピクル =60kg VI 11, VII 1, 4-6, 8-12 IX 9, X 1-3 ピクル IV 6-8,V 1-2, 6-8, IX 6-8	ピクル =60kg VI 10-12 VII 1-5,12-VIII	ピクル =60kg VI 11,12 VII,VIII IX 4-9 X 1-9	ピクル =60kg VI 11,12-VII-2 ピクル =60.4kg VIII 3-12, X 1-3 ピクル VII 3-6 フォン (pương)=22.5kg VIII 1 パニエ (panier) VII 9-11 シャージ (charge)= 多様 パニエ = 多様 VII 7-8
カインホア	ニントゥアン	ゲアン	フーイエン
ピクル =60kg VII 5-6 ピクル VII 1-2 ホック (hộc)(P) フオン =22.5kg(B) VII 9-10	ピクル =60.4kg IX 4-9 タ (tạ)=60kg VI 11,12, VIII 1,2	ピクル =60kg VII 1,2,5-10, VIII 7-9, 1-6 ピクル =62kg VII 3-4 ピクル VIII 4 60kg VII 11-12, VIII 1-2, 5,6, IX 4-6 4.5 フォン =100kg（P) 2 フォン 6 バット (bát)=100kg（B) VI 11,12	ピクル =60kg VIII 1-2 ピクル VII 3,4, VIII 5,6,9 ザー (giạ) VII 5-12 ヴォン (vuông)(P), ピクル VII 1,2 ザー（P), ピクル（B) VIII 3,4,10,12, IX 4-9
クアンビン	クアンナム	クアンガイ	クアンチ
ピクル =63kg VII 7-12, VIII, IX 4-9, X タ =63kg VII 7-8 タ VII 5-6	ピクル =60kg V 3,4, VI 11,12, VII 1,2 ピクル IV 7-9,V 6-8, VII 3-12 IX 4-9, X 1-9	ピクル =60kg VI 11-12, VII, VIII, IX 4-9, X	ホック (hoc)=44kg（P), 40kg(B) ユニオン (union)=40kg(B) VI 11,12 ホック（P), ヴォン（B) VIII, IX 3-5 ホック IX 7-9
タインホア	トゥアティエン		
ピクル IV 7-8, VIII 1,2,9,10	ピクル IV 6-8, V 6-8 60kg VI 11,12 100kg VII, VIII 1,2,7,9,12		

（注）単位名の下に書かれているアラビア数字とローマ数字は、データの記載されていた年月を示している。年はローマ数字 (1900 年のみアラビア数字の「０」）で示し、月はアラビア数字 1-12 で示している。ローマ数字のみの場合は、一年 12 か月分のデータがすべてそろっていることを意味する。（例）XII.XIII.2-9→1907 年 1-12 月、1908 年 2-9 月分の価格表に記載が見られることを表す。

P：もみ、B：精米済みの米を意味する。

（出所）TTLUQGI, GGI, 中部各省商業統計（Statistiques commercials）
史料番号 9467 － 9473、9475 － 9522 より筆者作成。

は、国内外での物品の取り引き時に統一的な計量単位を使用する必要性が高く、早期にピクルが統一されていたことが考えられる。

具体的にこれらの省を見ていくと、まずトゥアティエン省はアンナンの中心都市、フエを有し、人口も多く[22]、一大消費地としての機能も備えていたはずである。彼らは米を量る際ピクルの他に100キロを一つの単位としても用いており、このことからも商品流通の規模やフエを中心とする経済規模が大きかったといえる。

クアンナム省とビンディン省は、同じく大規模な港を備えていた。クアンナム省はインドシナで第5位の規模を誇るツーラン（Turane）港［Bouault 1930（vol.2）: 61］、ホイアンの貿易港として有名なファイフォ（Faifo）港を有しており、またビンディン省もインドシナで第7位に位置するクィニョン（Quy Nhơn）港［Bouault 1930（vol.2）: 61］があった。またそれ以上に、これら2省はそれぞれトゥーボン（Thu Bồn）デルタとビンディンデルタを有している。この二つのデルタは農業に適した耕作地であり、当時すでに中部の米の生産の中心となっていた［Li Tana 1999: 21-22］[23]。

ビントゥアン省とクアンガイ省は、主要な港もなく、農業が盛んな地域も有していない。一方で、これら2省は中部で農業生産の中心的機能を担っていた二つのデルタに接している。ビントゥアン省はドンナイデルタに近く、またクアンガイ省は既述のトゥーボンデルタとビンディンデルタに接している。つまり、これらデルタで生産された農産品の流通経路としての役割をビントゥアン省とクアンガイ省は担うこととなり、その商品流通が発達していく過程で、公式ピクルが比較的早く浸透していったと考えられる。

ダックラック省については、上記の要因とは別の理由が考えられる。ダックラック省は互いに言語・文化も異なる少数民族が多く居住する高原から山間部に位置する省である。そのため行政的な統治、管理が難しかったことが容易に想像でき、公式度量衡制度が早期に周知徹底されていたとは考えにくい。しかしながら、商業統計上では1ピクルは60kg

---

22　中部各省の人口は1899年のデータで以下の通り［AGI 1899: 343-368］。トゥアティエン省：ヨーロッパ人（以下E）66人、ベトナム人（以下A）77万人、中国人（以下C）375人、カインホア省およびビントゥアン省：E30人、A13万2千人、C1300人、チャム族およびモイ族3万人、クアンビン省：E22人、A35万人、C56人、タインホア省：E16人、A125万人、C180人、ゲアン省：E69人、A86万人、C256人、ハーティン省：A69万人。ビンディン省、フーイエン省、クアンガイ省はデータなし。

23　トゥーボンデルタはトゥーボン川とその支流によって形成されるデルタで、面積は1800平方キロメートルにおよぶ。一方、ビンディンデルタは、ダーザン（Đà Rằng）川とライザン（Lai Giang）川からなる1550平方キロメートルのデルタである［Li Tana 1999: 21］。

で統一的に使用されていた。この理由については、以下のように説明できる。この地域では、各少数民族が各地に点在しており、それぞれ異なる文化を持っていたため度量衡制度も非常に多様な様相を見せていた。しかしそれは、大多数の人々が省内を通じて慣習的に使用してきた度量衡制度ではない。ひとつの伝統的制度がダックラック省に根強く残っているわけではなく、多様な制度が局地的に分散していたといえる。それが逆に、地方行政の行政官が市場での価格調査の際に公式度量衡を自ら用いて計量することを容易にしたと考えられるのではないか。

②ピクル1単位当たりの重量の差異とその分布

1ピクルが60kgでなかった省と重量の差異は以下の通りである。

a）1ピクル60.4kgの省：ハーティン省、ニントゥアン省

b）1ピクル62kgの省：ゲアン省

c）1ピクル63kgの省：クアンビン省

ハーティン省、ニントゥアン省とゲアン省では、ピクル以外の単位も頻繁に用いられており、米を量る際ピクルがまだ主要な単位として機能していたとは言えない。これら3省は、以下3.「ピクル以外の単位とその分布」で他の単位と合わせて検討する。

一方クアンビン省では、一貫してピクルが米の計量単位として用いられており、その相当量も63kgで統されていた。なぜ公式の60kgではなく63kgに統一され、長期にわたりそれが使われ続けてきたのか。これに対する解答を提示するのは非常に難しいが、恐らく以下の要因が大きく作用していると考えられる。

クアンビン省には南北分裂代北部と南部の境界となっていたタムジィエン（Tam Diên）山脈がある。鄭氏と阮氏は1620年以降国土を二分して争い、ザイン（Gianh）川北を鄭氏が、南を阮氏が領していた［藤原 1986: 236］。1627年から1672年頃まで両軍の戦闘が繰り返されたが、その後休戦が実現し、南北の境界はこのザイン川（リンザン / Linh Giang）となった［藤原 1986: 254］。つまり、この地域は重要な軍事拠点として位置づけられていたことになる。こうした軍事拠点への物資輸送はきわめて重要な国家事業であり、長期にわたる戦いの中で、軍事物資供給を通じて度量衡が徐々に統一されていったのではないか。また、1ピクルが公式よりも重い63kgであったことは、このリンザンへの物資供給量が大きかったため、一単位当たりの相当量が大きい単位をより志向されたのではないかと考えられる。元来ピクルは人一人が担げる重量であったこと、リンザンへの物資輸送は地形的な背景もあり、大型船舶や重機、輸送車が利用できなかったため人力が主力であったことを考えると、

その重量が 100kg ではなく、63kg となっていたことにも妥当性がある。

③ピクルが使われていない省

クアンチ省に関しては、1909 年まで一切ピクルが使われていない。この省では米の計量の際はもっぱらホックやヴオンが使われていた。これら二つの単位は阮朝の公式単位である。クアンチ省は阮朝の都フエに隣接しており、また特に発展した農業・工業地帯もない。そのため、新しい単位が普及する積極的要因がみられず、阮朝制度が根強く残っていたと考えられる。

(2) ピクル以外の単位とその分布

商業統計上では、ピクルの他に以下の 7 つの単位が確認された。ホック（hộc）、フウォン（phương）、ヴオン（vuông）、バット（bát）、ザ（giạ）、シャージ（charge）、パニエ（panier）。

①阮朝の単位

阮朝で使われていた単位：ホックとフウォンが商業統計上で報告されていた。これはアンナンに限って見られる事例で、トンキンとコーチシナにおいてはどの省においても一度もホックとフウォンは報告されていない。

クアンチ省とカインホア省では、20 世紀初頭に至ってもホックが使われていた。クアンチ省では 1 ホックは 44.4kg、カインホア省では 1 ホックは 45kg であった。

フウォンはゲアン省、ハーティン省、カインホア省で使われており、その相当重量はハーティン省とカインホア省では 22.5kg、ゲアン省では具体的に記載はなかった。

これら阮朝の単位を使っている省は、農業や工業が発展していない地域に分布している。カインホア省は北はビンディンデルタがあるが、2000 メートル級の山で隔てられている［Bouault 1930 (vol.2): 3］。また、カインホア省の中心、ニャチャン（Nha Trang）では、カイ（Cái）川沿いの谷間、盆地であり、8–9 世紀の中国の史料によると、ニャチャンとファンラン（Phan Rang、ニントゥアン省）、ファンリー（Phan Rí）とファンティエット（Phan Thiết、ビントゥアン省）は、中部 3 つの盆地であり、これはひとつひとつ独立した国のようであったとある［Li Tana 1999: 21］。

1 単位当たりの相当重量は公式ピクルの 60kg よりもかなり軽い。ホックやフウォンに加えて、ゲアンでは商業統計上にバット（bát：鉢）と呼ばれる非常に小型・計量の単位で米の価格が報告されている。これらのことから、経済規模が小さく、注目されるべき農工業生産品、生産地がない地域、さらに近隣との交通連絡網が確立されていない地域では、前時代の単位が20世紀初頭に至っても行政文書上でも用いられ、それぞれの単位の容量も小さいものであったことがわかる。

②フランス名の単位

フランス名の単位では、パニエとシャージの2種類がハーティン省でみられた。

まず、パニエ[24]であるが、パニエとは籠の意味であり、前節トンキンの中でも言及したとおり、トンキンでは1パニエが14あるいは20kgであった。パスキエの『アンナンの昔日』によると、パニエはトンキンにおいて米を計量する単位と見なされており［Pasquier 1930: 269］、アンナンでは唯一ハーティン省でのみその使用を確認できた。ハーティン省はベトナムの南北朝時代の境界に接しており、その境界は軍事的境界だけではなく、地形的にも山脈によって南北に分かれていたと言うことができる。そのため、ハーティン省は植民地期では中部ベトナム、アンナンに属してはいるが、植民地期以前では北部の文化の影響はここハーティン省にまで達していたと考えられる。

一方シャージは「重荷」を意味する単語であり、その一単位当たりの相当量は「多様」と報告され、明確な重量が記載されていない。これは恐らく当時民間の日常生活の中で用いられていた計量器があり、それを地方行政の役人が報告のためにフランス語、シャージと訳したのではないか。また、行政文書上でもこれら様々な単位の記載が見られることから、ハーティン省においての地方行政府はその管理・運営共に十分とは言えず、植民地当局側が設定した公式度量衡制度も普及していなかった状況が見て取れる。

③アンナンにおいてコーチシナの制度が見られる事例

ザは南部において米の計量の際普及している計量単位であるが［関本 2014: 137-140］、この単位が中部のフーイエン省でも報告されている。

また、南部では米の計量の際、特徴的な制度が一部地域で見られる［関本 2014: 131-136］。その制度とは同じ単位名を使っていても、量る対象がもみか精米済みの米かによってその相当重量が異なる制度である（便宜上この制度を「二重計量制度」と呼ぶ）。この二重計量制度には華僑の存在が深く関わっていると推測され、アンナンでも、この二重計量制度がフーイエン省、クアンチ省、カインホア省の3省で確認できた。

フーイエン省では、ザとこの二重制度の両方が報告されており、最も南部の、そして華

24　注19参照。

僑、中国の影響を受けている省といえる[25]。南部と異なり、華僑は一部地域を除き、中部には積極的には進出してこなかったとされる[26]。しかし、少数ではあるが中部においても華僑は存在しており、その経済活動が度量衡制度に影響を与えている可能性は高い[27]。

中部地域で特に華僑人口が多いのは、船舶を寄せるのに便利な凹凸に富む海岸線を有する南側の各省[28]とされ、中でもカインホア省、ファンラン省、ビントゥアン省は漁獲高も豊富であったとされる［満鉄東亜経済調査局 1939: 53］。

以上、アンナンの度量衡事例分析について要約すると、アンナンにおいては農業が盛んな地域、貿易港を有している省、海運、漁業が発達していると思われる省では、米の計量の際公式ピクルを用いることが一般的になっていることが確認された。一方で、1 ピクルが 60kg ではない省については、その理由が経済規模、地理的要因や前時代における歴史的背景に起因していること、およびその諸条件が具体的に検討でき、20 世紀初頭に至ってもこうした前時代の影響が色濃く残っていることが分かった。

おわりに

本稿では、まずベトナム度量衡研究の問題を研究史の整理を通じて明らかにした。さらに、現在考えられる最も有効な方法論とその方法論を実行可能とする史料について提示した。

25　フーイエン省で信仰されている鯨神は、三国志の関羽がモデルとなっており、これは中国からの強い影響が見られることを示している（2012 年 11 月 20 日ベトナム宗教研究院客員研究員大西和彦氏へのインタビューによる。これはベトナム文化通信研究院フエ分院院長グエン・ヒュー・トン（Nguyễn Hưu Thông）氏による示教である）。

26　中部に華僑が進出してこなかった理由として、山脈がいくつも横たわり交通が不便なため商業は活発ではなく、米はわずかに沿岸平地に生産されるに留まり、現地需要も満たすことができないため、米の取り引きで利益を得ることが難しかったためである［満鉄東亜経済調査局 1939: 47-48］。

27　1907 年のデータによると、フーイエン省には約 700 人の中国人が住んでおり、その多くは商業に携わり、コーチシナと香港に向けてココナッツ、籾、トウモロコシ、アヒルの卵などを輸出し、カインホア省でも、米、綿、トウモロコシ、たばこ、さとう、絹を輸出していた［Annuaire Commercial Renseignements Généraux 1907: 253, 267］とある。

28　カインホア省、ファンラン省、ビントゥアン省、ビンディン省、クアンナム省、フーイエン省、クアンガイ省が挙げられている。この南に位置する各省の華僑人口は、中部ベトナム全体の 76%を占め、次いで中部北に位置する各省（トゥアティエン省、ゲアン省、タインホア省、クアンチ省、クアンビン省、ハティン省）が 22%となっている［満鉄東亜経済調査局 1939: 52-53］。

研究史の整理を通じて得られた方法論と史料に則り、商業統計上に報告されている度量衡単位とその相当量に着目し、度量衡制度から見る地域性、多様性について分析してきた。本章では、まず第一にこれまで見てきた地域性について、フランスによる行政区画区分に従ってトンキン、アンナン、コーチシナの地域性を再確認する。第二に、こうした行政区分にとらわれず、度量衡の側面から共通文化圏の境界や行政区分の枠を超えた「地域」の範囲について再考する。

1 行政区分による地域性の検討

行政区画による地域性を考えるにあたり、まず最初にこれまで言われてきたベトナムの地域性についてまとめたい。「南進」によってベトナムは、前近代にはすでに、北部はハノイ、中部はフエ、南部はサイゴンという新しいセンターをもつ多元的な社会であった［古田 1995: 25］。北部の紅河デルタは、アジア湿潤地域の稲作デルタとして開拓の歴史が例外的に古く、少なくとも 10 世紀には強固な政治勢力がデルタ地域に確立していた［桜井 1987: 237］。また 15 世紀までに紅河デルタ堤防網は完成し、その大規模工事の過程で集権的国家体制が浸透し、自給的で閉鎖的な農業国家としても発展を遂げた。北部は村落共同体が強固であったことでも知られ、近世ベトナムの村落共同体は国家からの政治的権限を一部譲り受け、自治的性格も強かった［竹田 1969 : 136］。

これに対して、中部は阮氏がフエを拠点として順次南に版図を広げてきた。地形的に可耕地が少なく、トンキンと比べ歴史も新しいのが特徴である。これによって、自給的、閉鎖的な世界である紅河デルタとは対照的に、中部ベトナム沿岸には国際的、開放的世界が形成された［桜井 1994: 44］。

さらに、南部の村落社会については、村落内共同体、家族･親族集団における系譜意識、社会的凝縮力が希薄であること、小人口と余剰空間によって住民の可動性が高いこと、治水･水利共同体として村落組織を成立させる必然性もないこと、地域の開発･発展が域外･国際ネットワーク上に位置づけられていること、村落形成にあたって、国家、地方権力の介在が大きな要因であったことが特徴として挙げられる［大野 2009: 88-90］。南部ベトナム、特にメコンデルタ地域では親族組織による結合やその機能が北部の村に比べて弱いことは、渋谷［2000: 37］も指摘している。

ただしフランス植民地期の土地所有に関してみれば、トンキン、アンナンでは極小所有者が多数で［菊池 1975: 40］、コーチシナとは真逆の様相を呈していた。

こうして互いに大きく異なる地域性を有している北部、中部、南部であるが、度量衡の側面から地域性を捉えなおし、その特徴をまとめると以下のようになる。

①トンキン

トンキンにおいては、トンキンデルタと2大河川沿いに位置する省ではピクルとキロしか使われていなかった。そのため、米作が盛んであり、交通の便が良いところでは米の計量に際してピクルを用いることが一般的になっていたと考えられる。しかし、その1ピクル当たりの相当量は、まだ地域によってばらつきが見られた。興味深いことに、最も米作の歴史が古い地域では、逆に1ピクルが公式ピクル60kgに変更されるまで時間がかかっていることである。これは、長年にわたり用いられてきた慣習が根強く残り、新しく導入された計量制度に変更が難しかったことが示唆される。

また一方で、ハノイ以北に位置し、交通アクセスがよくなく、農業も盛んでない地域では、ピクルはまだ一般的ではなく多種多様な単位が報告されていた。

②アンナン

アンナンにおいては、経済規模が大きい省、あるいは農業が盛んな地域において、公式ピクルが普及していた傾向がみられた。これは農業の歴史が古い地域ほど変更が難しかったトンキンとは対照的である。このことは、トンキンの村々が数世紀にわたる農業開発の過程で非常に強固な共同体となり、そこでの慣習も確立されていたこと、一方アンナンでは農業地帯でもそこまでの歴史も、確立された慣習もなかったことを示唆している。

また、アンナンでは阮朝が主に用いていた単位も報告されており、阮朝の都があったフエを中心とした中部では、その影響が20世紀初頭でも植民地政権の行政文書上で見ることができた。こうした阮朝の単位は、目立った産業も農業地域もない地域にみられており、新しい制度へ変更することへの積極的な理由が見いだしにくい地域ほど、旧式の制度が使われているといえる。

一方で、コーチシナで主に使われている単位が見られた省がフーイエン省、カインホア省、クアンチ省であり、これはアンナンにおけるコーチシナの影響、特に華僑の影響（ネットワーク）が度量衡の側面からも確認できたといえる。

以上から、度量衡の側面から地域性を検討した結果、植民地以前からの農業形態、国内外の通商関係、移民といった要素が背景としてあり、さらに仏領期における各地域での農業、商業の変化や現状の違いが浮き彫りにできたと考える。

2　行政区画を超えた地域性、共通文化圏の検討

前項を踏まえた上で、行政区画の枠にとらわれず、その文化的境界を考えるとどうなるか、検討していきたい。

まず、北部と中部の境界について、歴史・文化的側面から捉えなおす。北部デルタの広がりは、16世紀からタインホア、ビンデルタにも拡大している［菊池 1975: 14］。また、アンリはトンキンおよび北部アンナン（タインホア省、ゲアン省）は明確な自然的一地方を成していると指摘している［Henry 1932: 334］。ブオルトも、「経済的に北部アンナンはトンキンの方を向き、南部アンナンはコーチシナの生活に参加している」として、アンナンの北部はトンキンの経済圏に含まれていることを示唆している［Boualt 1930 (vol. 2) : 67］。『ゲ・ティン民間文化地誌』では、ゲ・ティン（ゲアン省とハーティン省）は特有の民間文化を共有しているひとつの伝統・統一単位であると位置づけている［Nguyễn Đổng Chi (chủ biên) 1995: 17］。阮朝初代皇帝嘉隆帝が、黎朝の旧尺の使用を認めた地域もゲアン、タインホア以北であり［関本 2014: 76-77］、この地域は鄭氏の旧勢力圏で独自の伝統が根強く残っていたことが確認されている。

地理的条件から見ても、既述の通りクアンビン省とハーティン省の間にはタムディエン山脈が地域を分断しており、ここがかつての南北の国境となっていた。

度量衡の事例から考えると、北部で使われていた容積・重量単位のパニエが見られた最も南の省はハーティン省であった。ピクルに関しても、クアンビン省ではピクルが独特の統一的な用いられ方をしていたにもかかわらず、その影響がハーティン省では見られない。阮朝の影響が強く残っていると思われるホックとフオンを用いていた最北の省はクアンチ省であり、南北分断時代の最前線であったクアンビン省のひとつ南よりの省である。つまり、北部の影響はハーティン省まで、阮朝の影響はクアンチ省までであり、その間に北部と中部の文化的境界があると考えられる。上記で挙げたように、地形、文化、歴史的背景を合わせて考えると、ハーテイン省とクアンビン省の間のタムディエン山脈が境界だと言うことができよう。

次に、中部と南部の境界であるが、フランス植民地期、アンナンの南部はコーチシナの生活に参加しているとあるように、フースアン省、カインホア省、クアンチ省ではコーチシナ特有の二重計量制度が確認でき、これらの地域は華僑の交易ネットワークに組み込まれていた可能性が、度量衡の側面からも示唆された。

一方、南進の過程では、18世紀までビエンホアが中心地としての役割を担っており［関

本 2014: 129]、地形的にも高原地帯と、新しく開発が始まったメコンデルタとは異なる背景がある。また、稲作に向かない土壌、地形から、メコンデルタの発展と華僑ネットワークの外に位置しているといえる。度量衡の事例から見ても、南部に特徴的な二重計量制度はチョロンより南で見られ［関本 2014: 131-136, 140]、それ以北では確認されていない。

つまり、アンナンは海上交易の視点から、南部の影響を受けている地域が局地的に見られること､そして南部と中部の文化的境界はビエンホアに求められると言うことができる。

以上、行政文書としての商業統計の分析を通じて、各省レベルで 20 世紀初頭の米にまつわる度量衡の実態を捉えることができた。その結果、本稿が対象とした 20 世紀初頭は、慣習的制度からフランスの導入した制度への移行期であり、依然として植民地期以前の歴史的、文化的諸要因の影響が強く残っていたことが確認できた。また、トンキン、アンナンそれぞれの地域性および行政区画を超えた文化的境界を、度量衡を通じて検討した。これらの地域性は、社会経済に関わる多方面の分野（各産業や交通ネットワークなど）からの検討が必要であり、本稿ではそれが十分ではない。しかし、度量衡という具体的事例に基づいて、一つの可能性を提示することはできたと考える。また、フランス植民地期のインドシナ研究においては、トンキン、アンナン、コーチシナという行政区画の枠を地域設定の基礎においた研究がこれまで中心であった。本稿は、それとは異なった地域区分で捉えていく視点が有効な場合があることも示唆している。

［謝辞］ 本稿は原稿が受理されてから発行されるまで長期間を要したため、他の論文に本稿の内容の一部､あるいは一部の要約を掲載せざるを得ない場合があった。また､その間に本稿を発展させ､ブックレット［関本 2010］や博士論文［関本 2014］も出している。そのため本稿にはすでに発表済みの研究に重複する部分が少なからず含まれている。特に第 2 章の北部に関する分析は関本[2010, 2014］において既出である。本稿での掲載を許可し、また大幅な修正、加筆を認めてくださった編集委員の先生方と、風響社社長石井雅氏には記して謝意を表します。また、本稿は，平和中島財団、松下国際財団（現松下幸之助記念財団)、文部科学省 21 世紀 COE プログラム「史資料ハブ地域文化研究拠点」（東京外国語大学）から助成を得ました。

略語一覧

AGI　インドシナ官製総年報（Annuaire Général de l’Indochine française）

DAT　トンキン農業省コレクション（Fonds de la direction de l’Agriculture du Tonkin）

GGI　インドシナ総督府コレクション（Fonds du gouvernment général du l'Indochine）
RST　トンキン理事長官府コレクション（Fond de la Résidence Supérieure au Tonkin）
TTQGI　ベトナム国家第一文書館（Trung tâm Lưu trữ Quốc gia I）

一次史料

TTLTQGI

GGI 北部各省商業統計 (Statistiques commercials)、史料番号 9381, 9386, 9388, 9391-9394, 9397, 9399-9400, 9403-9405, 9407, 9410-9411, 9414-9416, 9418-9420, 9422-9423, 9426-9429, 9431-9435, 9437-9439, 9442-9445, 9447, 9449-4951, 9453-9457, 9459-9463, 9465-9466, 4006-4009, 7974.

GGI 中部各省商業統計、史料番号 9467-9473, 9475-9522.

DAT 北部各省商業統計、史料番号 75-82, 84.

参照文献

〈日本語文献〉

天野元之助

1940『支那農業経済論　上』東京：改造社。

大西和彦

2011『歴史と文化から見たベトナム人――人材育成と活用への心構え』ハノイ：ジェトロハノイ。

大野美紀子

2009「南部」末成道男編『ベトナム文化人類学文献解題』86-96、東京：風響社。

小樽哲央・土屋武・中川武・坂本忠規・西本真一・白井裕泰・中沢信一郎・高野恵子

1999「阮朝宮殿建設造営に用いられる尺度について――ヴィェトナム / フエ・阮朝王宮の復原的研究（その 25）」『日本建築学会大会学術講演梗概集』F2：171-172。

川嶋彩・土屋武・中川武・坂本忠規・西本真一・白井裕泰・中沢信一郎・高野恵子

1999「大工道具の分類――ヴィエトナム / フエ・阮朝王宮の復原的研究（その 27）」『日本建築学会大会学術講演梗概集』F-2：175-176。

菊池一雅

1975『インドシナの社会構造』東京：早稲田大学出版部。

清末隆廣・中川武・白井裕泰・中沢信一郎・坂本忠規・中村泰一

2003「ものさしについて（Ⅲ）――ヴェトナム / フエ·阮朝王宮の復原的研究（その 70）」『日本建築学会関東支部研究報告集 II』73：529-535。

清末隆廣・中川武・中沢信一郎・坂本忠規・林英昭

2004「ものさしについて（Ⅳ）――ヴェトナム / フエ·阮朝王宮の復原的研究（その 88）」『日本建築学会関東支部研究報告集Ⅱ』74：585-588。

清末隆廣・中川武・中沢信一郎・坂本忠規・林英昭・レ・ヴィン・アン

2005「伝統住宅の設計技術（Ⅱ）―― ヴィエトナム / フエ阮朝王宮の復原的研究（その105)」『日本建築学会関東支部 2004 年度 研究発表会 研究報告集Ⅱ』75：413-416。

坂本 忠規・中川 武・中沢 信一郎 他

2009「ベトナムの木造建築と大工道具―― ハナム省・トゥアティエンフエ省・ニントゥアン省における調査報告」『竹中大工道具館研究紀要』20：37-76。

桜井由躬雄

1979「雒田問題の整理――古代紅河デルタ開拓試論」『東南アジア研究』17 (1)：3-57。

1987「ベトナム紅河デルタの開拓史」渡部忠世責任編集『稲のアジア史』第 2 巻、pp. 235-276、東京：小学館。

1994「東南アジアの生態的枠組み」池端雪浦編『変わる東南アジア史像』pp. 22-46、東京：山川出版社。

1997「ベトナム紅河デルタにおける水田開発の史的展開」『国際農林業協力』20 (7)：19-32

渋谷節子

2000「メコンデルタ・カントー省の家族と社会――農村の家族生活の概観を中心に」『ベトナムの社会と文化』2：26-45。

関本紀子

2006「20 世紀初頭の仏領期北部ベトナムにおける交通インフラ建設とその経済的影響――輸送事業の進展と米価変動に関する一考察」平成 17 年度東京外国語大学大学院地域文化研究科修士論文。

2010『はかりとものさしのベトナム史――植民統治と伝統文化の共存』（ブックレット「アジアを学ぼう」20）東京：風響社。

2013「植民地期北部ベトナムの度量衡統一議論とその背景」『東南アジア――歴史と文化』42：32-58。

2014『植民地期ベトナムの度量衡制度にみる地域的多様性と植民地統治』平成 26 年度東京外国語大学大学院地域文化研究科博士論文。

竹田龍児

1969「ヴェトナムに於ける国家権力の構造」山本達郎編『東南アジアにおける権力構造の史的考察』117-139、東京：竹内書店。

土屋武・中川武・西本真一・高野恵子・中沢信一郎・田口康子

1995「阮朝王宮の配置寸法計画の分析（Ⅱ）――ヴィエトナム／フエ・阮朝王宮の復原的研究（その 3)」『日本建築学会大会学術講演梗概集』F-2：531-532。

東亜同文会編

1917a『支那省別全誌』（第二巻 広西省）台北：東亞同文会。

1917b『支那省別全誌』（第三巻 雲南省）台北：東亞同文会。

富樫洋之・中川武・西本真一・中沢信一郎・白井裕泰・高野恵子・土屋武・石原彩子・佐々木太清・柳下敦彦

1997「興廟の構造形式と平面計画における単位長――ヴィエトナム／フエ・阮朝王宮の復原的研究（その 10）」『日本建築学会大会学術講演梗概集』F-2：473-474。

中沢新一郎・中川武・西本真一・高野恵子・土屋武

1996「ものさしの用い方と単位長さについて――ヴェトナム／フエ・阮朝王宮の復元的研究（その 5）」『日本建築学会大会学術講演梗概集』F-2：491-492。

中沢信一郎・中川武・西本真一・土屋武・坂本忠規・白井裕泰・六反田千恵

2000「ものさしについて（Ⅱ）崇恩殿の間竿――ヴェトナム／フエ･阮朝王宮の復原的研究（その 31）」『日本建築学会大会学術講演梗概集』F2：277-278。

新倉俊一・朝比奈誼・石井晴一他編

1999『事典 現代のフランス』（増補版再版）東京：大修館書店。

林英昭・中川武

2010「腕尺を生むべき建築形式――ヴィエトナム / フエ阮朝王宮の復原的研究」その 154)」『日本建築学会大会学術講演梗概集』F2：605-606。

林英昭・中川武・中沢信一郎・坂本忠規・レ・ヴィン・アン

2005「伝統住宅の設計技術（I）――ヴィエトナム／フエ阮朝王宮の復原的研究（その 104）」『日本建築学会関東支部 2004 年度 研究発表会 研究報告集Ⅱ』77：409-412。

藤原利一郎

1986『東南アジア史の研究』京都：法蔵館。

古田元夫

1995『ベトナムの世界史』東京：東京大学出版会。

松並秀子

1994「チャンフー 80 番家屋の修理工事における大工職人とその道具について」『昭和女子大学国際文化研究所紀要』1：53-62。

満鉄東亜経済調査局

1939『仏領印度支那に於ける華僑』（南洋華僑叢書、第 2 巻）東京：南満州鉄道株式会社東亜経済調査局。

レ・ヴィン・アン・中川武・中沢信一郎・林英昭

2007a「トゥォックサームについて――ヴェトナム／フエ阮朝王宮の復原的研究（その 129）」『日本建築学会大会学術講演梗概集』F2：171-172。

レ・ヴィン・アン・中川武・中沢信一郎・林英昭

2007b「腕尺について（Ⅰ）――ヴェトナム／フエ阮朝王宮の復原的研究（その 125）」『日本建築学会関東支部研究報告集Ⅱ』77：385-388。

レ・ヴィン・アン・中川武・中沢信一郎・林英昭

2008「腕尺について（Ⅱ）――ヴェトナム／フエ阮朝王宮の復原的研究（その 135）」『日本建築学会関東支部研究報告集Ⅱ』78：301-304。

〈ベトナム語文献〉

Đo Đinh Nghiem, Ngo, Vi Lien và Pham, Van Thư

1927 *Địa dư các tỉnh Bắc Kỳ*（『トンキン各省地理』）Hà Nội: Hội quân khai trí tiên đức.

Đương Kinh Quốc

2002 *Việt Nam những sự kiện lịch sử 1858-1918* (Tài bản lần thứ hai)（『1858 - 1918 年におけるベトナムの歴史事件』第 2 版）Hà Nội : Giáo dục.

Hồ Tuấn Dung

2003 *Chế đo thuế của thực dân Pháp ở' Bắc Kỳ từ 1897 đến 1945*（『仏領期北部ベトナムにおける税制 1897 年−1945 年』）Hà Nội: Chính trị quốc gia.

Huỳnh Thị Bích Nhàn

2007 Dụng cụ đong lường bằng đồng tại bảo tàng cổ vật cung đình Huế（「フエ宮廷古物博物館における銅製度量衡用具」）*Bảo tàng cổ vật cung Đình Huế* VI: 112-117, Trung tâm bảo tồn di tích cố đô Huế.

Huỳnh Thị Bích Nhàn và Lê Thị Bảo Vân

2003 Về hai dụng cụ đong lường dưới triều Minh Mạng(「明命帝期におけるふたつの計量器について」）*Bảo tàng Mỹ thuật cung đình Huế* III: 82, Trung tâm bảo tồn di tích cố đô Huế.

Nguyễn Đinh Đầu

1978a Góp phần nghiên cứu vấn đề đo, đong, cân, đếm của Việt Nam xưa（「往昔のベトナム度量衡問題への貢献」）*Nghiên cứu kinh tế* 5 (105) tháng 5: 65-71.

1978b *Nghiên cứu kinh tế* 6 (106) tháng 6: 40-49.

Nguyễn Đổng Chi (chủ biên)

1995 Địa chí văn hóa dân gian Nghệ Tĩnh（『ゲティン民間文化地誌』）Vinh: Nghệ An.

Nguyễn Hữu Tiền

1934 Nên thông nhất phép cân đo lường（「度量衡統一の必要性」）*Nam Phong* 196: 333-336.

Nguễng Quang Ngọc (chủ biên)

2003 Địa chí Nam Định（『ナムディン地誌』）Hà Nội: Chính trị Quốc gia.

Pham Thanh Hải

2003 Hệ thống thước đo thời Nguyễn（「阮朝期の尺度制度」）*Nghiên cứu Huế* 5: 319-327.

Sekimoto Noriko

2010 Việc thống nhất cân đo lường và tình trạng cân đo lường ở các tỉnh Bắc Kỳ thời kỳ thuộc địa（「植民地期北部ベトナムの度量衡統一とその実態」）In *Việt Nam học: Kỷ yếu hội thảo quốc tế lần thứ ba: Việt Nam hội nhập và phát triển, Hà Nội 5-7. 12. 2008.1*, pp.554-574, Hà Nội: Đại học Quốc gia Hà Nội.

2013 Khai thác và sử dụng tài liệu lưu trữ nhân dân trong quá trình nghiên cứu lịch sử cân đo lường ở Việt Nam（「ベトナムの度量衡史研究過程における民間アーカイブズ史料の開拓とその使用」）In *Tổ chức và phát huy giá trị tài liệu lưu trữ Nhân dân*, pp.334-349, Hà Nội: Đại học Quốc gia Hà Nội.

Vũ Thị Minh Hương

2002　Các đơn vị đo lường ở Bắc Kỳ thời kỳ 1919-1939（「1919年から1939年におけるトンキンの度量衡」）*Nghiên cứu Lịch sử* 1: 34-44.

〈欧米語文献〉

Bouault, J.

1930　*Géographie de l'Indochone-Tonkin-Annam-Cochinchine-Cambodge & Lao*. Haiphong: Imprimerie d'Extrême-Orient.

Đặng Phương Nghi

1969　*Les institutions publiques du Viêt-Nam au XVIIIe siècle*. Paris: École française d'Extrême-Orient.

Génibrel, Père

1922　*Nouveu dictionnaire Français-Annamite, Deuxièm édition*. Saigon: Imprimerie de la Mission.

Henry, Yves

1932　*Economie agricole de l'Indochine. Hanoi: Imprimerie d'Extreme-Orient.*（東亜研究所第4部訳『仏領印度支那の農業経済』上中下巻 丙第182号2C 第8調査委員会資料6、東京：東亜研究所、1941年）

Le Roux, Pierre, Bernard Sellato et Jacques Ivanoff (eds.)

2004-08　*Poids et mesures en Asie du Sud-Est: Systèmes métrologiques et sociétés*. 2vols. Paris: École française d'Extrême-Orient.

Lê Thánh Khỏi

1955　*Le Viêt Nam histoire et civilisation*. Paris: Les éditions de Minuit.

Li Tana

1998　*Nguyễn Cochinchina: Southern Vietnam in the Seventeenth and Eighteenth Centuries*. Ithaca, New York: Cornell Southeast Asia Program Publications (*Xứ Đàng Trong: Lịch sử kinh tế xã hội Việt Nam thế kỷ 17 và 18. Nguyễn Nghị bản dịch*. Hà Nội: Trẻ, 1999).

Maurice, Albert Marie

2008　Du clin d'oeil à la poignée de riz: Sur les poids et mesures chez les Montagnards des hauts plateaux du Centre Vietnam. In *Poids et mesures en Asie du Sud-Est: systèmes métrologiques et sociétés 2*, edited by Pierre le Roux, Bernard Sellato et Jacques Ivanoff, pp. 463-484. Paris: École française d'Extrême-Orient.

Nguyễn Huy et Louis Jacques Dorais

2008　Des poids et des mesures dans les campagnes du Vietnam. In *Poids et mesures en Asie du Sud-Est: systèmes métrologiques et sociétés 2*, edited by Pierre le Roux, Bernard Sellato et Jacques Ivanoff, pp.459-462. Paris: École française d'Extrême-Orient.

Nguyen Thua Hy

2002　*Economic History of Hanoi in the 17th, 18th and 19th Centuries*. Hanoi: National Political Publishing House.

Nguyễn Tùng

2008 D'une colonisation à l'autre: deux poids et deux mesures au Vietnam. In *Poids et mesures en Asie du Sud-Est: systèmes métrologiques et sociétés 2*, edited by Pierre le Roux, Bernard Sellato et Jacques Ivanoff, pp.441-457. Paris: École française d'Extrême-Orient.

Rhodes, Alexandre de

1994 Histoire du ryaume de Tunquin: Lịch sử vương quốc đàng ngoài. Bản việt ngữ của Hồng Nhuệ. Hồ Chí Minh: Tủ sách đại kết (1651, Lyon: chez Jean Baptiste Debenet en rue Vircière, à la Crois d'Or).

Robequain, Charles.

1939 L'évolution économique de l'Indochine française. Paris :Centre d'etudes de politique etrangere. （松岡孝児・岡田徳一共訳 1955『仏印経済発展論』仏蘭西政治経済叢書Ⅲ、東京：有斐閣）

Souvignet, E.

1903 *Variété tonkinoises*. Hanoi: Schneider.

Pasquier, Pierre.

1930 *L'Annam d'autrefois*. Hanoi: Societe d'editions geographiques.

Vargyas, Gábor

2008 Empan, brasse, hotte et unitéde travail: Notes ethnographiques sur quelques unités de musure chez les Brou du Vietnam. In *Poids et mesures en Asie du Sud-Est: systèmes métrologiques et sociétés 2*, edited by Pierre le Roux, Bernard Sellato et Jacques Ivanoff, pp.485-501. Paris: École française d'Extrême-Orient.

ベトナムの社会と文化第８号
2018 年 2 月 10 日

ベトナム中部高原少数民族のゴング文化
コントゥム周辺の事例から

柳沢英輔

はじめに

本稿では、ベトナム中部高原のコントゥム（Kon Tum）省及びジャライ（Gia Lai）省の各村における聞き取り調査、儀礼･祭礼の観察に基づき、当該地域に住む少数民族のゴング（銅鑼）文化の実態を考察する[1]。対象とした民族はモン･クメール語族のバナ（Ba Na）族、セダン（Xơ Đăng）族、ブラウ（Brâu）族、そしてマラヨ・ポリネシア語族のジャライ（Gia Rai）族である。

中部高原には経済・政治的理由から主に 19 世紀後半以降に移住してきたキン（Kinh）族、タイー（Tày）族を中心とする移民のほか、それ以前から現地で伝統的な生活を営んできたと自認している人々がいて、本稿では後者を中部高原先住山岳民族として扱う。本稿で言う中部高原の少数民族とは、中部高原先住山岳民族と同義である。

本稿で用いる各民族名については、1979 年にベトナム統計総局より公布された「ベトナム各民族成分一覧表」に定める国定民族 54 の中に数えられているものについてはカタカナで○○族（初出時にベトナム語で併記）、その下位集団についてはベトナム語で○○グループと表記する。

1　ゴング文化とは

ベトナム中部高原では、山岳少数民族ごとに異なる様式のゴングセットが使用され、民族

1　本稿は、2007 年 7 月に京都大学大学院アジア・アフリカ地域研究研究科に提出した博士予備論文（修士論文）の一部を改稿したものである。本稿の元となる現地調査の一部は、平成 18 年度「魅力ある大学院教育」イニシアティブ「臨地教育研究による実践的地域研究者の養成」の助成を受け行われた。

ごとに異なる曲が受け継がれ演奏されてきた。彼ら少数民族にとってゴングは娯楽のための楽器というより、神（*Yang Chêng*）の住処と考えられている。したがって、古いゴングほど宿る神も強大であり、宗教的に大きな価値を持つ［Viện Văn hoá Thông tin 2006: 104］。

ゴングの音は、先祖や神と交信するためのことばであり、重要な儀礼・祭礼においてゴングを演奏する［Tô Ngọc Thành 1988: 220］。たとえば、出産や葬式をはじめとする人生儀礼、収穫祭、家の建築祝い、村への訪問者を歓迎する祝祭、そして水牛供犠祭や墓放棄祭などの儀礼・祭礼においてゴングを演奏する。また、ゴングの所有数は村の中での政治的な地位や権限と相関関係があり、威信財として見なすことができる［Viện Văn hoá Thông tin 2006: 105］。さらにゴングは交換財としても用いられ、特に古く音の良いゴングセットは、1セット（ゴング約8枚～20枚）で水牛数十頭と交換されることもあるなど、非常に高い価値を持つ［Viện Văn hoá Thông tin 2006: 106］。本稿では、社会内部におけるこうしたゴングの入手、演奏、保管、運用をめぐる実践の総体をゴング文化と呼ぶ。

かつては、よほど貧しくない限りどの家も、2～3組のゴングセットを所有していた。しかし、度重なる戦争により大量のゴングが破壊され、また現在では経済的な理由からゴングを売りに出す人は後を絶たない[2]。ゴング文化は急速なグローバル化の中で衰退しつつある。ベトナム戦争時における文化の断絶に加えて、ゴング演奏者の高齢化、西洋文化の流入による若者のゴングに対する興味の低下などが、ゴング文化の衰退に拍車をかけている［Viện Văn hoá Thông tin 2006: 140-141］。

2　研究目的

中部高原少数民族のゴング文化に焦点を当てた研究には、スティエン（Xtiêng）族のゴング文化を描いた［Trịnh Kim Sung 1986］や各民族のゴング文化についてまとめた［Viện Văn hoá Thông tin 2006］、地域ごとのゴング演奏の特徴などに着目した［田村 2002］など数少ない。Tô Ngọc Thành らの先行研究では、ゴング文化の中でも儀礼・祭礼におけるゴング演奏に焦点を当て、地域レベルや民族レベルでの演奏形態を明らかにしている 。しかし、同一民族内での多様性、特に村（thôn）レベルでの演奏形態や演奏機会の違いについてはほとんど言及

2　1980年以前、ジャライ省では多くの家族が2、3のゴングセットを所有し、省全体では数万を超えるゴングセットがあった。しかし1999年の調査では5117のゴングセットしか確認できなかった。さらに2002年には3133セットにまで減っている。中部高原の他の省でも同様にゴングの流出・毀損が進んでいる。［Viện Văn hoá Thông tin 2006 : 141］。

されていない。そこで、村レベルでのゴング演奏の実態に注目した調査を実施した。

世界規模で急速に進むグローバル化の影響で、世界各地の伝統文化は消滅の危機にさらされているという視点から、世界中の価値ある無形文化遺産を保護する目的で、2001年にユネスコは第一回「人類の口承および無形遺産の傑作の宣言」を行った。本稿が扱うゴング文化も「ベトナム中央高原におけるゴングの文化的空間」として2005年11月に「傑作」宣言された[3]。しかし、当地域は政治的な理由から長らく外部の人間（外国人研究者など）には閉ざされていたこともあり、当該地域の社会・文化に関する研究の蓄積は少ない。

先述したように、ゴング文化の衰退が進行しつつある状況にもかかわらず、先行研究は少なく、現在、少数民族の人達が、どのような機会にどのような演奏形態でゴングを演奏しているのか、といったゴング文化の実態は、それほど明らかになっていない。そこで、本稿では、ゴング演奏の実態を考察するのみならず、ゴング調律の技術と知識の継承に焦点を当てることでゴング文化の核に迫る。また彼らの演奏･調律等の実践を撮影し記録に残すことは、消えつつある一つの文化の貴重なドキュメントになる。したがって、筆者はゴング文化の理解のために、ゴングが演奏される儀礼・祭礼全体をできる限りビデオに記録した。

3　調査地と調査方法

ベトナム中部高原は、ベトナム戦争時ホーチミン・ルートを巡り、米軍と南ベトナム解放民族戦線が戦った激戦地であった。戦後も中部高原地域は、外国の支援を受けた反政府グループの活動拠点となっていたため、外国人に対しては長らく閉ざされてきた地域であった。近年も土地問題や宗教問題が複雑に絡み合い、少数民族による大規模な反政府暴動[4]が勃発するなど不安定な情勢は続いている。ドイモイによる政策転換後、90年代に入り、中部高原地域においても観光客か、開発援助に関わるようなNGOならば、外国人でも滞在できるようになった。しかし、特に少数民族の社会や文化に関する長期滞在型の調査は、依然として許可を得るのが非常に難しい。従って、コントゥムの街に滞在し、周辺の村に通うという調査手法を取らざるを得なかった。

2006年3月、2006年11月～2007年3月にコントゥム市周辺の51村（thôn[5]）を訪れ、42

3　ベトナム中部高原におけるゴングの文化的空間 http://www.accu.or.jp/masterpiece/41apa_jp.htm

4　2001年2月暴動、2004年4月暴動など。

5　近年､行政による村の再編が進められ､伝統的な村名が「thôn ＋数字」の形へと変わりつつある。例えばLa`ng Kepra´m（ケプラム村）→Thôn5（第五村）など｡本稿では原則として旧名を用いることとする。

村で何らかの聞き取りをすることができた。その内訳はバナ族の村が21村、ジャライ族の村が15村、セダン族の村が5村、ブラウ族の村が1村である。調査方針として、実際の儀礼・祭礼においてゴングを演奏している場面を撮影することを第一に考えた。したがって、前もっていつどこで儀礼があるのか、情報収集をしてからその村を訪ねた。しかし、儀礼はほとんどの場合あらかじめ決められた日に行われるというものではなく[6]、村との連絡手段もないため情報を前もって得ることは非常に困難であった。また苦労して得た情報も不正確なものが多く、当日の朝、街から数十キロメートル離れた村に行ったものの、その日は儀礼を行わない、あるいは儀礼は行うがゴングは演奏しないということが判明することも少なくなかった。さらに平日は、ゴング演奏者である男性は朝早くから田畑で農作業をしており、村には女性や子供しか残っていない場合が多く、聞き取り調査は困難であった。したがって、ゴングについて聞き取り調査ができたのは、主に祭りや儀礼が行われる日、あるいは基本的に農作業を行わない週末であった。

調査は、長年コントゥムに住み、警察、人民委員会など各地方機関に顔が広く、地理にも明るいD氏を伴って行った。D氏はキン族だが、バナ語、ジャライ語など少数民族の言語もある程度話すことができた。儀礼の撮影、聞き取り調査などで村に滞在する時は、しばしばD氏の友人や村長を紹介してもらった。またD氏とは村に行く前に、あらかじめ質問内容などについて話し合うようにした。聞き取り調査は事前に作成した質問表（表1）をもとに行い、D氏がインタビュー及びメモ取り作業、筆者はビデオ撮影という形で、状況に応じて筆者が質問した。質問は基本的にベトナム語で行った。コントゥム周辺に住む少数民族は一部の高齢者を除いてベトナム語を問題なく理解する。それは学校ではベトナム語により授業が行われており、テレビを通しても日常的にベトナム語に触れているからだと考えられる。

1　ゴングについて

1　ゴングの分類

ゴング（銅鑼）は、20世紀前半に確立した楽器分類法であるザックス＝ホルンボステル分類によると、体鳴楽器に分類される。本稿では、中央に突起のあるゴングを突起ゴング、突

また村（thôn）は単一民族で成っていることが多いが、村（thôn）の上位行政区分である社（xã）は複数の村（thôn）から構成されており、複数の民族によって成っていることが多い［新江　2003: 98］。

6　例えば極端な例として葬式がある。

起のないゴングを平ゴングと呼ぶ。突起ゴングの起源はインドネシアのジャワ島［黒沢 1970、岡本　1995: 78］、平ゴングの起源は中国の雲南省・広西省辺りと考えられている［岡本　1995: 46,71］。

ベトナム中部高原に住む少数民族は自らゴングを鋳造しておらず、沿岸部に住むキン族（ベトナムの多数派民族）や国境を接するラオス、カンボジアからゴングを購入し，民族ごとに異なる音階[7]に調律して演奏に使用している［Viện Văn hoá Thông tin 2006: 103］。また黒沢の分類に従えば、中部高原の少数民族が使用しているゴングは、平ゴングが盆形式、突起ゴングが瘤形式と考えられる［黒沢 1970: 66］。しかし、中部高原の少数民族がいつ頃からゴングを使用するようになったのかは明らかになっていない。

ゴングの材質は、主に青銅（銅とすずの合金）で、亜鉛、鉄、金、銀などが含まれていることがある。例えば、「バナ族のゴングには銅のほかに鉄や金、青銅などが含まれている。ジャライ族（Ara´p グループ）のゴングは真鍮（銅と亜鉛の合金）、鉄や鉛などが含まれており、エデ族のゴングには高い割合で金や銀が含まれている。」［Viện Văn hoá Thông tin 2006: 112］など、民族によって異なる材質のゴングセットが使用されるという指摘もある。

2　ゴングの名称

ベトナム語でゴングを総称してコン・チエン（cồng chiêng）といい、コン（cồng）は突起ゴング（bossed gong）、チエン（chiêng）は平ゴング（flat gong）のことを指す。

さらに民族ごとにゴングは異なる名称で呼ばれる。「ジャライ族、エデ族、フレ族はゴングをチン（*Chinh*）と呼ぶ。チャム族（フルアイグループ）はゴングをケヘン（*Keheng*）と呼ぶ。ジェチエン族は突起ゴングをチェン・ゴン（*Chêng Gong*）、平ゴングをチエン・ハン（*Chiêng Hân*）と呼ぶ。バナ族はゴングをチン・チェン（*Chinh Chênh*）と呼ぶ。チェン（*Chênh*）が平ゴングで *Chinh* が突起ゴングである。同様に、セダン族はゴングのことをゴン・チェン（*Gong Chêng*）と呼び、ゴンが突起ゴング、チエンが平ゴングを意味する。またゴングが製造された場所による区別もあり、キン族製造のゴングをチェン・ズアン（*Chêng Z(y)uăn*）、カンボジアで製造されたゴングをチェン・クル（*Chêng Kur*）、ラオスで製造されたゴングをチエン・ラオ（*Chêng Lao*）と呼ぶ。」［Tô Ngọc Thành 1997: 86-87］

またゴングセットを構成する各ゴングは、個別の名称で呼ばれることがある。例えば、筆

7　楽音を高さの順に並べた、音の列。scale。

者が調査を行ったバナ族のKon Jơ Dreh（ジョゼ）村におけるゴングセット（*Ching Chêng*）の各ゴングの名称は、3枚の突起ゴングがそれぞれ*Buha*（ブハ、直径 : 64.5cm）、*Môn*（モン、50cm）、*Pêpê*（ペペ、39cm）であり、7枚の平ゴングはそれぞれ*Zân*（ザン、38cm）、*Zông*（ゾン、36cm）、*Kon1*（コン1、33.5cm）、*Kon2*（30cm）、*Kon3*（26.5cm）、*Kon4*（25.5cm）、*Kon5*（23cm）という名称で呼ばれる。ペペ（*Pêpê*）の名称は、ゴングの音色からきており、コン（*Kon*）は子供の意味である。またセダン族のRôc（ゾク）村で、平ゴングのうち最も直径の大きなものはTờ Canh Ma Múiと呼ぶが、*Tờ Canh*は妻、*Ma Múi*は夫の意味を指す。民族を問わず、ゴングやゴングセットの名称にはゴングの音やゴング直径の長さを示す語、母、息子、娘などの親族呼称を含むことがある。

3　東南アジアの青銅打楽器アンサンブル

ゴングを主体とする合奏楽は、東南アジア音楽の特質の一つと見なすことができる［黒沢隆朝　1970: 66］。タイやインドネシア[8]、ミャンマーでは宮廷音楽などにゴングが使われており、ラオス南部、カンボジア北東部、ベトナム中部高原という連続する一つの地域では、ゴング音楽が山岳少数民族の儀礼音楽として知られている。

ゴングを主体とする合奏楽には、インドネシアのガムラン、フィリピンのクリンタンなどのように、各演奏者が複数のゴングを演奏して合奏する形態と、ベトナム中部高原のゴング演奏に特徴的に見られるように、各奏者が1枚のゴングを演奏して合奏する形態がある。後者の場合、各奏者は単音しか出すことができないが、8人～20人の演奏者が各自のタイミングでゴングを叩くことで多様な旋律やリズムが生まれるのである。なお、本稿で用いるゴング・アンサンブルとゴンググループは同義である。

4　ゴングの流出

近年、貨幣経済の浸透と生活の近代化に伴い、現金の必要性が増している等の事情で、経済的な理由からゴングを売却する人が増えている。聞き取り調査によればゴングを売却した理由には、子供を大学に行かせるための資金を作るなど、子供の将来を考えた現実的な理由が多くみられた。またある村においてはゴングが近年大量に盗まれるという事例もみられた。

少数民族が売却したゴングはホテルやカフェのオブジェとして使用されたり、ハノやホイ

8　ジャワ島のゴン・グデ、タイのコーン・ウォン、ミャンマーのチー・ワインなどがある。

アンなどの観光地の土産物屋で販売される例がある。筆者がコントゥムで滞在していたゲストハウスのオーナーは、ゴングセット(ゴング20枚)をダクラク省のエデ族より1,000万ドン(日本円で約76,000円[9])で購入して、中庭に飾っていた。

一方、調査を行った42村の内、ゴングが壊れていて演奏できないという2村を除き、ほぼ全ての村で最低でも一組のゴングセットが依然存在し、各儀礼において演奏されていることが分かった。すなわち、コントゥム周辺の村ではゴングの流出は進んでいるものの、ゴングが全て売り払われ全く演奏しなくなった(演奏することができない)という村は極めて稀である。

2　ゴング文化を担う人々について

1　ゴング演奏者

一部の少数民族グループを除き、ゴングは基本的に男性のみが演奏することを許されている[10]。男性が地域社会の代表と考えられ、神への祈願を行う存在だからである[Viện Văn hoá Thông tin 2006: 125]。ゴングの演奏技術は父親から息子へと代々受け継がれる。演奏の上手な年長者が、演奏経験の少ない若者などに教えることもある。各演奏者は1枚のゴングのみを演奏し、儀礼ごとに存在する神聖な儀礼シンボル、例えば墓放棄祭(「補足資料」中の「墓放棄祭」の項を参照)の際は「霊廟(Nha` Mô`)」、Nha` Rông[11]の落成式の際は「儀礼柱」、につながれた水牛の周りを、一列になって反時計回りにゆっくり回りながら演奏する。演奏者の並びは、一番前が太鼓の奏者で、その後ろに突起ゴングの奏者が直径の大きい順に並び、最後に平ゴングの奏者が直径の大きい順に並ぶ。さらにシンバル奏者(直径15cmほどの一対のシンバルをこすり合わせて演奏する)が加わることもある。

演奏者の数は村ごとに異なり、また儀礼ごとに演奏者の数は決まっている。それはゴングの音が神の世界と現実の世界を交信する言語であり[Tô Ngọc Thành 1988: 220]、各儀礼におい

9　1 VND=0.00758 JPYとして計算。以後同様。

10　エデ族のBihグループは女性のみがゴングを演奏し、マ族は男女ともゴングを演奏する[Viện Văn hoá Thông tin 2006: 125]。またバナ族の村でも、女性によりゴング演奏が行われる村を確認したが、全体としては非常に稀である。

11　Nha` Rôngとは、中部高原少数民族の伝統的建築様式に基づいて建てられた高床式の集会所のことで、その大きさや美しさは村の力を現しており、村の集会所・団欒の場としての機能を持つ。通常、各村に一つ存在する。

て演奏する曲（旋律）がはっきりと決まっているからである。葬式の時には葬式の曲、墓放棄祭の時には墓放棄祭の曲のみを演奏するのであり、好きな曲を演奏できるわけではない。また一つの儀礼の中で演奏する曲は、複数のバリエーションを持ち、同じフレーズを延々と演奏するわけではない[12]。一つの儀礼でも演奏するグループが複数いる場合、演奏する曲も様々なバリエーションをもつ。

先行研究で指摘されている「ゴング演奏者の高齢化」は村によってその状況は異なっているが､調査を行った村の多く（少なくとも12村）は年長者のゴンググループ（40歳代以上が中心）と若者のゴンググループ（20歳代中心）が存在し、一つの儀礼の中で交互に演奏を行っていることが分かった。多くの若者がゴングを演奏する理由の一つには、各儀礼においてゴングを演奏する場が村同士の交流の場ともなっており、ゴングを上手に演奏できる男性は女性の注目を集めることが挙げられる。

2 ゴングの演奏方法

ゴングの演奏方法には、大きく分けて2種類がある。一つは握りこぶしを使ってゴングの中央部（突起ゴングの場合突起部分、平ゴングの場合ゴング外面の中心）を叩く方法である。これはラムドン省やダクラク省に居住するムノン（Mnông）族やラムドン省に居住するマ（Mạ）族など、比較的中部高原の南方に居住する民族に多い演奏方法である。

もう一つがスティックを使った演奏方法で、木や竹、キャッサバの幹などをカットした堅いスティック（写真1）や、布・皮で覆った柔らかいスティック（マレット）（写真2）で叩く。前者は主に平ゴングの内面部分を叩くことで堅くはっきりした音を出すのに対し、後者は突起ゴングの突起部分を叩くことで、丸く柔らかい音を出す。またゴングの縁には紐を通す穴が二つあり、肩にかけて演奏できるようになっている。

各奏者は異なるピッチに調律された1枚のゴングのみを演奏する、つまり1人の奏者は単音しか出せない。ゴング・アンサンブルは多い時で20人にもなるため、各奏者は曲の中でゴングを叩くタイミングを正確に把握していなければならない。ひとたび演奏が始まるとテンポなどが変化するため､絶えず他の奏者の出す音を集中して聴いていなければならない。1人でも打音のタイミングを外すとアンサンブルはばらばらになる。つまり各奏者が一定の

12　そもそも彼らの中で、音楽学的な「曲」という概念は無いのかもしれない。「曲を演奏する」というよりは、「音を出す」と言った方がよりふさわしいかもしれない。

写真1　平ゴングを叩くのに使う、キャッサバの幹を利用した堅いスティック。2006年11月29日コントゥム市トンギア（Tơngia）村クオン氏の家で撮影

写真2　突起ゴングを叩くのに使うマレット（左の3本）とシンバル（Xập Xòe）。2007年2月9日コントゥム市ジェイ（Drei）村　キウ（Khiu）氏の家で撮影

レベルで調和していなければならず、そのためには日頃の練習が欠かせない。しかし、実際のところ、ゴング・アンサンブル内には、演奏の上手な人と下手な人が混在していることが多い。演奏の上手な人は、演奏の難易度が高い大きく重い突起ゴングや、曲の旋律[13]を奏でるために重要な平ゴングを担当することが多い。

ゴングの演奏において難しいのは、「音を出す」ことより「音を消す、減衰させる」ことである。各奏者はゴングを打った直後にその残響が長く響きすぎないよう、音を減衰させなければならない。さもないと残響音がほかのゴングの音を邪魔してしまうからである［Viện Văn hoá Thông tin 2006: 127］。平ゴングの消音方法は、ゴングを持っている方の手の平でゴングの縁を握ったり、ゴングを打つ方の手の肘あたりでゴングの内面をこすったりする。直径の大きな突起ゴングは、平ゴングより大きく重く、残響もより長いため、消音が難しい。突起ゴングの演奏者は、直接手のひらで突起部分を触るか、自分の腿など身体の一部にゴングを触れさせることで消音する。様々な消音の技術によって生み出される音のニュアンスが演奏をより表現豊かなものにしているのである［Viện Văn hoá Thông tin 2006: 127］。

3　ゴング調律師

先行研究［Viện Văn hoá Thông tin 2006: 103］でも指摘されているように、ベトナム中部高原に

13　旋律とは、音色の出現順序、melodyのことである。ここでは、各ゴング音の音色交替の変化として浮かび上がってくる［高橋 2007: 122］「旋律のようなもの」として捉えるべきであろう。

住む少数民族は自らゴングを鋳造しておらず、沿岸部に住むキン族や国境を接するラオス、カンボジアからゴングを購入し、民族ごとに異なる音階に調律して使用している。

調査の結果、以下のことが明らかになった。ゴングは新しく購入した時以外にも、長年の使用（または不使用）で音程[14]が外れたり、壊れたりした時に調律（修理）する必要がある。同じ民族でも地域ごとにゴングの音階は異なっているため、調律師は地域ごとの音階の違いに習熟している必要がある。さらに演奏する曲は、儀礼・祭礼ごとに異なるため、村ごとに行う儀礼によって必要とされるゴングの音階に調律する必要があることなどである。

1960年代以前は各村に1人はゴングを調律できる人がいたというが、近年ゴング調律師は非常に少なくなっており，筆者が知りえた限りではコントゥム近郊には2人のみであった[15]。ゴングの調律には微妙な音を聴き分けることのできる耳が必要で、誰にでも出来るわけではない。現在数少ないゴング調律師であるジェイ村のキウ氏（バナ族、写真3）によれば、ゴング調律師となるには、まず演奏技術が非常に優れていることが必要で、さらに数十年の鍛錬を経てようやく調律をこなせるようになるという。

キウ氏は、1972年からゴングの調律をモーネイ（Mơnay）村のイウ（Iu）氏のもとで習い始め、25年の修行の末ようやく熟練した腕前になった。キウ氏はバナ族のゴングセットのみを調律することができる。彼がゴング調律の際に使う道具は、鉄製のハンマー1本のみである。調律の必要なゴングの音を2、3回鳴らすと、熟練した鍼灸師のように、何の迷いも無くゴングにハンマーを打っていく。キウ氏がゴング外面を円を描くようにハンマーで打つと、ゴングの音が微妙に変化していくのがわかる。その動作を何度か繰り返すうちに、目的の音高が得られる。

調律中のゴングの音高を確認する方法として、基準となる別のゴングと調律中のゴングを向かい合わせにして持ち、基準となるゴングのみを叩き、反響から分かる音程の差によって調律できたか確認する（写真4）［Tô Ngọc Thành 1988: 219］方法と、他のゴングの音と調律中のゴングの音を交互に鳴らすことで、音高を確認する方法の2通りがある。Khiu氏はゴング所有者の家族に別のゴングを鳴らしてもらい、調律中のゴングを鳴らし音程を確認した。

14　二つの音の高さの隔たり。Interval。

15　筆者はジェイ村のキウ氏（バナ族､71歳）とモンゴー（Mong Ngô）村のゾーチャムベット（Rơ Châm We´t）氏（ジャライ族、72歳）の2人に実際に会って調律作業を観察・記録することができた。普段は2人とも他の村人と同じように田畑で農作業をしており、生活レベルも他の村人と大きな差はない。

写真3　ゴングを調律するキウ氏
（2007年2月18日　ジョゼ村で撮影）

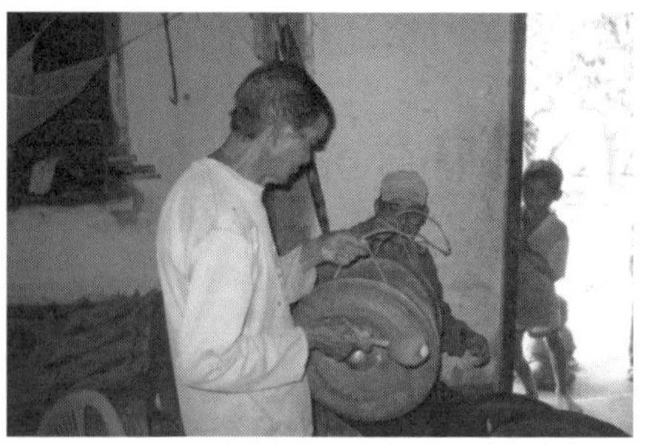

写真4　調律中のゴングの音程を確認するキウ氏（奥）と村の老人（手前）（2007年2月18日　ジョゼ村で撮影）

キウ氏がジョゼ（Jơ Dreh）村でゴングの調律を行った際、1セット（突起ゴング3枚、平ゴング8枚）の調律にかかった時間はわずか30分程度であった。ゴング調律が終わると、キウ氏は平ゴングを床に並べ、突起ゴングは他の人が演奏し、音のチェックを兼ねて曲を幾つか演奏した。演奏が終わると、ゴング所有者の家族らとともに食事をし、壷酒（rượu cần）を飲んだ。

ゴング調律の対価として、昔は豚一頭又はヤギ一頭が支払われた。現在の価格でいうと50万ドン（約3,800円）に相当する。現在は、ゴング1セットあたり20万ドンから40万ドン（約1,500円～3,000円）程度を現金で受け取っているようだ。ゴング調律の需要は最近再び増えているようで、2007年1月、2月の2ヶ月で5村のバナ族の村〔コポン（Kơpong）、ナオ（'Nao）、ジョゼ、チョーコイ（Chơ Koi）、ジュ（Ju）〕のゴングセットとコントゥム市内にある木造教会（Nhà Thờ Gỗ）に保管されている3組のゴングセットの調律を行った。

キウ氏によれば、かつて各家にゴングセットがあった時代には、ゴング調律の需要も大きかったが、ゴングの流出が進み、ゴング文化が衰退する中で、ゴング調律の需要も減っていったという。しかし、最近ユネスコによる世界無形文化遺産登録などもあり、ベトナム政府が少数民族のゴング使用を奨励しているため、ゴング調律の需要も増えているという。

もう1人著名なゴング調律師であるモンゴー（Mong Ngô）村のゾーチャムベット（Rơ Châm Wét）氏（ジャライ族、写真5）に話を聞いた。彼は生まれてから現在までモンゴー村に居住している。彼はまだ10代の頃、仕事で父親に連れられアー（A）村（B3社）に行き、そこでコップ（Khop）氏に会った。コップ氏は当時優れたゴング調律師の1人であり、彼からゴングの調律を習うことになった。1955年に調律を始めてから、現在までずっと続けている。

ベット氏はゴング調律を始めた頃は調律を行うことに困難を感じていたが、現在、彼は多

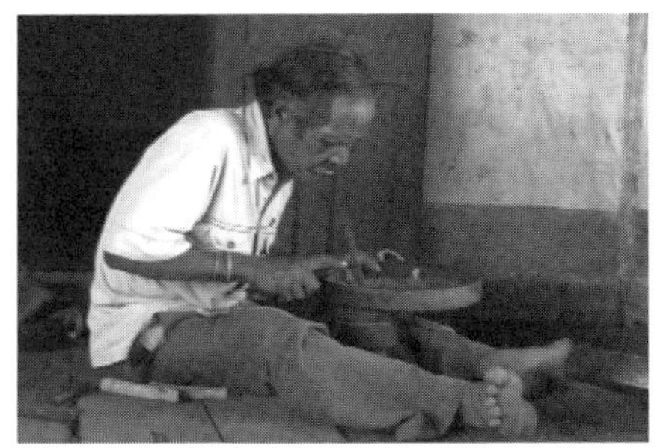
写真5　ゴングを調律するベット氏
(2007年3月11日　クラウンゴルゾー村で撮影)

くの経験を積み、優れた技術を身につけたので、もはや困難を感じることはないという。彼がしばしばゴングの調律に行く地域は、ジャライ省ドゥクコー（Đức Cơ）県、ジャライ省プレイク（Pleiku）市、ジャライ省アンケー（An Khê）県、コントゥム省サータイ（Sa thầy）県、コントゥム省コントゥム市などである。2006年に彼は20から30の村でゴングの調律を行った。

ベット氏がゴングの調律に使う道具は、打面の広さが大・中・小と異なるハンマー3つ、ゴングを打つ際に下に敷く金敷き、金属製のコンパス（ゴングの突起をつくる際などに使う）、音を確認するための小さなバチである。ある村でゴングの調律が必要な時、その村の使いの者が彼の家に来て、約束の日時を取り決める。時にはその場で彼を村に連れて行きゴングを調律してもらうこともある。

ベット氏のゴング調律方法は、複数のハンマーや金敷きを使う点などがキウ氏と異なるが、ゴングの円周上にハンマーを打っていくやり方はよく似ている。しかし、キウ氏に比べ、より入念にたっぷりと時間をかけ何度も打ち直して調律していく。クラウンゴルゾー（Klâu Ngol Zô）村でゾーチャムアヘル（Rơ Châm Ahel）氏所有のゴングセット（突起ゴング11枚、平ゴング7枚）を調律した際にかかった時間は約1時間30分である。

ベット氏はキウ氏と同様、ゴングの調律が終わると、床に平ゴングを並べ、他の者には突起ゴングを演奏させ、ゴングの調律の確認を兼ねて各地域の曲を演奏した。彼は長年村々を渡り歩きゴングの調律をすることで、コントゥム省、ジャライ省における各地域（各民族）の音階の違いを把握している。彼がゴングセット一組（15枚から20枚）の調律の際に支払われる金額は20万ドンから50万ドンで、ゴングの数や調律の難易度などによっても変わる。頻繁に演奏に使用されるゴングセットの場合2～3年に一度は調律が必要である。昔はお金でなく豚、ヤギ、鶏などの家畜を代価として支払っていた。

ベトナム統計総局が発表した「2004年度の国民の生活水準に関する調査結果」によると、2003～2004年の国民一人当たりの平均月収は48万4千ドン（約3,700円）である。その内都市部の平均月収は79万5千ドン（約6,000円）、農村部の平均月収は37万7千ドン（約2,900円）

である。従ってゴング調律2回で得る報酬は農村部の平均月収を上回ることになる。[16]

ゴングの調律は実入りの良い仕事であるにも関わらず、近年ゴング調律師の数が減っている理由として、キウ氏によれば、商品経済の浸透に伴いお金を稼ぐために以前にも増して農作業が忙しく、そうした技術を習得する時間的・金銭的余裕がないことや、実際に教えられる人がすでにほとんどいないという事情がある。また誤って破損させてしまった際、弁償のリスクが高いことも調律の仕事が敬遠される大きな理由となっている。ゴング調律の際に誤ってゴングを破損させてしまうと、調律師はそのゴングを弁償しなければならない。価値の高いゴングになると1枚でも水牛数頭分から数十頭分の価値があり、水牛一頭500万ドンとしても大変な金額となる。

結論

ゴングの調律には長年の鍛錬が必要だが、すでにゴングを調律できる人はほとんどいないことが分かった。コントゥム市周辺の51村を訪れたが、ゴング調律師[17]はジョゼ村のキウ氏とモンゴー村のベット氏の2人のみであった。先述したように、中部高原の少数民族はそれぞれ村ごとに行う儀礼に即した音階をもっており、調律していないあるいは長年の使用（または不使用）で音程の外れたゴングは演奏することができない。従ってゴングそのものを保護してもそれを適切に調律する人がいなければ、そのゴングは使い物にならないのである。

またゴングの流出は進んでいるものの調査を行ったほとんどの村においてゴングセットが存在し、また多数の儀礼・祭礼を観察した結果、年長者だけでなく多くの若者がゴングを演奏していることが分かった。従って、先行研究でいわれているような「ゴングの流出」、「ゴング演奏者の高齢化」よりも、「ゴング調律師」が非常に少なくなっていることこそが、ゴング文化衰退の要因となっていることが示唆される。

ゴング調律師は各民族、各地域の音階の違いや各儀礼における曲を把握しており、ゴング文化に関して最も精通している存在と言える。つまり、ゴング文化を保護するにはゴングそ

16　ベトナムの都市部では、月給以外に様々な手当がついて追加支給が事実上行われているが、このデータは基本給のみ答えたものと思われる。また農村では自給自足の部分も大きいので月収だけでは生活レベルを反映しない。

17　ここでいうゴング調律師とは、ゴングの調律を（専業ではないにせよ）職業として一定の収入を得ており、他の村へも出張して調律している人のことである。単にゴングを調律（修理）することのできる人という意味では恐らくもう少し存在すると思われる。

のものの保護とゴング演奏者の育成、曲の伝承だけでなく、ゴング調律師の技術・知識を次世代に継承することが急務である。

補足資料：儀礼・祭礼におけるゴングの演奏

ゴングは年間を通して行われる様々な儀礼・祭礼において演奏される。始めに各民族の死生観・世界観が現れており、民族・地域を問わずゴング演奏が行われている例として葬式をとりあげる。次にジャライ族にとって最も重要な儀礼であり、ゴング演奏が儀礼の中で重要な役割を果たしている例として墓放棄祭をとりあげる。

葬式

42の村で聞き取り調査を行った結果、少なくとも28の村で葬式においてゴングを演奏することが明らかとなった。葬式においてゴングを演奏する理由は、死者の魂が死後の世界へと旅立つ際にゴングの音が道しるべとなるからである。また現実的には村人に葬式が行われている（これから行われる）合図としての役割、参列者が一晩中起きていられるようにするための役割もあることも分かった（バナ族H氏より聞き取り）。ゴングを演奏する時間帯は、おおよそ夜10時頃から翌朝8時頃までで、その村の年長者（40～60代中心）と若者（10代後半～20代）のグループが交互に演奏することが多い[18]。

筆者が調査した村では、バナ族、セダン族は1晩のみ、ジャライ族の場合2晩ゴングを演奏する場合が多かったが、村によってもその時々の事情によっても変化する。ゴング演奏者は演奏によって報酬を受け取ることは通常ないが[19]、死者の家族はゴング演奏者と参列者に一晩中過ごせるだけの食事と壷酒などを用意する必要がある。

通常は葬式においてゴングを演奏する村でも、特別な事情がある場合、ゴングを演奏しないことがある。例えばセダン族の住むザン（Răng）村〔ボーイー（Bờ Y）社、ンゴックホイ（Ngọc hồi）県コントゥム省〕では死者の家族がゴング演奏を生前からあまり好まず（理由は不明）、ゴング演奏をしない事例に遭遇した。また家族が貧しく、ゴング演奏者・参列者に対する食事・お酒などを用意することが出来ないために、ゴング演奏が行われない場合もある。

18　葬式におけるゴング演奏は日中と夜間の両方の時間帯で行われる場合もある。

19　ゴング演奏者またはゴング所有者に対して金銭的支払いが行われることも稀にある。

次に［Tô Đông Hải 2002］を参考にジャライ族の葬式について説明する。ジャライ族の葬式では始めから終わりまで、アラップゴング（Chiêng Aráp）[20]を演奏する。死者の家族は死者を風呂で洗い、新しい服を着せる。その後、9回ゴングを叩き、村人や親戚に葬式が行われることを知らせる。高齢者はポット（Pơt）ゴング[21]を演奏したり、踊ったりして死者に別れを告げる。そして女性が泣き叫びながら死者の側でコック（côk）という歌を歌う。その間、死者の家の中庭では、ゴング演奏者が反時計回りに周りながらアラップゴングを演奏し、その後ろを人びとがスアン（Suang）という踊りを踊る。ゴングの演奏と踊りは死者への思慕の表明であると考えられている。従ってゴングの演奏者や踊りを踊る人が多ければ多いほど、死者が多くの人から愛されている証となる。演奏する曲は暗い曲調の曲だけで無く、明るい曲調の曲も演奏し、全ての曲が死者の家族と死者の魂を慰めるのである。

次に墓地へ行き、演奏者はアラップゴングを演奏し、その後から棺を運ぶ人がやって来る。この時は必ずアタウ（Atâu）という曲を演奏しなければならない。アタウという曲はリズムが遅くて寂しい曲調の曲である。ゴングの音は死者の魂を死後の世界へ導いていると考えられている。また死者の体を洗うときにもアラップゴングを演奏する。未亡人（あるいは死者の夫）は死者の親戚の中から誰かを選んで、結婚する。その後、2人は一緒に酒を飲み、アラップゴングを演奏し、幸せを祝う。

次にジャライ族の葬式について具体的な事例を描写する

ジャライ族の葬式におけるゴング演奏

2007年2月13日　チョール（Chor）村葬式　（ホアビン社コントゥム市コントゥム省）　20時45分　チョール村の入口を入ったところにある家（葬式の現場）に着く。チョール村はコントゥム市内から約10km離れた所にあるジャライ族の村である。この村はカトリックを信仰している。既に大勢の村人（100人～150人位）が家の中庭に集まっている。家の中に棺が置かれ、カトリックの厳かな祈りが聞こえる。ほとんどの村人は中庭に集まっており、家の中にいるのは死者の親族など一部の関係者のみのようだ。バナ族の葬式と同じように祈りの後にゴングが演奏される。

20　ジャライ族 Ara´p グループの演奏するゴングセット。

21　詳細不明

21時15分　ゴング演奏者の一団が中庭で練習を始める。演奏者は見たところ青年（10代後半から20代）が多く、年長者が指導している。いくつかのバリエーションの曲を練習しているがなかなかうまくいかない。途中であまりに下手なためか、不真面目なためかは分からないが、青年2人が演奏グループから追い出され家に帰らされた。

21時40分　ゴング演奏が始まる。太鼓（日本の和太鼓のような大きいもので、両肩にベルトをかけ前方に担いで、右手に持った細長い木のバチで一定のリズムで叩く）が1人、突起ゴングが7人、平ゴングが8人、シンバルの類はなし。死者の家を反時計回りに周りながら演奏する。家の中では演奏しないようだ。かなり単調なリズムとメロディの曲にもかかわらずあまり上手でない。演奏中も下手な演奏者が時折年長者に指導されている。筆者と一緒に見ていたリウ（Li´u）氏〔ケプラム（Ke´pram）村ゴンググループの演奏者〕いわく「彼らはあまり上手でない、時々メロディを間違えている」。

22時10分　ゴング演奏が止む。女性の踊りはまだ始まらない。女性の数は十分揃っているのに、踊りが始まらないのは、演奏が下手なためなのだろうか（盛り上がらないため？）。いつのまにか別のゴンググループがやって来ていて音のチェックをしている。見たところ年齢は先ほどのグループと同じぐらいで若い。リウ（Li´u）氏いわく「彼らは（先ほどのグループより）ずっと上手だ」。彼らはベーハイ（B2）村から自主的にやってきているようで、チョール村（葬式の主催者家族）から呼ばれているわけではないという。

22時30分　ベーハイ村のゴンググループが演奏を開始する。前から順番に太鼓（最初のグループと同じ形状、ただしバチはなく素手で叩く）が1人、突起ゴング4人、シンバル1人、突起ゴング5人、平ゴング2人、突起ゴング1人、平ゴング4人の計18人。メロディ、リズムとも筆者が実際に聞いたゴング演奏の中でも格別に印象的であった。ベーハイ村のゴンググループが演奏を始めた頃から、それまで中庭で焚き火をしながら、おしゃべりをしたり、冗談を言い合ったりしていた大勢の若い男女が、一気に葬式を行う家の周りに集まり、ゴング演奏者を取り囲むように手を繋ぎ踊り始めた。この後テンポがどんどん速くなっていき、場はどんどん祝祭的な楽しい雰囲気へと変わっていく。22時45分位になった所でビデオのテープが無くなり宿に戻る。

その他、聞き取りや観察から分かったこと

この葬式では4組のゴンググループが演奏した。チョール村、ベーハイ村、ケプラム村、ドゥ（Đứ）村の4村である。そのうちベーハイ村のゴンググループの演奏が非常に上手であった。若者が葬式に多く参加するのは、ゴングを練習する良い機会であるのと同時に、他の村から来た人と交流する良い機会でもあるからだ。多くの若い女性が参加し、踊りに加わり、演奏者の男性らと知り合いそれをきっかけに結婚することもあるという（リウ氏より聞き取り）。つまり、葬式は単に死者との別れという悲しい別離の側面だけでなく、他村の人々と交流する楽しい側面もあることが分かった。またゴング演奏や踊りに参加することで一緒に場を盛り立てていくため、村の連帯を強化する側面もあることが分かった。

若者のゴンググループは夜から夜半過ぎまでを担当し、若者が疲れたころの明け方に年長者（50歳代以上中心）が演奏する。ゴングを上手に演奏できる男性は人気を博す。男性はゴングの演奏ができて一人前と言われる。現在でもゴング演奏が上手な男性やゴンググループ、村は遠くの地域まで知れ渡り、尊敬を集めている。

墓放棄祭（Lễ Hội Bỏ mả）

次にジャライ族にとって最も重要な儀礼であり、ゴング演奏が儀礼の中で重要な役割を担っている例として墓放棄祭をとりあげる。まず［Ngô Văn Doanh 1995］を参考にジャライ族の死生観と墓放棄祭（Lễ Hội Bỏ mả）の概要について述べる。

墓放棄祭はジャライ族にとって最も重要な儀礼である。全ての人間には魂〔ジャライ語でムンガット（Mngă't）、バナ語でムンゴル（Mngol）〕があり、人は死ぬとその魂は霊＝アタウ（*Atâu*）へと変わり、村の墓地ボサット（*Boxát*）のどこかに住みつく。霊は生きている時と同じように物質的な生活を送るため、死者の親族は死者が生前の生活に使っていた物を霊廟（Nha` Mô`）の中に置き、毎日、霊廟に食事を運び、霊廟内を綺麗にしておかなければならない。この期間が墓地維持期間（ジャライ語で *Djà M'xát*、バナ語で *Nây Boxát*）という。

墓放棄祭が終わると、霊は永久に死者の（先祖の住む）世界（バナ語で *Nar Mút*、ジャライ語で *Pơlơi oi jạ*）へと旅立つため、親族はもう墓の世話をする必要が無くなり、死者と生者を結びつけるものは全て無くなる。そのためこの祭りが終わってはじめて未亡人は再婚することができるようになる。死者の世界は険しい道のりを進んだこの世の果てにあるため、霊が死者の世界へ迷わず無事たどり着けるように、墓放棄祭ではゴングを演奏し、祈りを捧げるのである。

ジャライ族とバナ族の死生観は非常によく似ている。死後の世界は地球上のどこかにある暗黒の世界で、そこでは生前と同じような生活を送っている。霊廟内に水を保存するひょうたん、鋤や鍬などの農耕器具が置かれ、毎日親族が霊廟に食事を運ぶのはそのためである。また墓放棄祭で霊廟に用意するものが霊の財産となるため、祭が盛大で霊廟が大きいほど、霊は幸せになると考えられている。

霊は生前と同じように死者の村で農耕や狩猟・採集によって暮らしている。その生活は生前の世界と本質的に同じであり、喜怒哀楽があり、また病気になることもあれば、死ぬこともある。霊は死ごとに別の生き物へと姿を変え、最終的には水の雫となり自然へかえっていく。つまりバナ族、ジャライ族とも人間は「地球－生者－霊（Atâu）－地球」というサイクルの中を生きていると考えている。また死者は死後の世界で生者と同じように生活していると考えている。従って霊にいかなる超自然的力も認めておらず、先祖を奉る習慣は持っていない。

毎年雨季の終わり、収穫とそれに伴う全ての儀礼が終了した頃、霊廟の建設と墓放棄祭の準備が始まる。11 月から 4 月までの期間、墓放棄祭で演奏するゴングの音がジャライ族、バナ族の村から頻繁に聴こえる。

墓放棄祭で一番初めにするべきことは霊廟の建設である。祭りが始まる 10 日から時には 1 ヶ月前、村人は幾つかのグループに分かれ、森の中に行き建設資材となる木材 や竹を伐採し、稲わら・ヤシ・シュロの葉などの屋根ふき材料を集めてくる。霊廟の建設に使う木材は用途ごとに上質なものを選ばなければならない。例えば柱には nasan（香木）や napac（red-bark wood）のような堅い木を使うなど。霊廟の建設に使う木材が揃ったら、村の長老は村人を、柱を彫刻するグループ、木像（Tượng Mồ）を彫像するグループ、霊廟を組み立てるグループ、食事や酒を用意するグループに分ける。

霊廟の建設は男性の仕事で、女性は作業の準備や食事の用意にしか参加できない。霊廟の建設は墓地の中で行われ、技術のある年長者の男性が柱の彫刻や、木像の彫像、霊廟の装飾を行い、若者は木材を切り、年長者の補助を行う。柱の彫刻や木像の彫像、霊廟の建築・装飾技術は世代間に伝授される。柱の彫刻や木像の彫像のデザインには特に決まった原則は無く、彫刻者同士議論を重ね、それぞれの想像力を活かし即興的に彫刻を行う。そのため一つとして同じものはなく、村ごとに異なるものが作られる。そのため木像と装飾模様は村内の特徴を現し、村全体に受容される。つまり墓放棄祭は死者の親族の個人的な問題というより、村全体に関わる問題であるといえる。

霊廟の大きさや柱、木像の数や装飾は墓放棄祭の規模によって変化する。もし祭が水牛供犠を行う場合、多くの装飾を施された柱や木像が作られる。しかし、牛や豚の供犠のみの場合、装飾柱や木像の数は減り、時には作られないこともある。

墓放棄祭はバナ語、ジャライ語でブティー(Bothi)あるいはプティー(Pothi)と呼ぶ。ブティーはジャライ族、バナ族の一年の祭・儀礼の中で最も長い期間（2日～2週間ぐらい)、最も多くの人が参加する祭であり、祭を行う村の居住者だけでなく、近隣の村や遠く離れた村から多くの人が参加する。彼らは所有する最上のゴングセットと食べ物などを入れた竹篭、壷酒などをもって祭に参加する。彼らは夜通しゴングを演奏し、歌い、飲食を楽しみ、時には人形劇に興じる。そして日々の生活や仕事などについて語り合い、物品を交換する。ブティーは死や魂に関わる祭ではあるが、実際にはとても活気のある楽しい雰囲気の祭である。

墓放棄祭は霊廟の建設、墓地の放棄儀礼、魂の解放儀礼の3段階に分けられる。墓放棄祭の初日（つまり墓の放棄と建設が行われる日）をジャライ語では *Broah*（最初の日)、バナ語では *Anar Mot* または *Dong Bơxat*（霊廟の建設）という。墓地の放棄儀礼は古い霊廟を壊し、新しい墓の建設が終わった後に始まる。墓地の放棄儀礼が始まる日をポジャー（*Pơjah* ＝始まりの日)、バナ語では *Anar Tuk*（abandon day）という。

霊廟の建設が終わり、供犠に用いる牛、水牛などを霊廟の木柵に繋ぎ、村人の食事と100個を超える壷酒（Rượu Cần）の用意が出来たら、いよいよ Lễ Pơjah（墓地の放棄儀礼）が始まる。ジャライ族では一般的に夜、月が霊廟の柱に架かって見える頃に祭りを開始する。祭を主催する家族が食べ物と酒を霊廟内の礼拝場所（*P'nang*）に陳列し、膝まずいて霊に霊廟の放棄と別れを告げ、その後、他の親族が座りすすり泣く。

そしてゴングの演奏が始まる。大きな両面太鼓を抱えた男性を先頭に、突起ゴングを演奏する男性がゴングの大きい順に並び、最後に平ゴングを演奏する男性が並ぶ。ゴング演奏者の数は村によっても、演奏の時間帯によっても変化するが、概ね9人から18人である。場合によってシンバルが加わることもある。演奏者は列を作って墓の回りを反時計回りにゆっくり回りながら演奏する。

そして村人（老若男女問わず）が墓の周りを、ゴング演奏者を取り囲むように手を繋いで踊りを始める。その踊りは日本の「花いちもんめ」のようである。墓放棄祭におけるゴングの調べや踊りのことをジャライ語で *Tung Tai*（the tune of the Atâu）と呼ぶ。奏者が疲れると他の奏者と交代し、焚き火の側に行き、食事をとったり、酒を飲んだり、おしゃべりをする。ゴングの演奏は一晩中続き、供犠された水牛の殺生は翌朝の4時から5時頃に行われる。

Lễ Pơjah は墓地放棄儀礼の初日であり、村内、村外に祭りが開始したことを知らせる意味がある。彼らはゴングを演奏することで近隣の村に祭りが始まったことを知らせるのである。ゴングの音を聞いた兄弟や親戚、その他大勢の人が近隣の村からやってきて、祭りに参加する。祭の参加には一切強制的な意味はなく、参加者は皆自発的にやってくる。そして墓地で一晩と一日ゴングを演奏し、踊り、酒を飲み、語り合うのである。墓放棄祭では、主催する家族が居住する村の村人はそれぞれ仕事を割り当てられ、各自の仕事を全うする。ご飯を炊く人、おかずを作る人、ゴングを演奏する人、踊る人など細かく役割分担が決められている。

墓地の放棄儀礼（Lê` Pơjah）が終わると、墓放棄祭の最後の儀礼である魂の開放儀礼が始まる。この日をジャライ語では *Xatgo*、バナ語では *Glang go* と呼び、いずれも調理用の鍋を洗う日という意味である。人々は家や集会所（Nha` Rông）で祝宴を開き、ゴングを演奏する。祭りを主催する家族は稲の精霊と牛の精霊を降臨させるための儀礼を行い、精霊が霊（Atâu）を追って村を出て行かないように祈りを捧げる。

この儀礼の後、客人は祭りを主催する家族に水を勢いよくかけるか、水浴びをさせるため小川に連れて行き、魂を開放させる。この瞬間をもって、死者の家族は死者との繋がりを絶ち、再婚したり、村の祭りに参加したりすることが出来る。そして墓放棄祭（Lễ Hội Bỏ mả）は終わりを迎える。これより、死者の墓は放棄され、家族はもはや死者の墓の世話をすることはなくなる。

次にジャライ族の墓放棄祭について具体的な事例を描写する。

ジャライ族の墓放棄祭におけるゴング演奏

2007 年 2 月 27 日、28 日　ヤー（Yăh）村　墓放棄祭（イアリー社チュパ県ジャライ省）

ヤー村はコントゥム市内から約 30km 離れたジャライ族の村である。昼間、生贄にされる牛 3 頭と水牛 7 頭が霊廟（Nha` Mô`）を囲んでいる木柵に繋がれる（写真 6）。特に一番右端に繋がれた水牛は体も大きく立派である。100 は越えるであろう壷酒も用意され、竹に入れて蒸された赤いもち米や、豚や鶏、野菜を使った料理なども用意される。葬式とは異なり、準備の段階から皆楽しげで祝祭的な雰囲気である。霊廟の建設はすでに終わり、霊廟の周囲には人の姿が彫られた木像（Tượng Mô`）が全部で 6 本立っていた。霊廟内部には水を保管するための瓢箪や、威信財でもある壷、ガラスのビン、食料、竹製のかごや様々な農耕具などが置かれている（写真 7）。

夜7時頃ゴングの演奏が始まる（写真8、9）。灯りは霊廟の両脇に裸電球が2個吊り下げられているだけなので、かなり暗い。近づいて顔がなんとか認識できる程度である。最初は若者のゴンググループが演奏する。服装は民族衣装ではなく洋服で、Tシャツの上に長袖シャツやナイロンのジャケットを着て、下はジーンズなどである。またキャップなど帽子を被っている子もいる。演奏者は皆男性で、両面太鼓（打面は割れていた）の奏者を先頭に、突起ゴング奏者が12人、シンバル奏者が1人（突起ゴングの7人目と8人目の間）、平ゴング奏者が8人の全部で21人である。霊廟を反時計回りにゆっくりと周りながら演奏する。墓を一周した頃、若い女性が手をつないで演奏者を取り囲むように踊りを始める。

女性の服装は男性とほぼ同じような感じで民族衣装はいない。スカートをはいた子もいない。演奏は最初ゆっくりしたテンポだが、しだいにスピードが速くなり、8分位して演奏が止まる（墓を4周位した頃）。15分ぐらいして再び演奏が始まる。伴奏部の音（突起ゴング）は同じようだが、旋律（平ゴング）が若干異なる曲を演奏する。踊りには男性も加わる。この時点では演奏者も踊りを踊る人も若者が中心である。墓の前に置いてある壷酒を飲む人もいる。いつの間にか平ゴングの数が7人に減っている。近隣の村人かヤー村の人かは定かでないが、バイク（多くは2人乗りや3人乗り）に乗った人々が続々とやってくる。演奏がだんだん速くなり12分ぐらいして演奏が止まる。

このように10分前後演奏しては休憩するというのが何度か続く。曲の内容に関して伴奏部の音はずっと変わらず、旋律だけが変化していく。それでも大きな変化ではなく、元曲の編曲のような感じで続いていく。ある曲では突起ゴングが13人に増え、シンバルが無くなり、平ゴングが7人に減っていた。曲ごとにゴングの数は微妙に変化しているようだ。（もしかしたら疲れて演奏していなかっただけかもしれないが。）

他村から来たゴンググループが演奏を始める。大太鼓（日本の和太鼓のよう）が1人、両面太鼓が1人、突起ゴングが7人、平ゴングが6人の計15人。それまでの旋律と明らかに異なる曲である。霊廟の中で親族らしき人が祈りを捧げている。演奏は10分位続き、テンポが最高速になり止まる、とそのままゆったりしたテンポになり再び次の曲へ続いていく。所々にこのような間奏があり、いったん止まったかに思えた曲がそのまま次へと続いていくようになる。他村から来たゴンググループとヤー村のゴンググループが同時に演奏するようになり、多い時には3組のゴンググループが同時に霊廟の周囲を回りながら演奏する。踊りを踊る女性や男性がゴング演奏者を2重、3重に取り囲み、演奏はどんどん熱気を帯びていく。筆者は、23時過ぎ、仮眠を取る為、一度長老の家に戻る。

写真6　供犠のため霊廟（Nhà Mồ）につながれた水牛

写真7　霊廟（Nhà Mồ）内部

写真8　霊廟（Nhà Mồ）の周りを回りながら演奏するゴング演奏者

写真9　霊廟（Nhà Mồ）の周りを回りながら演奏するゴング演奏者

朝4時に起床し、祭の現場に向かう。外はまだ真っ暗で空気が冷たい。4時すぎに現場に着くと、年長者（40歳代～60歳台位）のグループが演奏していた。この頃になると人の数もずいぶん減り全部あわせても150人弱位だろうか。あちこちで毛布に包まれて寝ている人や焚き火に当たって暖をとっている人がみえる。若者の姿はあまり見られず男女とも年齢層が高い。恐らく最初から参加していたのではなく、夜半に起きてきたのだろう。ゴング演奏は太鼓類が無く、突起ゴングが7人、平ゴングが6人の13人である。長老のグループが焚き火の側でゴング演奏の練習を始める。

5時頃、軍服を着た60歳位の痩せた男性が霊廟の木柵に繋がれた水牛、牛の群れに近づいていき、右手に持ったナイフ（刃渡り25cm位）を構え、次々に牛の背中？辺りを刺していく。一度（周りの男性に促され）大きくナイフを天に掲げるしぐさを見せたが、その後は淡々と殺生が行われた。牛はそれほど抵抗せず1度か2度刺されるとそのまま崩れ落ちるように倒れ

写真 10　丸焼きにされた水牛

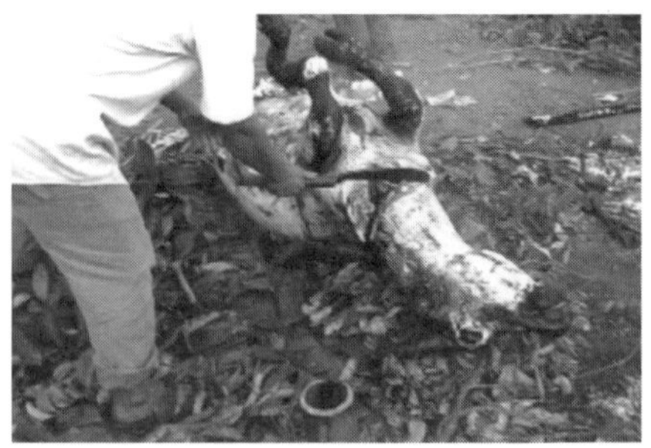

写真 11　焦げた表皮をそぎ落とした後、首の付け根にナイフを入れ腸を取りだす

こんだ。長い間繋がれていて疲労していたのか、夜明けという時間帯のせいか、この男性の技術が卓越しているためかはわからないが、わずか 10 分ほどで全ての牛、水牛が殺生された。血もほとんど流れなかった。倒れこんだ牛の尾が切り取られる。殺生が行われる間、男性の周囲では演奏者が立ち止まったままゴングを演奏していた。

倒れた牛、水牛をロープで引っ張っていく。大きな水牛は大人 7 人がかりで引きずって運ぶ。そして枯れ木を牛、水牛の上に被せ火をつけて丸焼きにしていく。この頃になると夜も明けてきて、朝日が出てくる。墓の内部はござが敷かれ、鍬やすき、竹で編んだバスケット、ふるいなどの農耕機具、水を入れておくのに使うひょうたん類、酒をいれたガラスのビン、米、生きたひよこ（ござの上を歩き回っている）などが整然と配置されている。いつの間にか小さな子供達が墓地に集まっている。

丸焼きにした牛（写真 10）はまず、どす黒くこげた皮をナイフでそぎ落とす。時折竹の器に入れた水をかけ冷やす（湯気が立つ）。首の付け根あたりにナイフを入れ（写真 11）腸を取り出し、そのままナイフを深く入れ首を切り落とす。次に右前足付近を切り落とす。2, 3 種類のナイフを使い分け肉を解体していく。1 人が牛の後ろ足を持ってバランスを保ち、もう 1 人がナイフで解体していく。さらにナイフを渡したり、解体の際に零れ落ちる血を竹の器で受けたりする人もいる（血も無駄にしない）。次に同じように左前足を切り落とす。そして左後ろ足、右後ろ足を順に切り落とす。慣れているのかとても手際よく解体していく。さらに解体した肉を手分けして細かく切っていく。こうした解体が牛、水牛が焼かれた場所ごとに同時に行われていく。解体もほとんど男性の仕事で女性は手伝わない。

再びゴングの演奏が始まる（写真 12、13）。両面太鼓が 1 人、突起ゴングが 11 人、平ゴングが 7 人の計 19 人。突起ゴングは比較的若い人が演奏し、平ゴングは比較的高齢者が演奏することが多い。突起ゴング（特に大きいもの）は重量があり、高齢者には体力的に辛いためだろう。また平ゴングは打つタイミングが一定でないため難しく、演奏の技術もより求められるため、曲をよく覚えていて技術的に優れた人が演奏するようだ。霊廟の周囲を囲む木柵の上には牛や水牛のことが多い切り取られた頭が整然と配置されている。だんだんテンポが速くなり 10 分ほどで演奏が止む。

肉の解体作業は引き続き行われ、内蔵などの部位は大きな洗面器のようなものに入れられる。女性は米を炊いたり、片付けなどその他の雑用をしたりしている。再びゴングの演奏が始まる。先ほどと大体同じメンバーのようだ。演奏中の演奏者に竹筒に入れられた酒や細かく分けられた肉が振舞われる。酔っ払った男性がゴング演奏者の周りで踊りだす。ゴング演奏が続く。太鼓がいなくなり平ゴングも 6 人に減る。ゴンググループのリーダー格であるあごひげを長く伸ばした男性が、他の演奏者に演奏中、身振りで教えている（時には突起ゴング奏者の所まで行き注意することもあった）。

12 時半ごろ、竹と草でできた仮面、草の腰みのなどを着け（竹製の釣竿を持つ人もいる）全身を泥まみれの男 4 人（周囲に泥を塗る係りの人が何人かいて、泥が落ちてきたらすぐに泥を補填する）を先頭にゴンググループが墓地にやってくる（写真 14）。彼らは村近くの水田などで、泥人間に変身するのだが、その場面は他の村人に目撃されないようこっそりと行われる。泥人間には日射病にならないようにするため、2m 以上ある竹筒から中に入れた水を泥人形の頭に時折ふりかけられる。泥を塗る係りと水を振り掛ける係りは兼業の場合もある。ゴンググループは両面太鼓 1 人に突起ゴングが 13 人、平ゴングが 6 人（ただし最後から二人目の奏者は 2 枚のゴングを同時に演奏していた）の計 19 人。演奏者は若者と中高年が入り混じった構成である。民族衣装を着た高齢の女性が踊り始める。

泥人間を先頭にしたグループは墓地内を練り歩く。ござの上で商品を販売している人たちを見つけては、手当たり次第に商品を泥人間が背負っている竹製のバスケットに入れていく。店の人は商品を取られないように抵抗するが、その甲斐もなくいくつかの商品がかごに入れられる。店の人は「勘弁してよ！」といいながらも、それほど本気で抵抗しているわけではないのが分かる。しかし、商売で来ているわけだから、あまりたくさんの商品を取られても困るというのが本音だろう。その後も周囲を練り歩き、村人とさまざまに交流しながら、最後に霊廟の周りを回る（写真 15）。ゴング演奏のテンポもだんだん速くなり、13 時過ぎに終了した。

写真 12　ゴングを演奏するジャライ族の男たち。霊廟（Nhà Mồ）の周囲の木柵の上には供犠された牛や水牛の頭が配置されている。

写真 13　ゴングを演奏するジャライ族の男たち。霊廟（Nhà Mồ）の周囲の木柵の上には供犠された牛や水牛の頭が配置されている。

写真 14　泥人形に変装した男たちがやって来て墓地を練り歩く。その後ろにゴング演奏者が続く。

写真 15　その後、霊廟（Nhà Mồ）の周りを回り始める。ゴング演奏者は後ろに続いて演奏する。

その他、聞き取りや観察から分かったこと

墓地内の至るところでゴザがひかれ、その上で酒を飲んだり、談笑したり、食事をしたりしている。夜になるとゴザの上で毛布にくるまって寝ている人が多かった。男性は男性同士、女性は女性同士固まって座っていた。木像の制作、水牛などの生贄を墓に連れてきて霊廟の木柵に結ぶなどの準備作業、ゴング演奏、生贄の殺生、牛を焼く作業、牛の解体など、祭りの主要な行事のほとんどは男性が行っていた。女性は料理をつくったり、運んだり、後片付けをしたりする役割であった。また霊廟内で祈りを捧げているのも女性だった。ゴザの上で、食料品や嗜好品、雑貨、衣料品などを販売している人たちもいた。[22]

22　調査を行ったジャライ族の各村にはキン族の営む小さな商店があり、日用品（衣類、生活用品）や嗜好品（タバコ、酒、ジュース、お菓子など）を扱っていた。中にはフォー（ベトナムで日常的に食べられている麺）などを出す店もあった。彼らは近くの町に住み、毎日村に出張して、商売を行ってい

ゴング演奏は夜7時ごろから深夜にかけては青年が中心で、早朝から朝にかけては年長者が中心で、翌朝9時頃まで続いた。23時から朝4時ごろまでは演奏を見ていないので、その時間帯はどのような年齢層が中心に演奏していたかは定かでない。よその村から来ている人たちも多く、なかには20km以上離れたコントゥム市イアチム（Iachim）社のサール（Sar）村や、コントゥム市レロイ社のルーハイ（Roohai）村から来ている人達もいた。

ゴング演奏のグループはヤー村も含めて全部で6グループであった。最初は1グループによる演奏だったが、途中から2グループ、3グループと同時に演奏するようになり、それに伴い踊り手（男女）も増えていった。ゴング演奏が良いと踊る人も自然に増えていった。最初はゆったりとしたテンポではじまり、徐々にテンポが速くなり、テンポがこれ以上速くできないところまでいくと演奏がストップし、一呼吸置いた後間奏のような演奏に入り、そのまま次の曲へと続いていく。

また演奏前は各グループとも必ず演奏者が集まって音出し確認をしていた。その時にどの曲を演奏するか決めていた。演奏技術的には、大きな突起ゴングと平ゴングが難しく、演奏技術の高い人が担当していた。中型、小型の突起ゴングは一定のテンポで音を出しているだけで特に難しそうには見えなかった。太鼓は大きく、重く、担ぎながらの演奏はとても疲れるため､曲ごとに奏者が代わっていた。疲れたら曲の途中でも奏者が代わることがあった（ゴング奏者も同様）。演奏者は、霊廟の周りを反時計回りに回りながら演奏するが、立ち止まったまま演奏することもあった。

演奏者の並びは、太鼓、突起ゴング、平ゴングの順でシンバル奏者が加わることもあった。曲のバリエーションは色々有るようだが、どこからどこまでが一つの曲なのか判別がつかないことも少なくなかった。また他村から演奏しにくるゴンググループは上手なことが多かった。それは祭・儀礼への参加は完全に自主的なものであることとも関係しているかもしれない。演奏中も度々、上手な人が下手な人に教える光景があった。明らかに演奏の上手な人とそうでない人の差があり、全ての奏者が上手なグループは稀であった。

比較的大きな儀礼・祭礼では数人の警察官が暴動などを防ぐために監視していることが多いが、警察官の多くは同じ村の出身あるいは同じ民族集団であった。従って村人を監視しながらも、一般の村人と同様に、祭に参加し楽しんでいるように見えた。警察官は銃などの武

る。祭などの際は、祭の現場近くに商品を運びそこで販売したりもする。少数民族が村で商店を営んでいる例はほとんど見られなかった。

器は持っていないようで、服装も私服であったために、筆者には村人と全く区別がつかなかった。ビデオ撮影中、警察官には何度か声をかけられたが、その度にガイドのD氏が警察官に説明をしてくれた。警察官はその場に全部で6～7人はいたようで、筆者が外国人だと分かってからは、筆者の後を逐一追うようになった。D氏からは、筆者の身の安全を守るためだから気にしなくて良いと言われた。朝4時頃、再び現場に戻ってきた時には警察官はいなくなっていた。

村内でのビデオや写真の撮影は原則的にはその地区行政府の許可がいる。祭りが始まる前に、D氏が村長らを連れて行政府に許可を取りに行ったが、扉が閉まっていて誰もいなかった。そこで今回は後で撮影した内容をVCDにして村長に渡すことで、村長から撮影の許可と村長の家での滞在許可をもらった。

その他、2007年2月24日と25日にヤン（Yăng）村（イアフィー社チュパ県ジャライ省）で、2007年2月26日にバン（Bang）村で、2007年3月4日にグルット（Grứt）村（イアクオル社チュパ県ジャライ省）で墓放棄祭（Lễ Hội Bỏ mả）を記録した。いずれもジャライ族の村である。どの村でも多くの人が集まり、ゴングの演奏が行われた。祭の内容はヤー村の墓放棄祭と大きな差はなかった。ヤン村では少なくとも水牛2頭と牛6頭（正確な頭数不明）、バン村では牛17頭、グルット村では水牛6頭と牛20頭が供犠された。

考察

墓放棄祭を主催する家族は数日間行われる祭のために、長い年月をかけて莫大な費用（その額は一億ドン≒約76万円を優に超える場合がある）を貯めなければならない。生活の近代化などで経済的負担が大きくなり、少数民族の生活はとても厳しい状況にある。そうした状況下でもこうした祭が続けられているという事実からも、ジャライ族が墓放棄祭を現在も非常に重要な儀礼としてとらえていることが分かる[23]。

また複数の儀礼・祭礼を観察した結果、ゴング演奏が行われる儀礼の場は村内・村間の交流の場としても機能していることが分かった。先述したように、ゴングの音は儀礼が行われていることを村内・村間に知らせる役目もあるとのことだが、実際には20人のアンサンブ

23　メトカーフによれば、ジャライ族の属するマライ＝ポリネシア文化圏において、死や葬送儀礼はその文化の中心を占めている。例えば伝統的なマダガスカル社会において葬送儀礼は最も重要な文化制度であり、死の儀礼を執行し、墓を維持するための時間や資源の支出は、特にふだんの貧しい経済基盤を考えると、実に莫大なものである［メトカーフ、P.／R.ハンティントン 1996: 154］。

ルがゴングを演奏したとしても、周囲の環境にもよるが、ゴングの音はせいぜい1km四方位にしか聴こえないだろう。同じ村内でもゴングの演奏が行われている現場から離れるとゴングの音はほとんど聞こえなくなる。したがって、数キロメートル離れた他村の住人がゴングの音を聞くというのは現実的には考えにくいことである。しかしここで重要なのは、そうした村人の言説の真偽ではなく、ゴングの演奏が「コミュナル（Communal）＝全住民共有・参加」［藤田 2002: 155］な性質を有しているということである[24]。ゴングの演奏はひとりでは絶対にできないのであり、多数の村人の参加が欠かせない。それは儀礼も同じであり、多くの参加者（準備する人を含め）がいてこそ儀礼は成立する。つまり儀礼・祭礼のもつコミュナルな性質がゴング演奏を要請し、またゴング演奏によってはじめて儀礼が村人に共有されるとも言えるのではないだろうか。

高橋は、同質の音色の音程を少しずつ変えながら受け継いでいくゴング音楽は、階層性をあまりもたない共同体内部での、世代や性差にもとづく関係調整の音楽表現［高橋 2007: 122］と指摘している。特別の技能を持った「職能的演奏集団」ではなく、普段農作業をして生活している「普通の村人」によって演奏され、一人が一音のみ演奏するという演奏形態からも、ゴング演奏には共同体の均質性を維持するような機能をも有しているのかもしれない。ゴングの演奏は人と神との交信を媒介するだけでなく、人と人との交流をも媒介しているのである。

儀礼においてゴングが演奏されるということは大勢の踊り手が参加することを意味する。近隣の村からもゴング・アンサンブルや聴衆が大勢やってくる。ゴングが演奏されない儀礼で他村から村人が大勢参加する例は筆者の知る限りではなかった。大きな儀礼では十頭を超える水牛が供犠され、村人の手で焼かれ、たくさんの壷酒とともに参加者に振舞われる。ゴングが演奏されない儀礼では水牛の供儀なども行われず、儀礼（祭礼）の規模も小さい内輪的なものが多かった。つまり、ある儀礼においてゴングが演奏されるということは、それだけその儀礼の規模・重要度が高く、多くの村人に共有されることを意味するのである。

撮影情報　写真6、7は2007年2月27日ヤー村で撮影
写真10～15は2007年2月28日ヤー村で撮影
写真8、写真9は2007年2月23日ヤン村で撮影

24　ちなみに重要な儀礼（祭礼）はしばしば村のシンボルであるNha` Rông（集会所）のもとで行われるが、Nhà Rôngとは英語でCommunal Houseという。

表1　質問表

①民族名（下位グループ名も）
②村名（社、県、省名も）
③インフォーマントの氏名、年齢、性別
④村の人口
⑤村の宗教（教会の有無も）
⑥ Nhà Rông（ロングハウス）の建てられた年
⑦村の生業
⑧ゴングセットの名前
⑨各ゴングセットにおける突起のあるゴングと突起のないゴングの数
⑩各ゴングの名前（大きい方から順に）
⑪ゴングのサイズ（大きい方から順に）
⑫どのような機会（儀礼、祭礼）においてゴングを演奏するのか？
⑬演奏できる曲名
⑭誰がゴングを所持しているのか（管理しているのか）？
⑮ゴングはいつ、どこで、誰から、いくらで購入したのか？
⑯ゴングを売ったことはあるか？ある場合いつ、いくらで売ったのか？
⑰何人の人がゴングを演奏できるのか？またその年齢は？
⑱村にはゴングをチューニング（調律、修理）できる人はいるか？
⑲他に演奏できる楽器はあるか？
⑳いつ Lễ đâm trâu を行うのか？その時実際に水牛を生贄にするのか？

（注1）質問内容は筆者の理解度やインタビューの状況などによって変化した。
（注2）ゴングの名前、曲名などはその意味やその村のネイティブ言語での表記も（あれば）聞くようにした。
（注3）ゴングのサイズは筆者が実測した。

参照文献

藤田隆則

2002「ガンサはどのように鳴り響いているか？——フィリピン・ルソン島山岳地域にて」水野信男編『民族音楽学の課題と方法——音楽研究の未来をさぐる』pp.135-158、京都：世界思想社。

黒沢隆朝

1970『東南アジアの音楽』東京：音楽之友社。

メトカーフ、P.／R.ハンティントン

1996『死の儀礼——葬送習俗の人類学的研究』池上良正・池上冨美子訳、東京：未来社。

Ngô Văn Doanh

1995 *Lễ hội bỏ mả (Pơthi) các dân tộc Bắc Tây Nguyên.* Nhà xuất bản Văn hóa dân tộc, Hà Nội.

岡本文雄

1995『銅鑼——そのルーツを訪ねて』東京：ビジネス教育出版社。

新江利彦

2003 「ベトナム中部高原における開発の歴史と山岳民――コーヒー長者ク・ペン氏の話をめぐる一考察」『ベトナムの社会と文化』4: 89-109。

田村　史

2002 「アジアの青銅楽器の系譜――ヴェトナム中部高原と周辺地域のゴング使用」『蒼翠――筑紫女学園大学アジア文化学科紀要』3：54-67。

Tô Đông Hải

2002 *Nghi Lễ Và Âm Nhạc Trong Nghi Lễ Của Người Jrai*. NXB Khoa Học Xã Hội, Hà Nội.

徳丸吉彦・高橋悠治・北中正和・渡辺裕編

2007 『事典 世界音楽の本』東京：岩波書店。

Tô Ngọc Thành

1988 *Fôn-clo Bâhnar*. Sở Văn Hóa Thông Tin Gia Lai – Kon Tum.

1997 *Musical instruments of Vietnam's ethnic minorities*. The Gioi Publishers, Hà Nội.

Trịnh Kim Sung

1986 *Nghệ Thuật Cồng Chiêng*. Sở văn hóa và thông tin Gia Lai – Kon Tum.

Viện Văn hoá Thông tin (Vietnam Institute of Culture and Information Studies)

2006 Không gian văn hóa cồng chiêng Tây nguyên. Tô Ngọc Thành and Nguyễn Chĩ Bền (eds.), The Gioi Publishers, Hà Nội.

ベトナムの社会と文化第８号
2018 年 2 月 10 日

ベトナム北部村落のネットワーク
八月革命以前の河東・青威の事例
（付　資料：青安寺の碑文群）

比留間洋一

はじめに

1　問題の所在

本稿では、ベトナム北部村落、安舎（イエンサー）むらにおける人類学的調査から得られた資料をもとに、1945 年八月革命以前に、安舎むらがむらの外部とどのように繋がっていたかを記述、分析する。

1997 年から 1998 年に安舎むらで暮らすうちに、安舎むらに生活基盤を持つ人々が、さまざまなネットワークを通してむらの外部と繋がっていて、むらが孤立閉鎖した小農社会というイメージからはほど遠いことがわかってきた。さらに、北部紅河デルタ村落が広域なネットワークの網の目の中に存在していることは、市場経済化以降の現象ではなく、1945 年八月革命以前にはすでにそうであったのではないか、ということをある程度裏付ける資料の存在することもわかってきた。本稿では、安舎むらのネットワークの歴史性を検証する。

本稿で用いる資料のほとんどは、1997 ～ 1998 年の調査時に収集したものである。それらは、第一に、安舎むらの中で収集した各種の文字記録（後述する文址、家譜、寺の功徳碑文など）、第二に、ハノイ市の社会科学図書館等で収集した文字記録（安舎の郷約など）や文献（『河東地誌』など）、第三に、ハンノム研究院のグエン・ター・ニー（Nguyễn Tá Nhí）先生から受けた多くのご教示、などである。ニー先生からは約半年間、週 1 回ほどのペースで、チュノム（ベトナムの国字）の個人レッスンを受けていた。そのレッスンの中で、青威（タインオアイ）（後述）という地域に関する資料を紹介・解説して頂いたほか、実際に、いくつかのむらを一緒に訪れた。本稿は、それらの総合的な成果である。

安舎むら[1]は現在、行政的には、ハノイ市青池（Thanh Trì）県（huyện）新潮（Tân Triều）社（xã）安舎村（Yên Xá）、となっている。なお本稿では、自然村としての性格が強いラン（làng）を「むら」とひらがな表記する。

2　先行研究の概観

青威は安舎むらを含み、以下 1-2 において詳述するように、八月革命以前の安舎むらにとって特に繋がりが強かったネットワーク圏である。青威については数編の優れた学術エッセイがある。例えば、青威橋（グエン・ミン・ダンによると、古くは、『大越史記全書』の 1426 年の記事に青威橋に関する言及がある）の場所の措定を試みた［Nguyễn Minh Đăng　刊行年不明］、むらの碑文（詳しくは後述）に基づいて 1882 年には匪賊の襲撃に対していくつかのむらが連合したことを述べた［Nguyễn Tá Nhí 刊行年不明 1］などがある。なお、いずれもニー先生からコピーを頂いた際に筆者が確認を怠ったため、刊行年が未詳である。

ベトナム民俗学では、特定のむらとむらがキョウダイ関係で結びついていることが一つの習俗として知られている。それを、kết chạ という[2]。上述した青威におけるむらとむらの繋がりも、ひとり青威地域のみにみられる現象ではない。しかし上述の先行研究では、それが断片的な事例紹介に留まっている。それに対して本稿は、安舎むらを例に一つのむらを舞台として見えてくる社会的、経済的繋がりを出来る限り網羅的に記述する点に意義がある。しかし、家譜を分析した拙稿ですでに報告している婚姻を通じた繋がりについては、本稿では扱わない。

本稿の構成は 3 つに大別できる。はじめに、本稿における安舎にとっての周辺社会とは、どの辺りを指すのかについて示す。つぎに、安舎の文字記録をめぐって、周辺社会とどのような関係が認められるかを検討する。最後に、資料として、「青威の安舎」という意味をもつ、青安寺の碑文群を紹介する。

1　安舎むらの場合、行政的にはトン（漢字の「村」）である時期と、サー（漢字の「社」）である時期とがあった。

2　［Hữu Ngọc cb 1995:657］に次のように説明されている。「北部中流域やデルタでよく見られる習俗。二つのむらの民が結義して双方でキョウダイ（anh em）や自らのことをオトウト（em）と称する。祭りの機会のたびに、互いに招いて参加する。困難な場面では無条件で助け合う。結義した二つのむらの間では婚姻の関係をもたない。たいてい、二つのむらは一つの川岸の対面に位置している。」

1　安舎むらと周辺社会

1　各ドーむら các làng đơ

安舎の周辺一帯は、もともと、テン・ノムではドー（Đơ）と呼ばれていたらしい。テン・ノムとは、文書類に記される正式な漢字呼称ではなく、ふだん土地の人々が用いている呼称である。漢字を当てられないことも多い。このドーが何を意味するのかは、むらびとの間でも不明である。安舎むらのテン・ノムは、ドー・ブイ（Đơ Bùi）である。隣の潮曲むら[3]もドー・ドン（Đơ Đồng）ないしドー・タオ（Đơ Thao）というテン・ノムが伝えられている。なお、ドンは耕地を意味し、タオは伝統的な笠の紐を意味する。ドー・タオの由来

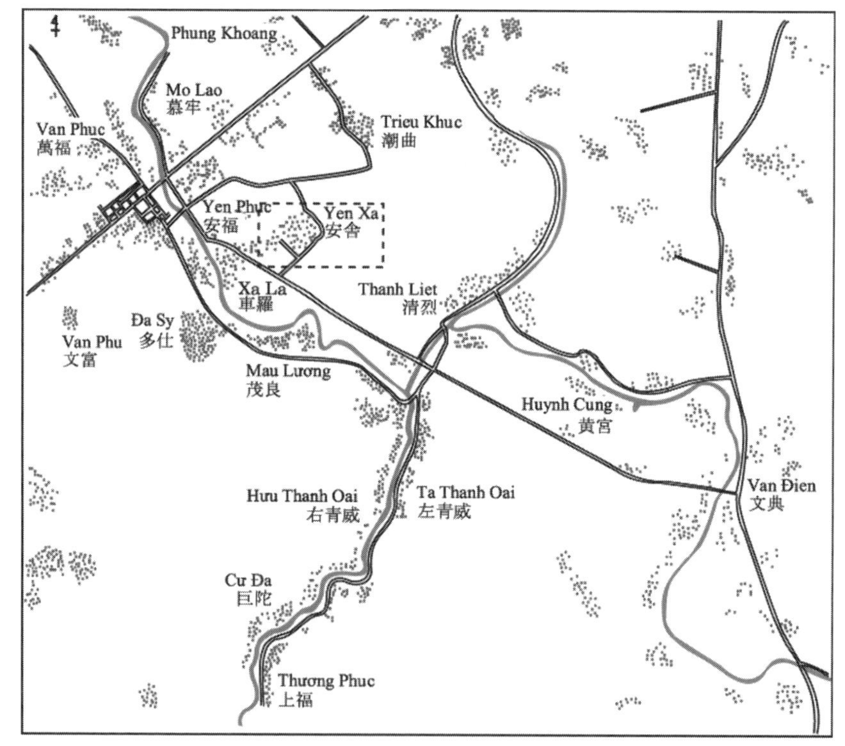

図1　安舎周辺図

3　潮曲については、末成道男『ベトナムの祖先祭祀』（1998）という詳細なモノグラフがある。

は、潮曲がタオの有名な生産地だったからだろう。

現在でも、安舎の人びとは、日常生活の中で、鋭江（地図参照）の上にかかっている国道6号線の橋を cầu Đơ（ドー橋）、ハドン省中心の大規模なハドン市場のことを chợ Đơ（ドー市場）とよんでいる。しかし、安舎、潮曲のことをドー・ブイやドー・ドン、ドー・タオなどとテン・ノムで呼ぶことは現在では少ない。

2 青威（タインオアイ）

1945年の八月革命以前、行政制度は、省－県－総－社の4級であった。「県」と「社」の間に、「総」という行政単位が一つ多く存在していた点が、八月革命以後とは異なっていた。

安舎の場合、長く「中青威総」に属していた。「中青威総」を構成するむらの数とその地理的領域の点から、当時の「中青威総」の規模は、現在の「タインチー県」よりは小さく、「タンチィウ社」よりは大きい、というものであった。

安舎むらの「中青威総」への帰属は、遅くとも1810年代（1813年『各鎮総社備覧』、1818年青安寺碑文に拠る）まで遡ることができる。したがって、130年くらいは、「中青威総」に帰属していたことになる。かたや、八月革命以後の現在の「タンチィウ社」への帰属は50年ほど（調査時点1997-1998年を基準とする）に過ぎない。

安舎という名を記した、最も古い歴史資料の一つは、1813年の『各鎮総社備覧』である[4]。同資料では、安舎は「村（トン）」の一つであり、車羅（Xa La）村、茂良（Mậu Lương）村と併せて3つの村で一つの「中青威社」を構成している（地図参照）。テン・ノムで同じくドー（Đơ）とよばれた地域に含まれる梂多（Cầu Đơ）村は、梂池（Cầu Trì）村、安福（Yên Phúc）村とともに、「上青威社」を構成している。さらに中青威社と上青威社とで「上青威総」を構成している。この時期の安舎は、行政的には、青威県上青威総中青威社安舎村、であった。

では、青威とはどのあたりの地域のことをさすのであろうか。上掲論文［Nguyễn Minh Đăng 1980年代?］に次のように明示されている。

「これら5つの青威社の地域は、李朝（1009-1225: 筆者注）、陳朝（1225-1400: 筆者注）期には、青威郷（フォン）と総称されていた。が今日では古い青威という名前を有しているのは、右青威と左青威の二つのむらのみである。（略）そのため、我々は今日、ハドンの市街地から

4　この節は、ハンノム院のグエン・タ・ニ先生のご教示に多くを負っている。

巨陀むらに至る、6キロ以上の鋭江沿いの地域が、一時期、青威と総称されていたことを簡単に忘れてしまう。」

そして、5つの青威社について以下の説明がなされている。

上青威社：現在、ハドン市社（市街地と社からなる行政単位）の棣多、萬福、安福、河池の各村。
中青威社：現在、ハドン市社の茂良、車羅、安舎[5]の各村。
右青威社：現在、タインチー県右和社に属する、Huu Le、Huu Tu、右青威、Huu Trungの各村。
左青威社：現在、タインチー県左青威社に属する、左青威村。
下青威社：現在、巨陀、富田、上福の各村

ところで、1813年の時点ですでに、一つのむらで一つの「社」となっている所もある。上青威総では、潮曲、多仕（Đa Sỹ）の二つである。左青威総では、左青威、右青威、下青威、富田である。なお、この時点で、まだ「村」となっていない、むらもある。文館（Văn Quán）「荘」である。文館は1866年になって「村」と記載されている。

潮曲は、すでに18世紀末には、笠の紐（quai thao）など手工業の村としてよく知られる存在であった、という（『新潮社の歴史』25頁）。また、多仕は、人口こそ安舎と大差ないが、古くから、「ダーシーののこぎり」という言葉がある鍛冶業や、儒学のむらとしてよく知られていた［Lê 1992］。両者ともこの辺りでは、産業などの発達した有力な村であった。

なお以上で、次の興味深い点が明らかになった。

八月革命以後のタンチィウ社は、安舎むらと潮曲むらの二つのむらから編成された。つまりすでに述べたように、安舎むらと潮曲むらとの付き合い（行政編成上の結びつき）は50年ほどである。一方、それ以前の安舎むらは、130年くらいは、何度かの行政再編（後述）による細部の異動はあったものの、概ね、同じ「中青威社」を構成する車羅、茂良や、同じ「上青威総」を構成する棣多、棣池、安福といったハドン方面のむらと、行政的に結ばれていたのである。

現在、安舎の人びとの潮曲むらに対する感情として、行政上の協力関係や家族レベルでのつきあいなどを通した友好的なものも多いが、「悪感（アックカム）」とよばれるマイナスのものも根強く

5　既述したように、調査時点での安舎はハドンではなく、ハノイ市に帰属。

認められる。端的にいえば、潮曲むらから何度か苛められている、といった恨みに近いものである。実際にあったという証拠話もいくつか伝えられている。上で明らかになった行政上の社や総の再編も、むらの人の感情に影響を与えているものと思われる。

2　むらの文字記録作成と周辺社会

ここでは、収集した文字記録や聞き取り及びニー先生の教示に基づき、1860 ～ 1934 年の間のむらの文字記録を 3 つに分けて、次の 2 点について検討する。第一に、文字記録自体に、むらの外部に関するどのような情報がみられるかという点。第二に、文字記録の作成をめぐり、どのような時代的、地域的（村落ネットワークなど）な背景がみられるか、という点である。

1　文址（1860）、武族家譜（1874）、張族家譜（1885）

この時期（19 世紀後半）、漢字の文字記録が沢山見出されるのは安舍のみの現象ではなく、ベトナム紅河デルタの他の村からも似たような状況が報告されている［桜井 1999:134-135］。

文址は、第一義的には、孔子を祀るための祭壇である。安舍の文址の碑文には、表裏の両面に文字が刻まれている。表面には、むらの斯文会[6]のメンバーのうち、碑文を建てるために寄進をした人々のことが記されている。もう片面に、遠隔の別のむらの科挙官僚による文章が寄せられている。なぜこの人物に文章を依頼したのかはよくわからない。碑文中に、安舍出身のある科挙官僚の張族成員に言及しているので、二人の間に繋がりがあったのかもしれないが、文章の目的もあまりはっきりとしない。この張族成員は、現在の聞き取りに基づくと、安舍で最も高位の官職に就いていたと伝えられ、官職名は「掌印」、朝廷で印章を預かっていた、と言う。さらに碑文には、西湖から鋭河が安福むらとの境目に流れてきていることから、安舍が風水の観点からよい地に位置することにも触れている。つまり、安舍が、文址碑文を建立するにふさわしい格式あるむらであると権威付け、保証するのが碑文の目的のように思われる。

6　第一義的には、むらの儒教知識人たちをさす。ただし、成員権は栄誉であるため、成員権をお金で買って子どもに与えた、という話も聞かれる。なお安舍でも、八月革命以前の婚姻をめぐって、しばしば「門登戸対（モンダンホドイ）」という言葉を聞く。一般に当時の婚姻では、むらを越えてでも、同じ社会階層という基準が重視されたという。とくに斯文会のメンバーなどに、このような通婚を通じて、外部のむらとつながることが多かったらしい。

1860年の文址が一つのきっかけとなり、その後、儒教知識人たちを主体として、次のような活動が行われたようである。

1866年、武族の碑文が祠堂に建立

1874年、武族の家譜編纂

1882年、むらの廟（亭とともにむらの守護神を祭る）の再建（『新潮社の歴史』）

1885年、張族の家譜編纂

また、次のような出来事も伝えられている。

匪賊による襲撃を被る。

この匪賊のことを、安舎では、黒旗軍だと説明する人もいる。このとき、隣接するむらむらで協力して戦い、安舎からも死者を出している。実際に、10月20日を命日とする祖先が何人かいる、という。

また、鋭江を渡る際に、綿の服を着ていたために、溺れ死んだり、寒さで死んだりした、といった内容も伝えられている。ゾンホ阮の成員のなかに、この事件で死んだ祖先の忌祭（命日の法要）をいまも行っている、と語った人がいた（NVC氏）。

この出来事は、隣接する車羅むらでは、碑に刻文されて残っている。[Nguyễn Tá Nhí 刊行年不明2] によれば、そこには、1882年に5つのむら（安舎、光烈、車舎、黄宮、黎舎）の間で、どこかのむらが匪賊に襲われたら、ほかのむらから救いに駆けつける、という同盟の取り決めを結んだこと、そして表1のように、実際に同盟に基づいて参加した村の名前と、それぞれの死者数（括弧内）が記されている。その碑文は筆者も実見することができた。1882年に匪賊に襲われた黎舎を救う戦いに参加したむらと死者数は次の通りである。なおニー先生のご教示によれば、この地域でも規模の小さなむら同士で連帯しあったのであろう、ということであった。

表1　1882年襲撃の際の同盟内死者数　　丸括弧内は死者数

安舎（4）	光烈（3）	車舎（2）	黄宮（1）	黎舎（記載なし）

また1885年には、バイサイ（旧フンイエン省）にて、抗フランス勤王運動として有名な蜂起がおきた。むらで次の話を聞いた。安舎の寺を現在のような立派な建物にした僧は、もともとバイサイ蜂起に参加し、逃れてきて、安舎の寺に住み着いた人物だという[7]。

2　郷約（1916、1928、1934）

20世紀前半には、他の紅河デルタのむら同様、安舎においても、儒教の盛り上がり［末成1998:59］や儒教知識人による村落を超えた交流［嶋尾2001:116-117］がみられる。安舎での聞き取りでは、この時期、DVB氏とTVC氏の2家族がそれぞれの家で個人的に漢字漢文を教える教師を雇って、家の子息（娘、イトコも含む）に教育を施していたという。いずれも、大規模ゾンホ（ベトナムの父系親族集団。安舎の大規模ゾンホは張、黄、杜、武という姓を冠する）である。かたや、むらでも、cụ đồ Môとよばれていた漢字の教師を、ドンミー（Đông Mỹ）という別のむら（ドームオイ元共産党書記長の出身村。2000年現在、青池県に属す）から雇って、亭の脇の部屋で、むらの漢字教室を開いていた。ここの教室には小規模ゾンホの子供も学んでいた。例えば、調査時点で、むらで漢字をよく知る人物の一人として知られていたHVK氏もその教師から習った一人であり、小規模ゾンホ黄清の成員である。HVK氏は、亭・廟・門などの対聯、扁額の漢文収集係をつとめ、2000年以降は高齢者会村支部代表に就任した。またVMT氏も生徒の一人で、2000年以降は祭礼の中で祭文を漢字で記すのを担当した。

話を八月革命以前に戻すと、むらの掟を記した文書である郷約も安舎で記され、1916年、1918年、1934年の3冊が伝わっている。安舎の郷約作成をめぐる聞き書き（①）、青威地域の郷約の作成年次のリスト（②）に基づくと、以下の通り、郷約が周辺地域との関係の上に作成されたことがわかる。

①安舎の郷約作成をめぐる聞き書き

2.2で言及したDVB氏は、1916年版の郷約では旧里長[8]、1928年版では副総、聞き取りではその後、正総になった、と言われるように、むら及び地域社会の要職を歴任した人物である。DVB氏の長男DVN氏（1926年生まれ）は次のように語った。

7　確認が必要だが、後述する1927年の寺の再建のことを指すと思われる。

8　里長は、八月革命以前の「村」の長、同じく、「総」の長が「正総」、「正総」のすぐ下の役職が「副総」。

私は1945年に19歳でむらの書記になった。その時に郷約は2冊あった。改良以前の古いものと、改良後のもの。改良後のものは、父が、青威県約礼むらのものを参考にして書いた。約礼むらの郷約を書いた人は進士で、父のその人の弟子だった。

1932年に郷約を刻んだ石碑を亭に建立し、河東総督（Hoa`ng Trọng Phu）に郷約を提出した。石碑は総督を記念して建てられた。そして、総督がむら祭りに参加した。その際に、むらの門の柱に漢字で書かれているカウドイ（対聯）について言及した。「総督が安舎むらの門に立って見張りをする」という意味に取れたので、総督は自愛（腹を立てて）して、これ以降、むらに来ることはなかった。

②青威地域の郷約の作成年次のリスト

筆者は、ハノイの国家社会科学図書館で、安舎の郷約及び周辺地域の郷約をできるだけ収集しようと努めた。その結果、近隣の各むらで、かなり近い時期に郷約が編纂されていることがわかった。また内容の面でも、扱われている項目、使われている表現や文言が似通っている場合が少なくない。さらに、その後入手した改良郷約（後述）のマニュアルらしきものと比べた結果、そのマニュアルの影響も内容の一部に認めることができた［比留間 1999］。

表2は、青威地域の各むらの郷約を、上青威総、左青威総、その他の総に分けて、それぞれ編纂年次の古い順に示したものである。

表2　青威地域の郷約の作成年次のリスト

上青威総	左青威総	その他の総
多仕 1915		
潮曲 1915		
茂良 1915		
安舎 1916	巨陀 1916	文富 1916（富覧総）
車羅 1916		
	左青威 1920	
	上福 1924	約礼 1926　（約礼総）
荷池 1939	右青威 1939	清烈 1935,［1936］　（清烈総）

以上を踏まえて、筆者は、DVN氏の話を次のように解釈する。

DVN氏のいう「改良前の古いもの」とは、1916年の郷約のことを指すのであろう[9]。紛ら

9　なお、改良前の古いものとは、1916年以前に書かれた筆者未見の別の古い郷約である、という

わしいが、1916年の郷約は、「改良」という文字が入っていることや内容面から判断すると、20世紀初頭にフランス植民地統制下で作成された「改良郷約」[10]と歴史家たちが呼ぶものである。DVN氏は、ここでは単に1916年版を「改訂」した、という意味で「改良」という表現をしたと考えられる。したがって、DVN氏のいう「改良後のもの」とは、1928年の改訂版をさすものと考える。

そうすると、1926年の約礼（むら）の郷約を倣って、DVB（1928年当時、副総）が1928年に1916年版を一部改定した郷約を書いた。それを、当時の河東総督（Hoàng Trọng Phu）に提出した[11]。そして総督を記念して、1932年に郷約を刻んだ石碑を亭に建立した、ということになる。

このほかにも、この時期の安舎と周辺地域の繋がりとして次の2点などを確認しうる。

第一に、1916年から1927年までの間に、安舎が「村」から「社」へと変わっているが、1932年の時点では、上青威総を構成するむらがすべて独立した「社」となっている点である。詳細は以下のとおり。その背景にはこの地域一帯での人口発達があると思われる。

安舎がいつ「村」から「社」へ変わったか。これについては、次のような資料がある。

1　『北城地輿誌録』（1845年）、『河内地簿』（1866年）、『河東省各府県総社村』（1893年）などの資料（ハンノム研究所に保管されている。ただし筆者は実見していない。グエン・ター・ニー先生からのご教示による）。ハンノム研究所のグエン・ター・ニー先生によれば、1813年の『各鎮総社備覧』、1932年の『河東全省総社村名冊』とあわせて、これらは行政区分の変化を調べるためには最も基礎的な資料である。中央の（？）役人が国家の収税、賦役のために記したものなので信憑性が高い、と考えられるからである、という。

上掲した3つの資料ではずっと「村」のままである。他のむらも同様である。ただし、次のような村名（①、③）や行政単位（②）に関する変化はみられる。

①「安富」→1845年に「安福」へ

② 文館「荘」→1866年に「村」へ

③「棣池」→1893年に「荷池」へ

別の解釈もなりたつ。

10　改良郷約がもつ内容的特徴は、端的に言うと、政治組織や風俗習慣の改変がみられる点にある。詳しくは、［比留間　1999:395］を参照。

11　1916年時点でも提出している。「総督黄大人」とあるのは、Hoàng Trọng Phuの父であろう。

2　安舎のむらレベルの文字記録

① 1901年と書写年代が記された土地売買契約書（漢字で書かれたもの）には、「村」とある。

② 1905年と書写年代が記された、①と関連した文書（フランス語で書かれたもの）では、「中青威」という「社」レベルまでしか記載されていない。したがって、安舎は「村」であったと判断できる。①、②はNVC氏が自宅で保管していた。

③ 1916年と書写年代が記された、『安舎郷約』（チュノムで書かれたもの）には、「村」とある。

④ 1927年と書写年代が記された、寺の重修碑文（漢字で書かれたもの。詳細は後述）には、「安舎社」とある。

⑤ 1928年と書写年代が記された、上掲した『安舎郷約』の一部条項を改定したもの（チュノムで書かれたもの）には、「社」とある。

3　1932年の『河東全省総社村名冊』では、「中青威総」の全部のむらが、「社」となっている。

第二に、1920年代頃から、本格的に、土地が金銭によって取引されるようになったらしい、という点。特に安舎の土地を買い集めた地主のむらとして、むらびとは口を揃えて、巨陀に言及する。また安舎の人々が土地を手放してしまった原因として、現在のむら人は、アヘンと博打について言及する。この時期の巨陀の社会経済的発展は以下の4点などにも表れている。

①周辺の他のむらにくらべて、1915年という早期に郷約を編纂していること

② 1927年の年次をもつ、安舎の寺の重修を記念した碑文（詳細は後述）に、巨陀の村人の名前（全員男性）が10人（隣むらの車羅に次いで多い）刻まれていること

③ 1935年の刊行年次をもつ『河東地誌』に、定期市が存在していたように記されていること。後述（2-3）するように、当時、青威地域で定期市があったのは、巨陀を含めて4つのむらであった。

④現在でも、ハノイのある通りには、「Cự ○○」という巨陀（Cự Đà）出身者の店であることを示す看板が並んでいること

3　1927年寺碑文

ここでは、1927年の寺の重修碑文を取り扱い、どのような特徴がみられるか、またそれらの特徴はどのような社会的、時代的背景に対応しているかを検討する。

（1）1927年寺碑文について

碑文は2枚ある。1枚は、「十方功徳供銀以下」として、各地の寄進者のむらの名、個人名、寄付した金額が列挙されている（以下、これを「碑文A」とする）。もう一枚に、安舎むらの寄進者の個人名が列挙されている（以下、「碑文B」とする）。

啓定8年（1923年）に寺の重修を行った、とある。

碑文Aには以下の55名が列挙されている。うち女性は車羅社の9名である。

車羅社38名（うち女性は9名）

巨陀社10名

（以下のむら、地域は各1名）

安路社、周舎社、安福社、河内、黎舎社、文典社、潮曲社

碑文Bには以下の184名（個人に限る）が列挙されている（表3）。うち女性は40名である。

表3　碑文Bに刻された寄進者数　　　単位：人

寄進額（供銀）	男性	女性
50元	1	0
25元	1	0
20元	6	3
15元	1	1
10元	2	1
6元	1	0
5元	6	2
4元	2	0
3元	8	4
2元	31	9
1元	85	20
計	144	40

なお大規模ゾンホ張と、小規模ゾンホ阮の寄進者の人数は次の通り。なお安舎には同じ阮という姓を冠する小規模ゾンホがいくつか存在する。が、ゾンホ名のみでは、その人物がどのゾンホ阮の成員であるのか判別がつかない。そのため、表4では、「各ゾンホ阮」と記してある。また以下の数値は、3，4つ存在する別々のゾンホ阮を区別せず、合わせて数えたものである。

表4　ゾンホ別寄進者数　　　　　　　　単位：人

	男性	女性	計
ゾンホ張	27	7	34
各ゾンホ阮	21	1	22
計	48	8	56

この碑文の特徴は次の諸点であろう。

第一に、（他の寺碑文に比べて）人数が多いこと。安舎のむらびと184人、ほかのむらやハノイなどが55人。第二に、女性の名前も多いこと。前節までにみてきたむらの文書類は、主に安舎の男性たちに関係するものであった。

ベトナム北部のむらでは、一般に、亭・廟に集まるのは男性であり、寺に集まるのは女性である。現在でも、寺の活動は、女性が中心となって行っており、かつ、近隣などの寺との行き来も観察される。そこで、ここで検討したいのは、1927年の青威地域が、どのような状況であったのかという点である。

（2）時代背景：ハドンにおける縫製関係の手工業の発展

・レース編み（thêu ren）の隆盛

『新潮社の歴史』（2000年）には以下のような記述がある。

> 安舎の生業として、稲作のほか、レース編みがあった。この手工芸は、フランス植民地時代に始まった。高みでの夏秋作と、窪地での冬春作しか耕作していなかったので、農閑期にむら全体でレース編みに従事した。編んだレース製品は、フランス人が買い付けフランスに持ち帰り、ヨーロッパ各国に輸出された。自動的に編む機械が存在するようになってから、この手工芸は次第に消滅していった。

筆者は当初、レース編み（写真）は女性だけが従事していたのだと考えていたが、聞き取りでは、男性にも従事した者がいた、という。『新潮社の歴史』の中の「むら全体が」というくだり（上掲）は、その意味でも、あながち誇張ではない。

『河東地誌』（1935年）には、当時の河東省における、13種類の手工業ごとに、むらのリスト、各むらにおける従事している人数と開始年次が掲載されている。13種類の手工業のうち、最もむらの数が多いのが、レースづくり業である。64のむらの名前があがっている。その

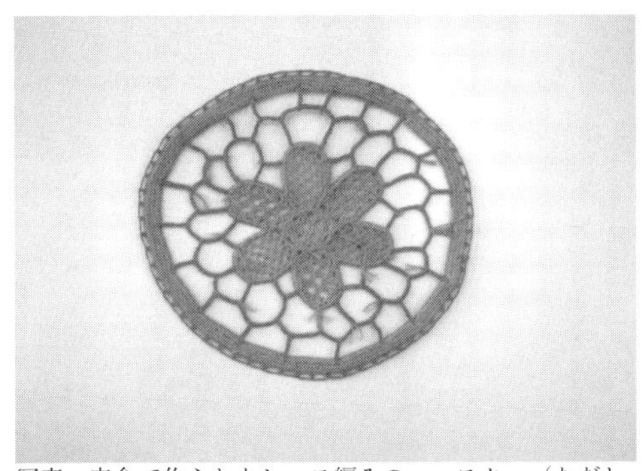
写真　安舎で作られたレース編みのコースター（ただし写真は1980年代製）

表5　青威の各むらのレース編み業

むらの名	従事人数	生業の開始年次
安舎	150	1921年
Hữu Từ	120	1922年
茂良	50	1921年
右青威	50	1921年
潮曲	40	1920年
安福	16	1923年

出典：『河東地誌』（1935）

うち最も従事している人数が多いのがイエンソー（Yên Sợ）むらで、1,000人とある。

イエンソーむらに比べると、安舎むらの150人という数字は少ないが、青威の各むらの中では、最も多い（表5）。歌[12]で謡われている通り、安舎は、特に人口比でいえば、かなりさかんであった、と推測される。このことが、安舎むら全体及び、周辺の地域にも、相当の収入をもたらしたのではないか。そのことが、1927年の青安寺の修復碑文の一つの背景であったと思われる。

『河東地誌』（1935年）に拠って、青威地域のむらについては、レース編み以外の手工業を挙げてみると、萬福むらが、絹織り（dệt lụa）に700人従事している、とある。萬福むらは、現在、シルクの村として、有名な観光の対象ともなっている。また、華舎村が、布織り業に400人従事している、とある。

12　「イエンサー（安舎）には、水浴びする涼しい池、レース編み業がある」という内容のカーザオ。

また『河東地誌』は、市場（定期市）がどこにあったかについての情報も与えてくれる。青威地域では、北から、chợ Đơ（梂多、現在のハドン市場）、chợ Đan（多仕）、chợ Tó（左青威）、chợ Cự（巨陀）の4つとなっている。聞き取りでは、当時の安舎の人々（特に女性たちだが）は、日常の買い物は、主に梂多に行っていた、という[13]。安舎から梂多までは、安舎の北西に位置する寺のほうから、徒歩で10分程度である。

おわりに

以上から、1945年の8月革命以前に、安舎むらが、主に青威の域内で他のむらと緊密なネットワークを有していたことが明らかになった。それらは、具体的にいえば、1810年代から1945年までの時期における、戦い、郷約、寺の重修、レース編みをめぐる村落間の繋がりであった。

最後に、補足、本稿の限界、今後の課題の3点について覚書として記しておく。

1　補足

安舎のむらの副業は、じつは、レース編みだけではなく、ゲタ作り（làm guốc）もある。そしてゲタ作りをめぐっても、むらの外部との繋がりが認められる。

調査時点で74歳くらいの老人たちは、1940年代、8月革命直前の状況として、次のように話す。多くの若い男性が、18歳になると、木工の職工として働くためにハノイに出て行った。木ゲタ、木製楽器、木製の箱などを作る木工の店のオーナーをしている安舎の人がいて、そこの職工となった。そうした安舎の人々は、ハノイのニャッタン（Nhật Tân）という地域に集まっていた。現在でも数家族が残っている。亭の堂守TVT氏、祭主HCP氏もそうした若者の一人であった。二人は、1950年代中頃の土地改革で、ハノイから戻ってきて、土地を分配されて、以後、むらで稲作に従事した、という。

2　本稿の限界

末成［1998: 60］によれば、潮曲の亭の碑文（1935）には、亭の落成を祝うため、礼銀5元

13　ただし木ゲタなどの家内工業製品を売るためにハノイの市場へ行く者もいた、という。1990年代初頭になると、安舎にも村の中に常設の店がいくつか軒を連ねるようになった。その背景には、1945年から3倍にもなった人口増加がある。

から1元を四隣の社村より持ってきた、として12社が列挙されている。そのうちの一つに安舎も含まれている。このように、安舎の周囲のむらにも、村と地域社会の関係を伝える資料が多く存在するだろう。が、本稿で取り上げたのは車羅の碑文1例のみであった。また、革命運動、抗仏・抗米運動についてはタインチー県が2冊の本を刊行しており、同様に多くのむらの名前が記載されている。が、本稿では分析する余裕がなかった。

3　今後の課題

①本稿で次の示唆が得られた。レース業に代表される社会経済的状況は、女性及び小規模ゾンホの人々にも、それまでにはない経済力をつけさせたかもしれない。その検証は今後の課題としたい。

②また、寺の再建には、バイサイ蜂起から避難してきて寺に身を寄せた住職が大きな役割を果たしたようである。その後の革命運動の中で、寺の住職は、革命の遊撃を匿い、後に、その功績に対して国家から表彰を受けている（『新潮社の歴史』92頁、174頁）。

嶋尾は、ナムディンの事例から、「村々の儒者をつなぐ師弟関係のネットワークが植民地化前夜に存在していたようである」「平時ならば別の事業に向けられたであろう師弟のネットワークが、抗戦ネットワークとして活用された」ことを指摘している。

本稿で明らかになった革命以前のネットワークが、安舎の場合、その後の革命運動においてなんらかの役割を果たしたかどうか。この点の検証も、今後の課題としたい。

（資料編）　青安寺の碑文群

安舎村の仏寺の名前は「青安寺」というが、「青威の安舎」という意味である（『新潮社の歴史』50頁）。青安寺は、李朝期（1009-1225）に建立され、「皇莫（ホアンマク）」の堤防決壊（16世紀末）[14]の後、再建された、という（『新潮社の歴史』50頁）。

寺のメインの建物は三法殿という。安舎の三法殿の壁には多くの碑文が埋め込まれている。ひときわ大きくて目立つものが、1927年の重修碑文である。それ以外の碑文は、ハウ碑文と呼ばれるものである。筆者はほぼ全ての拓本を取った。計23基の拓本が手元にある。

ハウ碑文について、これまでのベトナム村落研究でも、まとまった報告がなされていない。

14　『河東地誌』（1935）に、1592年の記述として、台風による洪水のことが記されている。

一般に、息子が生まれなかったため、寺などに物財（田んぼ、現金）を寄付して、その代わりに、死後の供養（漢字では「忌」と表記される）を行ってもらう行為を「グイハウ gửi hâu（グイは「送る」「託す」の意。ハウは漢字で「後」ないし「后」）」と称する。個々のグイハウを刻んだ碑文がハウ碑文である。筆者が確認した限り、安舎では寺の他に、ソムに1基、亭に1基が残っている。聞き取りでも、寺へのグイハウが圧倒的に多かったという。

寺が死後の供養をどのように行っていたかについては、1942年の碑文（以下の表中番号14）が一つの手がかりとなる。「忌日に、三宝、次に碑前に、青蕉（バナナ:筆者）20果、ỏan 20品、胡金（金紙：筆者）1000を献じる」とある。

青安寺の碑文群は、安舎村における女性の財産上の地位、孤魂[15]への関心の高さ、この慣習の200年の推移などについて、他に類を見ない貴重な情報をもたらしてくれる資料であることがわかった。

表　青安寺寄忌碑の一覧

	年次	寄進した人	忌の対象	田・金銭	それぞれの特徴
1	嘉隆17年戊寅、應和府（1818）	張功	本人	5高	摩滅。「五甲」、「本族」が忌日に供物を用意する旨の記述あり。
2	己卯（1819*）山南道應天府	黎氏	本人	銅銭古銭20貫、田1マウ？	「本村官員」として、男性の名前が列挙されている
3	辛巳（1821?）。應天府	阮氏純	阮氏純（本人）	銅銭古銭20貫及び、1マウ1サオ	「本村官員」として、男性の名前が列挙されている
4	壬辰年（1832?）山南道應天府	其妻 斐氏幼	阮貴公	銅銭古銭20貫、田1マウ？	「本村官員」として、男性の名前が列挙されている
5	丁巳年（1857?）。山南道應天府	黄氏？	本人	計6高。4箇所。（1高が3箇所、1高半が2箇所）。	「本村官員」として、男性の名前が列挙されている。
6	應天府	会諸婆 hội chư bà	阮氏3名、張氏、他2名は本人	1高8尺	「重修安清寺新造」。
7	成泰4年（1892）	張氏謹（本人）及び二女（娘）	母忌　張氏謹	田1高。二女阮忠登、阮尊が「田2高」、3高後日帰西（没後に3高）。	本人及び娘が田を寄進。
8	成泰9年（1897）。應和府。	阮氏多	5忌。張貴公、黄氏、張貴公、阮氏多、男子（息子）	12尺。1高5尺。30貫。	寄忌者の命日も記されている。

15　祀ってくれる者がおらず、さまよっている死者の魂のこと。

9	山南道應和府	鄧貴氏	鄧貴氏（本人）	銅銭古銭20貫（田は磨滅して判読不能）	「本村官員」として、男性の名前が列挙されている。
10	啓定7年（1922）	河東省懐徳府慈廉県春早総東鄂社 范氏意	家先父母及び本人。范（父）、潘氏（母）	銀50元（で村の田12尺を購入?）。	「配享青安寺碑」。
11	啓定8年（1923）	伝氏　北寧省文江県多牛総多牛社	家先父母夫婦（夫の父母と夫の命日。本人は無し）	銀100元（後に、村の田3サオを買った?）	安舎村の黎族の嫁（他所者）が立碑。
12	啓定8年（1923）	杜文蕩、黄氏豪　夫婦	家先父母。杜公表（父）。阮氏（母）。杜氏（オバ）。	100元。田、数2,691、面積711尺西方。数2837、面積379尺西方。	もう一人の張氏蕩は先妻か。さらに、田4高で配享　杜文蕩、張氏蕩、黄氏豪
13	保大10年（1935）	外族人兄弟武文、武文寅	家先黄貴公。張貴氏。従配顕祖考（弓＋ト）功。	田2高	
14	保大17年（1942）	計6人の連名。杜氏5、黄氏1名（嫁または養子?）	親母　黄氏河。後配享として杜文意、杜氏紅2名の名前及び忌日。	銀30元及び、田2高5尺（数3,086、面積830西尺）	忌日に、三宝、次に碑前に、青蕉（バナナ）20果、ȯan（米＋宛）20品、胡金（金紙）1,000を献じる。
15	保大17年（1942）	黄氏潤	黄氏潤（本人）	2高2尺（48西尺）。1高5尺（300平米西尺）。	忌の月日が空欄。→生前に立碑したであろう。
16	保大17年（1942）	外孫　何張盛　青威府芳忠総吉洞社	外祖妣　潘氏順及び外家先従配享6人（武、黄など安舎含む）	1高	黄氏潤（#15）のと同じ形式。迎年と忌日に花果のお盆を「三宝」と「碑前」に献じる、とある。
17	甲子（1984）	杜氏片（1921年生）	なし	150,000ドン	「碑誌紀年」。功徳の記念に立てた碑。1漢字。
18	共和乙亥年（1985）	黄氏?	黄（父） 阮氏（母）	2,000ヘクタールの田及び、200,000ドン	2名で一緒に（碑文と寄付する財産が同一）。チュノム字の使用が目立つ。
19	1985年	黄氏辺 Do thi Yem（1927年生）	黄（父） 武氏（母） 父（杜）、母（黄）、姉、本人、妹	2,000ドン	国語（アルファベット）で書かれた唯一のもの。
20	申戌年（1994）。新潮安舎。	黄氏午	黄貴公（父）。張氏（母）。黄文（兄）。	2,000?を寺に。100,000ドンを碑文を立てるために。	漢字、チュノム交じり文。父、母、兄の忌日の記載なし。

21	丙子年（1996）。新潮社安舎村	黄氏	黄貴公（父）、黄氏（母）、叔父、兄、本人。	2,000 銀、100,000 元。	1996 年と新しい。漢字、チュノム交じり。7 月 15 日とある。
22	不明	右の位牌の外に「寄親妻杜氏額」	右の位牌の中に「阮有清」。		位牌を模したもの。夫が兄弟の妻 2 人（妻は 2 人とも杜氏）によるものか。
		位牌の外に「寄親妻杜氏椿」。	左の位牌に「阮仲公」。位牌と位牌の間に、「顕考阮貴公」（父）	（左の位牌）田 1 高半。（中央）田 1 高 2 尺。	

* #2、#3 はそれぞれ 1879 年、1889 年の可能性も否定できないが、「本村官員」のリストが、#2,#3,#4 でかなり重複しているので、1819 年、1821 年と推測した。

以下、表について概観する。

1　資料の説明及び意義

1）年次について

顕著な特徴の一つは、1942 年から 1984 年の空白期間である。空白期間は、八月革命（1945 年）からドイモイ（1986 年）までの時期にほぼ重なる。その理由として、この時期に旧習、礼拝が国家により厳しく禁じられていたことなどを挙げることができる。

空白期間以外の時期は、ほぼコンスタントに分布している。

ところで、ドイモイ以降の信仰、礼拝の復活について、人々が好んで用いる説明は「富貴生礼儀（フークイシンレーギ）」というものである。経済的なゆとりが礼儀を生む、という意味である。そこで、ここでは、ハウ碑文がみられる時期を、以下のように 3 つの時期に分けて、それぞれの時期の経済的なゆとりの背景を探ってみたい。

第 1 の時期は、1818 年～ 1897（#1 ～ #8、または 9。計 9 基ないし 10 基）で、阮朝の統治下。第 1 の時期の経済的背景として想定されるのは、安舎がかなり広い田んぼを開拓していたことである。[16]

第 2 の時期は、1922 年～ 1942 年（#10 ～ #16。計 7 基）で、フランス植民地下。後述するように、ハドン地域では、各種副業が発展し、安舎では、レース編みが隆盛していたことが背景とし

16　『新規約』（1999）の序文に次の記述がある。「…地域で最も早い時期に形成された。そのため、とても大きな面積の土地、田圃を占めていた。近隣の一部のむらに比べて人口は多くなかったが。（8 月革命以前までに、一人当たり平均約 2 北部マウ（7,200 平米）に達していた）」

て想定できる。

第3の時期は、1984年～1996年（#17～#21。計5基）。いわゆるドイモイ、開放政策以後、経済的ゆとりが生まれたことが背景として想定できる。例えば、#20の「田・金銭」の項に見られるように、ハウのための寄付のみならず、碑文を立てる費用はかなり高額だと思われる。

2）寄進した人について

村に居住する女性が、個人で寄せている例が11ケース（#2, 3, 4, 5, 8, 9, 15, 17, 18, 20, 21）で大半を占める。次に多いのが、連名（#6, 7, 12, 13, 14, 22?）で6ケースある。男性が個人で寄せている例が2ケース（#1, 16）ある。そのうち#16は他所者である。ほかに女性の他所者が2ケースある（#10, 11）。

連名の構成は区々である。夫婦（#12）、兄弟（#13）、寺の女性たちの会（#6）、母と娘（#7）。2人が、いっしょに、田･金銭を寄付して碑文を同じくしているが、忌の対象はそれぞれ別々といったケースも2例ある（#19, 22）。

3）忌の対象について

多い順に、本人を含む父母、兄、オジなど複数人の「家先（ザーティエン）」（自宅で祀る家族の近祖）を対象としている例が、11ケース（#8, 10, 11, 12, 13, 14, 16, 18, 19, 20, 21）。本人のみが7ケース（#1, 3, 4, 5, 6, 9, 15）。夫（寄進した人は「其妻」）が2ケース（#2, 22）。母のみのケースが1例（#7）。

4）田・金銭について

田の面積はほぼ、1サオ（360㎡）から1マウ（3,600㎡）の間である。それぞれの金額が各時代においてどのくらいの価値を有するのかについては未詳である。ただ、#20に、10万ドンを碑文を立てるために出す、とあることが一つのヒントを与えてくれる。この時期、1回の結婚式に参加する際に、老人が手渡す祝い金（参加者の最低金額）は、2万ドンくらいであった。それは、結婚式の1人あたりのご馳走の費用に相当するから、結婚式5回分となる。なお1984年、1985年（#17, 18）の15万ドン、20万ドンという金額は、かなりの大金に思えるが、デノミ（1985年9月）の時期[17]にあたることに注意を要する。

17　この時期のデノミについては［桜井 1989］に詳しい。

5）それぞれ特徴について

① 1927 年以前の５基の碑文（#2, 3, 4, 5, 9）には、「本村官員[18]」として、男性の名前が列挙されている。この時期、つまり最も古い時代には、この慣行の実施のうえで、村の主だった男性たちの承認が重要視されていたことが窺える。

②八月革命以前は、大変見た目の美しい流麗な漢字で、長文のものが多い。1984 年以降、アルファベットで書かれた碑文は 1 例のみで、やはり漢字を基本とした記述であるが、チュノム字の使用が目立ち、以前に比べ、やや見た目の劣る漢字で、かつ短文である。現在の村の高齢男性の中には、漢字は知っていても、チュノムをこの程度まで利用できる人はいない。したがって、村の内部の人間ならば、寺の住職の手による可能性が最も高いと思われる。

③その他、生前に立碑したことが窺える例（#15）、位牌を模した形状のもの（#22）などの個別の特徴もある。

6）資料の意義

① 1818 年という年次は、安舎の中で筆者が実見したうちで最も古い碑文である。

②八月革命からドイモイまでの期間がみられないことは、礼拝、信仰の推移をめぐる人々の説明［拙稿 1998］をまさに裏書するものである。

③女性の財産上の地位の一端を窺うことができる。八月革命以前の北部ベトナム村落社会で、女性の財産上の地位が高かった（夫婦の平等な財産権という意味）ことは、［宮沢 1996］が具体的に検証している。しかし、寺のハウ碑文はこれまで十分に明らかにされてこなかった。

④孤魂とならないことに対する人々の関心の大きさが窺える。

参考文献

Đảng Ủy và Ủy ban nhân dân xã Tân Triều Huyện Thanh Trì –Hà Nội

2000　*Tân Triều: Trên Những Chặng Đường Lịch Sử,* Hà Nội.（本稿では『新潮社の歴史』と略記）

著者不明

1935　*Đia Chí Hà Đông.*（本論では『河東地誌』と記す）

比留間洋一

1998「入夏儀礼について――現代ベトナム村落における革命と伝統」『東洋文化』78: 99-110。

1999「改良郷約マニュアル」（訳・解説）『ベトナムの社会と文化』1：382-395。

18　賦役や雑役を免除されていたむらのなかで地位のある者

Hữu Ngọc cb

1995　*Từ Điển Văn Hóa Cổ Truyền Việt Nam,* NXB Thế Giới, Hà Nợi.

Lê Ngọc Canh

1992　*Văn Hóa làng Đa Sĩ*（多仕）NXB Văn Hóa Dân Tộc.

Nguyễn Tá Nhí

刊行年不明 1（1990 年代？）Nghĩa tình của làng quê bên sông Nhuệ, *Tạp chí Xưa Nay,* số 0, p.24.

刊行年不明 2（1980 年代？）1980 年代？ Trần Thành Nhuệ Giang. *Văn Nghệ Hà Tây,* pp.74-74.

宮沢千尋

1996「ベトナム北部における女性の財産上の地位――19 世紀から 1920 年代末まで――の補章」末成道男編『人類学からみたベトナム社会の基礎的研究――社会構造と社会変動の理論的検討』pp.74-92、東京：朋文社。

Nguyễn Minh Đăng

刊行年不明　Xác định vị trí của cầu Thanh Oai, *Tập chí Tản Viên Sơn,* pp.43-44.

桜井由躬雄

1989『ハノイの憂鬱』東京：めこん。

1999「十九世紀東南アジアの村落――ベトナム紅河デルタにおける村落形成」『アジアの〈近代〉』（岩波講座　世界歴史 20）pp.119-148, 岩波書店。

嶋尾　稔

2001「ベトナム村落と知識人」伊原弘・小島毅編『知識人の諸相――中国宋代を基点として』pp.107-117, 勉誠出版。

末成道男

1998『ベトナムの祖先祭祀――潮曲の社会生活』東京：風響社。

Ủy ban nhân dân xã Tân Triều

1999　*Quy Ước Làng Văn Hoá Yên Xa.*（『新規約』と略す）

ベトナムの社会と文化第 8 号
2018 年 2 月 10 日

ベトナム北部山地の水稲作と収量

宮川修一・稲村達也

1　はじめに

東南アジア大陸部にあってベトナム北部の山岳地域は、東北タイのような平原部に比べ狭い範囲ではありながら稲作立地からみるときわめて変異に富んでいる。このような立地条件はこの地域の稲作を多様なものにしていると考えられる。一方では水稲の収量は同じ紅河流域でもハノイなどが位置するデルタ地域に比べてきわめて低いとされる［黒澤・江頭 2004: 49-56］。ベトナムの急激な経済成長のなかにあって、このような山岳地域における社会経済を持続的に発展させるためには主穀物としての水稲生産の安定的な確保が重要である。しかしながらこの地域の稲作については、国内の稲作中心地である紅河デルタ［Kono and Doan 1995: 425-445］やメコンデルタ［Coq and Trebuil 2005: 519-547］に比べきわめて情報が乏しい。そこで本地域の水稲の栽培方法や生産について明らかにするため 2001 年 11 月に農家圃場の収量調査と栽培に関する聞き取り調査を実施した。本稿では水稲作の実態調査の結果から、水稲の収量形成の特徴と問題点を明らかにし、地域の稲作の発展方向を策定する上での基礎資料を提供することを目的としている。調査地点はその立地を反映して様々な標高にわたっていたので、ここでは特に標高の違いと稲作や収量との関係に重点を置いて検討を行った。また収量の特徴を示すために、同一の調査方法で得られているラオス北部山間地ならびに東北タイの水田の収量との比較も試みた。

2　調査地とその立地条件

調査の対象としたのは3省4県の17農家21圃場である（表1）。その位置を図1に示した。調査圃場の標高は、最低地点の156 mから最高地点の1,395mまでおよそ1,200mの差があった。特に起伏の大きなSaPaやBacHaでは比較的狭い地域内で大きな標高差の圃場を調査の対象とすることができた。また年平均気温についても8.5℃の差が、年降水量にも280mmの差があった。これらはいずれも県庁所在地での観測地であり、調査地点の間ではさらに大きな差異の存在が推測される。

表1　調査地点の立地環境

行政区分	緯度	標高（m）	年平均降雨量（mm）＊	年平均気温（℃）＊	水田立地地形	調査圃場数（農家数）
Son La 省、Moc Chao 県	20.8 － 20.9	464 – 728	1,644	19.6	盆地の段丘	4（4）
Lay Chao 省、Dien Bien 県	21.5	762 － 794	1,579	24.4	谷底平野	2（2）
Lao Cai 省、Sa Pa 県	22.3 － 22.4	882 – 1,395	2,860	15.9	山腹斜面	10（7）
同省、Bac Ha 県	22.4 － 22.6	156 – 1,113	1,739	19.2	谷底平野と山腹斜面	5（4）

＊県庁所在地の観測値

図1　調査地点の位置

図2　SaPa の調査水田の立地

調査水田の立地する地形は MocChao の場合には比較的小さな盆地の中の段丘であり、DienBien では谷底平野を貫流する河川沿いの起伏地であった。一方 SaPa では急傾斜地に形成された棚田群であった（図2）。BacHa では高標高地にあっては山腹の急傾斜地の棚田、低標高地にあっては谷底平野の河岸段丘であった。これらの水田はいずれも近傍の小河川から引水し灌漑がなされていた。DienBien の2農家と BacHa の低地の1農家は冬春作と雨期作の二期作を実施していたが、ほかは雨期作のみであった。1戸当たりの雨期作水稲作付面積は平均 35 a 、最小 14a、最大 80a のようであった。最小値と最大値はいずれも Sapa の農家に見られ、大面積の農家では斜面の上方と下方とに分散して耕作田を有していたが、小面積の農家では家屋の近傍に有するのみであった。

3　雨期作水稲の栽培方法

農家の雨期昨用栽培品種は最少1から最多で4の範囲にあり、おおむね3品種の場合が多かったがこの数は必ずしも全体の作付面積の大小とは関係していなかった。またどの地点でも一代雑種（F1 品種）や非感光性の改良品種が栽培されていた。またもち米品種の作付は BacHa の1農家をのぞき面積の多少によらずどの地点でも見られたが、最大は MocChao 県の農家の 30％であった（図3）。もち米品種作付率の相違は住民の食習慣の違いを反映していると見られる。後述するように各農家とも生産された米はほぼ自家消費されるので、MocChao や DienBien では近隣のラオスや中国雲南省南部［渡部・深澤 1998: 97-143］ほどではないにせよもち米消費量が比較的高い食生活が存在するものと思われる。

図3　調査圃場の標高とその耕作農家のもち米品種作付面積との関係

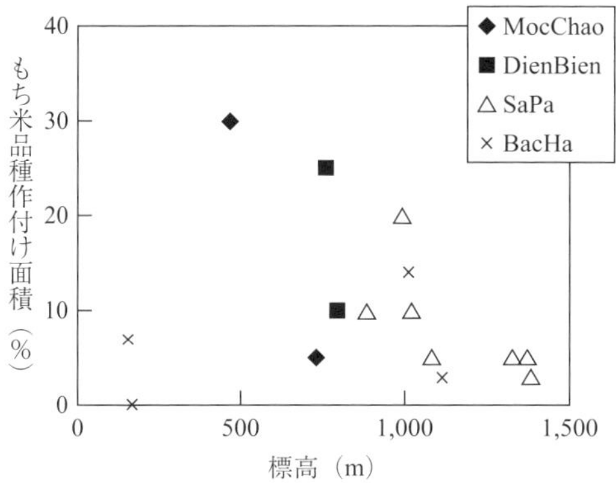

図4　調査圃場の標高と耕作農家の栽培品種別作期との関係

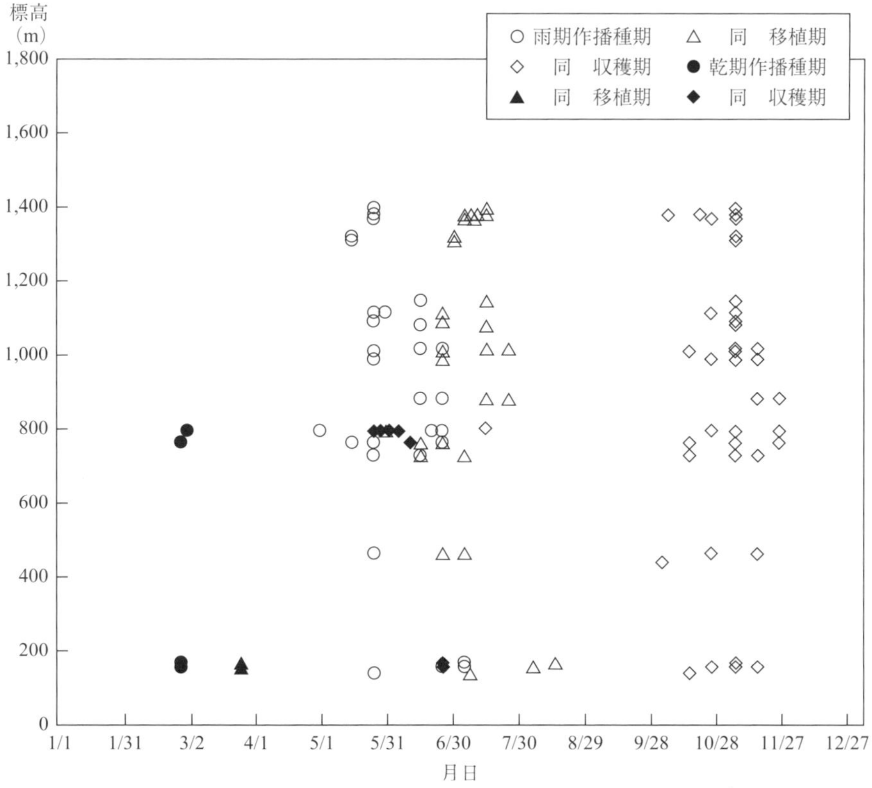

図4には農家の作付け品種について聞き取った播種、移植、収穫の各時期を標高別に示した。雨期作の播種期は5月中旬から7月上旬、移植期は6月中旬から8月中旬までのような幅があった。また収穫期は10月上旬から11月下旬の間にあった。概して播種、移植の時期は標高が高い場合にやや遅く、また収穫の時期はやや早い傾向が見られた。一方ではBacHaの低地の二期作農家の場合、冬春作の収穫期が6月下旬とやや遅く、このために雨期作の移植期も遅くなっていた。同じように二期作を実施しているDienBien県の農家より、冬春作の収穫期が遅いのは品種の違いによるものと推測される。生育期間を見ると、移植栽培ではMocChaoでは平均125日、DienBienでは平均144日、Sapaでは平均117日、BacHaの高地では125日、同低地では88日のように、標高とは明確な関係が見られなかったが、冬春作の期間が長いBacHaの低地では雨期作の期間が短く、温暖なDienBienでは冬春作の収穫が早いことも相まって雨期作の生育期間が長い、といった要因が働いているものと推測される。苗代期間についてはMocChaoで平均26日、DienBienで平均31日、Sapaでは平均38日、BacHaの高地では平均30日、同低地では37日のようであった。Sapaは他の地域よりも育苗期間の気温が低いために、移植までの苗の生長に他よりも日数が必要となっていると思われる。一方、BacHaの低地における育苗期間もやや長いが、これは前述のように冬春作の収穫の終了を待って田植えをすることによる遅延ではないかと推定される。

栽植方法については移植栽培がほとんどであったが、直播がMocChaoの1農家、DienBienの2農家でみられた。後者の場合には直播と移植とを併用しており品種によってその方法を違えていたが、農家の間ではその対応関係は必ずしも一致していなかった。

耕起代掻きはどの農家でも水牛による犁及び耙の牽引に依っていた。また化学肥料の施用についてはSapaの1農家以外はすべて使用していたものの、地域間に大きな相違が見られた。DienBienの農家のように元肥のほか追肥を最高2回施す場合もある一方、SapaやBacHaの高地農家では過リン酸石灰を移植直前に水溶液として苗代に散布するだけ、又はこれに加えて本田の除草時に窒素肥料を施用するのみであった。窒素肥料としては尿素があげられるほか、化成肥料も見られた。堆厩肥についてはMocChaoやDienBienおよびBacHaの低地の農家では元肥として施用しているが、SapaおよびBacHaの高地の農家では、全く使用しない（2件）、苗代にのみ使用（2件）、もち品種にのみ使用（2件）、時々使用（1件）、常に元肥として使用（1件）、苗代及び本田元肥として使用（1件）のように相違が見られた。使用が限られる原因には水牛などの家畜の少なさがあげられる。

図5　水田の除草作業の模様（Sonla 省 2004 年 3 月）

DienBien の農家では畑の雑草を緑肥として元肥に併用することも行われていた。施用成分量が計算可能な 13 件を平均すると、窒素 81kg、燐酸 79kg ならびにカリ 18kg/ha のようであった。またその範囲は窒素 0 ～ 230kg、燐酸 12 ～ 483kg、カリ 0 ～ 84kg/ha のようであったが、施用量に関し地点の間に一定の傾向は見られなかった。

除草作業は 1 件を除くすべての圃場で実施されていた。直播圃場では播種後に除草剤の散布を行っていた。それ以外では手取り除草であり、移植後 1 ヶ月頃に 1 回目が行われている。MocChao や DienBien では 2 ないし 3 回の除草がほぼ一月おきに行われていた。図 5 に Sonla 省で見られた除草作業の様子を示す。この図からは株間の距離がきわめて短く、密植であることも伺われる。

4　収量の特徴

農家の水田での収量測定は、中庸な生育を示す 2 ヶ所において半径 1 mの円内のすべてのイネ株を地際から刈り取りこれを秤量する方法で行った（図 6）。表 2 に収量調査の結果を県別に示した。

稈長と穂長は Sapa で概して小さく、標高が高いほど値が低下する傾向があった（標高と稈長；r=-0.675、同穂長；r=-0.752、いずれも p<0.001）（図 7）。株数 /m² は DienBien で著しく高いが、これは直播であることによる。しかし MocChao の移植田でも値は大きく、Sapa や BacHa に比べ密植傾向であることが伺われた。

穂数／株は Sapa でやや多かったが、穂数 /m² は Sapa および BacHa では少ない傾向にあった。これとは逆に籾数／穂は同地域の方が多く、特に Sapa では稈長も低く短い穂に多数

図6　BacHa 県の調査圃場（標高 1,113m）での収量調査の模様

表2　調査地における収量と関連形質の県別平均値

県	稈長（cm）	穂長（cm）	株数 / ㎡	穂数 / 株	穂数 / ㎡	籾数 / 穂
MocChao	67.8	23.4	62.9	3.6	228.9	109.6
DienBien	64.3	21.6	91.2	2.5	226.5	104.8
SaPa	61.6	21.4	38.7	4.3	162.6	160.5
BacHa	72.4	22.9	38.4	3.6	129.9	152.3
全体	65.6	22.1	48.2（43.7）*	3.8	173.5	143.5

県	籾数 / ㎡	登熟歩合（%）	1,000 粒重（g）	粗籾重（g/ ㎡）	地上部乾物重（g/ ㎡）	収穫指数
MocChao	24,880	62.8	22.0	454.8	1057.4	0.42
DienBien	23,571	66.0	25.3	505.4	1031.3	0.49
SaPa	24,610	76.0	22.0	497.2	954.6	0.52
BacHa	18,555	65.1	23.1	353.4	716.2	0.49
全体	23,120	69.9	22.6	455.7	924.7	0.49

* 移植の平均値

の籾が着生していると言える（図8）。籾数 /m² は BacHa で比較的少なかった。登熟歩合は Sapa で比較的高い値を示し、標高が高いほど良好な傾向があった（$r=0.518$, $p<0.05$）。1,000 粒重は MocChao と Sapa においてやや小さかった。籾重 /m² は DienBien と Sapa とが高く MocChao がこれに次ぎ、BacHa が最も少なかった。標高との関連はほとんど認められなかった。最大値は Sapa での 781g/ ㎡（標高 1145m、品種名不詳の F1 品種）、最小値は BacHa での 183g/ ㎡（標高 1090m、品種 Tam Uu63）であった。地上部乾物重も籾重とほぼ同じ傾向を示していた。収穫指数は Sapa で値が高かった。これらのことからこの地域では面積あたり穂数の確保（低地）ないし一穂籾数の確保（高地）によって面積あたり籾数を高め、なお登

図 7　調査圃場の標高と稈長並びに籾数／穂との関係

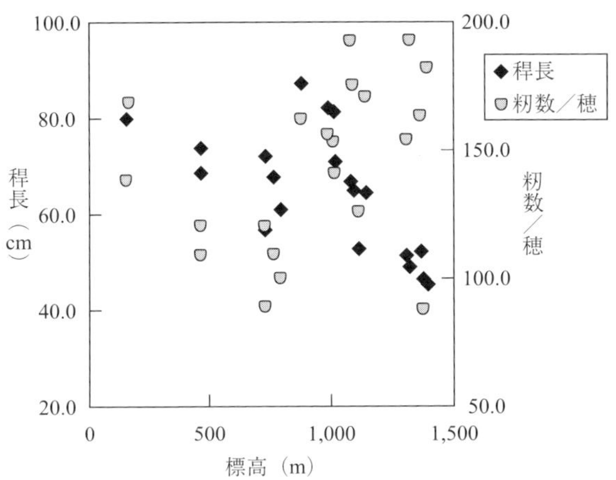

図 8　調査圃場の標高と籾重との関係

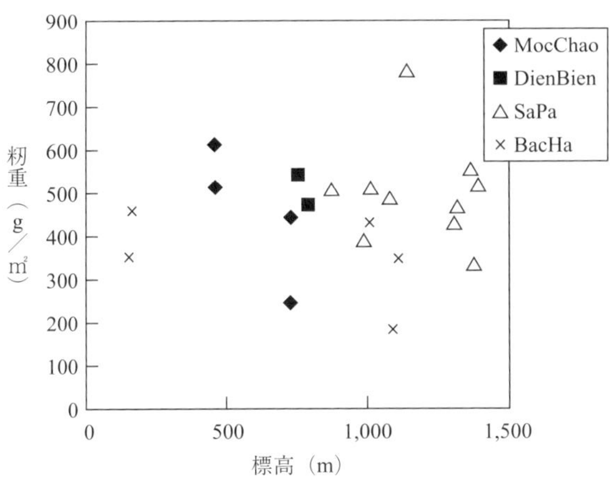

熟歩合を高く維持することが多収を実現していると言える。これはイネの植物体全体の生長を盛んにして地上部乾物重を高い値にすることによって可能であるが、過剰な生長は効率を低下させることは MocChao のやや低い収穫指数から推測できよう。

図 9　調査圃場の標高と施肥程度との関係

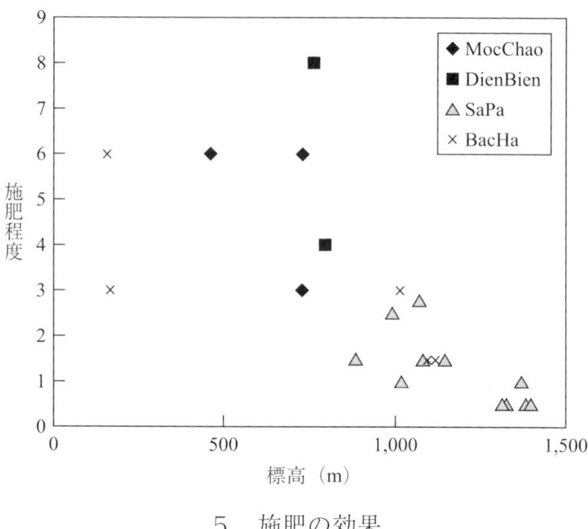

5　施肥の効果

前述のように、施肥に関しては地域や農家の間の違いが大きい。窒素施肥量が推定できた 13 件について収量（籾重）との関係を検討したが、相関は認められなかった。量的評価が困難な事例も含め、施肥の回数（本田の場合 1.0、苗代の場合 0.5 で換算）と使用肥料の種類数を乗じて施肥程度として収量との関係を検討した。この程度について地域間差をみると、高標高地では明らかに低地よりも程度は小さかった（図 9）。これは前述のような高地における家畜飼養頭数の不足や化学肥料の購買力のなさに起因するものと考えられる。この施肥程度と収量との間にはやはり明瞭な関係は認められず、施肥はほかの環境条件や品種能力に起因する低い収量を補完する効果をもたらしていると言える。

一方でこの施肥程度は栽植密度との間に正の相関が認められた。つまり MocChao や DienBien では他の地域より密植（直播も含め）がなされる上に施肥も手厚くなされ、また既に述べたように除草も丁寧に行われる地域であるといえる。作付けされる品種 IR64、San Uu63 はこの条件に適合していずれも 500g/ ㎡を超える収量が得られている。

Sapa のようにわずかしか施肥も行われず、疎植で、除草作業も 1 回のみといった管理程度にもかかわらず、きわめて高い収量が得られている原因については、比較的低い気温が過剰な栄養生長を抑制し登熟に良好な条件を与えている可能性が指摘できよう。

6　棚田の稲作と収量

前述のようにSapaとBacHaの高標高地での調査は急な山腹斜面に設けた棚田において行われた。このうちの4農家では標高の異なる2水田で収量を調査することができたので、同一農家の耕作する水田の稲作について標高の違いがどのように関与しているかを以下に検討した。

1）Sapaの農家1の場合では二つの調査圃場はそれぞれ標高1,081mと1,145mの位置にあったのでその差は64mである。聞き取りによれば両圃場とも耕起は6月下旬に行い、代掻きは7月の上旬と中旬の2回行った。その後同一の品種（品種名不詳のF1）を7月中旬に移植した。栽植株数は下方の田（52.7/㎡）より上方の田（40.1/㎡）の方が疎植であった。施肥は苗代のほか本田の除草時期に1回（8月中旬）行っているが、その量は上方の水田には多く（窒素230kg/ha、リン酸40kg/ha）、下方の水田で少なかった（窒素115kg/ha、リン酸26kg/ha）。収量は上方の田で781g/㎡とすべての調査地点の中で最高を示した。これに比べ下方の田は487g/㎡と低い値を示した。この農家によれば、上方の田は水源に近く、自分の意図にあった水管理が容易であるが、下方の田では水路末端に近く、多くの農家との調整が必要で管理も不如意であるという。

2）Sapaの農家2の場合では二つの調査圃場はそれぞれ1,378mと1,395mの位置にありその差は17mであった。両水田はともに6月上旬に耕起、6月中旬に代掻き、7月上旬に2回目の耕起、7月中旬に2回目の代掻きがなされ、その直後に移植がなされた。栽植株数は下方の田（35.7/㎡）よりも上方の田（40.1/㎡）は密植であった。品種は両者ともCR17であった。苗代に過リン酸石灰を施した他は本田は無施肥で栽培し、そのほかの管理にも水田間で違いはなかった。収量は上方の田で518g/㎡、下方の田で350g/㎡と、上方の田の収量がまさっていた。農家によれば上方の田の方が早くから水を導水できるので、下方の田よりも早くから田植えが可能となるとされ、この二つの田でも上方の田の方が移植は早かったという。

3）Sapaの農家3の場合では二つの調査圃場はそれぞれ1,310mと1,321mの位置にありその差は11mであった。二つの水田はともに5月下旬に耕起、6月上旬と下旬の2回の代掻きがなされ、6月末に田植えがなされた。栽植株数は下方の田（39.0/㎡）よりも上方の田（29.1/㎡）では疎植であった。品種は両者ともCR17であった。農家2戸同様に苗代に過リン酸石灰をほどこした後は本田は無施肥であってそのほかの管理についても両水田で特段の違いはなかった。収量は上方の水田で 464g/ ㎡。下方では 428g/ ㎡とやや上方の田がまさっていた。農家によれば移植は下の方の田から上の方の田の順で行ったが、特に理由はない。年によっては逆のこともあるとのことであった。

4）BacHa の 1 農家では二つの調査圃場はそれぞれ 1,090m と 1,113m の位置にあり、その差は 23m であった。両水田はともに 5 月下旬に耕起、6 月上旬に代掻き、同中旬に 2 回目の耕起、同下旬に 2 回目の代掻きがなされ、直ちに移植が行われた。栽植株数は下方の田での 16.9/ ㎡にくらべ上方の田では 55.4/ ㎡とかなり密植であった。品種は両者ともに Tam Uu63 であり、苗代に過リン酸石灰と堆厩肥を施した後は本田では無施肥で栽培がなされた。除草は上方の田で 7 月中旬、下方の田で同下旬になされた。収量は下方の田で 183g/ ㎡、上方の田で 348g/ ㎡と上方の田がまさっていた。この農家は調査圃場の上方と下方にもさらに水田を耕作しているが、調査圃場の位置は条件的に最も劣っているのでここに多収が期待できる F1 品種の TamUu63 を植え、上方には在来のうるち品種を、下方の最良田にはもち品種を植えているとのことであった。

以上のように、この調査結果ではいずれの農家の場合でも高い位置にある田の方が比較的多収を示した。すべての圃場についてこの原因を統一的に説明することは困難であるが、1）や 2）の場合は上方の田の方が水管理が容易であり、特に 1）ではそのことが多量の施肥を可能にしていることによって多収が得られているように推測できる。2）は施肥条件には違いが無く、上方の田では密植であることがそのまま多収に結びついたと思われる。この点は BacHa の農家についても同様な指摘が可能である。品種に違いがない場合、栽植株数を多くすることは通常は不良環境への対処であることが多いので、これら二つの農家の場合上方の田の方が環境的に何らかの問題があると考えていると思われる。一方 3）の農家では上方の田の方が環境的に良条件にあると農家は評価しているものと見られる。除草時期が早いこともそれを示唆している。下方の田では密植により生産量の向上を図ったものの、環境差を克服するにはやや至らなかったと見ることができよう。いずれにしても今回の調査では対象圃場数が少なく、傾向を分析するには不充分である。棚田における標高差と稲作の問題はさらに詳細な調査が必要である。

表3　調査対象農家の水稲以外の作物ならびに主な現金収入源

地点	畑作物の種類	果樹野菜の種類	現金収入源
MocChao	トウモロコシ(3)、カンナ	マンゴー、リュウガン、スモモ、クワ、野菜類	トウモロコシ(3)、カンナ(2)、マンゴー、スモモ、蚕の繭、ニワトリ他家畜類
DienBien	キャッサバ(2)、ラッカセイ(2)、トウモロコシ	マンゴー(2)、リュウガン(2)、パラミツ(2)	ブタやニワトリ他家畜類(2)、魚(2)、トウモロコシ(2)、ラッカセイ
Sapa	トウモロコシ(7)、薬草(3)、リョクトウ、ダイズ、アズキ	モモ(4)、スモモ(2)、バナナ、ハクサイ、カキ、野菜類	薪(4)、農外就労(3)、薬草(2)、トウモロコシ、ブタ、ニワトリ他家畜類
BacHa　(高地)	キャッサバ(2)、ラッカセイ(2)、トウモロコシ	スモモ	トウモロコシ、スモモ、ブタ、ニワトリ、酒
BacHa　(低地)	トウモロコシ、ニッケイ、キャッサバ、サトウキビ、陸稲	マンゴー(2)、ロンガン(2)、野菜類	食品加工と販売、米、トウモロコシ、キャッサバ、サトウキビ、マンゴー、ロンガン、家畜類

(　) は農家間の重複数

7　営農体系の中の稲作

表3には聞き取りで得られた各農家の畑作物や果樹野菜の種類の他、主な現金収入源を掲げた。概して標高の低い地点では、高い地点に比べ作物の種類数が豊富であり、また収入源となる農産物の種類も豊富であった。Sapaの場合、作物種類や収入源の種類が多くあがっているが、対象農家数が他より多いことを考えると、農家あたりの種類数は限られている。さらにダイズ、アズキやハクサイ、カキといった比較的低温に適する作物が挙げられているほか、薪のような自然採集物が現金収入源として挙げられるところに特徴が見られた。ここで言う農外就労とはSapaの町に働きに出ることを指している。このような標高による生物資源利用の差異はBacHaの中における二つの地点の間でも明確に現れている。一方トウモロコシはどの地点でも主要な畑作物でありまた現金収入源となっていることもベトナムの北部の特徴としてあげることができよう。

また同表からわかるように、米が現金収入源としてあげられているのは1件のみであった。すなわち調査農家のほとんどはその投入や管理の程度、収量の多少に関わらず基本的には自給的稲昨を営んでいるといえるであろう。

表4　東北タイ、北部ラオスにおける収量調査結果と本調査の結果との比較

地　域（調査年）	調査延べ筆数	稈長（cm）	株数 / ㎡	穂数 / ㎡	籾数 / 穂	籾数 / ㎡
東北タイ（1996–99）	221	118.5	14.2	111.2	102.1	11037.3
北部ラオス（1999–2000）	42	124.1	21.0	101.2	118.3	11323.3
ベトナム北部山地（2001）	21	65.6	43.7	173.5	143.5	23120.3

地　域（調査年）	登熟歩合（%）	1,000 粒重（g）	籾重（g/ ㎡）	地上部乾物重（g/ ㎡）	収穫指数
東北タイ（1996–99）	67.9	27.3	248.2	715.8	0.36
北部ラオス（1999–2000）	46.8	28.4	259.2	741.2	0.36
ベトナム北部山地（2001）	69.9	22.6	455.7	924.7	0.49

図10　東北タイ、北部ラオスならびにベトナム北部山地の籾重の分布の比較

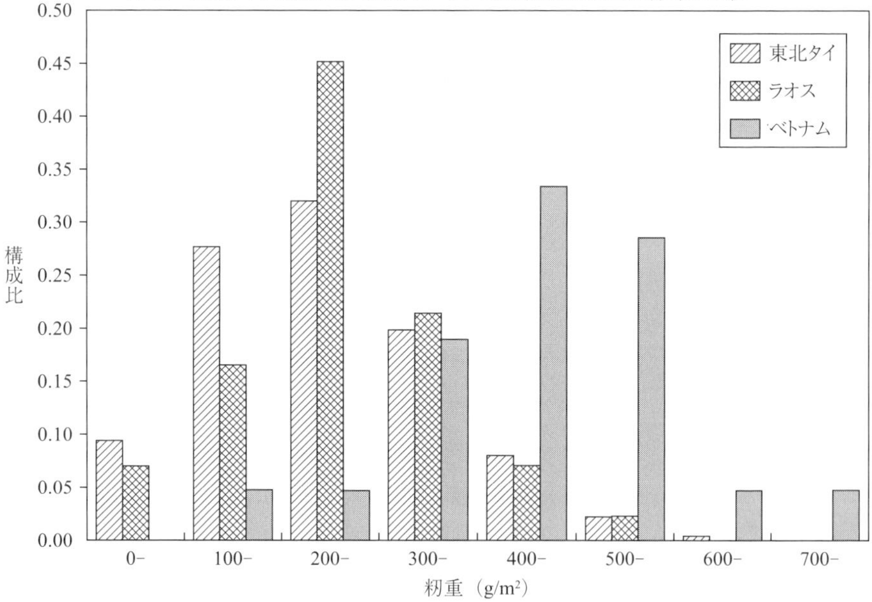

8　収量に関するラオス山間地ならびに東北タイの天水田との比較

この調査で得られた水稲収量の特徴は他の稲作生態における収量値と比較することによ

りいっそう明らかになると思われる。そこで、筆者らがこれまでに全く同一の手法で行ってきた東北タイとラオス［Miyagawa et al. 2005: 24-38］の水稲収量調査の結果と本調査の結果とを対照しつつ検討した。

表4からわかるように、今回の調査で得られたベトナムのイネの特徴はきわめて短い稈長、きわめて多い株数/m²、籾数/m²、東北タイやラオスの2倍に近い収量（粗籾重）にある。単位面積あたりの籾数の多さは、穂数/m²と籾数／穂の両者が共に他の地域を上回っていることに基づいている。さらにこの違いはF1のような高収性改良品種を多く採用していること、栽植密度が極めて高いこと、化学肥料や堆厩肥の施用量が高いことに起因している。東北タイの調査圃場における窒素施肥量は平均して約25kg/ha、ラオスの場合約7kg/haとみつもられるので、ベトナムでの施用量は著しく高いといえよう。施肥量の高さと栽植密度の高さは、短稈の改良型品種の能力を最大に発揮させるために必要な技術である。これは天水田が一般である東北タイやラオスの平野部に対し、この地域の水田が基本的にすべて灌漑可能であることによって成立している。

図10は各地域で得られた収量の値を段階別にその分布状態を比較したものである。これによれば東北タイとラオスでは共に200g以上300g未満の範囲に最も多くの水田が集中しているがその一方で100g未満から500g以上の収量まできわめて大きな変異が見られることも特徴である。これに比べてベトナムの結果では分布範囲が100g以上から800g未満までと高く、その最頻値も400g以上600g未満に存在している。このように平均値のみではなく、分布の様式からみてもベトナムの水田が極めて高い生産を示していることがわかった。また栽培的に多くの困難が予測されるような高標高の棚田地帯でもその収量は何ら低地に劣るものではなく、むしろ少ない投入で極めて高い収量が実現されていることも注目に値しよう。今後さらに広範囲で詳細な生産実態調査を行うことにより、この地域における安定多収な稲作体系の確立が可能であると考える。

［謝辞］　この調査は科学研究費補助金による「東南アジア大陸部の環境ストレスと農村社会経済変容を考慮した土地生産力評価（PELUSSA）」（代表　河野泰之京都大学教授）の一環として実施されたものである。調査に当たってはベトナム農業科学院のLe Quoc Duanh所長ならびにLe Van Tiem氏、Le Quoc Thanh氏の協力を得た。記して感謝の意を表したい。

参考文献

Kono, Y. and Doan D.T.

1995 Effect of water control on rice cultivation in the Red River delta, Vietnam: a case study in the Nhue River irrigation system. Southeast Asian Studies 32:425-445.

黒澤靖・江頭和彦

2004「ベトナム紅河流域の地水環境と農林業並びにそれらを巡る今日の諸問題」熱帯農業 48：49-56.

Le Coq, J-F. and G.Trebuil

2005 Impact of economic liberalization on rice intensification, agricultural diversification, and rural livelihoods in the Mekong delta, Vietnam. Southeast Asian Studies 42:519-547

Miyagawa, S., T. Inamura, H. Okada, K. Yamada, Y. Kono, O. Singvilay and N. Sipaseuth

2005 Yield improving ability of lowland rice in the Northern region of LAO PDR. The LAO Journal of Agriculture and Forestry 10:24-38.

渡部忠世・深澤小百合

1998『もち（糯・餅）』東京：法政大学出版局

ベトナムの社会と文化第8号
2018年2月10日

カオダイ教バン・チン・ダオ派「首都ハノイ聖室」の位置づけ
80年聖会年次大会の報告を事例に

伊藤まり子

1　はじめに

1　本稿の目的

カオダイ教（ĐạoCaoĐài）は、ベトナムの国内外で出版される多くの宗教関連書等で「ベトナム南部地域で成立した宗教」と言及される、ベトナム固有の宗教である［Oliver 1976:1-5,Werner 1976:1-28, Lê 1996:15］。現在、8つのカオダイ教系宗派と1協会が国家公認宗教団体として活動することを公的に認可されている[1]。その中のひとつバン・チン・ダオ派の下部組織として首都のハノイ市にある唯一のカオダイ教系組織が「首都ハノイ聖室（Thánh Thất Thư Đô Hà Nội、以下ハノイ聖室）」である[2]。本稿では、2005年ベンチェ省[3]にて開催された大儀礼「開道80年記念儀礼（Lễ Kỷ Niệm 80 Năm Khai Đạo）」と「聖会年次大会（Hợp Hội Thánh Thương Niên）」に参加したハノイ聖室所属の在家信者6名の現地での活動と、そこで展開された南部地域の信者たちとの交流に焦点を当てる。そこから、現代ベトナム社会におけるカオダイ教系組織の中でのハノイ聖室の位置づけを考察する。なお本稿では、宗

1　タイ・ニン派（phái Tây Ninh）、ティエン・ティエン派（phái Tiên Thiên）、ミン・チョン・リー派（phái Minh Chơn Lý）、ミン・チョン・ダオ派（phái Minh Chơn Đạo）、バン・チン・ダオ派（phái Ban Chỉnh Đạo）、白衣連団チョン・リー派（phái Bạch Y Liên Đoàn Chơn Lý）、チュエン・ザオ・カオダイ派（phái Truyền Giáo Cao Đài）、カオダイ・チェウ・ミン・ロン・チャウ派（phái Cao Đài Chiếu Minh Long Châu）、大道教理布教協会（Cơ Quan Phổ Thông Giáo Lý Đại Đạo）。

2　聖室に関しては2節「カオダイ教系組織について」で説明する。

3　本稿で省など地名を表記する場合、音節でわけずに全体をひとかたまりとしてカタカナ表記する。例えば「タイニン省（Tây Ninh）」など。

派（Chi phái）」、「聖会（Hội Thánh）/ 聖座（Tọa Thánh）」、「聖室（Thánh Thất）」を指して、「組織」という語を使用する。「宗派」、「聖会 / 聖座」、「聖室」それぞれの語は、正確には意味は異なるが、カオダイ教という共通の信仰を介する人々の集まりを指す単位として、またそうした集まりとしての明確な形態をもつ集団をさして、「組織」という語で表している。

カオダイ教は1910年代後半に、ベトナム南部地域のタイニン（Tây Ninh）省において最初の組織が創設され、以降、南部地域を中心に活発な活動を展開してきた。ハノイ聖室はカオダイ教系宗派の中で第二位の規模とされるバン・チン・ダオ派（phái Ban Chỉnh Đạo）に属する（宗派に関しては2節で詳述）[4]。ハノイ聖室施設の中には、バン・チン・ダオ派が国家公認宗教団体として認可された証明書や、この宗派の教祖であるグエン・ゴック・トゥオン（Nguyễn Ngọc Thương）と、トゥオンと共に開派に携わったレ・バ・チャン（Lê Bá Trang）の写真が掲げられており、ハノイ聖室がバン・チン・ダオ派所属の一聖室であることを明示している。また所属する信者たちは、筆者による所属宗派に関する問いに対し、自らがバン・チン・ダオ派所属であると語る。

筆者がこれまで行ってきた調査では、ハノイ聖室は政府機関や祖国統一戦線主催の会議、式典への参加を要請されたり、宗教関係者を対象としたアメリカ大使主催の懇親会へ招待されるなど[5]、カオダイ教系組織の代表として公的な活動に参加している点が明らかとなっている。一方、カオダイ教系組織内においても、バン・チン・ダオ派に限らず北部地域を訪れる各宗派の信者がハノイ聖室を訪問するなど、ハノイ聖室が宗派を超えて交流を図る場となっている点も指摘できる。このことは、カオダイ教系組織および政府関係機関から、ハノイ聖室が一宗派の末端の組織にはとどまらない特有の存在として捉えられていることを示唆している。こうしたハノイ聖室の特性には、政治の中心地である首都にあるという地政学的理由が大きく影響していると考えられる。では具体的に、他のカオダイ教系組織とは異なるハノイ聖室の特性とはどのようなものだろうか。

以下では、カオダイ教の分派の歴史を、先行文献やカオダイ教系組織内で出版されている一次資料を手がかりに図で示しながら俯瞰する。次にバン・チン・ダオ派組織の経営を、

4　本稿で各宗派名を表記する場合、音節ごとに「・」を挿入しカタカナ表記する。人名についても同様である。

5　筆者が2007年10月にハノイ聖室を訪れた際、代表者ホアから英文で書かれた招待状のベトナム語への翻訳を依頼された。そこには、10月23日にアメリカ大使官邸にて開催される大使主催のパーティーへの招待に関する内容が記載されていた。

内部資料から概観する。そこからカオダイ教系組織の中でのハノイ聖室の位置づけを示す。それを踏まえたうえで、さらに2005年11月にバン・チン・ダオ派本山で執行された「開道80年記念儀礼」の事例を報告し、バン・チン・ダオ派本山や、所属する各聖室とハノイ聖室の関係を、事例に基づいて浮き彫りにする。以上の記述から本稿では、南部地域に広がるカオダイ教系組織が、ハノイ聖室をいかに捉えているのか考察し、カオダイ教系組織にとってのハノイ聖室の存在意義を明らかにする。

2　カオダイ教に関する先行研究と本稿の位置づけ

まず、カオダイ教の先行研究の大まかな流れを簡単にまとめ、本稿の位置づけを述べる。

これまでのカオダイ教研究では主に次の3点が注目されてきた。まず、組織と教義の形成である。具体的にはタイニン省での創設に至るまでの歴史的経緯や、法、行政、宗教の各部門を担う三機関からなる組織の特徴、また既存の宗教（仏教、儒教、カトリック）と聖母信仰をはじめとした土着信仰（道教）を習合させた教義体系が注目された[6]。次に、フランス植民地政府による圧政下で支持者を拡大する要因となったミレニアニズム的性格である。最後に、それ以後ベトナム南部地域を中心に民族解放運動を牽引した政治性の強さである。以下に記す先行研究では、これら3点に関して総括的にまとめ、それぞれに見解を提示している［cf. 大岩 1941; Gobron1949; Fall 1955; Hickey1964; Smith 1970; Oliver1972; Werner1976; Hue-Tam Ho Tai1983; 高津 1985,1986(a)(b),1988; Blagov 2001］。

近年ではカオダイ教の特質を、ブラゴフが主に歴史学の立場から再考している［Blagov2002 ］。彼は、カオダイ教の教義の基盤である「三教（Tam Giáo）」の思想の形成とその社会背景を13世紀の陳朝期に遡って考察し、組織および教義成立の背景にあるベトナムの「伝統性」を明らかにしている。次に、創設期から、ベトナム戦争後にいたるまでの活動（これはほぼタイ・ニン派に焦点を当てている）の傾向について論じ、現在のベトナム政府による宗教政策に対するアメリカ政府の対応にも言及している。またこれまでまとまった研究がなされていないバン・チン・ダオ派をはじめとした各宗派の概説的な成立史や活動にも一章を割いている。中でも本書の最大の貢献は、ベトナムの伝統と近代の経験の接合をカオダイ教の中に見出そうとした点であろう。結論としてブラゴフは、カオダイ

6　本稿では、仏教、カトリックと、儒教を、同様に「宗教」として扱うことに関して議論はしない。あくまでカオダイ教に関する既存の研究の論調に則したものであることを付しておく。

教の「近代への跳躍（Leap into modernity）」の特徴は、当代のいかなる政治体制とも折り合いがつかなかったことを指摘する。しかし政治的抑圧下でも活動の持続性は驚異的で、今後もベトナム国内に限らず、世界レベルでの活動持続の可能性があるという。

他方で、カオダイ教の活動の様態、とりわけ戦後のそれに関しては研究の蓄積が浅く、未だ不明瞭な点が多い。ブラゴフも、各組織およびそこに所属する信者たちの具体的な日常的実践等に関してはふれていない。近年、1975 年以降のバン・チン・ダオ派に関する論考においてジェイムは、儀礼の実践、特にカオダイ教の特質の一つに挙げられてきた降霊術「機筆（cơ bút）」を介した宗教実践に主眼をおいているが［Jammes 2005］、カオダイ教信者個々人の生きられた経験、つまり彼らの生活世界を描き出してはいない。

ベトナムでは､外国人による宗教施設立ち入りが法的に禁じられているわけではないが､調査に対する制限はある。こうした状況のなか筆者は、1999 年以降、カオダイ教、とくにバン・チン・ダオ派ハノイ聖室の活動に主眼を置いて、ハノイ聖室といくつかの一般信者宅を訪問し、彼らの日常的実践について参与観察とライフヒストリーの聞き取りから調査を行ってきた。カオダイ教の各組織はあくまで南部地域に集中しており、ハノイ聖室がカオダイ教の「周辺」に位置づけられる点は否めない。しかしベトナム社会における宗教の活性化が取り沙汰される近年、多様な宗教実践の現状に関する外国人研究者からの報告がなされる一方で、カオダイ教に関する論考はいまだ些少といえる。本稿は、現地調査をふまえ､人類学的視点から考察を加えたカオダイ教に関する数少ない研究成果といえよう。また、ハノイ聖室の独自性に着目することで、南部地域の組織の活動に集中しがちであった従来の研究に、新しい視点を提示しうると考えている。以下では、2004 年にベンチェ省の聖会にて開催された開道 80 年記念儀礼に対するハノイ聖室の関わりに焦点を当て、ハノイ聖室のカオダイ教系組織内での位置づけを記述する[7]。

2　カオダイ教系組織について

1　各宗派とその分派の流れ

ここでは、カオダイ教の組織に関して整理する。

7　2004 年 11 月 22 日（旧暦 10 月 11 日）から 12 月 3 日（旧暦 10 月 22 日）までの 12 日間の行程に筆者も同行し、信者同様に宗教実践に参加しながら、調査を行った。

カオダイ教の布教を目的として1965年にホーチミン市内に設立された独立組織カオダイ教理布教協会（Cơ Quan Phổ Thông Giáo Lý Đại Đạo）が編集、出版している入門者向けの手引き『カオダイ問答（Cao Đài Vấn Đáp）』［1999］によると、各宗派の成立年および本山の所在地は以下の通りとなる。なお、『カオダイ問答』のような指南書は、組織内の研究者や、指導的立場にある信者らが、出典は定かにしていないが既出の文献をもとに編纂した教義や教史などの概説書であり、教理布教協会のみならず、タイ・ニン派やバン・チン・ダオ派等の大きな宗派でも出版され、カオダイ教系組織内で流布していることを断っておく。

1　タイ・ニン派（phái Tây Ninh）、1926年、タイニン省
2　カオダイ道・チエウ・ミン派（phái Đạo Cao Đài Chiếu Minh）、1926年、カントウ省（1932年）[8]
3　ティエン・ティエン派（phái Tiên Thiên）、1927年（1928年）、ベンチェ省
4　カオダイ・カウ・コウ・タム・クワン派（phái Cầu Kho Tam Quan）、1927年（1930年）、ビンディン省
5　カオダイ・チョンリー派（ミン・チョン・リー派、phái Minh Chơn Lý）、1930年、ティエンザン省
6　ミン・チョン・ダオ派（phái Minh Chơn Đạo）、1932年、カマウ省
7　バン・チン・ダオ派（phái Ban Chỉnh Đạo）、1934年、ベンチェ省
8　白衣連団チョン・リー派（phái Bạch Y Liên Đoàn Chơn Lý）、1936年、キエンザン省
9　チュエン・ザオ・カオダイ派（phái Truyền Giáo Cao Đài）、1956年、ダナン省
10　カオダイ・チエウ・ミン・ロン・チャウ派（phái Cao Đài Chiếu Minh Long Châu）、1956年、カントウ省
11　大道教理布教協会（Cơ Quan Phổ Thông Giáo Lý Đại Đạo）、1965年（ホーチミン市）

これに加えて、ブラゴフをはじめとする先行研究に基づいて図式化した各宗派分派の年譜が図1である。従来の研究では1920年代前後がカオダイ教の萌芽期とされる。この時期に初代教祖ゴウ・ヴァン・チエウ（Ngô Văn Chiêu）［後のゴウ・ミン・チエウ（Ngô Minh Chiêu）］が、さまざまな神との交信を経験する中でカオダイ教の主神である高台天翁大菩

8　創設者であるゴウ・ヴァン・チエウ（Ngô Văn Chiêu）が独立して信仰活動を開始したのが1926年、その後カントウ省に祖廟として活動場所を設立したのが1932年とされている。

薩摩訶薩（Cao Đài Tiên Ông Đại Bồ Tát Ma Ha Tát、以下、玉皇上帝）と初めて交信したとされる［Blagov 2001; Cơ Quan Phổ Thông Giáo Lý Đại Đạo 2005］。その後彼の活動の噂を聞き、後にタイ・ニン派の護法（Hộ Pháp）としてカリスマ的な指導力を発揮したファム・コン・タック（Phạm Công Tắc）や、同派初代教宗レ・バン・チュン（Lê Văn Trung）等が加わり、活動資金面での強化と組織構成を立案した。護法とはカオダイ教を組織する三台—八卦台（Bát Quái đài）、九重台（Cửu trùng đài）、協天台（Hiêp thiên đài）—の中の協天台の長であり、教宗とは組織全体の代表であると同時に九重台の長のことである[9]。そして1926年、247名の賛同者の署名文を当時のコーチシナ総督府に提出し、「大道三期普度（Đại Đạo Tam Kỳ Phổ Độ、カオダイ教）」を創設した（後にタイ・ニン派として区分される）。しかし、すぐに最初の分派が生じた。現在でもカオダイ教系組織のなかで初代教祖として認識されているゴウ・ヴァン・チエウが組織化に反対し、彼らから離脱、同年チエウ・ミン派を名乗り、独自の実践に取り組むようになったのである。

これを皮切りにカオダイ教は毎年のように分派を繰り返し、新たな宗派が組織されてい

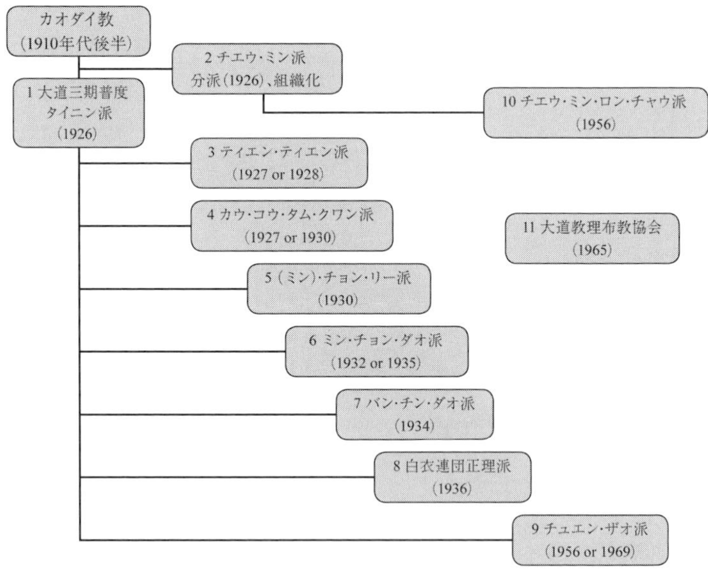

図1　カオダイ教系組織分派図（『カオダイ問答』及びその他先行文献を参考に筆者作成）

9　詳細は［高津 1989］を参照。

くこととなる。1927年(1928年)創設のティエン・ティエン派、1927年(1930年)創設のカウ・コウ・タム・クワン派、1930年創設のミン・チョン・リー派、1932年(1935年)創設のミン・チョン・ダオ派、1934年創設のバン・チン・ダオ派、1936年創設の白衣連団正理派、1956年創設のチュエン・ザオ派、さらには超宗派組織である大道教理布教協会など、カオダイ教が組織化されて30年の間に8つ以上の組織に分かれ、独自の活動形態をとることとなった。[10]

図1以外の小会派や活動組織もあると言われ、例えばミン・チョン・ダオ派の指導者であったカオ・チェウ・ファット(Cao Triều Phát)によって1935年に組織されたチュン・ホア・ホック(Trung Hoa Học)の動向はその後定かではない。また同年に、カオダイ教統一を目的に組織されたと言われる超宗派組織カオダイ大道連団(Cao Đài Đại Đạo Liên Đoàn)は内部分裂により瓦解した。その後、タイ・ニン派を除く主要宗派によって蓮華統会(Liên Hoa Thống Hội)が設立され、同様の活動を開始した経緯がある。その他にも1930年代にミン・チョン・リー派から分派したタム・キー・グエン・グエン・バン・バン派や、さらには女性だけで信仰活動を行うグループなども存在するとの指摘もある[Đong Tan 1972; Oliver 1976; Blagov 2001]。つまり、現代ベトナム社会におけるカオダイ教系の組織は、図1以上に複雑に分派しているといえ、ベトナム政府が9つのカオダイ教系組織をそれぞれ個別の国家公認宗教団体として認可していることにもあらわれているように、宗派ごとに独立した活動を展開しているのである。

新宗教組織における分派という視点から言えば、こうしたカオダイ教の分派の現象は、宗教団体の一般的な現象であり、日本をはじめ世界各地の新宗教組織で多く見られる[井上、島薗 1992、沼田 1995]。島田によると、分派が多いこと、教団内部の対立が起こりやすいことも新宗教の大きな特徴である。新宗教では、教祖の特殊なカリスマ性が吸引力になって教団を統合しているが、教祖がいくら神格化されたとしても、人間であることに変わりはなく、教祖の死を契機に、教団の後継者争いが起こったり、分派が生まれたりするのは珍しいことではない[島田 2008]。分派をめぐるカオダイ教の特性をあえて言及するなら、教団が成立してから極めて早い時期に分派がはじまっている点と、その数であろう。その

10　図1で示した各宗派組織の設立年数は、ブラゴフをはじめとした外国人研究者らによる先行研究と、大道教理布教協会、ベンチェ聖会、タイ・ニン聖座などのカオダイ教系組織が出している内部資料双方に基づく。宗派によっては、掲載されている設立年が不確定なものもあり、今後正確な年数を確認していく必要がある。

理由として、組織化することにより「純粋な」信仰活動が継続不可能となると考えたとされる初代教祖のゴウ・ヴァン・チエウの独立や、バン・チン・ダオ派を設立したグエン・ゴック・トゥオンによる活動資金問題に関する告発、また政治介入をめぐる教団内の意見対立など、教団の運営と活動に関する認識の違いが挙げられる。

一方ブラゴフは、分派がカオダイ教の発展を促す一要因となってきたとしている。信者の信仰を集めているカオダイ教典『聖言（Thánh Ngôn）』には［Blagov 2002］、多数の宗派に分かれることによるカオダイ教の発展が示されている［Thánh Ngôn 1926］。つまりそこでは、信仰活動や組織運営に関する方向性の相違による組織の分裂が肯定され、好意的に受止められていると見なせる[11]。

バン・チン・ダオ派の内部資料『記念特集カオダイ開道80年』（後述）によると、現在カオダイ教は9宗派が国家公認宗教団体として政府から認可され、ベトナム全土61省のうち43省に987の聖室および祭壇（後述）を構えるという。『記念特集カオダイ開道80年』は、カオダイ教成立80年を記念し編纂され、バン・チン・ダオ派各聖室に対し配布された、信者向けの記念誌である。編者は聖会行政班（後述）で、内容は各聖室の代表者や信者の寄稿によって構成される。そのため掲載される聖室数などを含めた情報は、基本的に同派内部による統計に基づいたものであり、その信憑性を推し量ることは難しい。またカオダイ教全体の信者数は国勢調査（1999年）によると150万人、『記念特集カオダイ開道80年』によると320万人と報告されているが［Hội Thánh Bến Tre (ed.) 2004］、ベトナム国内における宗教活動の近年の活性化も鑑みると、さらに分派し、信者数も増える可能性があろう。

2　カオダイ教各宗派の組織形態

次に、カオダイ教系各宗派の組織形態を検討する。各宗派には、上述のようにそれぞれの宗派を統括する本山としての「聖座（Tọa Thánh）」あるいは「聖会（Hội Thánh）」が存在し、その下に下位単位となる「聖室（Thánh Thất）」と称される施設を持つ組織が従属している。聖室開設にあたっては、基本的に入門者が500人に達した時点で、一つの「ホ（họ）」という単位として聖会から聖室施設をもつ資格が与えられる［高津 1986］。それを受けてホの代表者は、所属する行政区および政府宗教委員会（Ban Tông Giáo Chính Phủ）に対して施設建設申請の手続きをふむ。ホは、「一族、姓」などの親族関係を表すベトナム語である。ハ

11　これに関しては機会を別にして考察したい。

ノイ聖室の信者間では頻繁に「ホ・ダオ・ミン（họ đạo mình）」すなわち「教え/宗教の一族、家族」、あるいは「ダオ・ミン（đạo mình）」すなわち「私たち（私）の道/宗教」という表現で、同一の聖室メンバーを擬似家族的に示す。こうした用語を用いて、他宗教、他宗派と「われわれ」の差異を示す[12]。カオダイ教系組織においてこのホは、布教期の行政区分に基づいて区分されていることが多く、その点ではキリスト教の教区に類似している。他方、聖会から施設建設を認可されていない信者集団も少なからず存在し、活動を展開している。

一般的にカオダイ教の信者は、自分の家に祖先の祭壇のほかに、カオダイ教の神々を祀る祭壇をもつ。後者の祭壇の形体は世帯ごとで異なり、聖室なみにたくさんの神像を祀り、祭壇の両サイドにカーテンを取り付けて「正式」とされる様式で祀っている信者もいれば、天眼の絵の額を小さな祭壇に立てかけただけのものもある。「聖室」をもたないホの場合でも、グループの指導的立場にある信者や、信者たちの集合が可能な住宅環境にある特定の信者の自宅には、カオダイ教の最高神である玉皇上帝を頂点とする信仰対象の神々の像や絵が飾られており、ホのメンバーがそこに集まって毎月の朔望日の儀礼や日々の読教を行う。そして開道記念儀礼や教祖の聖誕儀礼といった主要な儀礼には、最も近い聖室に赴き、儀礼に参加する。

このようにカオダイ教の各宗派は、各宗派の本山である聖座や聖会の下に、ひとつのホとして聖室の所有を聖会に認可された多くの聖室が下部組織として従属し、さらにその下により小さな信者グループが存在して、一つの宗派を形成している。

3　バン・チン・ダオ派の中のハノイ聖室

ここでは具体的にバン・チン・ダオ派の組織形態について述べていく。バン・チン・ダオ派の本山はメコンデルタの中州に位置するベンチェ（Bến Tre）省にあるベンチェ聖会（Hội Thánh Bến Tre）である。バン・チン・ダオ派は、図2で示すように、ベンチェ聖会―アンホイ（An Hoi）地区にあることからアンホイ聖会とも呼ばれる―に全国25省にわたり、聖室36、修復中の聖室が58、小規模の信者グループによる活動が206ヶ所と、約300あまりの聖室および信者グループによって構成されており、信者数は約77万8000人とされる。

12 「ダオ・ミン」は、ハノイ聖室所属の信者が、同聖室を介して構築される関係性のなかに見いだす共同性を表出するための言語的実践といえる。筆者は、現在執筆中である博士論文でこれを「ダオミン言説」とした上で定義づけし、言説をめぐる様々な行為と信者間で形成される親密性（intimacy）の相関について考察している。

その中にホーチミン市の中央聖室であるドウ・タイン聖室（Thánh Thất Đo Thánh）や、北部地域の中央聖室であるハノイ聖室が含まれている［Hội Thánh Bến Tre 2004］。

ハノイ聖室は、ハノイ市内およびその近郊に暮らす信者によって形成された一つのホと位置づけられている。現在、聖室代表を務める女性出家者ホアを筆頭に、約50名から100名の在家信者によって構成され、その大半が60歳以上の女性で占められる。加えて、未婚や離縁、若くして寡婦になった経験をもつ者が少なくなく、ハノイ聖室は、そうした

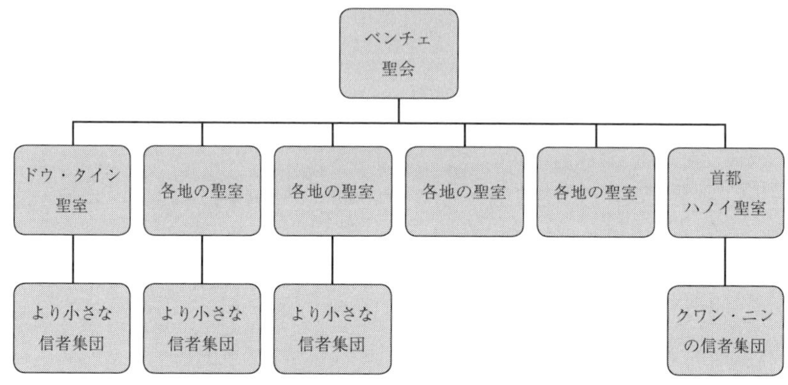

図2　バン・チン・ダオ派組織概略図（筆者作成）

社会的背景にある女性が集う社会空間として形成されてきたことが指摘できる[13]。

北部地域には、聖室をもたない小集団も存在し、ハノイ聖室代表者の指導を仰いでいる。例えばクワン・ニン（Quảng Ninh）省には約50名の信者グループがあるが、まだ聖室建設を許可されていないため、現在ハノイ聖室を介して、聖会に交渉している段階にある。グループの代表者QMによると、彼らの活動の歴史は50年ほどで、二世代にわたって信仰を続ける信者も少なくはなく、活動は熱心であるという。通常はQMの自宅にて信仰活動に従事しているが、大儀礼の際は参加可能な信者20名程度が連れ立ってハノイ聖室を訪問し、儀礼に参加している。また、聖室建設の申請や信者の職位昇格に関する相談をハノイ聖室代表者にしばしばもちかけている。

繰り返しになるが、ハノイ聖室は政府によって公的にその活動を認可されたバン・チン・ダオ派所属の下部組織の一つである。しかしホーチミン市中央聖室であるドウ・タイン聖

13　この点に関しては、現在執筆中の博士論文で、より詳細な考察をしている。

室のような500名以上の信者を有する聖室と比較すると、ハノイ聖室は、北部地域の中央聖室として最盛期には500名以上の信者を抱えていたとの語りがあるものの、現在活動可能な信者は50名程度で、規模の大きい聖室とは言い難い[14]。カオダイ教系組織全体から言えば、8つの公認宗派それぞれには少なからぬ数（全部で987の聖室およびカオダイ教の神々を祀る祭壇を有している集団）の下部組織があり、その中でハノイ聖室は、カオダイ教の教義に従えば、聖室を有するには程遠い小さな信者集団なのである[15]。

3　バン・チン・ダオ派ベンチェ聖会の組織運営

1　組織運営の形態

次に、運営面から組織の特徴を考察する。

カオダイ教系組織が国家を模倣した官僚的な構造をなしていることは、これまでにも指摘されている［高津 1986］。そうした組織形態をもって、これまで最大宗派のタイ・ニン派は、国家権力をも揺るがす存在として、フランス植民地政府、南ベトナムのゴ・ディン・ジェム政権、ベトナム社会主義共和国政府によって活動を制限されてきたと言われる。しかし、カオダイ教系組織がどのように運営されているのかに関する研究は稀少で、組織の経済的側面はあまり明らかになっていない。ここでは現状把握の手はじめとして、バン・チン・ダオ派が2004年にまとめた報告書『80年聖会年次大会』を参考に、組織運営を概観する［Hội Thánh Bến Tre(ed) 2005］[16]。

バン・チン・ダオ派の本山であるベンチェ聖会は、①行政班（Ban Hành Chính）、②儀礼班（Ban Nghi Lễ）、③浄化班（Ban Hòa Giải）、④交際班（Ban Giao Tế）、⑤宗訓班（Ban Giáo Huấn）、⑥福善班（Ban Phước Thiện）、⑦財政班（Ban TàiChánh）、⑧建設班（Ban Kiến Thiết）、⑨良農班（Ban Lương Nông）の各班によって、その運営が組織化されている。各班の機能は以下の内容となる。

まず①全体の執行部として聖会の活動内容を決定する中枢機関が行政班である。当班は

14　2004年7月、現代表者ホアに対する筆者による聞き取りにもとづく。

15　筆者が長期フィールドワークを実施した2004年3月から2005年10月までの間、各月の朔望儀礼に参加した最多の信者数が47名であった。代表者ホアによると、高齢のため参加不可能な信者も含めると、現在100名ほどの信者が所属しているとのことであるが、未確認である。

16　Hội Thánh Bến Tre(ed)『Họp Hội Thánh Thương Niên』2005, Bến Tre

ホの認定や、各役職の選挙の管理を担当している。②儀礼班は、各種儀礼の執行とその評価が主な役割である。③浄化班は、在家信者そして出家信者と、聖会、ホーチミン市および各省の代表委員会などから集められる献金の管理、および聖会内で生活する出家信者の奉仕活動の取りまとめを担っている。また聖会の報道官でもある。④交際班は、聖会と、祖国統一戦線および地方宗教局、そして中央政府宗教委員会との交流を図る部局である。同時に、職位の公開選挙、各種儀礼での装飾や音楽の使用、ホの新設や建物の修繕・新築などに関する国家への許可申請文書の適正を審査する機能も有している。⑤宗訓班は、宗教教育にかかわる職務を担っている。例えば2004年に各ホの職位者への指導を行う教育課程道徳科（Khóa Hạnh đường）の設置を政府に対し申請し、許可を取るなどの活動を行っている。また聖会において、各地域の代表委員会および各ホ代表とともに、聖会内での出家信者に関する戒律、『礼楽道（lễ nhạc đương）集』にならった儀礼行為（hành lễ）の習得[17]、宗律等の規律を遵守した行政のあり方、習得を常時指導している。⑥福善班（Ban Phước Thiện）は、社会福祉活動を担う部門で、社会慈善事業を推進している。地域によっては、赤十字との連携のもとで慈善活動が行われており、救急医療グループ（Tổ cứu cấp）、葬儀協力班（Ban trợ táng）、精進料理調理班（Ban nấu ăn chay）、童児礼楽班（Ban lễ nhạc đồng nhi）、墓の建立、健康支援のための民間医療活動や、漢方薬・針灸医院の開設を担っている。また貧困削減のための活動にも取り組んでいる。⑦財政班は、聖会の活動運営資金を管理しており、毎年の会計収支報告を行っている。⑧建設班は、聖会関連施設および設備の建設作業に実際に携わっている。そして⑨良農班では、聖会および各聖室、各ホが保有する耕作地「福田（Phước điền）」の耕作事業をとりまとめている。

こうした各班の活動による収支やその活動日数および活動者数は、聖会にて記録される。それらは「人生年次大会」での中間報告、「聖会年次大会」での最終報告という経緯を経て、信者たちに知らされる（後述）。例えば、2005年の「人生年次大会」で報告された内容を事例として取り上げてみたい。

A　信仰部門（Phần Đạo）[18]

1　各地域における功果（後述）　　献金　4,212,288,000ドン（約2,250万円）

17 『礼楽道集』は、バン・チン・ダオ派で執行される各種儀礼の所作、手続きに関する概説書である。

18 16,000VNドン＝1USドル＝117円で概算した。

労働日数　47,508 日 / 人

そのうち聖会への支援金　112,000,000 ドン（約 60 万円）

2　関係施設建設に関する功果　献金　483,560,000 ドン（約 250 万円）

労働日数　4,000 日以上 / 人

3　完成済みの 12 聖室の工事　費用　3,986,000,000 ドン（約 2129 万円）

労働日数　12,000 日以上 / 人

4　工事中の 11 聖室と出家者用の 5 施設

費用　1,381,000,000 ドン（約 737 万円）

労働日数　10,000 日以上 / 人

5　現在建設中の 7 聖室　費用　1,114,000,000 ドン（約 595 万円）

労働日数　4,000 日以上 / 人

総計　費用　11,176,848,000 ドン（約 5,970 万円）

労働日数　70,000 日以上 / 人

B　人生部門（Phần Đời）

1　信仰

職位者の増加　1,059 名

入門者　1,450 名

2　善行

福祉施設建設への支援　総額　512,874,000 ドン（約 273 万円）

労働日数　114 日 / 人

公共福祉事業への支援　総額　154,154,000 ドン（約 82 万円）

労働日数　579 日 / 人

学生用教科書　12,150 冊

社会救済　費用　254,433,000 ドン（約 135 万円）

労働日数　384 日 / 人

米　8,076 キログラム

衣類　150 キログラム

医療活動　被診療者　134,329 名

針灸受診者　49,163 名

薬の配布　9,019 包

金額にして　　　　　　994,329,835 ドン（約 531 万円）

総計（147 聖室における福祉活動に関して）

金額　1,915,790,000 ドン（約 1023 万円）

労働日数　1,077 日以上 / 人

米　8,076 キログラム

報告内容は A）信仰（Tín Ngưỡng）部門と B）人生（Nhơn Sanh）部門の二つから構成されるが、その分類に関する説明はない。しかし内容を見る限りにおいて、聖会の活動を信仰部門、聖会および各聖室、各ホによる社会福祉活動を人生部門とし区分しているようだ。

それぞれを具体的に見ていく。A）信仰部門では、活動資金およびその労働日数が計上されている。各地域の聖室および各ホに寄せられた献金の総額とそこでの信者たちの奉仕活動日数、またその中から聖会へ寄せられた献金の総額、そして新しく聖室や出家者用施設を建設するための建設費用が報告されている。実際、各宗教施設の建設は、信者の奉仕活動に依るものが少なくなく、例えば 2000 年に完成したハノイ聖室の宿泊棟建設にも、2 ～ 3 人の外部者が最初の基礎工事に関わった以外、その後のレンガを積み重ねたり、コンクリートで壁を塗る作業などは信者が入れ替わり従事していた。こうした信者による労働奉仕は、信者一人当たりの労働日数が合計で算出され、献金同様「功果（Cong Qủa）」と捉えられている。「功果」とは聖会、聖室への奉仕活動であると同時に、社会や人々への社会支援活動となる行為全般のことで、それは信者の積徳行為としても捉えられる。

B）人生部門は、「信仰（Tín Ngưỡng）」と「善行（Hành Thiện）」という二項目によって構成されている。報告書には、「信仰」が人生部門に含まれることに関して説明はなく、職位者の増加数と新たな入門者の記載のみである。この点で、入門が、人生つまりライフサイクルの一段階として捉えられていることが想定でき、教義の中で入門がいかに規定されているのか、また信者の宗教実践において入門がどのような意味を付与されているのか考察していく必要がある。「善行」は、147 の各聖室、各ホによる社会福祉活動に関する報告となっている。福祉施設建設、公共福祉事業への支援のための支援金と労働日数の総計、労働補助や救済、米の援助、医療活動としての病気診療や針灸の受診者の総計と処方した薬の量がその内容である。

このような報告書は、数値の信憑性には疑問が残るものの、毎年少なくとも 2 回出版され、各聖室に配布されている。また管見では、こうした組織運営はバン・チン・ダオ派に限られたことではなく、タイ・ニン派、チュエン・ザオ派などの他の宗派でも同様の体制がとられている。

2 「聖会」と各「聖室」・各「ホ」の関わり

ベンチェ聖会を中心とする南部地域の各「聖室」や各「ホ」所属の信者たちは、積徳行為の一環ともなる「功果」を通して、上記の各班での活動に従事している。中でも、良農班が行う米の収穫や、福善班で取り組まれる医療活動などによって得られた資金は、浄化班によって聖会運営を目的として収集、集金され、財政班によって毎年予算に組み込まれる。これらはその後、聖会敷地内に暮らす出家信者たちの生活や、各種儀礼を執行するための準備、設備・施設等の修復保全、また社会福祉活動といった聖会の活動資金として利用される。

一方、各聖室の活動資金は独立採算制であり、所属の信者たちが行う聖会同様の活動で得られた収入や、信者たちの献金でまかなわれる。聖室によっては聖会同様の班体制が敷かれているところもあり、良農班や福善班らによる収入が活動資金となる。またドウ・タイン聖室の代表者Dによると、一般信者はひと月最低額で15000ドン（約90円）程度の献金を聖室に納めることが決まっており、献金の額は職位によって、2倍、3倍と増額する。日本の新宗教集団の多くも、入会金および会費と称して、月々の献金を集金している場合があり［沼田 1995］、バン・チン・ダオ派も、入会金の義務はないが、月別に会費を支払う点で類似する。またドウ・タイン聖室では、1994年から漢方薬の処方による医療活動を行っており、これによって得られた収入（年平均約20億ドン（約12万5千円））も活動資金として計上される。聖室施設建設等、多額の資金が必要となった場合も、聖会から資金が事前に援助されることはなく、施設が完成した際に開催される記念儀礼に、祝儀として献金される形式がとられる。なお政府からの活動助成金などはないとのことであった[19]。これらの点からドウ・タイン聖室同様、南部地域の各聖室は基本的に、信者の献金と運営資金を獲得するための社会活動に依拠して独立経営していると考えられる。

こうして聖会と各聖室、各ホの間では、功果となる労働力の提供を介して、信者同士が日常的に交流し合っている。彼らはバイクやバス、フェリーを利用し、聖会で開かれる職位者による会議や儀礼に参加するほか、個人的な修行行為や、知人宅への訪問などの個別

---

19 2007年10月の筆者による、ドウ・タイン聖室代表者Dに対するインタビューにもとづく。

の用件でも、聖会とそれぞれの聖室を頻繁に往来している。それは事例で述べたドゥ・タイン聖室に限られたことではない。例えばバーリア・ブンタウ省やロンアン省の聖室に所属する在家信者の中には、一年のうち数ヶ月を本山であるベンチェ聖会で過ごし、残りの期間は自宅に帰るといった生活スタイルを送る者もいる。その大半は職位をもち、各班の要職についている場合が少なくないが、彼らを介して一般の信者らにも常に聖会の様子が伝えられ、これを通じて上位組織と下位組織の間で緊密な交流関係が構築されていると考えられる。

3　ハノイ聖室と聖会、各聖室、各ホとの関わり

一方、3 － 2 で述べたような南部地域の聖会と各聖室、各ホ間で展開する組織交流や個人レベルの交流を、ハノイ聖室が同じように結ぶのは困難である。もちろん、ベンチェ聖会からハノイ聖室宛に報告書や関係書類が郵送されたり、ハノイ聖室代表者による電話での現状報告は、聖会に対し頻繁になされている。しかし、ハノイ聖室所属の在家信者たちは、先述の、聖会を中心として活動する各班での労働には参加していない。正確には参加「できない」と言及するべきであろう。その理由はまず、ハノイ聖室は信者数が少ないことから、南部地域の各聖室のように班体制を組織するほどの人材がいないことがあげられる。したがって、現在は職位者と熱心な信者から構成される 10 数名の中心グループのみで聖室活動を維持していかざるを得ない。次に、地理的な問題がある。北部地域と南部地域を隔てる約 10,00km 以上の距離は、交通手段や電話などの電信機器の発達をもってしても、聖会組織内で必要とされる実働的な人材の交流や、日常の中で構築される関係の促進を困難なものとしている。実際ハノイ聖室所属の信者にとって南部地域を訪問することは、一部の信者を除き、時間的にも経済的にも大きな負担となる。そのためベンチェ聖会はおろか、南部地域を訪れたことがない信者の割合が全体の半数を超える。彼らにとって南部地域そしてベンチェ聖会を含めたカオダイ教系組織への訪問は、一大イベントなのである。

一方代表者ホアは、南北統一後の 1976 年以降毎年、年に少なくとも 2 回は聖会を訪問してきた。特に 10 月 14、15 日（旧暦）に開催される開道記念儀礼には欠かすことなく参加してきた。今年 77 歳になるホアは、入門 57 年目をむかえ、バン・チン・ダオ派の女性信者の中で第二位の職位を有している。またハノイ聖室の唯一の出家信者として、ハノイ聖室に独りで暮らしている。彼女は、開道記念儀礼をはじめとする大儀礼への参加が、信仰心の表れや、功果の一つであると語る。

在家信者たちも同様の認識を共有している。大儀礼への参加が、彼らにとっての聖会や他聖室との、唯一かつ最大の接点なのである。以下では、2004年10月14、15日（旧暦）に開催された開道80年記念儀礼に、ハノイ聖室の6名の在家信者が参加した際の様子と、そこで見られた聖会およびドウ・タイン聖室の信者とハノイ聖室の信者の交流の様態を述べ、南部地域の組織とハノイ聖室の関係を検討する。

4　ハノイ聖室所属信者の南部地域訪問

1　「開道記念儀礼（Lễ Kỷ Niệm Khai Đạo）」

カオダイ教系組織の年中行事は、本山となる聖会/聖座をはじめ各聖室、各ホにおいて毎月1日と15日（旧暦）に執行される朔望儀礼のほか、カオダイ教の成立を祝う開道儀礼や、教祖の聖誕祭などを含むいくつかの大儀礼によって構成され、後述するような聖会での3つの大儀礼の執行の際には、活動報告を目的とした職位者参加の大会議も同時に開催される。また季節毎の読経や瞑想なども取り組まれている。儀礼執行日や儀礼の名称、そして読経期間や瞑想の実践の有無などは、宗派を超えて共通しているものもあれば、宗派ごとに異なりをみせるものもある。これに加えて、信者たちの入信や婚姻、葬送に関わる様々な儀礼が必要に応じて執行される。

バン・チン・ダオ派も例にもれず、特にカオダイ教の成立を祝って毎年10月14、15日（旧暦）に開催される開道記念儀礼と教祖の聖誕祭の両大儀礼は盛大に催され、各地の聖室から多くの信者が聖会に集結し、儀礼に参加する。また儀礼期間中には年度毎の活動報告や説法会が開催される。開道記念儀礼は、各地域の聖室、ホでも執行される大儀礼のひとつだが、本山のベンチェ聖会での儀礼には各地域の聖室、ホから信者が参集することから、儀礼期間中の聖会敷地内はとりわけ賑やかになる。特に、ここで事例とする「開道80年記念儀礼」は80年という筋目の年だったこともあり、毎年の開道記念儀礼の際に共に開かれる「聖会年次大会（Họp Hội Thánh Thường Niên）」のほか、大々的に80年記念式典も同時開催された。聖会報告によると、各地域の聖室および各ホから合計1000人以上の信者が参加した[20]。また政府宗教委員会や、ベンチェ省宗教局、祖国統一戦線ベンチェ省支部、仏教やカトリックなどの他宗教団体関係者、カオダイ教系他宗派も来賓客として招待され

20　ベンチェ聖会行政班所属の信者に対するインタビューより。

た。

大儀礼の執行にともない開催される大会議は、一年のうち、1月15日の「常会（Thường Hội）」、7月15日の「人生年次大会（Họp Hội Nhơn Sanh Thường Niên）」、10月15日の「聖会年次大会（Họp Hội Thánh Thường Niên）」の3つがある。常会とは協天台の高職位のみを対象にしたもので、一年のはじまりとその年の聖会の活動方針を話し合う。人生年次大会は在家信者にも開かれたものであり、信仰活動に関する教祖の教えを修練する場となっている。聖会年次大会は職位者が参加し、一年の活動報告をする。儀礼とは質を異にするこうした会議は、所属している一般信者に対してのみならず、聖会が招待した人民委員会や政府関係者、他宗教組織代表などの来賓に対しても、バン・チン・ダオ派による組織内外での活動内容を報告し、その存在の意義をアピールする機会となっている。以降では、開道80年記念儀礼およびそれにともない開催された「聖会年次大会」を事例とし、そこでのハノイ聖室信者の活動を取り上げる。

2　ハノイ聖室の参加信者

ハノイ聖室からは代表者ホアと6名の在家信者が参加した。聖会での儀礼の執行および大会の開催に際し、ハノイ聖室では、約1ヶ月前から代表者ホアによってその計画が信者たちに報告され、参加者が募られていた。そして最終的には6名の女性在家信者が参加の意思を表明し、代表者ホアは飛行機で、他の6名は汽車で南部地域に行くこととなり、筆者もそれに全行程同行した。

参加信者の概略は、次の通りである。信者の中で最高齢の66歳（当時）Lは、1974年に入信し、31年の信仰暦をもつ。代表者ホアからも信頼の置かれた信者の一人で、中心グループの一人である。南部地域、聖会訪問は今回が2度目となる。54歳のHAは、正式な入信は10年足らずだが、亡くなった両親が信者であったことから、幼少の頃から両親に連れられ聖室に出入りをしており、現在は信者の中心グループの一人である。彼女の弟と妹も信者であり、弟は代表者ホアの跡を継承する人物として期待されている。一方、彼女の夫と3名の子供は信仰活動に対し無関心であるため、彼女のハノイ聖室での活動も、時に困難な状況になる。50歳になるHNは、かつてLと同じ職場であったことから入信を誘われ、信仰するようになった。現在の自宅が、他の信者と比較しハノイ聖室から遠隔地にあるため、聖室を訪れる機会は少ないが、毎月2回の朔望儀礼には参加している。47歳のNMに関しては、入信暦も2~3年とまだ浅く、聖室へもそれほど熱心に通うわけではないが、今回は、本人の強い希望で参加することとなった。今回の参加者の中で最も若い25歳のPHは、母方の祖母が信者であったことから入信した、ハノイ聖室の中でも数少ない20歳代の若手信者である。そして最後に、参加者の中で最高齢となる72歳のCCは、Lの義姉にあたる。本人は非信者だが、亡父が職位をもつ信者であったことから、亡父の信仰の回想と鎮魂を目的に今回の南部地域訪問に参加することを決心した。

3　南部地域訪問行程

ハノイ聖室の信者がたどった12日間の旅の全行程は以下の通りである。

10月11日　ハノイ駅から出発

10月13日　早朝　ホーチミン市サイゴン駅到着、ドウ・タイン聖室の信者の出迎えを受け同聖室に移動。5時の礼拝を宝殿（カオダイ教の神々が祀られる祭壇の置かれた部屋）にてすませ、朝食後8時まで休憩。8時、ベンチェ省の聖会へ、車とフェリーで移動。聖会到着後、午後、聖会関連施設を訪問。聖会内宿泊施設で就寝（17日まで滞在）。

ここでベンチェ聖会施設に関して若干の説明をしておこう。聖会は、宝殿（タイ・ニン派施設に代表されるように、2本の塔を特徴とした建物、後述）を先頭に、その後方に、関連施設が続いている。宗教施設が外部地域から明確に区分されているタイ・ニン派の施設とは異なり、一本の道路を挟み、一般の民家と混在して各施設が立ち並ぶ。「賢宮草舎（Thảo xá hiền cung）」、「女性派の中乗（Trung Thừa Nữ）」、「精舎（Tịnh Xá）」、「頭師道（Dầu Sư Đường）」、「上乗（Thượng Thừa）」と「男性の中乗（Trung Thừa nam）」、「陽道（Dương Đường）」など、教祖の遺影を奉納する施設から、男女別、職位別の居住施設、教育施設として使用される建物が隣接して並ぶほか、かつて高職位に就いていた亡き信者の遺体を個別に安置するための塔が建立される墓地もある。宝殿のある敷地内には、巨大な宝殿のほか、来賓室、行政班の部屋、女性派の事務室と女性信者の宿泊施設が入った施設、大会議を開くための屋根つきのテラス、大食堂、炊事場、トイレ兼水浴び場などがある。

10月14日　8時、開道80年記念儀礼開会式に出席。

10時、ハノイ聖室の初代代表者P氏の故郷であるミ・アン聖室（Thánh Thất

Mỹ An）を訪問[21]。

15時、聖会にて亡くなった各職位者を祀る祭壇での礼拝。

23時、宝殿にて開道80年記念儀礼に参加（15日早朝2時まで）。

聖会の祭壇の配置について説明しておこう。カオダイ教では、信仰対象とする神々の祭壇と祖先の祭壇は別に設けられる。敷地が広大な聖会レベルでは、それぞれの祭壇を安置する建物も異なる。一般に前者は「宝殿（Bửu Điện）」、後者は「保恩祠（Ba´o Ân Tư`）」と称される。ベンチェ聖会も同様に、それぞれの建物を有しており、信者は儀礼の執行にあわせて建物を行き来する。聖室レベルでは、一つの建物の2階部分に「宝殿」、1階部分に「保恩祠」が設置される形態が多い。その場合、信者は、宝殿での儀礼が終了後、1階に降り祖先崇拝儀礼に参加する。ハノイ聖室も同様の造りとなっている。

10月15日　5時、宝殿にて猫の刻（thời mau）の礼拝に参加。

11時、宝殿にて馬の刻の（thời ngọ）礼拝に参加。

13時、仏母寺院（Đèn Phạt Mẫu）での礼拝に参加。

17時、宝殿にて酉（thời dậu）の刻の礼拝に参加。

23時、宝殿にて巳（thời tý）の刻の礼拝に参加。

信者は、一日のうち、5時、11時、17時、23時の4回礼拝を行う。礼拝時刻は基本的に十二支の暦法に即した呼称を使用する[22]。またここで示した13時の仏母寺院での礼拝は、ハノイ聖室信者が、聖会敷地内の仏母寺院を参詣した際に特例で行った礼拝である。

10月16日　5時、宝殿にて馬の刻の礼拝に参加。

11時、男性派中乗（Nhà Thơ Trung Thừa Nam）の施設内での礼拝に参加。

12時、聖会施設内での、ハノイ聖室歓迎会に列席。

21　P氏は、初めてバン・チン・ダオ派の布教活動をハノイで行い、現在のハノイ聖室の初代代表者であった人物。詳細は拙稿『ベトナムの社会と文化4号』掲載論文「カオダイ教・ハノイ聖室の形成と歴史的変遷－信徒ホアのライフヒストリーを通して」［伊藤まり子 2003］を参照。

22　宗派によっては開始時刻に多少の違いがある。例えば、タイ・ニン派は6時、12時、18時、24時が礼拝時間であり、十二支に基づく時刻と整合する。バン・チン・ダオ派は、礼拝時間が、タイ・ニン派より一時間早い。しかし、十二支に則した呼び名はそのまま使用されている。

15時、ホーチミン市内のドウ・タイン聖室に戻る。

信者たちは職位階層のほかに、上乗（Thượng Thừa）、中乗（Trung Thừa）、下乗（Hạ Thừa）に分類され、それぞれ遵守する戒律、菜食をする期間が異なる。聖会では、居住施設も区別されている。

10月17日　午前、タイニン省、タイ・ニン聖座（Tọa Thánh Tây Ninh）を訪問[23]。その後同省にあるバン・チン・ダオ派所属のタイ・ビン聖室（Thánh Thất Thai Binh）を訪問。
午後、バーリア・ブンタウ省のベン・ケオ聖室（Thánh Thất Ben Keo）を訪問。その後「白雲殿（Bạch Vân Điện）」へ移動。一泊。

「白雲殿」は、バージア・ブンタウ（Bà Rịa Vũng Tàu）省のキーヴァン（Kỳ Vân）山中に位置するバン・チン・ダオ派の史跡である［Hội Thánh Bến Tre (ed.) 2004］。バン・チン・ダオ派史においては、教祖が、宗派を組織する前に修行のため隠遁した地とされる。現在はバン・チン・ダオ派聖地の一つとして整備され、3人の男性信者が守人をしている。彼らは通常自家発電を利用し、鬱蒼とした山中の岩窟で居住しており、聖地の整備をするとともに、訪問者の接待に従事している。

10月18日　午前、「白雲殿」施設内を見た後、帰途、バン・チン・ダオ派所属聖室3ヶ所 フック・ハイ聖室（Thánh Thất Phước Hải）、ロン・ディエン聖室（Thánh hất Long Dien）、ニャット・チャイン聖室（Thánh Thaất Nhut Chanh）を訪問。
17時、ドウ・タイン聖室に戻る。
20日まで各自自由行動。それぞれの親戚の家の訪問など。

10月20日　午後、サイゴン駅集合、ハノイに向けて出発。

10月22日　早朝、ハノイ駅着

23　タイ・ニン聖座は、カオダイ教成立の地としてカオダイ教史の中に位置づけられる。その認識は現在においても宗派を超えてカオダイ教信者に共有されている。

4　ハノイ聖室信者の活動の様子と聖会、ドウ・タイン聖室信者との交流

上記行程で着目したいのは次の二点である。まず第一点目は、聖会、各聖室からのハノイ聖室に対する特別待遇である。ハノイ聖室の信者は、行く先々で献身的かつ盛大な歓迎を受けた。例えばドウ・タイン聖室に到着した彼らには、同聖室所属の2名の女性信者が世話係として同行し、南部地域での彼らの活動をサポートした。ベンチェ省の聖会においては、各地域から大儀礼に参加するため訪れている大勢の信者とは別に、ハノイ聖室専用の部屋が用意された。儀礼が始まるまでの空き時間は、代表者ホアの案内によりベンチェ聖会近隣の関連施設を徒歩やバイクタクシーでめぐり、そこでも熱烈な歓迎をうけた。特に女性派の職位の筆頭である頭師ＣＢを訪れた際には[24]、遠隔地からの訪問の労に対するねぎらいの言葉と共に、ハノイ聖室の現状を心配する言葉がかけられた。CB（当時92歳）は、教祖の7番目の子供であり、教祖の直系の子孫としては唯一カオダイ教の信仰を続け、聖会施設内で生活する人物である。バン・チン・ダオ派の中で最も尊敬される人物の一人であり、現在では彼女の姿を見ること自体一般の信者にとっては困難とされ、彼女の姿を偶然に目にしただけでざわめきが生じるほど、一般信者の間では威信のある存在として捉えられている。ハノイ聖会の信者たちがCBに面会できた背景には、ハノイ聖室代表ホアがCB同様に長年カオダイ教の活動に従事してきた出家者で、かつCBとホア間の関係がすでに数十年来のものであり、またホアがCBに次ぐ位の職位者の一人であり権限を有している点、さらにはハノイという遠隔地からの訪問に敬意を表した点があげられる。また、「聖会年次大会」においては、80年を記念する行事の一環として、バン・チン・ダオ派の北部布教に関する報告もあり、ホアがハノイ聖室の歴史を参加者の前で発表する機会が設けられた。さらに儀礼終了後の16日には、ハノイ聖室の信者のために特別な食事会が催された。代表者のホアをはじめ信者一人ひとりが謝意を示し聖会関係者との交流を図り、また花束が贈呈され、記念写真撮影も行われた。ハノイ聖室所属の信者だけが、こうした聖会からの特別な待遇を受け、他の信者は、儀礼が終了するとそれぞれ個別に帰宅の途についた。

第二点目は、ハノイ聖室信者にとって「巡礼」ともいえる南部地域旅行には、大儀礼への参加のほかに、カオダイ教系およびバン・チン・ダオ派の関係施設めぐりや南部地域居

24　カオダイ教信者の職位体制は男女別に組織化されており、女性信者の職位者は「女性派（Pha´i Nu˜）」として、男性信者と区分される。しかしこれに対応した「男性派」という区分があるわけではない。

住の親戚や知人の訪問を含む観光も主要な目的として含まれていたことである。儀礼が終了し、聖会を辞したハノイ聖室の信者の活動からもわかるように、残りの日程はタイ・ニン聖座をはじめ、カオダイ教関連の史跡めぐりと、信者個人の親戚訪問に充てられていた。

大儀礼終了後の行程を振り返ってみてみると、ハノイ聖室の信者たちは、聖会所属の男性信者2名と共にドウ・タイン聖室に戻り、翌日（17日）からはタイ・ニン聖座やバン・チン・ダオ派の関連施設への訪問旅行に出発した。カオダイ教の成立の地として信者の中で特別視される同聖座は、宗派を超え多くの信者たちが訪問し、宝殿での礼拝を行う場でもある。ハノイ聖室の信者たちも宝殿に入ると、まず代表者ホアを筆頭に整列し、略式の跪拝行為を行なった。その後宝殿内を見学し、聖座敷地内に併設されている施設を順に訪れ、写真撮影をするなどして、観光を楽しんだ。午後になると、タイ・ニン聖座近くにある、バン・チン・ダオ派の聖室を訪れ、ドウ・タイン聖室や聖会で行った形式同様に、挨拶や献金授受等を介する交流を図った。そして一行はバン・チン・ダオ派の聖地とされる「白雲殿」へと向かい、教祖が修行したとされる大岩の上での写真撮影を堪能した。その後、3ヶ所の聖室を周り、また同行した聖会信者の自宅も訪問するなどして、巡礼旅行を終えた。

最後に、南部地域での活動をめぐるハノイ聖室信者側の反応について触れておきたい。各訪問先の信者によって示される歓迎の態度に対し率直に喜びを表すと同時に、彼らはハノイ聖室での宗教実践とは多少異なる聖会、各聖室での様々な行為に、いくぶん戸惑いながら対応していた。例えば、読経のテンポや音階の抑揚について、ハノイ聖室のそれと南部地域のものは大きく異なる。それはベトナム語の北部方言と南部地域方言の違いが反映されたものと考えられる。すなわちハノイ聖室の信者による読経は、北部方言の抑揚で一語一語をはっきりと読み上げる。テンポもすべての経に関してほぼ一律のスピードが保たれている。一方ドウ・タイン聖室および聖会の読経は南部地域方言の発音に従っているため、北部地域のそれとは音の抑揚が異なり、またテンポやスピードも経によって変化する。そのため、ハノイ聖室の信者たちにとっていつもと異なるテンポに合わせるのは容易ではなかったようだ。彼らは読経終了後その場を辞すと、その相違を口々に言い合い、時には「早すぎる」などと評していた。毎日4回の礼拝に関してもハノイ聖室の信者にとっては感慨深いものであったようだ。代表者ホアを除き、参加した信者全員が日常生活においては、一日4回の礼拝の規範を守ってはいない。朝と夕方の2回、もしくは1回程度にとどまっている。彼らはカオダイ教の礼拝が一日4回であること知らないわけではない。家庭環境によってカオダイ教の祭壇がなかったり、仕事や家事の都合から礼拝の時間が取れない状況にあるという。そうした礼拝の習慣に慣れている彼らは、滞在期間の後半になると、慣れない規則性から疲労感を見せる者すらおり、「南部地域は厳格すぎる」と吐露していた。その際彼らは、北部地域と南部地域の環境の違いを話題に出し、北部でカオダイ教を信仰することの困難さを強調するのであった。儀礼の終了後行われた聖水を使用した聖別の際も、初めての経験からか、他の信者が厳かに受け取る傍らで彼らは喜びを露にし、カメラで写真撮影していた筆者に向かい、記念の瞬間を撮影したかどうか尋ねる者もいた。

5　考察

1926年の成立以降、その後の分派によって創設されたカオダイ教系の組織の中で、現在9宗派が、国家公認宗教団体として政府から公的な活動を認可されており、それぞれ多様な活動を展開している。また今回は触れなかったが、アメリカやヨーロッパ各国においてもその活動は広がりを見せ、カオダイ教の活動がグローバル化していることが報告されている。しかし従来のカオダイ教研究においては、そうした活動の多様性が着目されることは少なく、最大宗派であるタイ·ニン派の活動をもってカオダイ教が語られる傾向にあった。また成立後早期の分派やその数の多さにも関わらず、教義や教団組織の形態が類似しているため各宗派の相違や微妙なパワーバランスは見逃されてきた点も否めない。さらに先述した通り、調査実施の難しさが、その活動の現状把握を妨げてきた点も事実である。

本稿は、ハノイ聖室所属の信者の活動に焦点をあて、現代のベトナムにおけるカオダイ教信者の日常的実践の一事例を描きだした。具体的には、カオダイ教系分派図の整理によって、これまでタイ・ニン派をもって語られがちであった多様なカオダイ教組織の全体像を示し、また組織運営に関する資料の考察からは活動の経営面を捉えようとした。さらに、南部地域におけるハノイ聖室所属の信者の活動や、そこでの他の信者との交流を、具体例に則して検討することによって、組織上の位置づけというハード面からだけでは捉えにくいハノイ聖室特有の位置づけを考察した。

バン・チン・ダオ派の中でもハノイ聖室の位置づけは、他の聖室とは異なる特性を有している。その顕著な理由の一つには地理的環境があげられる。繰り返しになるがカオダイ教系組織の大半が南部地域に集中する中で、ハノイ聖室は、そこから距離的に離れた北部地域に位置し、さらに政治の中心地である首都のハノイ市に唯一存在するカオダイ教系組織である。ハノイ聖室を取り巻くこの地政学的条件は、ハノイ聖室とベンチェ聖会や同派所属の各聖室との、そして政府との関係において、他の聖室とは異なる特徴をもたらしている。

まず、ハノイ聖室と聖会、各聖室との関係を見てみると、バン・チン・ダオ派の中でもハノイ聖室は、聖会運営の直接的な活動に組み込まれない特有の位置に置かれていたことが明らかとなった。第3節で述べたように、ベンチェ聖会は政治体を思わせる各班体制によって組織され、聖会に所属する信者のみならず南部地域一帯の各聖室所属信者もまた、各班の仕事を担っている。聖会と各聖室のこうした連携により、バン・チン・ダオ派はその組織運営と維持を可能にしていると考えられる。しかしハノイ聖室は地理的な問題から、こうした活動への協力と参加が難しい状況にある。所属信者の大半が、南部地域訪問自体を一大イベントとして捉えるハノイ聖室にとって、頻繁に聖会を訪問し、その運営に加担することは不可能に等しい。そのためハノイ聖室の組織運営への不参加に関しては、ハノイ聖室、聖会の双方において暗黙の了解となっており、両者の間でハノイ聖室信者による組織運営参加の可能性が模索されることはこれまでなかった。

一方ハノイ聖室の信者側でハノイ聖室の位置づけの現状を知る者は少数にとどまっており、組織運営に協力する必要性を意識する者は存在しないと言っても過言ではない。南部地域の各聖室が、「功果」を介した交流以外にも日常的に聖会との頻繁な交流をもつ一方で、ハノイ聖室は聖会との接点が極めて限られ、同じバン・チン・ダオ派聖会内の各聖室との親近感は希薄である。こうした日常的な交流の少なさに起因する親近感の薄さは、ハノイ聖室信者が南部地域を訪れた際表出していた。第4節で述べたように、聖会側によるハノイ聖室への対応を見ると、南部地域の各聖室、各ホから集まった信者とは異なり、ハノイ聖室の信者はまるで「客人」であるかのような特別の待遇を受けていた。宿泊時の部屋の使用方法、各関係施設訪問の際の歓待、儀礼終了後に特別に催された食事会への招待はみなハノイ聖室の信者のみを対象とした待遇であり、他の信者への対応とは明らかな違いがそこには見受けられた。聖会側はハノイ聖室の信者を、他の聖室の信者とは異なった捉え方をしている。

これ以外にも筆者は調査を通じて、両者の関係のあり方を示唆するような出来事をたびたび見聞きした。例えば電話を介した聖会とハノイ聖室とのやり取りの内容は、ハノイ聖室の信仰活動に対する聖会側の姿勢が見て取れるものであった。ハノイ聖室の代表者ホアは、彼女が抱えるハノイ聖室の今後の活動に対する不安を、電話を介して聖会に頻繁に相談し、聖会側からの支援を求めている。その中で、ハノイ聖室の次代の指導者として、聖会側の出家信者がハノイ聖室に派遣される話や、また最近では、聖会信者数名が3～4ヶ月交代でハノイ聖室信者の指導に交替着任するという話もある。しかし現時点において、それらの提案が聖会側主導のもと具体的に進行する気配は見られず、聖会側は様々な案を提示しては、代表者ホアの、不安から生じる激高を一時的に落ち着かせその場を取り繕うことを繰り返すのが現状である。こうした聖会側の態度を見る限り、聖会がハノイ聖室の信仰活動の維持や今後の発展を期待しているとは言い難く、ハノイ聖室には、他の聖室に課せられている布教や信仰活動の場としての「聖室」とは異なる意味が聖会から付与されているとも考えられる。

バン・チン・ダオ派が、教祖のグエン・ゴック・トゥオンの指示により、中・北部地域へと布教の範囲を拡大した1930年代後期は、バン·チン·ダオ派の組織化の草創期であり、新たな布教地の開拓と信者獲得は組織の発展を促進する上で重要な要素であった。ハノイ聖室にも、聖室創設以降聖会から指導者が派遣され、それは1954年の南北分断期まで継続して行われた［Ngo 2004］。これは聖会側が南部地域同様に北部地域での布教活動を積極的に展開しようとしていたことを示唆している。しかし1954年を境に南北ベトナムが分断され、戦火が激しさを増すとともに、ハノイ聖室は当時の南ベトナムにある聖会との連絡はおろか、その活動の継続自体難しい状況にあったとハノイ聖室代表者ホアは語る[25]。その後ホアが初代代表者P氏に同行し、聖会を再び訪問したのは、南北統一後の1976年のことであったという[26]。こうした歴史的、社会的背景もあって、聖会とハノイ聖室との関係は、他の聖室とは異なった様相を呈することとなった。

次に、本稿では詳述しなかったが、ハノイ聖室の位置づけを理解する補足材料として、政府とハノイ聖室の関わりに関しても言及しておく。ハノイ聖室はカオダイ教系組織の代表として、国慶節や独立記念日などの国家行事や式典、政府機関関連の会議、さらには各国大使館を初めとした海外諸機関主催の行事に招待されることが多い。例えば5年に一度開催される独立記念日の大祭で実施される国民参加の大行進には、ハノイ聖室に所属する信者の大半が式典に参加し、カオダイ教系組織の代表としてバー・ディン広場内のホーチ

25　2004年ハノイ聖室での代表者ホアに対する聞き取りより。

26　P氏は、ハノイ聖室の初代代表者である。教祖による北部布教の使命を受け、1939年にハノイ市にてカオダイ教の信仰活動をはじめた。一時期を除き1998年に亡くなるまで、ハノイ聖室の代表者を務めた。1976年の南部地域訪問に関しては、2007年10月、ハノイ聖室での筆者による代表者ホアへの聞き取りによるものである。

ミン廟から見下ろす国家主席、首相らに敬意を表した。また最近では、アメリカ大使主催の宗教関係者との親睦会に、ホアが招待された。彼女は、ハノイ市内で開催される国際宗教会議にも、南部地域の聖会代表者とともに参加している。こうした政府機関とハノイ聖室との関係の背景にはもちろん、地理的利便性のみならず、1946年にホーチミンがハノイ聖室を訪問し、北部地域におけるカオダイ教の活動を認可した歴史的経緯や、代表者ホアが故ホーチミン主席を崇拝し、現政権を支持する立場をとっている点[27]、また若手男性信者の一人が政府宗教委員会の幹部である点も反映していると考えられる[28]。これらの点から国家運営の方針として各宗教、各民族、各文化の統一を掲げる政府側としては、規模の大小を問わず、カオダイ教系組織であることに違いのないハノイ聖室は、政治的に利用価値の高い存在なのであろう。

こうした政府とハノイ聖室の関係は、カオダイ教系組織内でのハノイ聖室の位置づけにも影響を及ぼしている。つまり時にハノイ聖室は、カオダイ教系組織の中で、宗派を越えた中に位置づけられるのである。例えばハノイ聖室は、チュエン・ザオ派やタイ・ニン派をはじめとする他宗派の信者たちの、ハノイ市での活動拠点として利用されることが少なくない。また仕事の研修で短期間のハノイ生活を強いられた中部出身の信者、新婚旅行をかね北部旅行をしている信者夫婦、もしくは土地の利用権に関する政府機関との交渉を目的とし北上した高齢信者、長期的な病気治癒にハノイ市内の病院を訪れた信者、ハノイ市内の大学に入学したことから、ハノイ市における礼拝の場を求めてやってくる若手信者など、ハノイ聖室は、他宗派が交差する超宗派的空間となる。

ハノイ聖室のこうした超宗派的性格は2006年12月にハノイ聖室で行われた儀礼においても顕著に表れた。この儀礼は、故ホーチミン主席がハノイ聖室で執行されていた開道儀礼に来訪し、北部地域でのカオダイ教の存在を認可した1946年から60年を迎えたことを祝うことを目的に、政府宗教委員会協力のもと開催されたものであった。カオダイ教の儀礼とは異なり、今回初めて執行されたこの儀礼は、南部地域から、儀礼の執行者となったベンチェ聖会代表者のみならず、タイ・ニン派を除く8宗派の代表者が招待されたほか、

27　代表者ホアのホーチミン崇拝に関しては、拙稿「カオダイ教·ハノイ聖室の形成と歴史的変遷」『ベトナムの社会と文化第4号』に詳しい。

28　ハノイ聖室所属の中核信者の一人CTの長男（33）で、信者であると同時に、政府宗教委員会の幹部である。

政府関係機関代表者も列席し[29]、約700名が参列するハノイ聖室では近年稀に見る賑わいとなった。また儀礼後は、政府によって市内にある迎賓館に8宗派代表が招待され、首相を囲んで記念撮影などが行われた。

以上を鑑みると、ハノイ聖室は、ベンチェ聖会やカオダイ教系組織から政府機関との交渉を担う公的な役割を付与されているわけではないのだが、現状として政府機関に対する組織のスポークスマン的役割を負っていることが指摘できる。さらに、政府の積極的な協力のもとに実施された上記の儀礼によって、ハノイ聖室は、カオダイ教系組織内においてのみならず、政府からもカオダイ教系組織を統括する場としての役割が期待されていると考えられる。

以上、カオダイ教系組織のあり方と運営面を整理し、その中でのハノイ聖室と所属信者の活動について考察することを通して、他の聖室には見られないハノイ聖室特有の位置づけとそのインフォーマルな役割を明らかにしてきた。しかし本稿では、ハノイ聖室の現状にしろ、ベン・チェ聖会の活動にしろ、不十分な事例の提示にとどまった感があることは否定できない。組織レベルの活動に、信者の具体的な実践がいかに組み込まれ、そこでいかなる相互行為が育まれているのかを記述し、そうした行為のあり様には、いかなる社会的意味が付与されているのか考察してこそ、現代ベトナム社会におけるカオダイ教の位置づけを明らかにすることができるといえる。また活発化する宗派ごとの活動や、多様で、かつ複雑化する宗派間の関係へのアプローチは、現代のベトナム社会に生きる人びとが、現実の生活においてどのような不満や不安を募らせ、そして宗教や信仰に対し何を期待し、希求しているのか浮き彫りにするとともに、現代ベトナム社会における宗教の社会的意味を再考する契機となろう。また各宗派と政府との関係への視点は、政府の国内外への政治戦略、そして各宗派の将来的な活動の方向性を示唆するものとなるであろう。こうした問題については、今後の課題とし稿を改めて論じていきたい。

参考文献（邦文、欧文、越文）

Blagov, Sergei

2001　*Caodaism: Vietnamese Traditionalism and its Modernity.* New York: Nova Science Publishers

---

29　ハノイ聖室の代表者によると、同日タイ・ニン派は、活動に対する抑圧のためカンボジアに逃れ、当地で亡くなった初代護法ファム・コン・タックの遺体がタイ・ニン聖座に運び込まれるという、記念の儀礼が行われていたということを理由に、ハノイ聖室での「ホーチミン主席来訪60年記念儀礼」には参加しなかった。(2007年10月、筆者のインタビューより)

Inc.

Đặng Ngiêm Vạn (ed.)

1995 *Bước đầu tìm hiểu Đạo Cao Đài.* Ha` Nội, Nhà Xuất Bản Khoa Học Xã Hội.

2001 *Lý Luận về Tôn Giáo ở Việt Nam.* Ha` Nội, Nhà Xuất Bản Chính Trị Quấc Gia.

Gabriel,Gobron

1948 *Histoire du Caodaisme: Bouddhisme Renove.* Paris: Dervy.

1949 *Histoire et Philosophie du Caodaisme.* Paris: Dervy.

Hickey Gerald Cannon

1964 *Village in Vietnam.* New Heaven and London:Yale University Press.

Hue-Tam Ho Tai

1983 *Millenarianism and Peasant Politics in Vietnam.* Cambridge: Harvard University Press.

今井昭夫

1994「社会主義ベトナムにおける宗教と国民統合」後藤文雄・竹内郁雄編『社会主義ベトナムとドイモイ』pp. 155-190、東京：アジア経済研究所。

2004「現代ベトナムにおける宗教政策——2004 年『信仰・宗教法令』を中心に」『東京外国語大学論集』69: 157-173。

Jammes, Jeremy

2005 Caodaistes de Ben Tre (Viet-Nam) après 1975: la pratique mediumnique oraculaire en question. *Aseanie* 16: 61-88.

Lê Anh Du˜ng

1996 *Lịch Sử Đạo Cao Đài Thời Kỳ Tiềm Ẩn 1920-1926.* Hô` Chi Minh, Nha` Xuâ´t Bản Thuận Hóa.

Lê Quang Tâ´n

1956 *ĐạoCaoĐài Phổ Truyền Ra Bắc Việt (Hà Nội)(1935-1945).* Đại Đạo Tam Kỳ Phổ Độ Tọa Thánh Tây Ninh.

沼田健哉

1995『宗教と科学のネオパラダイム——新宗教を中心として』大阪：創元社。

大岩　誠

1941『安南民族運動史概説』東京：ぐろりあ・そさえて。

Oliver, Victor L.

1976 *Caodai Spiritism: A Study of Religion in Vietnamese Society.* Leiden: E. J. Brill.

Smith, Ralph B.

1970 An Introduction to Caodaism I: Origins and Early History. *Bulletin of the School of Oriental and African Studies*, 33(2): 335–349.

島薗　進

1992『現代救済宗教論』東京：青弓社。

島田裕己

2008 『日本の 10 大新宗教』東京：幻冬舎。

高津　茂

1985 「護法ファム・コン・タック小史試訳――カオダイ教経典の考察 [1]」『東洋大学アジア・アフリカ文化研究所研究年報』20：87-108。

1986a「『法正伝注解』訳考 [1]――カオダイ教聖典の考察」『東洋大学アジア・アフリカ文化研究所研究年報』21：14-29。

1986b「カオダイ教の『新律』について――カオダイ教聖典の考察」『史苑』45(1)（通巻 34 号）：56–71。

1988 「『法正伝注解』訳考 [2]――カオダイ教聖典の考察」『東洋大学アジア・アフリカ文化研究所研究年報』23：62-78。

2004 「解放後のカオダイ教」『東洋大学アジア文化研究所研究年報』39：83–101。

Werner, Jayne S.

1976 *The Cao Dai: The Politics of A Vietnamese Syncretic Religious Movement.* Unpublished Ph.D. Dissertation, Cornell University.

一次資料

Cơ Quan Phổ Thông Giáo Lý Đại Đạo (ed.)

1999 *Cao Đài Vấn Đáp*. Cơ Quan Phổ Thông Giáo Lý Đại Đạo.

Đức Nguyên(ed.)

2000 *Cao Đài Từ Điển 1,2,3.* To`a Tha´nh Tăy Ninh.

Ngô Thị Binh

2004 Lịch Sử Thánh Thất Thư Đo Hà N ội. Hà Nội

Socialist Republic of Vietnam Government Committee for Religious Affairs

2006 Religion and Policies Regarding Religion in Vietnam.

Tọa Thánh Bến Tre (ed.)

2004 Hợp Hội Thánh Thương Niên –Ngày 15/10 Giáp Thân (26-11-2004), Bến Tre.

2005 Họp Hội Nhơn Sanh Thương Niên Ngày15 tháng 7 năm Ất Dậu (19–8–2005), Bến Tre.

ベトナムの社会と文化第８号
2018 年２月 10 日

ベトナムマイチャウにおける「くに祭り」の再開

福田康男

1　はじめに

2010 年からベトナムのマイチャウ県においてタイ族の伝統的「くに祭り（センムオン）」が再開された[1]。筆者は 1994 年からハノイに在住し時折マイチャウに通っていたが、その祭りが再開されるまで過去にマイチャウで実施されていたことを知らなかった。だが偶然にも 2011 年旧正月の祭りの日にマイチャウに居合わせたことをきっかけに、本テーマに興味をもち、研究を始めることになった。

本稿の目的は、マイチャウの「くに祭り」が再開された理由を明らかにすることである。再開した理由を明らかにさせれば、現在のベトナムのタイ族の置かれた立場も浮かび上がることになる。だが、なぜマイチャウの「くに祭り」の再開理由や現在のベトナムのタイ族の置かれている状況を明らかにする必要があるのか。それは一重にベトナムのタイ族勢力の重要さに起因するからといえよう。ベトナム隣国にはタイ王国やタイ語の一方言であるラオ語が共通語のラオスが存在し、それらの存在からベトナムのタイ族地域が独立する可能性も否定できないからだ。ベトナム国内をみた場合でも、ベトナムで８つの民族に分類されているタイ族の人口は 300 万人を超え、ベトナムの少数民族の中では最大の勢力となり、現共産党政権が進める少数民族に対するキン（ベトナム）語教育を軸とした国民統合の障碍となる可能性をもつからである。キン族をマジョリティとする政府側としては、いかにタイ族を懐柔させるかが大きな課題となっているのだ。

1　baohoabinh.com.vn: Phục dựng các lễ hội truyền thống ở Hòa Bình, 23/6/2010

「くに祭り」の理解には以上のような意義があることを踏まえた上で、「くに祭り」の再開の理由を明らかにするため、まず初めにマイチャウと「くに祭り」について簡単に紹介しておきたい。

2　マイチャウと「くに祭り」について

マイチャウはベトナムの首都ハノイから西に140km離れた山間部の盆地に位置する。反対に直線距離にしてほんの40km西へ行けばラオスとの国境になる。マイチャウは盆地に広がる水田や木造高床式住居による景観の美しさで観光地として有名な場所である（写真1）。現在のマイチャウの人口はおよそ6万人弱であり、その60%がタイ族であり、残りの15%がムオン族、15%がキン族などで占められている。マイチャウのタイ族は、下位分類した場合、白タイ族と呼ばれ、隣のダーバック県のタイ族や、西北地方の黒タイ族と区別される。

白タイ族が多数を占めるマイチャウは、歴史を遡れば12世紀末ごろからタイ族の足跡が現われる。タイ文字資料には、12世紀末から13世紀初頭頃に現在のベトナム北部ラオカイ省バックハー（当時の地名はフックプックカー：Mường Hước Pước Khà）の王子であったランボン（Lang Bôn）が移住してタイ族化させた地域と記録される［Đặng Nghiêm Vạn 1977: 208, 227-229］。つまりマイチャウは13世紀以降タイ化された地域であるということだ。マイチャウは一見すると閉ざされた山間部のように考えがちだが、大河川ダー河とマー河に挟まれた場所に位置し、自動車が発明される以前でも地理的重要性の高い地域だった。18世紀の大学者レー・クイ・ドンが1768年にムオンタイン（現ディエンビエン）への道筋として示した9つのうち最初に挙げたのが、現ハノイ市クアンオアイ県を出発し、陸路で進みながら途中マイチャウを経由する道程であった［Lê Quy Đôn 112, 446］。しかもこの道が9つの道筋のうち最も詳しく示されているので、当時ハノイからディエンビエンに向かう道としては最もポピュラーな順路だったと考えられる。このようにマイチャウは古来から地理的に重要な道筋にあたり、キン族の居住エリアとも隣接していたためキン族が強い関心をもっていた場所で、タイ族の中でも最も強くキン族の影響を受けた地域であったといえる。それを端的に示す事例として、マイチャウには後黎朝聖宗時代の1483年に公布された『洪徳律例（国朝刑律）』に基づき作成されたとされる『ムオンの掟（Păn bản, păn mường）』が現存し、タイ文字記述されたその内容を分析したベトナム人学者ダン・ギエム・ヴァン

写真1　マイチャウ盆地

は洪徳律例と類似していると述べていることからも伺える［Đặng Nghiêm Vạn 1977: 204-205］。

このようにキン族の影響を強く受けてきたと考えられるマイチャウだが、ここでも過去には他のタイ族地域と同様に「くに祭り」が行われていた。この「くに祭り」は中断されていたが、最近になって再開された。それでは、マイチャウの「くに祭り」とは一体どんなものか、一般的な理解から考えてみたい。

この「くに祭り」はタイ語でセンムオンと呼ばれる。その語句から説明するなら、それはセンとムオンにわかれ、センは「祈る」[2]、ムオンは「盆地のくに」の意味にあたる。後者のムオンは一盆地を指すが、タイ族の世界は通常盆地が一国として成り立っていた。つまりタイ族が山あいの盆地に一国を築き、そのくにの祭祀を実施していたことを示す。タイ族の共通基盤として一盆地に一つのムオン（くに）が形成されていたことは広く知られている。そうした状況はベトナム以外のタイ族地域でも同様であり、「くに祭り」は地形と政治体の一体関係の上に立ち、広範囲のタイ族居住地域で実施された。祭りの実施場所もベトナム西北地方のみならず、タイ王国、雲南、ラオスを含む。タイ系民族の「くにの柱」を巡って詳細な論考を発表した森幹男は、「くに祭り」のことを「クニ供養」あるいは「守護霊（土地霊）祭祀」と呼ぶ。「くに祭り」を「守護霊祭祀」と呼ぶのは、領主儀礼としてのクニの霊（フィー・ムオン）を供養することに基づいているという［森 1989:98-101］。けれどもベトナムのタイ族研究を進める樫永真佐夫は、この守護神という用語使用に躊躇している。その理由を、ベトナムのタイ族自身がフィー（精霊）がムアンを守護していると考

2　センは、黒タイ語－フランス語辞典をみると Sên と綴られ、「voir（みる）」の訳語があてられる［Minot,Georges, Dictionnaire Tãy Blanc Français, Extrait du Bulletin de l'Ecole Française d'Extrême-Orient, t. XL, fasc.I., 1940: 198］。その原義から派生し、「祀る、祭祀」の意味をもつようになったと考えられる。

えているか確認できないからだと述べる［樫永 2009:256］。そのため筆者も慎重を期してセンムオンをムオンの守護霊祭祀と呼ばず、単に「くに祭り」と呼ぶことにしたい。

このベトナムの「くに祭り」を理解することは、東南アジアの諸タイ族が行う年中儀礼の源泉をみることにもつながる。たとえば、昔の「くに祭り」では終了後の1～3日間水掛け祭りを行っていたという［Lê Sao 1998: 600］。水掛け祭りの目的は互いの幸福を祈り合うことである。過去のタイ族の風習では「くに祭り」のあと引き続き水掛け祭りが行われ、その二つの出来事は一連の祭りとして存在した。ところが現在では、ベトナム側で「くに祭り」の方が大きく取り上げられ、タイ王国では水掛け祭りが大きく取り上げられるようになり、互いが独自に発展を遂げ今日に至ったと考えられる。

さて、この「くに祭り」はタイ族が行う定期儀礼の中で最大級であった［Hoàng Lương 2011:273］。この開催目的は、神や祖先にくにの豊穣や安寧を祈ることだったと考えられている。［Đặng Nghiêm Vạn1977:4］。また「くに祭り」は米の豊作を祈る農事儀礼だった要素も強い。レー・サオも「くに祭り」がムオン族の水田仕事開始祭りやベトナム越北地方のタイ族やヌン族のロントン祭りと同様に農事儀礼であったと強調する。その以外では、タイ族首長の権威付けのためや、気分転換（リラックス）の意味もあったという［樫永 2009: 262-263; Mai Ngọc Chừ 2009:180］。こうした見解を総合すれば、「くに祭り」の意義とは豊作祈願、タイ族首長の権威付け、気分転換の3要素があったといえる。これらの目的を果たすため、祭りでは豊作祈願や首長の権威付けのために儀礼を行い、気分転換のため遊戯を行ったと考えられる。

「くに祭り」は儀礼部と遊戯部の二部から構成される［Hoàng Lương 2011 273］。その構成は以前のマイチャウの祭りでも同様である［Hà Sủm 1988: 112-115］。ベトナム西北地方のソンマーの「くに祭り」では儀礼部と遊戯部が明確に分離され、儀礼部は厳かに行われ、遊戯部は自由に気儘に行われていたという［Bạc Cầm Đậu 2002: 558］。

伝統的「くに祭り」は抗仏戦争期（1946–54）前後に中止された。ベトナム西北地方の黒タイ族支配地域のトアンチャウの例では1930年頃に開催されたのが最後であった［樫永 2011: 109］。同地方のムオンタイン（ディエンビエン）では、2012年現在ディエンビン省タインヌア社トンカオ村在住で78歳のロー・ヴァン・ハックが1947年と1950年に「くに祭り」が行われたのを自分の目でみたと証言している[3]。レー・サオによれば、ベトナ

3 Báo điện tử ĐCSVN, Mường Thanh trước Lễ hội Xên mường 16/4/2012

ム西北地方の「くに祭り」は抗仏戦争期に自粛され、1957年にタイ・メオ自治区人民議会の決定によって正式に中止されたという［Lê Sao 1998: 600-601］。

こうした時期や年代からして、「くに祭り」の中止がキン族の西北地方支配確立時期と密接に関連していたことは確実である。デルタのキン族共産主義者が西北地方の統治者として乗り込んできてから「くに祭り」が中止されたわけである。ここで考えておきたいのはキン族がタイ族の祭りを中止させた理由である。その理由は、「くに祭り」がタイ族の政治性という要素を有していたからだと考えられる。樫永も宗教性だけでなく政治性を有した性格を兼ねていたと明言する。つまりベトナム西北地方のキン族支配が進んだ抗仏戦争期を境に、タイ族首長の統治性をアピールするための「くに祭り」が、キン族共産党支配にとって大変都合が悪かったため中止に追いやられたと推定される。

大規模な「くに祭り（センムオン）」は抗仏戦争期前後に廃止されたが、「くに祭り」と類似する祭りで、村祭り（センバーン）のような一回り小さな祭りは継続されたところもあった。レー・サオは、村祭りや小くに祭りはムオン中心部から離れたところで細々と継続されていたという［Lê Sao1998: 600］。また樫永も、村祭りについてはベトナム西北地方のタンウエンでは2002年においても細々だが実施されていると報告している［樫永 2009: 255］。

上述のようにタイ族が主催する大々的な「くに祭り」は仏領期（1887-1954）末期を境に長らく中断されていた。ところが、その後2008年旧正月頃から突如ベトナム西北地方各地で「くに祭り」が順次再開されている。まず2008年旧正月にイエンバイ省ギアロ郊外のギアアン社で行われた[4]。次に2008年12月31日ソンラー省チエンコイ社で開催された[5]。そのあと旧暦2010年3月10日に現ライチャウ省タンウエンでも再開された[6]。さらに2012年6月14、15日両日にディエンビエン市タインヌア社トンカオ村でも再開された[7]。そうした流れの中でマイチャウでも2010年3月10日に「くに祭り」が再開されたのである[8]。本稿の分析対象であるマイチャウがどういった理由によって、なぜ再開され

---

4 baoyenbai.com.vn: Tháng Giêng mùa lễ hội, 13/2/2008; 及び baoyenbai.com.vn: Kho lưu giữ vốn văn hóa dân tộc, 6/3/2013

5 http://www. baoyenbai.com.vn/24/50582/ Le hoi Xen Muong dan toc Thai Den.htm

6 http://laocai.gov.vn/sites/bacha/khamphaBacHa/lehoi/Trang/20100610143314.aspx

7 http://www.vietnamplus.vn/Home/Phuc-dung-le-hoi-Xen-Muong-cua-dong-bao-Thai/20126/145114.vnplus

8 baohoabinh.com.vn: Phục dựng các lễ hội truyền thống ở Hòa Bình, 23/6/2010

たのか。この理由を考える前に、まず再開されたマイチャウの「くに祭り」が以前の「くに祭り」と同じなのかを検証することから始めてみたい。

3　昔の「くに祭り」と現在の「くに祭り」の違い

まずこの違いに答えるために、昔のマイチャウの「くに祭り」と現在の「くに祭り」の様子をそれぞれ提示し、その特色を分析するところからその相違点を考えたい。

昔のマイチャウの「くに祭り」の様子は次のとおりであった。祭りは陰暦8月中旬に開催された。祭りは儀礼の部と遊戯の部の二つに分かれていた。儀礼の部は、まずムオンの首長宅から村の亭（神社）まで、絹の服を着た首長とその村の役人を先頭に、続いて男女の太鼓や笛などからなる楽器隊、老人たちと2匹の水牛、さらに壮年の兵士たちが列を組み、練り歩く。列が亭に着くと、老人の祈祷師に儀礼は託され、儀礼台に進み出る。祈祷師はいくつか言葉を発し一度鉦を鳴らしてから、2匹の水牛が広場に引き出され供される。それと同時に、水牛を屠している周りで踊りが始まる。遊戯の部のほうは、火縄銃や弓の射的や、玉入れなどが3日間にわたり行われる。初日は儀礼と水牛の供犠、2日、3日目は遊戯が繰り広げられる［Hà Sủm 1988: 112-115］。

この描写はタイ族のハースムによって記述されたものである。だが、その描写はかなり抽象的で祭りの具体的な地名や日時の詳細がほとんど記述されていない。ハースムは1940年生まれですでに亡くなっているが、彼の生まれた年からすると、その叙述は自分の目で直接見たものではなく、おそらく古老からの聞き取りに拠るものと推測される。執筆時期は出版時期から1980年代頃と推定され、マイチャウの「くに祭り」が中止されていた時期にあたる。

この描写が事実と相違ないものだったと信じれば、マイチャウの「くに祭り」はタイ族支配を誇示することが目的だったといえる。上記の描写には、ムオンの首長が先頭に並んで行われたとあるが、それは儀礼の主催者がタイ族の首長であったからに他ならない。また、わざわざ首長の家から亭まで練り歩くことは、少なくともその歩いた範囲がムオン首長の支配範囲であることを示す目的があったと思われる。さらに、儀礼のあとすぐに水牛がつぶされ人々に振舞われたことはムオン住民の歓心を買う目的があったのだろう。こうした一連の行為から考えても、マイチャウで「くに祭り」が行われた目的がまずはタイ族の統治者としての威信の示す機会だったことが容易に推察される。

図1　マイチャウ中心部略図

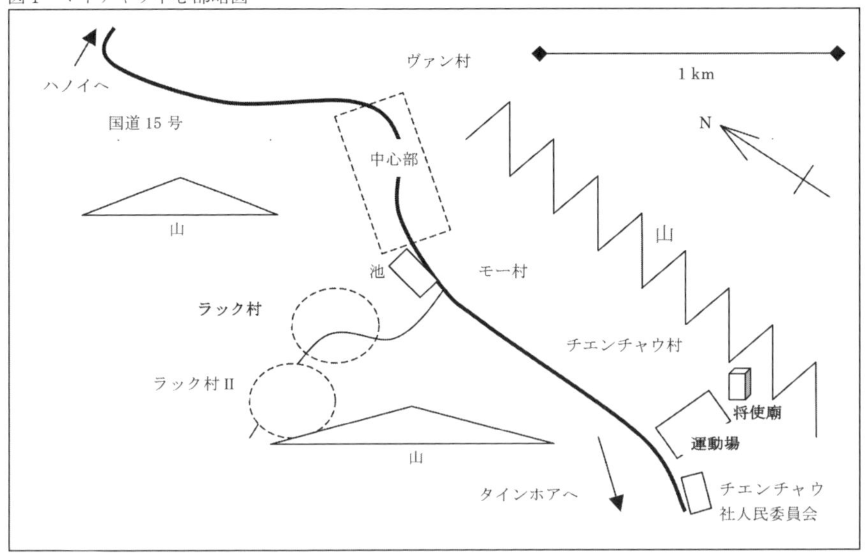

一方、現在の祭りの仕方はどうであろうか。本稿筆者は2011年旧正月に現地で祭りを観察したが、それは次のように描写できる。

現在の「くに祭り」は、テト明け旧暦1月10日にあたる2011年2月12日に、一日だけで実施された[9]。儀礼や遊戯は、主に県役場がある街の中心部から南へ約1km離れた運動場で行われた（図1）。

午前中、まず祈祷師が運動場の山手にある廟（神社）で祈祷した。次に、運動場入口側に組まれたステージで御神霊を迎えて神に祈りを捧げる儀式が実施された。そこでは生贄の豚が2匹屠られて丸焼きにされ、見物客へ振舞われた。儀礼終了後、今度は歌舞ショーが実施された。そこではタイ族の歴史と生活が歌と踊りによって演じられた（写真2）。

さらにタイ文字コンテストが実施された。同コンテストは文字の美しさを競い合っていた。それらのステージ演目以外に、運動場の反対側では、弓の射的、綱引き、コマ回し、鞠投げ、バンブーダンスなどの遊戯が随時実施されていた。他には、町の中心地から運動場に向かう国道の沿線上では特産品の直売会が実施された。マイチャウ県の各社が持

9　http://dulich.chudu24.com/tin-tuc-moi/34397/hoa-binh-le-hoi-xen-muong-huyen-mai-chau-nam-2011.html

写真 2　タイ族女性たちによる舞踊

ち寄った自慢の郷土料理や地酒が陳列され、見物客が味見したり購入できた。午後、祭りは一時休止。夜は美人コンテストが催された。マイチャウ県各社から選出された美人が集合。彼女たちはキン族（ベトナム族）以外に、白タイ族、モン族、ムオン族の出自であった。コンテスト出場者は、各々民族衣装を身に纏い、歌や踊りの特技を披露した。結果はマイチャウ中心部出身の白タイ族短大生が優勝。祭り全体の司会進行は白タイ語ではなく全てキン語（ベトナム語）で行われた。

上記の描写から、現在の祭りの特色は、儀礼の要素が少なく遊戯の要素が多いことが指摘できる。これは筆者が祭りの大混雑の中で見えたものだけであり、その日はたまたま旅行者として祭りに出くわしただけなので儀礼の方にさほど注意を向けずに遊戯の方により関心が向いていた事情を考慮する必要がある。とはいえ、遊戯部分はハースムが描写した「くに祭り」と比べて文字コンテストや美人コンテストが追加されて随分多いことは否定できないだろう。このように儀式・儀礼などの催し物に過剰なほど歌や踊りをプラスするやり方は、現代のベトナム共産党の催しの実施方法に共通した手法である。

また現在の祭りは 1 日に短縮して実施されている。以前の祭りは 3 日間にわたり行われた。つまり現在の祭りは 3 日間を 1 日に凝縮したものである。その実施期間からいってもダイジェスト版であり、同じ祭りであるというのは難しい。

以上、昔の祭りと現在の祭りを比べてみた。現在の祭りは儀礼部より遊戯部が目立つ。実施目的について、昔の祭りはタイ族統治者が主役だったのははっきりしていたが、現在の祭りは主催者がマイチャウ県人民委員会などの役所で実質的にキン族側にあるのだが、そのあたりをわざと曖昧にさせている。このようにみれば、双方の祭りは相違点が多いようにみえる。ただまったく異なる祭りと言い切るには少し困難が伴う。それは次の二つの

写真3　チエンチャウ社人民委員会前

理由があるからだ。

一つ目の理由は昔のマイチャウの「くに祭り」の実態がはっきりしないからだ。昔の祭りの様子は既述のとおりであるが、それを記述したハースム自身が直接見たわけではないので本当に正しいかどうかわからないのだ。マイチャウの「くに祭り」の状況は、筆者の聞き取りによると、1936年頃に現在のチエンチャウ社人民委員会前（写真3）で開催されたのを最後に行われなくなったという[10]。そのほかに、マイチャウの「くに祭り」に関わる各文献資料を調べたが、その最終実施年の記述はみあたらなかった。現存する高齢者でも当時の「くに祭り」を直接みて覚えている人はもはやいない。ちなみにベトナム西北地方マイソンの首長家に生まれたタイ族研究者カム・チョンによると、その地方で大規模な「くに祭り」が開催された最後は、1930年のムオンムオイ（現ソンラー省トアンチャウ）だったという［樫永 2011: 109］。それから数えると現在はすでに80年以上が経つ。いずれにせよ、マイチャウの「くに祭り」のことを実際見て知っている人は、2010年に再開したときは殆どいなかったことになる。

もう一つの理由はマイチャウの地理的特殊性にあると考えられる。その特殊性として挙げられるのは、まずマイチャウが昔からキン族と強い繋がりをもつ土地柄であった点だ。キン族側の漢語資料には1301年に忙枚という地名が現れるが、そこはマイチャウをさす

10　これは1926年ラック村生まれでマイチャウ首領ハー・コン一族に属するハー・コン・ニャム（Hà Công Nhẩm）氏から直接聞いた話である。ただ彼は幼少だったため「くに祭り」を直接みていない。ハー・コン・ニャム氏はマイチャウで1936年に最初にキン語（ベトナムローマ字表記法）授業を受けた知識人である。この聞き取りは2013年9月29日に実施した。聞き取り当時のニャム氏は87歳。ニャム氏の話によると、マイチャウの「くに祭り」は12年に一度開催されていたという。

と考えられている［桃木 2011: 359］。15 世紀以降では、マイチャウは梅州や枚州という地名であらわれる［桜井 1987: 143］。マイチャウのラック村ハー・コン一族が所有していたタイ語家譜資料にも、後黎朝功臣の阮淦（1468–1545）以降、キン族との深いつながりをもっていた事跡が数多く記録されている。またマイチャウは仏領期に入ると 1886 年ムオン省に組み込まれ、ムオン省は 1891 年にホアビン省へと改名される。つまりマイチャウは早くからシップソンチュータイと呼ばれた現ベトナム西北地方（ソンラー・ライチャウ地方）と切り離されて歩んできた歴史をもつ。ベトナムタイ族の政治体として有名なシップソンチュータイとは 100 年以上行政区分が異なるのだ。そのためマイチャウの「くに祭り」がシップソンチュータイの「くに祭り」と儀礼の仕方等が一部異なってくるのは当然のことといえる。

以上、昔と現在の祭りを叙述し比較して相違点の分析を試みた。果たして双方の間に違いがあるのだろうか。その答えは相違ありということになろう。昔と現在の「くに祭り」は一見同じようにみえるが、開催目的が大きく異なっている。昔の目的はタイ族首長による統治の正統性を知らしめるものであったのが、現在の「くに祭り」はキン族風に改変させた歌謡ショーになってしまっている。

4　祭りが再開された理由

続いて「くに祭り」が再開された理由を考えたい。

なぜ一度中断されていた祭りが再開されたのか。再開するということは誰かにとって何かのメリットがあるからだ、と考えるべきである。では、それが誰に対するためで、そのメリットとはなにか。それらをはっきりさせると、現在の「くに祭り」の本質がみえてくる。

まず、誰が祭りを再開させたのか。それは主催者のキン族側と考えられる。実際の祭りの主催者は省や県の党および行政機関である。この党や行政機関は、ホアビン省やマイチャウ県の場合、ムオン族やタイ族が機関長を務めることもある。たとえば、2010–2012 年の間マイチャウ県の党委員長はカー・フック・ザン、人民委員会主席はヴィ・ヴァン・ズアと両方タイ族が務め、議会の方はキン族というバランスである。しかしながらベトナムの地方国家機関は実質上ハノイ中央の指示を受け運営されている。現にマイチャウの「くに祭り」の再開は県の党の決定に基づいて行われ、その再開理由をベトナムの少数民族文化の尊重と説明する[11]。そのことを念頭に置くなら、祭りが許可されたのは中央政府のキン族の意向だと断言できよう。

このような説明は、その前提として、タイ族とキン族の間に対立関係があるとみた場合にそうみえるものである。仮にそうした見方をしなければキン族の意思が働いているとはみえないだろう。だが、もしそうした民族間対立を考えないとしても、祭りの再開を許可し実施したのは地元の党機関であるという事実がある。この点からも、地元の行政機関の方針はハノイの指導に従ったものであり、それがキン族側の意向とみなせる。

それでは本稿の核心部分、「くに祭り」が再開された理由を考えてみたい。祭りが再開された理由は、1）旅行業を盛り上げ経済収入アップのため、2）タイ族の不満に対するガス抜きのため、3）タイ族の祭りをキン族風に改変できたため、という三要因が考えられる。以下に、この三要因の根拠についてそれぞれ解説を加えたい。

1）旅行業を盛り上げ経済収入アップのため

旅行業を盛り上げ経済収入アップを図るという政策は、最近のベトナム農村に共通した政策といえる。各自治体にある歴史文化遺産を最大活用して旅行者を呼び寄せて収入アップをもたらす仕組みだ。

マイチャウ県共産党委員会は、第23回県党大会決議で、2005−2010年のマイチャウ経済発展の新農村建設の手段として旅行業をその原動力に位置づけた。この方針を受け、観光業振興策の一環として、マイチャウの「くに祭り」が再開されるに至ったと考えられる。続く第24回県党大会決議でも、旅行業の発展を農村発展に結びつけるという方針を表明している。

このようなマイチャウの旅行業推進決定の背景には、ベトナム全体の政策・方針が密接に関係している。ベトナムは1980年代の国際的孤立と経済的困窮に陥った後にドイモイ（刷新）政策を開始したが、それに基づいて山間部の少数民族文化に対する政策方針を提示した。その方針を如実に示すのが政治局22号決議（1989）「山間部の経済・社会の発展に関するいくつかの主要な方針・政策」である。このなかで「山間部の文明は、それぞれの

11　ベトナム語ウエブサイト新聞「バオモイドットコム」の記事には、「『くに祭り』が第24回マイチャウ県党大会議決に基づいて毎年年初に開催され、その開催目的は（少数）民族文化を守り、旅行業を促進すること」と書かれている。http://www.baomoi.com/Hoa-Binh-Le-hoi-Xen-Muong-huyen-Mai-Chau-nam-2011/54/5699100.epi

民族が自らの文化的アイデンティティーを発揮することを基礎として建設されなければならない」という理念を表明、少数民族文化の尊重をうたった［古田 1995: 254-255］。この決議を分岐点として、ドイモイ後の文化遺産に対する見方が一新された。この決議の精神が、その後のマイチャウを含むベトナム西北地方の伝統文化の復活を許すことになったといえる［Hoàng Lương 2011: 207-208］。

2）タイ族の不満に対するガス抜きのため

この要因は大変センシティブな問題で証明が難しい。まずマイチャウのタイ族が現体制に不満をもっているかというテーマが文字化されることはほとんどないからだ。また聞き取りするような類の問題でもなくその確証を与えるのは困難だ。タイ族には、キン族の生活習慣やキン語（ベトナム語）の影響が生活の隅々まで広まり、タイ語の使用頻度が減り、それを快く思わないタイ族がいることは疑いない。もしこの要因を挙げなければ「くに祭り」再開の重要なファクターを除外することになってしまう。しかしいずれにせよ、タイ族の伝統的儀礼を復活するということは、その実施方法や内容がどうであれ、タイ族の人々にとっては慶賀すべき事柄である。祭りの再開は彼らの民族としての矜持を高める。実際2011 年祭りを見聞した際、タイ族から喜びと誇りの声を聞いた。

3）タイ族の祭りをキン族風に改変できたため

「くに祭り」がキン族風に変更されたことを示すものとして次の 4 点が指摘できる。

Ⅰ　祭祀対象変更

ベトナムのタイ族地域では、「くに祭り」の祭祀対象は禁断の森（Đông sửa）に廟が建てられていた［Hoàng Lương 2011: 47］。マイチャウにもチエンチャウ社運動場の上手に小さな祠があり、筆者が祭りを実際にみた 2011 年旧正月の時点ではそれが何を祀っているのか判然としなかった。が、2012 年頃から突如、将使（Tướng sứ）という人神が祭祀対象となったことがニュースになった[12]。その後その建物も大きく改築され、廟から神社（Đễn）と呼ばれるようになった。以降この「将使」が祭祀対象として強調されるようになった（写真 4）。

この祭祀対象変更で推測される事柄がある。それは、この廟を 16 世紀タイ族首長の事跡と結びつけることによって、マイチャウにおけるキン族の影響力を強める意図が働いた

12　baohoabinh.com.vn: Xên mường–lễ hội bản sắc dân tộc Thái Mai Châu,12/3/2013

写真4 「将使」の神社

と思われる点である。そのタイ族首長の事跡とは次の話である。16世紀初めの莫登庸と黎朝（阮淦）の対立時期に、マイチャウの首長が黎朝への軍事的貢献を果たしたことにより、下ムオン首長は「大司寇祝中侯」を、上ムオン首長は「大司徒廷中侯」の称号を受けた［Đặng Nghiêm Vạn 1977: 233］。祭りの主催者であるキン族側は、この歴史的事跡を「くに祭り」再開にあたって儀礼祭祀対象に結びつけることによって、タイ族の祭りがキン族との紐帯をも示すこととなり、都合がよかったと考えられる。

Ⅱ　儀礼開始日変更

昔のマイチャウの「くに祭り」は三年に一度8月に開催されていたという［Hà Sủm 1988:111］。昔のタイ族の暦は現在キン族が使用する旧暦とも異なっていた［樫永 2013: 164］。そのタイ暦はキン族の旧暦に対し6ヶ月ずれていたことから、タイ暦1月1日がキン族陰暦7月1日に相当した。昔のマイチャウの「くに祭り」がタイ暦の8月に実施されていたとするなら、キン族の旧暦では2月にあたる。一方、2010年以降開催されている現在の「くに祭り」は2011年以降旧暦1月10日に開催されている。新旧の祭りの開催時期は近いものの、1か月弱ずれている。再開された祭りの開催時期は明らかにキン族のテトに合わせて改変されたものだといえる。

Ⅲ　キン語による司会進行やキン式祭礼方式

昔の「くに祭り」がキン語で行われていたとは考えられない。祭りが何語で執り行われていたかという記載はどこにもないが、タイ語のみでおこなわれていたと推定できる。一方、現在の司会進行は、キン族やモン族の観客に配慮してかタイ語では行われず、ベトナム語で行われている。

キン語による司会進行だけでなく、祭礼演目も現代風に改変されている。特に、少数民族美人コンテストが演目に追加されているのがポイントである。美人コンテストを大々的に開催することで、祭りがタイ族の伝統的儀礼であるとする意味合いを意図的に低下させ、逆に美人コンテストという色物部分を前面に押し出しタイ族の独自性を低下させようとしている。これは、キン族の他の少数民族懐柔策と同様で明らかである。

また、間接的証拠だが、次のいくつかの事例からみても、マイチャウの「くに祭り」の式次第（進行プログラム）は現代風に書き直されている可能性が高い。

地元のホアンビン新聞に2010年初回の「くに祭り」運営方法に対する反省として「演芸人の役割が重要である」という主張が掲載されている[13]。このような主張がなされるのは、意図的に祭りが有するタイ族の政治性や民族性を消そうとしているからに他ならない。

マイチャウよりも一足先に「くに祭り」が再開されたギアロで祭りのシナリオを書いたのは、ギアロ中心部カンナー村に住む有名なタイ族文化研究家のロー・バン・ビエン氏である、とベトナム共産党新聞記事が伝えている[14]。祭りのシナリオが書かれたということは新たに創作されたことを示す。

またディエンビエンでも2012年6月に「くに祭り」が再開されたが、その3ヶ月前に関係者や研究者を集めてディエンビエンで「くに祭り」開催にあたっての会議が行われた。そこでは祭りをどのような規模、組織方式、参加者、演目内容で行うべきかが議論された[15]。つまり祭りを再開するにあたり、昔の祭りどおりに再現しようする考えがそもそも存在しないことがわかる。

このようにギアロやディエンビエンの場合でも再開された「くに祭り」は創作されたものであるから、マイチャウだけ創作されていないと考えることは難しい。

以上の3点からも、キン族側の意向によって再開された祭りが意図的に改変されていることが見てとれる。

5　結論

ここまで、ベトナムマイチャウの「くに祭り」がなぜ最近になって再開されたのかを明らかにするため、まず、昔の「くに祭り」と現在の「くに祭り」の違いを比較して現在の

13　baohoabinh.com.vn: Phục dựng các lễ hội truyền thống ở Hòa Bình, 23/6/2010

14　Báo điện tử ĐCSVN: Người Lưu giữ kho tàng văn hóa Thái ở Mường Lò, 3/3/2010

15　Báo điện tử ĐCSVN: Mường Thanh trước Lễ hội Xên Mường, 16/4/2012

特色を示し、さらに再開理由も明らかにした。その考察結果は次のように結論づけられる。

現在の「くに祭り」は一見かつての祭りと同様にみえるが、実質上キン族側が主催者であるためタイ族側の政治性がはぎとられ、旅行客を呼び込むための歌謡ショーへと変質させられている。

「くに祭り」が再開された理由は次の三要因である。1）祭りの再開によって旅行業を盛り上げ経済収入をアップさせるため、2）タイ族の不満に対するガス抜きのため、3）祭りをキン族風に改変できたため、である。

これら三要因はどれもキン族の意向が反映されているという共通点をもつ。この点から考えれば、「くに祭り」がキン族の少数民族対応方針に合わせて改変され再開された祭りであると言える。つまりマイチャウの「くに祭り」は、タイ族自らが再興や復興を望んだというより、キン族側の都合で開催され、少数民族対策の一環として利用されている祭りなのである。おそらくこの性質は、ベトナムの他のタイ族地域で実施されている「くに祭り」も同様と考えられるが、その判断は別稿で改めて検証したい。

文献

樫永真佐夫

2009『ベトナム黒タイの祖先祭祀』東京：風響社。

2011『黒タイ年代記――「タイ・プー・サック」』東京外国語大学、アジア・アフリカ言語文化研究所。

桜井由躬雄

1987『ベトナム村落の形成――村落共有田＝コンディエン制の史的展開』創文社。

古田元夫

1995『ベトナムの世界史――中華世界から東南アジア世界へ』東京大学出版会、1995年。

森　幹男

1989「タイ系諸族の「クニの柱」祭祀をめぐって（1）――タイ系文化理解の一視角」『アジア・アフリカ言語文化研究』38号、91-109頁。

Bạc Cầm Đậu

2002 "Lễ hội Xên Mường" của hai dân tộc Thái và Lào ở Huyện Sông Mã –Tỉnh Sơn La, Chương trình Thái học Việt Nam (Biên soạn), *Văn hóa và lịch sử các dân tộc trong nhóm ngôn ngữ Thái Việt Nam,* Hà Nội: Nxb.Văn hóa Thông tin,pp.548-559.

Đặng Nghiêm Vạn (chủ biên), Cầm Trọng, Khà Văn Tiến, Tòng Kim Ân

1977 *Tư liệu lịch sử và xã hội dân tộc học,* Hà Nội: Nxb.KHXH, 1977.

Hà Sủm

1988 Hội cầu phúc Bản Mường, Đặng Nghiêm Vạn(Chủ Biên), *Tìm hiểu văn hóa cổ truyền của người Thái Mai Châu,* Ủy ban nhân dân Huyện Mai Châu và Sở Văn hóa Thông tin Hà Sơn Bình, pp.111-116.

Hoàng Lương

2011 *Lễ hội truyền thống các dân tộc Việt Nam-các tỉnh phía Bắc,* Hà Nội: Nxb. Thông tin và truyền thống.

Lê Quý Đôn

2009 Kiến văn tiểu lục (phần 2),-*Lê Quy Đôn tuyển tập, tập 5, Bản dịch hiệu đính và chú thích của Nguyễn Khắc Thuần,* TP.HCM: Nxb. Giáo dục Việt Nam.

Lê Sao

1998 Suy nghĩ về tục: "Xên Bản" "Xên Mường" của đồng bào Thái trước đây, Chương trình Thái học Việt Nam (Biên soạn), *Văn hóa và lịch sử người Thái ở Việt Nam,* Hà Nội: Nxb.Văn hóa dân tộc, pp. 598-603.

Mai Ngọc chừ

2009 *Văn hóa & Ngôn ngữ Phương Đông,* TP.HCM: Nxb.Phương Đông.

ベトナムの社会と文化第8号
2018年2月10日

植民地期ベトナム文献資料所蔵機関案内

関本紀子

はじめに

本稿の目的は、フランス植民地期ベトナム関係資料を収蔵しているベトナム国家第1、第2、第4文書館（Trung tâm Lưu trữ Quốc gia I, II và IV）[1]およびフランス海外文書館（Achives nationales d'outre-mer）について，その利用方法と所蔵資料の概要を紹介することである。なお、本稿の内容は原稿執筆時（2009年）のものであり、現在の状況を必ずしも反映していない。2010年からベトナム国家第1文書館も新しい建物に移転し、近年ベトナムにおける各文書館での手続きもかなり簡便になった。一方で、2009年以前のベトナムの国家文書館の利用に関する状況や変遷を示す資料的価値も本稿にはあると考える。また所蔵資料の内容については大きな変更はないと考えられる。以上から、可能な限り新たな変更点も追加した上で、各文書館の利用、所蔵資料に関する概要を以下に示す。

筆者は2003年以降、おもにベトナム国家第1文書館での継続的な文献調査を行っているが、2008年までに上記の仏領期ベトナム関係資料を所蔵している各文書館でも文献調査を行う機会を得た。その際、特にベトナムにおける文書館での調査にあたっては、事前に十分な情報が得られない現状を受け、多くの困難や時間的なロスを経験した。外国人研究者で現地に到着して初めて、目録だけの閲覧でも数週間を要する手続きを経なければ許可されないことを知らされ、調査を断念して帰国した例も数件見聞きしている。

1　直訳は「国家文書保存センター」となる。なお、第3文書館は、1945年以降現在までのベトナム民主共和国、およびベトナム社会主義共和国の資料を中心に保管されているため［Nguyễn Thị Mận 2001: 395］、割愛した。

また、ベトナムの各文書館の間には、2009年時点で連絡がほとんどなく、申請手続きや複写といった利用規定も統一されていない。そのため、ひとつの文書館での経験を、別の文書館での文献調査にそのまま生かせるというわけではない。同時に、ある文書館に別の文書館の連絡先や申請方法などを問い合わせても、的確な回答が得られるとは限らない[2]。

これまで、ベトナムにおける文書館の概要や利用方法については、ベトナム史料一般について八尾・岡田［2003］、フィリップ・ルファイエ［ルファイエ（松沼他訳）2012］、ベトナム国家第1文書館については松尾［1995］、地方アーカイブズについては大野［2012］の紹介がある。所蔵資料の概要も、全体、あるいはその一部が各文書館によって刊行された目録やホームページを利用することで、事前に大枠は把握できるようになった[3]。

しかし、近年各文書館での申請手続きも変更がみられ、閲覧室内で利用できる目録類も整備されつつある。2007年12月に国家第4文書館が新設されたため、国家第2文書館からの所蔵資料の移動も行われている。

こうした状況を踏まえて、本稿では筆者が現時点で得られている利用方法や概況を、実体験も交えて各文書館別に紹介していきたい。ただし、筆者は自身の研究テーマの資料収集のため文書館を利用してきており、各文書館の実態調査を目的とはしてこなかった。そのため、情報に偏りがあることをお断りしておきたい。

まず、本稿が使用するベトナム語の用語について、いくつか説明したい。

第1に、一次資料（文書、書簡など）と刊行物の訳し分けである。一般的にベトナムの歴史学者の間では、資料（tài liệu）は文献や定期刊行物などを指し、資料（tư liệu）は一次資料を指す。しかし、ベトナムの各文書館では、その所蔵の大半を占める文書は tài liệu と呼ばれ、刊行物などは tư liệu が用いられる。閲覧申請にあたっては、この tài liệu か tư

2　筆者は2008年8月に、第1文書館での文献調査を始めるにあたって、第1文書館の閲覧室のスタッフに第2文書館の住所と電話番号を聞いた。2006年にも第2文書館で文献調査は行っていたが、その後移転したとの話を聞いたため、確認するためでもあった。しかし、渡された住所や電話番号はすべて移転前のものであり、移転したことすら知らないスタッフもいた。その数週間後、2007年12月に開館した第4文書館の連絡先も聞いたところ、大変困惑され、結局文書局発行の「ベトナム文書雑誌（tạp chí Văn thư Lưu trữ Việt Nam）」2008年2月号の裏表紙に掲載されていた広告を見つけ出してくれ、やっと判明したほどである。

3　ベトナム第1文書館では、フランス語の資料のみ所蔵資料目録が刊行されている。第4文書館は、まだ単独での目録は刊行されていないが、第2文書館から移管された資料については、第2文書館が刊行した目録を利用することができる。ホームページ上で所蔵資料を公開しているのは、現在のところ在フランス海外文書館のみである。詳しくは本文各文書館の（3）文書館発行の所蔵資料目録とその概要を参照のこと。

liệu かで申請用紙も異なる。本稿では、tài liệu を「資料」、tư liệu を「刊行物」とする。

第2に、各文書館に所蔵されている資料の分類と用語について整理したい。資料は機関ごとにコレクション（フランス語で fonds、ベトナム語で phông）に分けられ、各コレクションはファイル（dossier, hồ sơ）、綴り（liasse, gói）、箱（carton, hộp）などで整理され、構成されている。本稿では、これらコレクションを構成する要素を一般的に「ファイル」と統一して用いる。

第3に、近年多くの研究機関、文書館で提出が求められるようになった「研究要綱（Đề cương nghiên cứu)」についてである。ベトナムの第1、第2、第4文書館でも閲覧証申請にあたって、提出が必要となる。この「研究要綱」は研究計画書と違い、申請先で行う調査をもとに作成される論文（学生の場合は修士論文、博士論文など）のタイトルと内容、および構成（章だて）の3つの要素が入っていることが必要となる。

次に、文書館での閲覧、複写までの基本的な流れを整理すると、以下のようになる。

1. 可能であれば、刊行されている目録類で必要な資料の所在を確認
2. 閲覧証発行を申請
3. 閲覧証受領後、文書館内でより詳しく個々のファイルタイトルや請求記号を、備え付けのカード目録、冊子体目録、端末で検索
4. 閲覧希望資料を申請
5. 閲覧許可が下りた資料を閲覧
6. 必要があれば複写申請
7. 複写受取

上記に挙げた一連の流れはベトナム、フランスを問わず共通である。しかし、それぞれの段階は、各文書館で所要日数や申請書類、方法が異なる。そこで本稿では、文書館ごとに以下の構成をとり、解説する。

1. 概略
2. 連絡先・開館時間
3. 文書館発行の所蔵資料目録とその概要
4. 閲覧証申請手続き
5. 閲覧室におけるファイル検索方法
6. 閲覧及び複写申請手続き
7. その他

ベトナム文献資料収集にあたっては、文書館だけでなく、各図書館での収集作業も重要となる。近年主要な図書館での閲覧証作成は簡便になった。そのため本稿では、調査研究に必要と思われる図書館の住所のみ以下に紹介するにとどめる。パスポートの提示と申請書の記入、写真、発行手数料（2-6万ドン）だけで交付されるようになったのは、以下の図書館である。

国家図書館（Thư viện Quốc gia）Số 31 Tràng Thi　http://www.nlv.gov.vn/

漢喃研究院（Viện Nghiên cứu Hán Nôm）183 Đặng Tiến Đòng　http://www.hannom.org.vn/

ホーチミン科学総合図書館（Thư viện Khoa học Tổng hợp Tp. Hồ Chí Minh）69 Lý Tự Trọng http://www.gslhcm.org.vn/

閲覧証の交付は1週間前後（ホーチミン科学総合図書館は1か月）かかるが、それまでは仮閲覧証が発行されるため､手続きを行ったその日から閲覧できる。また､国家図書館とホーチミン科学総合図書館では、インターネット上で蔵書検索も可能である。

社会科学情報院図書館（Thư viện Viện Thông tin Khoa học Xã hội, Số 1 Liễu Giai）に限っては、2009年4月現在でもベトナムでの受け入れ機関の紹介状が必要である。

1　ベトナム国家第1文書館（Trung tâm Lưu trữ Quốc gia I）

1　概略

主に1945年以前の封建時代としてベトナムで区分される、フランス植民地期までのベトナム全領域に関する資料が保管されているが、1946年以降1956年までの資料も一部含まれている［Hiệu、Hương và Papin 2001: 6］。ベトナム民主共和国、ベトナム社会主義共和国に関する資料は、1995年以降、国家第3文書館に移管された［Hiệu và Hương 2002: 3］。植民地期については、インドシナ総督府コレクション（Fonds du Gouvernement Général de l'Indochine)、各省庁コレクションをはじめとして、厖大な資料を所蔵しており、その内容はインドシナ連邦全域にわたるが、コーチシナ副総督府コレクション（Fonds du Gouverneur de la Cochinchine）および南部各省（理事庁）コレクション、アンナン理事長官府コレクション（Fonds de la Résident Supérieur en Annam）に限っては、それぞれ国家第2、第4文書館に保管されている。

2　連絡先・開館時間

住所：Số 18 Đường Trung Yên 1, phường Yên Hòa, Cầu Giấy, Hà Nội

Email : phongdoctrungtam1@yahoo.com

開館時間：月-木曜日　8:00-11:30、13:00-16:00（実際は 16:30 まで）、金曜日　8:00-11:30

3　文書館発行の所蔵資料目録とその概要

第 1 文書館のフランス語所蔵資料に関しては、2001 年に Sách chỉ dẫn các phông lưu trữ thời kỳ thuộc địa bảo quản tại Trung tâm lưu trữ Quốc gia I［Hiệu, Hương và Papin 2001］が出版されている。これは 1995 年に出版された同名の所蔵文献目録の改定版である。この改定により、一部のコレクション名、解説部分、資料総数が修正・変更され、1946 年以降 1959 年までの資料も含まれる 8 つのコレクションが新たに加えられた[4]。

この目録に紹介されているのはフランス語の資料であるが、目録自体はフランス語とベトナム語の 2 ヶ国語で書かれている。各コレクションについて、a）資料総数、b）年代、c）形態、d）保存状況、e）検索方法が示された後、コレクションの成立過程と所蔵資料の内容が、分類記号別に紹介されている。第 1 文書館に収められているフランス語資料の大半は、ポール・ブーデ[5]の考案した分類によって整理されている。植民地期インドシナに関するフランス語資料のほとんどは、在フランス海外文書館、ベトナム国家第 2、第 4 文書館に収められているものも含めて、この分類法に従って整理されているものが多い。以下にポール・ブーデ（Paul Boudet）の分類方法（表 1）および第 1 文書館所蔵の各コレクションとその概要（表 2）を示す。

4　閲覧証申請手続き

必要な書類は a）パスポート、b）研究要綱、c）紹介状（日本の所属先発行の紹介状も可）、d）写真 3×4 ㎝ 2 枚であり、事前にファックス、郵送、Email などで申請することができる。

4　新たに追加されたコレクションは① Municipalité de Hanoï（après 1945）、② Administration régionale du Nord-Vietnam（1948-1955）、③ Service de l'Inspection régionale de travail et de la Sécurité sociale du Nord-Vietnam（1949-1953）、④ Enseignement du Nord-Vietnam（1898-1954）、⑤ Services de l'Information et de la Propagande（1947-1954）、⑥ Service de la Santé publique du Nord-Vietnam（1949-1954）、⑦ Collection des documents du Cabinet de Bảo Đại(Hanoï)（1948-1953）、⑧ Collection des documents du Cabinet de Bảo Đại(Đà Lạt)（1945-1956）の 8 コレクションである［Hiệu, Hương và Papin 2001: 12］。これらの資料の概要は、同目録後半部分でコレクションごとに紹介されているが、④と⑥は異なったタイトルで記載されている。④は Service de l'Enseignement du Nord-Vietnam、⑥は Service de l'Assistance médicale de Nord-Vietnam となっており、本文中の表 2 では 45 と 47 がそれにあたる。

5　フランス植民地時代の文書保存の責任者［八尾・岡田 2003: 128］。

表 1　ポール・ブーデによる資料分類

A	Actes officiels	N	Agriculture et forêtes
B	Correspondances générals	O	Navigation
C	Personnel	P	Marine de guerre
D	Administration général	Q	Affaires militaires
E	Administration provinciale	R	Instruction publique-Sciences et arts
F	Affaires politiques	S	Services sanitaires et assistance publique
G	Justice	T	Finances
H	Travaux publics	U	Douanes et régies-Contributions indirectes
I	Mines	V	Archives et bibliothèques
J	Chemins de fer-Transports terrestres et aériens	X	Affaires diverses
K	Postes, télégraphes et téléphones	Y	Papiers émanant des particuliers
L	Commerce-Industrie-Tourisme	Z	Copies de documents intéressant l'histoire de l'Indochine
M	Travail-Colonisation-Régime foncier		

（出所）Direction des Achives et des bibliothèques. 1945. Munuel de l'Achiviste instructions pour l'organisation et le classement des Archives de l'Indochine. Deuxieme édition. Imprimerie Levantan. Hanoi. p. 37-38.

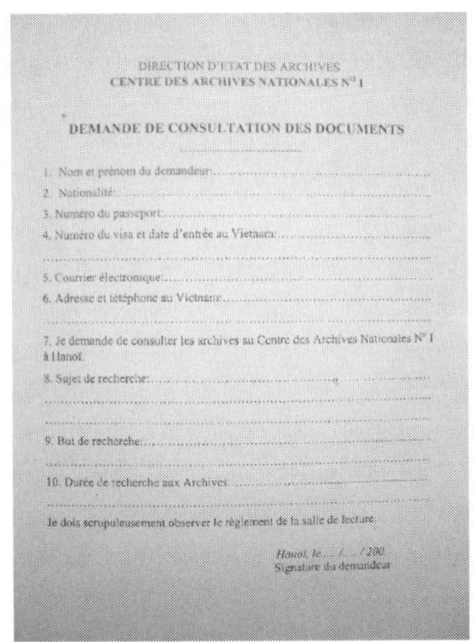

DIRECTION D'ETAT DES ARCHIVES
CENTRE DES ARCHIVES NATIONALES N° 1

DEMANDE DE CONSULTATION DES DOCUMENTS

1. Nom et prénom du demandeur:..............................
2. Nationalité:..............................
3. Numéro du passeport:..............................
4. Numéro du visa et date d'entrée au Vietnam:..............................
....
5. Courrier électronique:..............................
6. Adresse et téléphone au Vietnam:..............................
....
7. Je demande de consulter les archives au Centre des Archives Nationales N° I à Hanoi.
8. Sujet de recherche:..............................
....
....
9. But de rechorche:..............................
....
10. Durée de recherche aux Archives..............................
....

Je dois scrupuleusement observer le règlement de la salle de lecture.

Hanoi, le..../..../200
Signature du demandeur

写真 1　第 1 文書館閲覧証申請書

閲覧室で記入する申請書（写真 1 参照）は、事前申請の場合必要なかった。しかし新規で事前申請する場合は、同様の書式で作成し、添付するとより確実であろう。閲覧証の有効期間は 1 年である。

表2　ベトナム国家第一文書館所蔵文献　—フランス語文献—

	コレクション名	年代	資料総数（注1）	分類（注2）
1	Fonds d'archives des Amiraux et des Gouverneurs	1859-1887	319	
2	Fonds du Gouvernemet Général de l'Indochine	1860-1945	10513	
3	Fonds de la Direction de l'Agriculture, des Forêts et du Commerce de l'Indochine (D.A.F.C.I)	1852-1921	900	
4	Fonds du Service géographique de l'Indochine	1840-1940	300 地図	*
5	Fonds de l'Inspection Général des Travaux Publics de l'Indochine	1876-1956	385 束 2395	*
6	Fonds du Service général du ravitaillement et des transports maritimes de l'Indochine	1917-1928	28	
7	Fonds de la Direction des Finances de l'Indochine	1889-1945	25000	
8	Fonds du Contrôle financier de l'Indochine	1886-1946	394	
9	Fonds du Service des Douanes et Régies de l'Indochine	1888-1921	28	
10	Fonds de l'Enregistrement, des Domaines et du Timbre	1864-1945	14552	
11	Fonds du Service des Archives et Bibliothèque de l'Indochine	1917-1957	2327	
12	Fonds de l'Inspection Général de l'Hygiène et de la Santé publique de l'Indochine	1907-1935	60	
13	Fonds de l'Association Général Syndicale des Fonctionnaires et Agents de l'Indochine (A.G.F.A.L.I)*	1934-1941	21 束	***
14	Fonds de la Direction de la Flotte Indochinoise	1914-1927	54	
15	Fonds de la Compagnie française des Chimins de fer de l'Indochine et du Yunnan (C.I.Y)	1901-1954	書架延長 84 メートル	*
16	Fonds de la Cour d'Appel de Hanoï	1871-1945	2300 束	*
17	Fonds de la Résidence supérieure au Tonkin	1886-1945	86145, 803 箱	
18	Fonds de la Direction de l'Agriculture du Tonkin	1888-1921	105	
19	Fonds du Service du Cadastre et de la Topographie du Tonkin	1901-1954	598	
20	Fonds de la circonscription territoriale des Travaux Publics du Tonkin	1889-1945	4687	*
21	Fonds du Service de l'Enseignement au Tonkin	1886-1945	796	
22	Fonds du Service local de la Santé du Tonkin	1885-1926	660	
23	Fonds du Service Vétérinaire, Zootechnique et des Épizooties du Tonkin	1923-1931	23	*
24	Fonds de la Société Française des Charbonnages du Tonkin	1886-1964	909	
25	Fonds de la Société Cotonnière du Tonkin	1900-1959	235 束	*
26	Fonds du Tribunal de Première Instance de Haiphong	1885-1929	2538	*
27	Fonds de la Justice de Paix à compétence étendue de Tourane	1889-1913	35 束	*
28	Fonds de la Mairie de Hanoï (avant 1945)	1885-1945	6007	
29	Fonds du Service du Cadastre et des Domaines de Hanoï	1888-1956	880	
30	Fonds de la Résidence de Bắc Giang	1894-1935	136	
31	Fonds de la Résidence de Bắc Ninh	1888-1923	160	

	コレクション名	年代	資料総数（注1）	分類（注2）
32	Fonds de la Résidence de Hà Đông	1883-1938	5218	
33	Fonds de la Résidence de Hoà Bình	1893-1933	147	
34	Fonds de la Résidence de Lào Cai	1887-1935	133	*
35	Fonds de la Résidence de Nam Định	1888-1940	5568	
36	Fonds de la Résidence de Ninh Bình	1883-1927	228	
37	Fonds de la Résidence de Phú Thọ	1892-1930	1588	
38	Fonds de la Résidence de Thái Bình	1893-1922	248	
39	Fonds de la Résidence de Thanh Hoá	1901-1945	32 束	
40	Fonds de la Résidence de Tuyên Quang	1891-1933	419	
41	Fonds de la Résidence de Yên Bái	1895-1938	134	
42	Fonds de la Municipalité de Hanoï (après 1945)	1947-1954	344 , 37 束	
43	Fonds de l'Administration régionale du Nord-Vietnam*	1948-1955	4 束	**
44	Fonds du Service de l'Inspection régionale de travail et de la Sécurité sociale du Nord-Vietnam*	1949-1953	10 束	**
45	Fonds du Service de l'Enseignement du Nord-Vietnam	1898-1954	1015	
46	Collection des documents des services de l'Information et de la Propagande	1947-1954	1984	*
47	Fonds du Service de l'Assistance médicale de Nord-Vietnam*	1949-1954	90 束	**
48	Collection des documents du cabinet de Bảo Đại (Hanoï)	1948-1953	3392	*
49	Collection des documents du cabinet de Bảo Đại (Đà Lạt)	1945-1956	411	*

（注1）資料総数は、特に記入がない場合はファイル（dossier）の総数。それ以外の単位名の原文は以下の通り。地図（carte)、綴り (liasses)、書架延長　メートル (métre de rayonnage)、箱 (carton)

（注2）分類は、記入がない場合は表1にみられるポール・ブーデによる分類。それ以外は以下の通り。

*　ポール・ブーデの分類と異なる分類で整理されている資料

**　未整理であるため、利用できる目録がない資料

***　未整理で利用できる目録がないとされながら、ポール・ブーデの分類による概要説明がある資料

（出所）Ngô Thiếu Hiệu, Vũ Thị Minh Hương, Vũ Văn Thuyên, Philippe Papin. 2001. Sách chỉ dẫn các phông lưu trữ thời kỷ thuộc địa bảo quản tại Trung tâm lưu trữ Quốc gia I – Hà Nội Tái bản có sửa chữa và bổ sung. Nhà xuất bản văn hoá thông tin. Hà Nội.

5　閲覧室における資料検索方法

各コレクションのファイル検索方法は、(3) で紹介した所蔵資料目録の中にも示されている。閲覧室にはトンキン理事長官府コレクションなど、カード目録が備えられているものもあり、これらカード目録はスタッフの許可なくとも閲覧することができる。しかし、近年再整理され、新たに冊子体目録が作成されているものもあり、その際請求記号、番号が新しくなっている場合もある。また、(3) で紹介した所蔵資料目録に検索方法が示されていても、実際は閲覧できないコレクションもある。閲覧したいコレクションを閲覧室ス

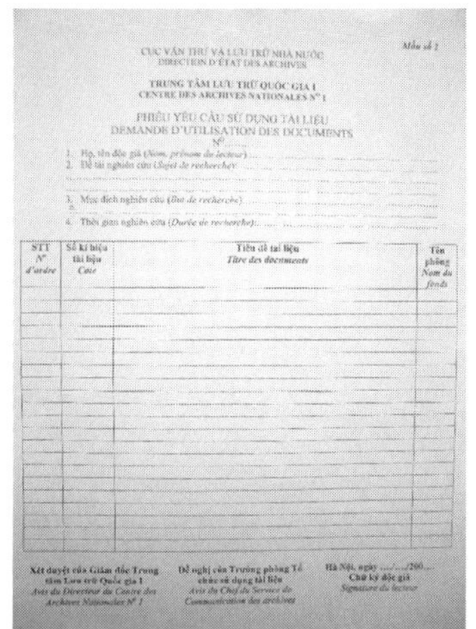

CỤC VĂN THƯ VÀ LƯU TRỮ NHÀ NƯỚC
DIRECTION D'ÉTAT DES ARCHIVES

TRUNG TÂM LƯU TRỮ QUỐC GIA I
CENTRE DES ARCHIVES NATIONALES N° 1

PHIẾU YÊU CẦU SỬ DỤNG TÀI LIỆU
DEMANDE D'UTILISATION DES DOCUMENTS
N°……

1. Họ, tên độc giả (*Nom, prénom du lecteur*)……
2. Đề tài nghiên cứu (*Sujet de recherche*)……
3. Mục đích nghiên cứu (*But de recherche*)……
4. Thời gian nghiên cứu (*Durée de recherche*)……

STT *N° d'ordre*	Số kí hiệu tài liệu *Cote*	Tiêu đề tài liệu *Titre des documents*	Tên phông *Nom du fonds*

写真 2　第 1 文書館閲覧申請書

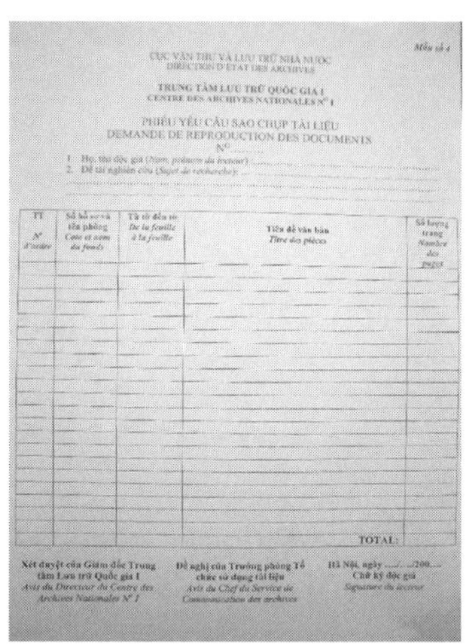

CỤC VĂN THƯ VÀ LƯU TRỮ NHÀ NƯỚC
DIRECTION D'ÉTAT DES ARCHIVES

TRUNG TÂM LƯU TRỮ QUỐC GIA I
CENTRE DES ARCHIVES NATIONALES N° 1

PHIẾU YÊU CẦU SAO CHỤP TÀI LIỆU
DEMANDE DE REPRODUCTION DES DOCUMENTS
N°……

TT *N° d'ordre*			Tiêu đề văn bản *Titre des pièces*	Số lượng trang *Nombre des pages*
			TOTAL:	

写真 3　第 1 文書館複写申請書

タッフに伝え、適切な目録を指示してもらうのが最も良い方法だといえる。2009 年現在、ほとんどのコレクションは冊子体目録が整備されている。これら冊子体目録はスタッフにより出し入れされるため、自由に手に取ることはできないが、口頭で利用したい旨を伝えれば通常問題なく閲覧できる。

6　閲覧および複写申請手続き

閲覧したいファイルの申請は、閲覧申請書（Demande d'utilisation des documents、写真 2 参照）に記入して申請し、許可が下りた資料は 1–2 週間後に閲覧できる。

近年、閲覧申請書は同様の形式をとっていれば、ワードやエクセルなどで作成し、印刷したのでも申請できるようになった。申請書 1 枚に最大 10 ファイルまで記入でき、一度に申請できる枚数は 4–5 枚である。この閲覧申請は、事前に閲覧したい個々のファイル名や請求記号がわかっている場合は、ファックスなどでの申請も受け付けている。

『阮朝硃本』や官製年報､雑誌などの定期刊行物は､資料ではなく刊行物扱いとなるため、申請後 2–3 日で閲覧できる。

複写は、複写申請書（Demande de reproduction des documents、写真 3 参照）に記入、提出後、受け取りまで 2 週間前後かかる。事前に依頼すれば、友人、知人など代理人に受け取ってもらうこともできる。

2009年より、閲覧・複写申請書がフランス語だけでなくベトナム語も併記されるようになった。ベトナム人利用者の数が急増していることを反映したものと思われる。

7 その他

第1文書館には、フランス語資料以外にも、漢籍資料や定期刊行物も所蔵されているが、これらに関して所蔵文献目録はまだ刊行されていない。ここで簡単に概要を紹介したい。

(1) 阮朝硃本

阮朝の行政機構（六部、機密院など）から皇帝への上奏文と、それに皇帝の硃批（硃筆による批評）が加えられたものを集成したものである。年代は1802–1944年[6]の範囲、全体で700集（tạp）以上所蔵されている［Hiệu 2001: 384］。現在第1文書館では、閲覧室の端末での年代、キーワード検索が可能であり、内容のベトナム語による要約と、原文の一部が併記された冊子体の『阮朝硃本目録』（第一文書館作成）も製本され、すべての年代でそろっている。この冊子体の『阮朝硃本目録』は、資料ではなく刊行物扱いとなるため、閲覧証取得後であれば閲覧許可は通常2–3日で得られ、その後すぐに閲覧することができる。各冊子体の巻末には索引もある。

ただし、筆者は建福帝（1883–1884）から保大帝（1925–1945）までの『阮朝硃本目録』を閲覧したが[7]、巻末の索引、端末でのキーワード検索には限界があると感じた。また原文とベトナム語訳を照らし合わせてみると矛盾する部分もあり、その場合、原文を入力する際のミスなのか、誤訳なのか、判断できない。

全文を見る場合は、再度閲覧申請が必要であるが、通常3日で許可が下り、端末での閲覧となる。複写が必要とあらかじめわかっている場合は、閲覧申請することなく、複写申請することができる。

いくつかの問題点はあるが、現在『阮朝硃本』は検索、閲覧も含めて格段に利用しやすくなっている。

---

6 ヒエウは1945年としているが［Hiệu 2001: 384］、筆者が実際に閲覧した際は1944年が最終であった。

7 各冊子体は、A3用紙で1ページに原文の一部とベトナム語による要約の両方が横書きで併記され、一冊約400ページ前後で製本されている。筆者が閲覧した1884年から1944年までの60年間では、この冊子体『阮朝硃本目録』30冊（208集）分ほどであったが、阮朝初期の各皇帝期では上奏文の量も膨大であり、冊子体の冊数もかなりの数に上る。全体で現在700集以上所蔵されていることから考えると、1802年から1883年の80年間では約500集分の『阮朝硃本目録』があると推測できる。

（2）地簿

1805 年嘉隆帝によってはじめられた土地税台帳で、約 10000 集（tập）保管されている。保存状態も良好で、土地に関する研究だけでなく、人口、言語、行政範囲など、多岐にわたるテーマの研究に役立つ資料である［Hiệu 2001: 385］。

（3）壽昌県（huyện Thọ Xương）コレクション

壽昌県[8]の県文書の集成で、1874-1896 年の期間、約 300 集（tập）の資料が保管されている［Hiệu 2001: 386］。

（4）北圻経略衙門

1886 年から 1897 年の間阮朝代理として、皇帝が任命する経略という官職がトンキンに置かれた。これはその北圻経略衙門と、インドシナ総督府、トンキン理事長官府、機密院、六部をはじめとする各行政機関との間に交わされた公文書の集成であり、資料の大部分は年代順に整理されている［Hiệu 2001: 386］。

（5）定期刊行物・漢籍

第 1 文書館には官製年報、雑誌などの定期刊行物も保管されている。検索には、閲覧室後方にあるカード目録が自由に利用できる他、2001 年から新たに定期刊行物所蔵リスト（Thống kê các ấn phẩm định kỳ, Inventaire des périodiques）[9]が利用できるようになった。

漢籍も 3000 部以上所蔵され、その内容は歴史、政治、経済、哲学、教育、言語、医学など多岐に渡る。歴史は欧州、中国、ベトナムに関するもの[10]、文学はベトナム人および中国人作者のものが多い［Hiệu 2001: 387］。

8　1805 年に奉天府（phủ Phụng Thiên）が懐徳府（phủ Hoài Đức）に変更された。壽昌県は懐徳府を構成する 2 つの県のうちの一つ。1831 年河内省が作られた際、懐徳府はその一部となり、1888 年、壽昌県の大部分はハノイ市（thành phố Hà Nội）に組み入れられた［Hiệu 2001 : 385］。

9　このリストは冊子体として製本されておらず、閲覧室カウンター内の書棚に、ポケットファイルに綴じられて保管されている。閲覧室のスタッフによっては、このファイルの存在を知らない場合があるので、ファイル名（Thống kê các ấn phẩm định kỳ, Inventaire des ériodiques）を伝えるか、複数のスタッフに所在を尋ねる必要がある。

10　例として挙げられているのは、『大南一統志』『大越史記全書』『大越史記外紀』『大越史記本紀實錄』『皇越地輿誌』などである。

2　ベトナム国家第2文書館（Trung tâm Lưu trữ Quốc gia II）

1　概略

第2文書館では、主に1975年までのクアンチ（Quảng Trị）以南の資料を所蔵している。所蔵資料は書架延長16000mを誇り[11]、2007年には第2文書館設立30周年を記念して、所蔵資料目録も刊行された［Trung tâm lưu trữ Quốc gia II 2007: 5-6］。

2　連絡先・開館時間

住所：Số 17A、Lê Duẩn、TP. Hồ Chí Minh

電話番号：08-38273005（代表）、08-38224291（閲覧室）

開館時間：月－木曜日　8:00-11:30、13:00-16:30（実際は16:00まで）、金曜日8:00-11:30

3　文書館発行の所蔵資料目録とその概要

第2文書館の所蔵資料目録Sách chỉ dẫn các phông、sưu tập lưu trữ bảo quản tại trung tâm lưu trữ Quốc gia IIは、2007年に出版されている［Trung tâm lưu trữ Quốc gia II　2007］。

1945年以前の資料として封建時代、フランス植民地期の2項目、1945年以降の資料としてベトナム国政府、ベトナム共和国、革命期、地図、視聴覚資料、個人蔵資料、定期刊行物、図版資料の8項目があげられ、項目別にコレクションが整理されている。各コレクションについては、a）資料総数、b）年代、c）形態、d）保存状況、e）検索方法が示された後、コレクションの成立過程と所蔵資料の内容が、分類記号別に紹介されている。

フランス植民地期の資料はタイトルと、内容共にフランス語であるにもかかわらず、この目録はすべてベトナム語で書かれており、オリジナルのフランス語タイトルも付記されていない。第2文書館が所蔵する植民地期のコレクションをまとめたのが表3である。ここでは、目録の表記に従ってベトナム語のままとした。

4　閲覧証申請手続き

閲覧証申請に必要な書類はa）パスポート、b）研究要綱、c）紹介状（日本の所属先発行

11　アンナン理事長官府コレクションなどが第4文書館に移管される前の書架延長。

表3　ベトナム国家第2文書館所蔵資料　—植民地期—

	コレクション名	年代	書架延長（m）
1	Phông Tòa Khâm sứ Trung Kỳ ※1	1874-1945	134.5
2	Phông Phủ Thống đốc Nam Kỳ	1859-1945	2435.5
3	Phông Hội đồng Tư mật Nam Kỳ	1864-1932	60.5
4	Phông Hội đồng Thuộc địa Nam Kỳ	1880-1926	9
5	Phông Tòa Hòa giải Rộng quyền Tây Ninh	1888-1914	9.5
6	Phông Sở Thương chánh Nam Kỳ	1892-1928	123.2
7	Phông Tòa Đốc lý Sài Gòn	1880-1940	43.7
8	Phông Tòa Đốc lý Chợ Lớn	1908-1911	3
9	Phông Văn phòng tỉnh Bà Rịa	1867-1929	17
10	Phông Văn phòng tỉnh Bạc Liêu	1865-1914	15.5
11	Phông Văn phòng tỉnh Bến Tre	1867-1930	37
12	Phông Văn phòng tỉnh Cần Thơ	1888-1915	7
13	Phông Văn phòng tỉnh Châu Đốc	1911-1930	2
14	Phông Văn phòng tỉnh Chợ Lớn	1864-1924	18
15	Phông Văn phòng tỉnh Hà Tiên	1893-1924	9
16	Phông Văn phòng tỉnh Long Xuyên	1896-1934	38
17	Phông Văn phòng tỉnh Mỹ Tho	1873-1935	152
18	Phông Văn phòng tỉnh Rạch Giá	1877-1933	33
19	Phông Văn phòng tỉnh Sa Đéc	1882-1924	20
20	Phông Văn phòng tỉnh Tân An	1862-1934	12
21	Phông Văn phòng tỉnh Trà Vinh	1910-1925	2
22	Phông Văn phòng tỉnh Vĩnh Long	1868-1923	25
23	Phông Công ty Bia và Nước đá Đông Dương (B.G.I)	1927-1977	913.1
24	Phông Công ty Đồn điền Cao su Đông Dương	1837-1975	22.5
25	Phông Công ty Cao su Đất Đỏ	1924-1976	2.3

（出所）Trung tâm lưu trữ Quốc gia II. 2007. Sách chỉ dẫn các phông, sưu tập lưu trữ bảo quản tại trung tâm lưu trữ Quốc gia II. Nhà xuất bản tổng hợp TP. Hồ Chí Minh. Hồ Chí Minh.
※1：現在第4文書館に所蔵。

の紹介状も可）、d）写真3×4㎝2枚、の4種5点である。郵送、ファックスなどによる事前申請はできない。直接閲覧室カウンターに出向いて、申請用紙に記入後、必要書類をあわせて提出する。書類は第1文書館にファックスで送られ、ハノイ側で許可が下りたのち、閲覧証発行となる。

閲覧証受け取りまでの所要日数は、第1、第2文書館双方での手続きにかかる時間に左右されるため、2週間前後を見ておいた方が無難である。閲覧室のスタッフに申請時に所要日数について尋ねたところ、2006年11月では1週間、2008年9月では2–3日との回答であった。実際には、筆者の場合2006年に新規で申請した際は1週間で受け取れたが、

2008年に延長扱いで申請した際は、最終的に3週間近くを要した。閲覧証の有効期間は、近年最長でも半年に短縮された。

5　閲覧室におけるファイル検索方法

第2文書館に所蔵されている資料は、コーチシナ副総督府コレクション（以下 Goucoch）以外のコレクションについて、目録の整備は進んでいないように思われる。Goucoch コレクションの目録も、古いものから新しいものまで、様々な目録が混在しており、非常に利用しにくい。ここでは、まず本章第3節で言及した、第2文書館発行の所蔵資料目録に書かれているファイル検索方法を整理したい。次に、閲覧室で実際に利用できる目録について解説する。

（1）所蔵資料目録に書かれている検索方法

本稿では、便宜上本章第3節で示した表3のコレクション通し番号を使用して解説する。

コレクション単独で目録があるとされているのは、表3の1–3、17と25のコレクションである（1のアンナン理事長官府ファイルは第4文書館へ移管されている）。目録が利用不可とされているのが23のインドシナビール会社コレクション、目録がないとされているのは24のインドシナゴム農園会社コレクションである。それ以外の4から22のコレクションに関しては、2つの検索方法が示されている。

一つめは、表3の4から11のコレクションに関してである。これらコレクションの検索方法は、基本的に「2から8のコレクションと、コーチシナ各省の目録を参照せよ」、と書かれており、読者はあたかもこれらの目録が存在するように思う。しかしながら、それぞれ該当するコレクション名が抜けている。以下、読者を混乱させる実例を挙げて説明する。

例1：4コーチシナ植民地会議のファイルを検索したいとする。しかし、所蔵資料目録には「2、3、5、6、7、8（つまり4が抜ける）とコーチシナ各省の目録を参照せよ」、としか書いていない。また、この記述を見ると、8のチョロン市長コレクションは単独の目録があるかのようにとれる。

例2:8チョロン市長コレクションを検索する場合、所蔵資料目録には「2、3、4、5、6、7（8が抜け、ここでは4も単独の目録が存在することになっている）とコーチシナ各省の目録を参照せよ」、と書かれているのである。

ここでは、4と8の例しか挙げなかったが、5から7も同様である。つまり事実上、4

から8の目録は、ないことになる。

9から11は、バーリア、バーリゥ、ベンチェー省のコレクションであり、「コーチシナ各省の目録を参照せよ」との指示と矛盾する。

2つめは、12から22のコーチシナ各省のコレクションに関してである。このなかで、17のミトー省コレクションは単独で目録があると書かれており、筆者も閲覧室で確認している。それ以外の12から16、18から22のコレクションは、「Goucochの旧目録を参照せよ」とある。しかしGoucochの目録は、新しいものから古いものまで様々であり（次項参照）、いつの目録を指しているのかこれではわからない。同時に、資料はGoucochの中に混在しており、単独で目録がないことも示している。

以上から、この所蔵資料目録上でコレクション別で利用可能の目録の存在があると判断できるのは、1. アンナン理事長官府コレクション、2. Goucoch、3. コーチシナ諮問会議、17. ミトー省コレクション、5. インドシナ赤土ゴム会社コレクションの5コレクションのみとなる。しかし、この中で実際に閲覧室で確認できた目録は、は2と17の2コレクションのみであった（次項参照）。

(2) 閲覧室に備えられている目録

閲覧室に備えられている目録は、2-5冊ほどを入れた箱で分けられている。筆者が閲覧室で植民地期の目録としてスタッフに出してもらった目録は、a) Goucoch（17箱）、b) ミトー省コレクション（1箱）、c) 非公式会議コレクション（Conseil Privé、2箱）の3コレクションである。

ここでは、所蔵量も目録数も多く、第2文書館の植民地期資料でもっとも主要なものであるGoucochについて取り上げる。

Goucochのファイル検索方法は、カード目録と冊子体目録の両方がある。まず、カード目録であるが、ポール・ブーデの分類によって整理されており、利用しやすい。閲覧室のスタッフは、カード目録も冊子体目録も同じ内容であるので、検索したい分野が決まっている場合はカード目録の利用を進められることも多い。しかし、このカード目録が作成された後、冊子体目録が作られる際資料の再整理が行われ、遺失のため外されたファイルがある一方、新たに閲覧できるファイルが増えた。そのため、カード目録だけの検索では不十分であると、複数の外国人閲覧者の方からアドヴァイスをいただいた。幸い、その際請求記号の打ち直しは行われず、カード目録の請求記号は現在もそのまま使用できる。時間的に余裕がないようであれば、まずカード目録で必要な分野のファイルを確認し、閲覧申

表4　コーチシナ副総督府コレクション（Gougoch）冊子体目録

※1	冊子体目録収納箱タイトル			冊子体目録収納箱タイトル	
1	IA1-IA8	タイプ打ち※2	10	III59-III60, V3,V4,V10	2003年版※3
2	IA9-IA11	※5	11	L59/113-Q68/158	ベトナム語※4
3	IA16-IA19	タイプ打ち※2	12	Q68/157-U74/4	ベトナム語※4
4	IA20-IA21, IIA44-IIA50, VIA3,IB34	2003年版※3	13	VA2,VA8,VIA5,VIA6,VIIA1	タイプ打ち※2
5	IA22-IB25	タイプ打ち※2	14	Goucoch（S.Locaux）	※5
6	IB26-IB33	タイプ打ち※2	15	Goucoch（G.Divers）	※5
7	IB34 IB37	※5	16	Goucoch（Domaines）	※5
8	IIB52-IIB57	2003年版※3	17	Goucoch（C.Privé）	※5
9	IIB57-IIB58, III59	2003年版※3			

（出所）2008年9月の筆者の調査による。
※1：通し番号は便宜上筆者がつけたもので、目録の順序については不詳。
※2：最も古い、タイプ打ちの目録。作成年不詳。
※3 : 2003年作成の目録。
※4 : すべてベトナム語で書かれた目録。作成年不詳（比較的新しい）。
※5 : 筆者未見。

請した後、ファイル到着までの間を利用して冊子体目録を利用すると、時間的ロスが少なくて済む。第2文書館は一度に請求できるファイルの数が10–15ファイルと少ないため（次項参照）、閲覧希望ファイル数が多い場合、何度も閲覧申請する必要が出てくる。その間の待ち時間を、うまく活用することを考えなくてはならない。

次に冊子体目録であるが、先に述べたとおり、作成時期の異なる目録が混在している。全体で17箱（1箱2–5冊の目録）あり、箱は請求記号や内容別に分けられている。2008年9月に筆者が確認した目録を整理したのが表4である。

請求記号の順序や意味も分かりにくく、スタッフにも尋ねたが詳細は不明であった。これらの目録は、分野、年代、発信機関などによって分類はされていない。場合によっては、同質のファイル（同内容、同発信機関など）がかたまって記載されている部分もあるが、基本的に検索はこれらの目録を最初から目を通す必要がある。

また、表4とは別に、ポール・ブーデの分類によった冊子体目録（Trung tâm Lưu trữ Quốc gia II, Mục lục tài liệu Phông phủ Thống Đốc Nam Kỳ (Goucoch)）を2006年に閲覧したが、2008年ではその目録は確認できなかった。また、この目録の所在を知っているスタッフもいなかった。

現在、第2文書館では目録の再整理が行われており、近いうちに新目録が利用できるようになる、とのことである。

Direction d'Etat des Archives
CENTRE DES ARCHIVES
NATIONALES N°2

RÉPUBLIQUE SOCIALISTE DU VIETNAM
Indépendance – Liberté - Bonheur

Hồ Chí Minh ville, le ....

DEMANDE DE CONSULTATION DE DOCUMENTS

No ....

1. Nom et prénom : ....
2. Sujet de recherche : ....

Nos d'ordre	Codes	Fonds	Titres des dossiers
1			
2			
3			
4			
5			

Avis du Directeur général de la Direction

Avis du Directeur du Centre des Archives Nationales N°2

Signature du lecteur

写真 4　第 2 文書館閲覧申請書

6　閲覧および複写申請手続き

第 2 文書館での閲覧・複写申請は、第 2 文書館内だけでなく第 1 文書館での許可も必要となる。

閲覧したい資料の申請は、閲覧申請書（写真 4 参照）に記入して申請し、許可が下りた資料は 1–2 週間後に閲覧できる。

第 1 文書館と同様、ワードなどで作成し、印刷したのでも申請できる。申請書 1 枚に最大 5 ファイルまで記入でき、一度に申請できる枚数は 2–3 枚である。事前に郵送やファックスなどで申請することはできず、必ず本人が現地で申請する必要がある。

複写も複写申請書は自分で作成したものを使用できる。

申請したファイルや複写の受け取りまでは通常 5 日といわれるが、実際は 1–2 週間かかる場合が多い。複写の受け取りは、本人でなくても可能である。

7　その他

閲覧室には、アンナン理事長官府コレクションのカード目録が備えられている。この目録に関しては、4. ベトナム国家第 4 文書館第 5 節を参照されたい。

3　ベトナム国家第4文書館（Trung tâm Lưu trữ Quốc gia IV）

1　概略

2007年12月15日、ゴ・ディン・ニュー（Ngô Đình Nhu）[12]夫人、チャン・レ・スアン（Trần Lệ Xuân）の別荘地跡に開館。同敷地内には文書館として使用されている建物の他に、3つの別荘が残されている。それぞれ展示スペース[13]、スタッフ用住居として改装・修復され、敷地内の日本庭園やプールなども含め、観光地として一般の旅行者などにも公開されている（写真5参照）[14]。

所蔵されている資料は、阮朝木版、アンナン理事長官府コレクション、中部高原・中部地域コレクション（Phông Trung Nguyên Trung Phần）である。この中部高原・中部地域コレクションは、1954–1975年の抗米戦争に関するベトナム語資料だそうだが、2008年11月時点では未公開であった。

2　連絡先・開館時間

住所：Số 2 Yết Kiêu、Phượng 5、Tp. Đà Lạt

電話番号：063–3560790（事務所）、FAX：063–3560790

Email：trungtam4@archives.gov.vn

開館時間：月－木曜日　8:00–11:30、13:00–16:30（実際は16:00まで）、金曜日　8:00–11:30

3　文書館発行の所蔵資料目録とその概要

第4文書館の所蔵目録は、フランス語、ベトナム語資料を問わず2008年11月現在で刊

12　ベトナム共和国初代大統領ゴ・ディン・ジエム（Ngô Đình Diệm）の実弟、大統領顧問を務めた。

13　展示スペースでは、チャン・レ・スアン一家によって使用されていた部屋、家電製品や地下シェルターなどを見学できる他に、写真や映像、模型や木版のレプリカ、所蔵資料の一部などが5つのテーマごとに展示されている。5つのテーマは以下の通りである。①ベトナム文書館の歴史、②中部高原、中部地域における民族解放戦争、③ゴ・ディン・ニュー、④チャン・レ・スアン別荘、⑤ラムドン（Lam Đồng）の歴史。

14　観光地としての機能も兼ねているためか、第4文書館では無料のパンフレット（英語・ベトナム語併記と英語のみのもの2種類）だけでなく、紹介DVD（約20分）やブックレット、阮朝木版の一部がプリントされたTシャツも、併設されている売店で販売されている。

写真5　第4文書館発行の案内パンフレット（左上、下）と DVD（右上）

行されていないが、阮朝木版に関しては2004年に第2文書館が刊行した所蔵目録がある。詳しくは以下第7節を参照されたい。

4　閲覧証申請手続き

閲覧証申請に必要な書類、手続きとその手順は第2文書館と同様である（3. ベトナム国家第2文書館第4節参照）。閲覧証の有効期間は1年間である。第4文書館も、閲覧証発行には第1文書館の許可も必要となるため、受け取りまでの所要日数は1–2週間前後と考えた方がよい。

5　閲覧室におけるファイル検索方法

アンナン理事長官府コレクションについては、第4文書館に移管される前に第2文書館が作成した目録（Mục lục tài liệu Phông Khâm sứ Trung Kỳ）2冊をそのまま用いている。第1巻はファイル番号1RSA/HCから2077RSA/HC、第2巻は2078RSA/HCから4174RSA/HCの資料が掲載されており、つまりこのコレクション全体で4174ファイルが所蔵されていることになる。この目録は、ポール・ブーデの分類などによって整理されていないため、検索は最初から一通り目を通すことが必要となる。また、この目録の内容（資料タイトル、請求記号など）をメモする場合、手書きのみ認められ、持ち込んだノートパソコンに直接入力することは禁止されているので注意されたい。

6　閲覧および複写申請手続き

閲覧・複写申請に関しては、第1文書館での許可も必要となるが、第4文書館ではさらにもうひとつ、手順が加わる。申請書はフランス語で記入するが、第4文書館内で許可を出す部署にフランス資料専門（フランス語ができる）スタッフがいない。そのため、閲覧者が申請書を提出した後、閲覧室スタッフが一度申請書の内容をベトナム語に翻訳して該当部署に回し、許可が下りたのち、フランス語で記入された申請書を第1文書館へ送付する。残念ながら、閲覧室にも歴史、およびフランス語に通じたスタッフが2008年11月当時はいなかったため、誤訳の問題も含め、担当者によってはかなりの時間を要する場合がある。

閲覧·複写申請は、第1、第2文書館と同様の形式の申請書に記入して申請する。ファックスなどでの事前申請は行っていない。許可が下りた資料は1週間前後で閲覧できるようである。筆者の場合、5日で資料を出してもらえたが、他の閲覧者の話では2週間以上かかった例もあり、状況に応じて所要日数はかなり流動的である。複写受取も、状況次第で1週間から3週間ほどかかる。複写受取は代理人でも可能である。

7　その他

(1) 阮朝木版について

第4文書館に移管された阮朝木版の目録について若干述べたい。『阮朝木版　総合目録』［Nham et al. 2004］は、ベトナム国家第2文書館の所蔵目録として2004年に出版され、現在第4文書館の閲覧室でもこれが阮朝木版の目録として使用されている。

歴史、地理といったテーマ別に、a）タイトル、b）作者、編者、c）サイズ、巻数、ページ数、言語、d）請求記号、e）概要、f）注の6点について資料ごとに紹介され、巻末にテーマ別の書名リストと、書名、作者名からひける索引が用意されている。紹介されている木版のタイトルは152に上るが、中国のものや、欠損が多く残存枚数が数枚のものも見受けられる。所蔵内容の概要を以下表5で示す。

筆者は実際に木版を閲覧したことはないが、すべてCD-ROMに画像が保存されているためパソコンの画面上での閲覧となり、複写も可能とのことだった。

（2）第2文書館にあるアンナン理事長官府コレクション（RSA）のカード目録について

第2文書館にもRSAのカード目録が存在することは先に述べた。ここで、第2文書館閲覧室で利用できるRSAのカード目録と、第4文書館で使用されている冊子体目録の関連について述べたい。第2文書館閲覧室に備えられているカード目録には、カードボッ

表5　阮朝木版　総合目録概要

	テーマ	タイトル数	書名（一部）
1	歴史	30	大南正編列傳初集・二集、大南列傳前編、越史實録など
2	地理	2	大南一統志、皇城内
3	政治・社会	5	歴朝策略、人世婚娶簿、人世生簿、人世死簿、紅十字會
4	軍事	5	欽定勦平北圻逆匪方略正編、欽定勦平南圻逆匪方略正編など
5	法制	12	明命政要、御製文初集・二集・三集、聖製文三集など
6	文化・教育	31	皇訓九篇、訓俗遺規、欽定對策權輿、國朝郷科錄など
7	宗教･思想･哲学	13	御製天機預兆詩、大学新約、論語新約、禮記新約など
8	言語・文字	14	欽定輯韻摘要、御製古今體格詩法集、三千字など
9	詩文	39	白雲庵詩集、止善堂會集、欽定勦平两圻逆匪方略など
10	その他	1	漢孝恵紀
	計	152	

（出所）Phan Đình Nham (Chủ biên). 2004. Mộc bản triều Nguyễn đề mục tổng quan. Nhà xuất bản Văn hóa thông tin. Hà Nội.

クス表にRSAと書かれているものもあり、ポール・ブーデの分類により整理されている。これは、現在第4文書館に移管されているRSAの目録だと思われるが、第2文書館で複数のスタッフに聞いたところはっきりとした回答は得られなかった。閲覧申請してみると、現在閲覧できる資料には含まれないという理由で閲覧許可が下りず、再度第4文書館に移管したのではないかと尋ねたが、その可能性は否定された。一方で、別の機会にRSAの所在について問い合わせたところ、すべて第4文書館に移ったとの回答を得た。

その後第4文書館において、この第2文書館のRSAカード目録について尋ねたがその存在は把握されていなかった。請求記号も第4文書館で使用されているRSAの冊子体目録のものと異なるため、別の資料であるとの判断を示された。

一方で、筆者が自身の研究のために第2文書館でメモを取っていた18ファイルの請求記号とタイトルを、第4文書館の冊子体目録で再検索し、比較したところ、以下の2つ結果が得られた。

a）ファイルの存在が確認できなかったもの

b）ファイル番号が平均5番ほど前後しているが、同タイトルの資料が確認できたもの

これらのことから、筆者はRSAの2つの目録の対応関係について、以下のように推測する。

RSAは最初ポール・ブーデの分類によって整理され、カード目録としてまとめられた。その後第2文書館によって資料の再整理が行われ、同時に冊子体目録が作成された。その際、欠損したファイルは目録から外され、新たに閲覧できるファイルも加えられ、ファイ

ル番号も打ちなおされた。冊子体目録が完成した後は、検索には主にこの冊子体目録が使われ、第 4 文書館に RSA が移管される際にも冊子体目録のみ移動した。カード目録については使用頻度が激減したのに加えて、閲覧室スタッフの入れ替え、第 4 文書館への移管作業などに伴い、その存在や冊子体目録との関連性についての認識が不明瞭となったのではないか。2. ベトナム国家第 2 文書館第 3 節で言及した第 2 文書館の所蔵資料目録では、RSA の検索方法としてタイプ打ちの目録と、カード目録の両方が紹介されているが［Trung tâm lưu trữ Quốc gia II 2007: 29］、相互関係やファイル番号が異なることには触れていない。

ここで筆者が第 2 文書館の RSA カード目録に着目するのは、使い方によってはこの目録を有効活用できると考えるからである。第 1 に、RSA の内容について第 4 文書館以外でも概要を把握できる場所があることは、現地調査のスケジュールによっては利用価値が高いと思われる。もちろん、閲覧証申請など、一定の手順を踏まなければ第 2 文書館でも RSA のカード目録を見ることはできないが、場所がホーチミンという関係上、別の現地調査などと並行して手続き、目録閲覧を行いやすい。

第 2 に、ダラットの第 4 文書館で利用できる RSA の冊子体目録は、ファイル番号順に並んでいるだけで、検索は一通り目を通すことが必要となる。時間的制約が厳しい場合、事前にある程度必要資料の所在や請求番号をカード目録で確認できると、ダラットでの申請もよりスムーズとなる。冊子体目録は、閲覧申請を行った後、資料到着を待つ間を利用して再度目を通して次回の閲覧申請の準備を行えば、少なくとも数日から 1 週間程度の時間を節約できる。

実際、第 4 文書館の閲覧者の大半が、空き時間を有効に利用するため、第 2 文書館での文献・資料調査と並行して第 4 文書館を利用している[15]。

15　近年ホーチミン－ダラット間の道路事情は良好で､バスで 7 時間ほどである。ダラットからも、シンカフェなどからバスの便が 1 日数便ある他、フォンチャンというバス会社（Công ty Phương Trang, 11A/2 Lê Quý Đôn, Đà Lạt, Tel:0633585858）からは、朝 5 時から深夜 1 時まで、毎時 1 便ホーチミン中心部行きのバスが運行されている。料金も片道 12 万ドン前後であり、バスも近代的な大型観光バスを使用している。多くの外国人閲覧者はこうしたバスを利用し、何度もホーチミン、ダラット間を往復しながら資料収集を行っていた。

4　在フランス海外文書館（Achives nationales d'outre-mer）

1　概略

かつてフランスの植民地であった各国の資料が所蔵されている。インドシナ総督府コレクション、トンキン理事長官府コレクション、アンナン理事長官府コレクション、コーチシナ副総督府コレクションも、ベトナム第1、2、4文書館と、海外文書館とに分散して保管されている。上記のコレクション以外にも、写真や定期刊行物、出版物を含め、インドシナに関する様々な文献資料が利用可能である。利用案内から所蔵資料検索に至るまで、海外文書館のホームページ上で必要な情報のほとんどは入手することができ、大変便利である。

2　連絡先・開館時間

住所：29 Chemin du Moulin-Detesta、13090 Aix-en-Provence

URL: www.archivesnationales.culture.gouv.fr/caom/fr/

Email：caom.aix@culture.gouv.fr

開館時間：月－金曜日　9:00-17:00

3　文書館発行の所蔵資料目録とその概要

所蔵資料はホームページ上で検索でき、ベトナム第1、第2文書館の所蔵目録と同様に、タイトル、年代、資料総数、内容など、詳しい情報を得ることができる。

刊行されている目録としては、『フランス文書館・図書館におけるアジア、オセアニアの歴史資料目録1. 文書館』［Commission française du Guide des sources de l'histoire des nations 1981］がある。この目録では、インドシナ関係資料は公文書館海外セクション（Section Outre-Mer、所在地：パリ）と、海外文書保管所（Dépôt des Archives d'outre Mer、所在地：エクサンプロヴァンス）に分散して保管されていることになっているが、現在これらの文献・資料は、海外文書館で所蔵・管理されている。

4　閲覧証申請手続き

パスポートを持参すれば、申請用紙に記入後、即日発行される（所要時間約5分）。写真もその場で撮影するため、必要ない。閲覧証の種類は1日有効（無料、年一回しか発行されない）、7日有効（10ユーロ）、1年有効（20ユーロ）の3種類ある。学生は公式の証明書を提示すれば半額となる。

5　閲覧室におけるファイル検索方法

2006年では、ほとんどの資料が閲覧室内の端末で検索可能であったが、インドシナの資料に限っては閲覧室入口前にあるカード目録か、冊子体目録での検索であった。

2009年現在では、端末で検索できるインドシナ関係資料も増えてきたようである。

6　閲覧および複写申請手続き

閲覧申請は、専用の端末に請求記号など必要な情報を入力、送信する形で行われる。申請後、2-3時間後に受け取れ、閲覧を開始できる。翌日以降の資料の予約も可能。

複写は自分でコピーカードを購入し、コピーすることができる（複写申請には許可が必要であるが、実際に申請する機会がなかったため所要時間などは不詳である）。

7　その他

閲覧室には、国別に専門の司書の方が資料に関する質問に応じており、インドシナ関係の司書の方は週一回勤務されていた。

5　在ベトナム文書館利用の注意事項

最後に、ベトナムの文書館を利用するにあたって共通する注意事項を数点述べたい。

第1に、利用者自身が常に新しい情報を確認する必要がある。特にベトナムの文書館では利用規定や申請方法、閲覧できる資料や目録など、様々な面で変更が多いためである。

第2に、閲覧・複写申請の際は、申請した日時を記録するだけでなく、申請書のコピーを取っておくことをお勧めする。筆者は今回紹介したベトナムの各文書館で、それぞれ提出書類を紛失される事態に遭遇した。他の研究者も同じような経験をしたそうで、こうした書類の紛失は頻度は高くないものの、たまに起こるようである。また、閲覧室のスタッフは随時同じ担当者がいるわけではなく、入れ替わりも多いため、問い合わせや再申請の際、コピーがあるとスムーズである。

第3に、書類提出後は、閲覧室に出向くか、電話で連絡を取るなどして状況を確認することが、待ち時間の短縮につながる。逐一連絡を入れることで、手続き過程での書類の紛失や別の問題が起こっていた場合も、その事実がより早く判明するからである。また、スタッフや利用規定にある手続きの所要日数は、あくまで目安である。異なる地域での調査を並行して行っている場合、無駄足を運ぶことを避けるためにも、事前に手続きの進展状況や、資料、複写到着の有無などを確認することを強くお勧めする。ただし、第2、第4文書館での手続きは、その遅延や問題などが第1文書館側にある場合があり、第2、第4文書館のスタッフに頻繁に連絡を取りすぎると印象を悪くする可能性もあるので、その兼ね合いが難しいところである。

第4に、文書館でかかる経費であるが、閲覧証発行手数料15,000ドンの他に必要な経費は以下の通りである。資料を閲覧する場合、コレクションを構成する各ファイル、束などごとに資料研究費（nghiên cứu tài liệu）がかかる。料金はa）1954年以前の資料、b）1954-1975年の資料、c）1975年以降の資料と、年代によって3段階に分かれ、それぞれa）2,000ドン、b）1,500ドン、c）1,000ドンである。また、複写料金はA4サイズ白黒コピーで、資料研究費と同じく年代によって異なり、a）1,500ドン、b）1,200ドン、c）1,000ドンである。

おわりに

近年ベトナムにおける文書館での各種手続きはより簡便になり、閲覧環境も改善されてきている。しかし一方で、依然として資料調査には各申請段階でかなりの時間を要する場合もあり、時間的調整が難しく、調査が計画通り進まないことも多々ある。また、資料の保存状態や取り扱いが必ずしも良好とはいえず、傷みも進んでいるように感じる。

最近は外国人研究者のみならず、ベトナム人研究者の利用も増加しており、内外を問わずベトナム研究に文書館が果たす役割は大きい。利用者、特に時間的制約が厳しい海外からの研究者への便宜を図るため、また歴史的価値の高い資料の長期保存・利用を実現するためにも、専門知識を持ったスタッフや施設の拡充と、手続きの簡略化および時間短縮が切に望まれる。

［謝辞］　本稿は、2006年から2009年にかけての各文書館で現地調査をもとに作成したもので、これら

の現地調査は、文部科学省21世紀COEプログラム「史資料ハブ地域文化研究拠点」（東京外国語大学）および松下国際財団から助成を得ました。

参考文献

Commission française du Guide des sources de l'histoire des nations

1981 Sources de l'histoire de l'Asie et de l'Océanie dans les archives et bibliothèques française. New York, London, Paris. Saur. Műnchen.

Direction des Achives et des bibliothèques

1945 Munuel de l'Achiviste instructions pour l'organisation et le classement des Archives de l'Indochine. Deuxieme édition. Hanoi. Imprimerie Levantan.

Ngô Thiếu Hiệu

2001 "Giới thiệu những nguồn sở liệu-tài liệu lưu trữ hiện bảo quản ở Trung tâm lưu trữ Quốc gia I", Hà Nội. Việt Nam học kỷ yếu hội thảo quốc tế lần thứ nhất Hà Nội 15-17.7.1998. Tập IV. 383-387, Hà Nội. Nhà xuất bản Thế giới.

Ngô Thiếu Hiệu, Vũ Thị Minh Hương, Vũ Văn Thuyên, Philippe Papin

2001 Sách chỉ dẫn các phông lưu trữ thời kỳ thuộc địa bảo quản tại Trung tâm lưu trữ Quốc gia I – Hà Nội Tái bản có sửa chữa và bổ sung. Guide des ponds d'archives d'époque coloniale. Consevés au Centre no 1 des Achives nationales à Hanoi Réédition corrigée et augmentée. Hà Nội. Nhà xuất bản văn hoá thông tin.

Ngô Thiếu Hiệu, Vũ Thị Minh Hương (Biên tập)

2002 Trung tâm lưu trữ Quốc gia I 40 năm xây dựng và phát triển 1962-2002. Hà Nội. Trung tâm lưu trữ Quốc gia I.

Nguyễn Thị Mận

2001 Tài liệu lưu trữ ở Trung tâm Lưu trữ Quốc gia III – Nguồn sử liệu để nghiên cứu lịch sử Việt Nam hiện đại. Việt Nam học kỷ yếu hội thảo quốc tế lần thứ nhất Hà Nội 15-17.7.1998. Tập IV. 395-402, Hà Nội. Nhà xuất bản Thế giới.

Phan Đình Nham(Chủ biên)

2004 Mộc bản triều Nguyễn đề mục tổng quan. Hà Nội. Nhà xuất bản Văn hóa thông tin.

Trung tâm lưu trữ Quốc gia II

2007 Sách chỉ dẫn các phông sưu tập lưu trữ bảo quản tại trung tâm lưu trữ Quốc gia II. Hồ Chí Minh. Nhà xuất bản tổng hợp TP. Hồ Chí Minh.

Trung tâm lưu trữ Quốc gia IV

2007 Mộc bản triều Nguyễn. Đà Lạt. Trung tâm lưu trữ Quốc gia IV.

大野美紀子

2012 「『法治国家』」の確立をめざして――新興国ベトナムにおける地方アーカイブズの機能と役割」『東京大学経済学部資料室年報』2: 72-83。

松尾信之

1995 「ベトナムの国立第一文書保管センター」『Museum Kyushu』 50: 32-40。

八尾隆生・岡田建志

2003 「ベトナム史料」『東南アジア史研究案内』(岩波講座東南アジア史別巻) pp.124-129、東京：岩波書店。

ルファイエ、フィリップ（松沼美穂・岡田友和・黒沢和裕訳）

2012 「植民地期ベトナムに関する史料とアーカイブズ——資料の種類と社会科学における利用」『東洋文化研究』 14: 347-376。

ベトナムの社会と文化第 8 号
2018 年 2 月 10 日

特集：ホイアンにおける二種類の中国系住民社会

ホイアンにおける二種類の中国系住民社会

華人と「明郷」

三尾裕子

いわゆる「華僑・華人」研究の中で、土着化した中国系住民に関しては、マレーシアのババや、インドネシアのプラナカン、フィリピンのメスティソなどについて、ある程度の研究の蓄積がある。これらの中国系住民は、中国系の出自であるという意識を持ちながらも、ホスト社会の文化的影響を強く受けたため、意識の面でも文化の面でも中国人性を維持した狭義の「華僑·華人」とは異質の社会を形成してきた。ウイリアム·スキナー［Skiner W. 1996］は、上記の三地域の中国系社会を概観し、文化的にホスト社会の文化の影響を深く受けながらも、完全に同化するのではなく、多様な文化が交じり合ったこうした社会を、文化的に「クレオール化した社会」あるいは土着社会と華僑・華人社会との間の「中間社会」と述べている。さらに彼は、クレオール化した文化を持つ中国系の社会がなぜ上記の東南アジアの限られた地域にのみ出現したのかという問いを立て、それに対して次の三つの要因を挙げている。第一に、ホスト社会が政治的な階層的構造を有する農業社会であり、ホスト社会に同化することで、当該社会での社会的上昇を期待することが出来る場合には、華僑・華人は現地に同化しやすいが、そうでない社会の場合には、同化するのでもなく、中国人性を維持するのでもない中間社会が形成される、と述べた。第二には、中間的な社会は、ヨーロッパの東洋進出の前哨基地となる交易港の成立によって出現した、という。そして第三には、ホスト社会が仏教社会であれば中国系住民も比較的同化され易いが、キリスト教やイスラム教社会である場合には、同化は難しい、としている。

では、上記のスキナーの基準をベトナムに当てはめて考えることが可能であろうか？スキナー自身は、ベトナムの事例については、明郷を中間的な社会としながらも、具体的に依拠する研究が少ないせいか、ほとんど分析していない。ベトナムの明郷は、阮朝において官僚としての社会的上昇が可能であったこと、土着社会が仏教社会であったことなどの点では、同化が促進される条件を持っていたが、他方で、本研究が対象とする中部のホイアンは、ヨーロッパ勢力、中国、日本などの交易船が往来した貿易港として栄えたという意味では、中間社会が形成される条件を備えていた。こうしたことから、ホイアンの事例研究は、所謂「華僑・華人」のクレオール化、土着化を考える上で、重要な位置を占めていると考えられる。また、阮朝やフランス植民地政府の対明郷政策も、中間社会形成に影響を与えた要因として考慮すべきだろう。

しかし、残念ながら、これまでのところ明郷に関する研究は非常に少ない。歴史については、[陳荊和　1957、1970 など]、[藤原利一郎　1986] などによる研究、また建築や町並み保存といった観点からは、昭和女子大学などによる研究 [昭和女子大学ホイアン町並み保存プロジェクト 1997] が行われ、古建築の修復も行われている。しかし、人類学的な研究はほとんどないといってよい。そこで、筆者は、最近数年来、ホイアンにおける短期調査を毎年繰り返してきた[1]。本特集で紹介する以下の二論文は、この調査の過程で、筆者と共同研究を行ってきた現地の研究者によるもので、2007 年 12 月 1 日に行われたシンポジウム「ベトナムにおける中国系住民の歴史・文化とアイデンティティーホイアンの事例から」[2]において発表された口頭発表用原稿を加筆修正したものである。筆者の調査は、両論文の著者の協力なしには、実現しえなかったものであり、この場を借りて感謝申し上げる次第である。

トン・クオク・フン氏は、ホイアンの遺跡保存管理センターに所属する若手の研究者で、明郷や華人を含むホイアンの歴史や文化についての研究、保存、復興などを行っており、漢文や中国語にも習熟している。一方、チュオン・ズイ・チー氏は、かつてのホイアン明郷の名望家に生まれた。彼は、一族の家譜を編纂する過程を通して、ホイアンの明郷社会の研究

1　これらの調査は、「アジア書字コーパスに基づく文字情報学の創成」(通称ＧＩＣＡＳ　2001 - 2005 年度文部省中核的研究拠点 (COE) 形成プロジェクト), 「東南アジアにおける中国系住民の土着化・クレオール化についての人類学的研究」(科学研究費補助金基盤研究（Ａ）2004 – 2007 年度）によって行われた。成果については、[三尾 2006]、[Mio 2008] を参照されたい。

2　本シンポジウムは、「東南アジアにおける中国系住民の土着化・クレオール化についての人類学的研究」(科学研究費補助金基盤研究（Ａ）2004 – 2007 年度　研究代表者：三尾裕子）と、東京外国語大学アジア・アフリカ言語文化研究所共同研究プロジェクト「中国系移民の土着化／クレオール化／華人化の人類学的研究」(主査：三尾裕子）の共催、日本華僑華人学会の後援で行われた。

にもたずさわっている。いわば、ネイティブ自身による歴史と文化の表象を行っているといえるだろう。筆者としては、両氏の論考を通して、ホイアンの明郷についての研究が一層進展することを希望する次第である。

なお、明郷については、ホイアンにおける明郷と、他地域における明郷とでは、様相が異なることを一言明記しておく。ホイアンでは、解放以前、明郷社というコミュニティが華僑・華人コミュニティやベトナム人コミュニティと別個に存在してきた。明郷社は行政的な組織でもあったのである。他方、南部においては、明郷社の行政的な裏づけがホイアンほど強固でなかったと推測される。このため、南部では華僑・華人と明郷とが混同されるケースや、中国系を含むか否かは無関係に異民族の婚姻によって生まれた子孫（すなわち、混血）とほぼ同義で使われているのではないかと思われる地域なども存在するようである。南部の状況については、［小野　1999］や［中西　2005］を参照されたい。

文献

陳荊和

1957 「十七、十八世紀之会安唐人街及其商業」『新亜学報』3(1):273-331。

1970「会安明香社に関する諸問題について」『アジア経済』11(5):79-92。

藤原利一郎

1986 『東南アジア史の研究』 京都：法蔵館。

三尾裕子

2006 「中国系移民の僑居化と土着化——ベトナム・ホイアンの事例から」伊藤亞人先生退職記念論文集編集委員会（編）『東アジアからの人類学——国家・開発・市民』東京：風響社　pp.85-102。

Mio Yuko

2008 Sojourning and Indigenization of Chinese Immigrants: A Case Study from Hoi An, Vietnam. 三尾裕子編『東南アジアにおける中国系住民の土着化・クレオール化についての人類学的研究』（平成16年度～平成19年度科学研究費補助金（基盤研究（A）課題番号16251007）研究成果報告書）pp.1-17。

中西裕二

2005 「ベトナム南部・ソクチャン省D村における親族集団と民族範疇——「クメール人」のプム（phum）の形成過程から」三尾裕子編『民俗文化の再生と創造——東アジア沿海地域の人類学的研究』pp.243-260、東京：風響社。

小野敦子

1999 「南ベトナム社会の明郷集団」『ベトナムの社会と文化』1：323-341。

昭和女子大学ホイアン町並み保存プロジェクト

1997 『ベトナム・ホイアンの町並みと建築』（昭和女子大学国際文化研究所紀要 3 号）。

Skinner, G. W.

1996 Creolized Chinese Societies in Southeast Asia. In Anthony Read (ed.) *Sojournersand Settlers: Histories of Southeast Asia and the Chinese,* pp.51-93, Honolulu: University of Hawai'i Press.

ベトナムの社会と文化第 8 号
2018 年 2 月 10 日

17 ～ 19 世紀の会安商港における華人と明郷人[1]

トン・クオク・フン［宋国興］
（新江利彦訳注）

1　会安の地理的位置

会安（ホイアン） Hội An は北緯 15 度 53 分、東経 180 度 20 分の座標に位置する。今日の会安市社 Hội An Town は越南中部 Central Vietnam 広南省 Quảng Nam Province の一部であり、面積約 6,027.25 ヘクタール、人口約 80,000 人である。会安は複数の水系に幾重にも囲まれており、複数の大河が海に流れ込む前にここで合流する。この地理的位置は、数世紀前に会安が国際的な商港として栄える上で前提条件を構成した。

2　会安における華人と明郷人（17 ～ 19 世紀）

1　華人、明郷人共同体の形成

華人 người Hoa と明郷人 người Minh Hương は会安の重要な構成住民である。歴史上、彼らは会安商港の発展の促進に寄与し、会安住民共同体の文化形成過程において一定の役割を担った。

文献資料及び考古学的な発掘結果によれば、華人が会安に出現した時期は比較的早く、具体的には沙黄（サーフィン）時代（紀元前 2 世紀～紀元後 2 世紀）ごろであり、本地人と交易を行っていた。唐宋になると、彼らはチャンパー人との商取引を推進し、明末清初には、国内の政治的な状

1　Tống Quốc Hưng, *Người Hoa Minh Hương ở thương cảng Hội An xưa*, tháng 11-2007 (Trung tâm Quản lý và Bảo tồn Di tích Hội An, Hội An).

況、商業市場拡張・商業開発の需要と広南阮氏期（1555-1777）の優遇政策とが相まって、華人と明郷人が南河[2] Đàng Trong（Cochinchine）、とりわけ会安地域に渡来し暫住し定住する上で前提条件を構成した。少なくとも17世紀には、会安に定住し、ここで商業活動を営む華人と明郷人の共同体が存在した。

会安華人は五幫華人 người Hoa Ngũ bang と明郷人 người Minh Hương で構成される。五幫華人は、当初は「客住 khách trú」であり、商業のため僑寓するだけで帰化することなく、幫会 bang hội に頼って暮らしていた。五幫と称するのは、会安に渡来する華人の多くが、福建、潮州、嘉応、海南、広東の5つの地方出身者だったからである。

もう一方の明郷人であるが、彼らの大多数は「反清復明」反攻の機会を窺うために会安に一時的に避難していた明朝の旧臣であった。しかし、本国において清朝の勢力がますます増大し、帰ることができなくなった上、広南阮氏が「柔遠人 nhu viễn nhân」[3]政策を採用し、様々な面で優遇したために、彼らは会安での定住を決意し、帰化し、土地・家屋を購入したり、試挙に参加して官僚となったりするなどの権利を享受し、明郷社という彼らの集落を形成することを許された。社の形成を許された当初は、明郷ではなく明香の字を社名をとした。人々は、この字を用いる目的を、異郷客地にあってなおその固有の香火と風俗を維持することであると考えていた。その後、阮朝明命年間（1820-1841）に、香の字は郷の字に改められ、明人の郷を意味するようになった。

2　社会組織：五幫

華人の各幫はそれぞれ会安に会館を建設し、自らの幫を庇護する神々を祀り、そこを同郷会の活動の場とした。ただし、嘉応幫だけは、人口が少なかったために固有の会館を建設せ

2　南河：近世越南における北部と南部の漢文表記「北河」(Bắc Hà ＝ Đàng Ngoài ＝鄭氏東京国 Tonkin、1555-1788)、「南河」(Nam Hà ＝ Đàng Trong ＝阮氏広南国 Cochinchine、1555-1777）に基づく呼称。いわゆる南ベトナム（南越）を指す。なお、Cochinchine の指す地域は時代ごとに違っており、仏領時代（19～20世紀）の Cochinchine は18世紀広南国 Cochinchine の南半分だけを指している。

3　柔遠人：儒教の外国懐柔政策。『中庸』に云う。子曰：凡為天下國家有九經，曰：脩身也、尊賢也、親親也、敬大臣也、體群臣也、子庶民也、來百工也、柔遠人也、懷諸侯也。脩身，則道立。尊賢，則不惑。親親，則諸父昆弟不怨。敬大臣，則不眩。體群臣，則士之報禮重。子庶民，則百姓勸。來百工，則財用足。柔遠人，則四方歸之。懷諸侯，則天下畏之。齊明盛服，非禮不動，所以脩身也。去讒遠色，賤貨而貴德，所以勸賢也。尊其位，重其祿，同其好惡，所以勸親親也。官盛任使，所以勸大臣也。忠信重祿，所以勸士也。時使薄斂，所以勸百姓也。日省月試，既稟稱事，所以勸百工也。送往迎來，嘉善而矜不能，所以柔遠人也。繼絶世，舉廢國，治亂持危，朝聘以時，厚往而薄來，所以懷諸侯也。

ず、中華会館において活動を行った。各幫の会館はいずれも「理事会 lý sự hội」と呼ばれる治事班（役員会）を持ち、幫衆たちは選挙でその構成員を選び、幫の仕事を管理させた。治事班の筆頭は幫長、補佐は副幫長であり、その他に「書記」、「守櫃」（会計）、「対外」（渉外）などの係を置いた。中華会館（洋商会館とも呼ぶ）は五幫共通の活動の場であり、ここにもその治事班である中華会館理事会が置かれ、その構成員は会安に住む全ての華僑により選挙で選ばれた。中華会館理事会は五幫の代表であった。中華会館にはまた「董事會 Đổng sự hội」が置かれ、学校運営など、会安における華僑子弟の教育訓練を担った。

かつて、中華会館は華人共同体の共通の活動の場であると同時に、会安を商用で訪れ暴風雨などで出航できなくなった華人の商客、客住の、あるいは会安に来たばかりでまだ決まった家を持たない商客の暫住休息の場でもあった。治安維持の必要と、商用で会安を訪れる華僑に関する諸規定に基づき、華人たちは10条から成る条例の草案を作り、これを商客全体の投票にかけて、黎朝永祐年間に洋商会館において碑文としてそれを刻んだ。条例の正式名称は「洋商會館公議條例 Dương Thương Hội Quán Công nghị Điều lệ」であり、会安における華人と明郷人の唯一の郷約 bản hương ước である。

明郷社は越人の集落としての性格が強く、基本的な集落の管理・運営の組織機構は越人のそれに準じている。具体的には、明郷社には明郷萃先堂 Minh Hương Tụy Tiên Đường に事務所を置く該管組織があり、社務を行っていた。この組織は明郷社郷政会同 Minh Hương Xã Hương Chính Hội Đồng（または「代理社務 đại lý xã vụ」）と呼ばれた。この組織の筆頭は里長であり、補佐は副里であり、郷老、郷長があり、また郷礼、郷検、郷睦、郷本、郷簿の五郷のシステムがあって、社務を輔弼していた。明郷社郷政会同は、明郷諸族派を管理するだけでなく、五幫華人や、明郷社内に住む越人も管理していた。更に、それは河潤社 Hà Nhuận Commune の香和鄰 Hương Hoa Lân や三岐 Tam Kỳ Town の香慶鄰 Hương Khánh Lân、広義 Quảng Ngãi Town の香春鄰 Hương Xuân Lân など、会安の域外にある鄰 Lân や譜 Phổ なども管理していた。また、彼らは各衙所や艚務司などと協力して、各国からの商船を管理し、秤を計り、値段を決め、通訳を務めた。そして、巡司 tuần ty、夫役 phu phen 、雑役 tạp dịch などを免除された。孔天如 Khổng Thiên Như、周岐山 Chu Kỳ Sơn など才能の有る明郷人が広南阮氏から全権を委任され、会安に出入りする諸国の船や貨物を管理する該府艚 Cai Phủ Tàu、知簿艚 Tri Bạ Tàu などの重責を担った。

3　会安における華人と明郷人の経済活動

1　商業

華人と明郷人が会安に渡来した目的は避難と商業であった。実際、会安において、共同体の特殊性や職業上の長所のために、華人と明郷人は、商業、サービス業、小手工業やその他の各産業と適合する経済機構を、自分たちのために作り上げた。とりわけ目立ったのは商業である。17世紀末以来、会安における日本商人の役割は徐々に中華商人に取って代わられていった。18世紀初頭において、華人は会安商港における商業経営と商業関係の大部分を掌握していた。

市街中心部で商業を営む他、華人と明郷人は会安近隣の諸地域に散らばって住んでいた。林産その他の特産物を「卸値で買って末端価格で売る」ために、広南省西部山岳地帯にも敢て住みついた。毎年、彼らは各地方で林産その他の特産物を買い取り、秋盆江 Thu Bồn River を経由して会安に集積し、簡単な加工を加えた上で商人たちに売り、本国に持ち帰らせた。各国から来た商人たちはまた、そこで、会安及びその近隣の住民たちに、本国から運んできた商品を売った。複数の家庭の族譜によれば、華人と明郷人がよく買い取っていた林産その他の特産物は、桂、胡椒、檳榔、熊蜜などであり、売っていた商品は布、刺繍、漢方薬などであった。

2　古伝医学

会安における産業活動に言及するとき、我々は、この地における華人と明郷人各家庭の古伝医学に言及しないわけにはいかない。会安商港の全盛期において、商業や手工業と並んで、製薬業が盛んに行われていた。この時期、陳富舗 Trần Phú Street、阮太学舗 Nguyễn Thái Học Street、黄文樹舗 Hoàng Văn Thụ Street、黎利舗 Lê Lợi Street などの今日の表通りには、潮發號 Triều Phát Hiệu、芝草堂 Chi Thảo Đường、春生堂 Xuân Sanh Đường、和春堂 Hòa Xuân Đường、維益堂 Duy Ích Đường、明德堂 Minh Đức Đường などの漢方薬局が軒を並べていたのである。

薬の種類の多様さや、有名な薬師たちの出現は、会安の、広くは広南地方、南河国全域における古伝医学の発展に寄与した。膨大な数の漢方薬局と、才能有る薬師たちの出現によって、会安は古伝医学による「診断治療センター」の態を呈し、朝廷からも薬を買う使いがやってくるほどであった。

3　造船業その他の産業

華人と明郷人は、各舟匠 Chu tượng の工房における造船業にも積極的に参加した。広南阮氏期の 1760 年、広南官公堂 Công Đường Quan Quảng Nam の仄聞 trác văn に云う。「明香社郷長及び会館各客に明らかに伝えよ。相談して早急に 3 人の造船巧者を選び、工房 trạm bãi に伺候させよと。今伝えるものなり」。また、西山阮氏期の 1780 年、工部の督理戦艚官 Quan Đốc lý chiến tàu の造新戦艚の伝詞 tờ truyền も、「明香社に対し、同時に 15 人の造船工人を手配するよう命じる」と云う。越南阮朝期になると、燦星燕税公司 Xán Tinh Yên Thuế Công Ty、潮發號 Triều Phát Hiệu、新立號 Tân Lập Hiệu など、複数の華人企業が燕巣の開拓にも乗り出した。彼らは朝廷から開拓を請け負い、ノルマ分を納税し、その残りを自分で加工して、各国の商船や本国の商船に売り、持ち帰らせた。上記の商業、貿易活動の他、会安における複数の華人と明郷人が、鑄匠、鹽戸、金戸 、銀匠などの工房において、手工業によって生計を立てていた。この他、彫刻、暦作り、冥器作りなどの家内制手工業があった。彼らもまた、地元の伝統手工業の発展に寄与した。

4　文化生活、風俗習慣、宗教と信仰

1　居住文化

会館、殿台、廟宇など、会安における華人と明郷人の各信仰施設は、いずれも中国における四合院の様式で作られ、前殿、正殿と東西二つの廂から成り、國という漢字を形作る。これらの建造物の建設に当たっては、技術的要求を満たすと同時に、旧来の建造物と調和するよう、外観の美術的造形にも注意が払われた。これらの建造物における主要な色彩は赤と金である。その他に青、白、黒などが用いられ、荘厳で威儀のある雰囲気を醸成した。建造物の登り梁や柱には雲龍、蝙蝠、鯉、如意玉など、吉祥のイメージが彫刻され、発達、昇進、善美な生活への願いがこめられた。

会安における華人・明郷人の住居は特徴的なものである。多くの民家は、この道からあの道に抜け出るという、二つの道の間に筒型に作られていた。住居は前後二つの部分からなる。前家 nhà trước は供祀、接客、商取引に使用するために贅が凝らされ、上には大書された扁額や、朱塗り金箔或いは螺鈿細工の立派な対聯が飾られ、下には趣味よく周囲と調和

した陶磁器、花瓶、盆栽が飾られて、目にも鮮やかな理想的な空間が形作られた。前家と後家の間には吹き抜けの橋家 nhà cầu があり、両者を結ぶ機能を持つと共に、書斎（書房 thư phòng）の役割、読書や書き物の場所として、また、風の涼しい夕べには、月見や星見 ngắm trăng ngắm sao の場として使用された。橋家の前は、灯り取りのために吹き抜け phần sân trời になっており、風通しをよくすると同時に、景観づくりのために朱が塗られ、美しく飾るために書が飾られた。このような色鮮やかで美しく調和のある空間は、住む者を快適にし、和ませた。窓の目 mắt cửa は会安建築の独特な特徴の一つであり、種類も豊富である。朱色や赤い布と結合された窓の目は、住居の前面を印象づけると共に、その生命力、威儀を際立たせる。窓の目は、扉枠の石を固定する閂の機能と共に、出入り口の上の母屋梁 xà chính の上に組まれた。それはまた、住居に審美的な姿を持たせると共に、厄除け vật trừ tà でもあり、好ましくないもの、よくないものを追い払い、家内に住む全ての人々に平安をもたらすものであった。

2　風俗習慣

当初はどの氏族も僅か数名の者だけが会安に渡来して立業し生計を立てようとした。初めは小さな所帯であったが、子供ができ、孫が生まれて、日増しに大所帯となって、ついに氏族 dòng họ を形成した。そして、氏族組織が設立され、祖先供祀のために祠堂が作られ、氏族の業務を運営するために家族会同 hội đồng gia tộc が作られた。

どの氏族もみな家譜を残している。家譜は氏族にとって大切なものである。それは、氏族の中の、数世代にわたる、生誕以来の功状行縦、生日と命日、墳墓の位置が記された「史書」である。そこにはまた、会安舗 phố Hội An に至るまでの移住過程や、洪水、市場の火災、祠堂の建設など、会安に関する様々な問題が記されている。今日でも、羅族、陳族、張族、周族、劉族などが、価値の高い家譜を伝えている。家譜の一部は中国で書かれ、中国から持ってきたものである。

家譜において特別な事柄は、氏族における世系と尊卑の分定（世代の長幼を示すこと）である。華人や明郷人は、一般に、世系詩或いは族祠堂に祀られている対聯 câu đối の文字を以って、一つ一つの世系の者たちの命名において、通字としてそれをつける。通字は、お互いを親戚同士であると認識し、かつ親族内の呼称を識別するのに役立つ。世系詩や対聯の文字は、会安に登場した氏族の世代数や年代に関して、我々に相対的に正確な情報を提供する。

当時の婚姻関係もまた多くの留意すべき点を有する。明郷人は越南に帰化し、自分たちの集落を作ることを認められ、一人の越南公民としての権利を享受していた。そのために、彼らの婚姻規定もまた、越人のそれを踏襲していた。一方、華人は、男性には越人女性との婚姻を認めたが、女性には越人男性との婚姻を認めようとはしなかった（一部の例外を除く）。この状態は20世紀初頭まで続いた。

衣服に関して。かつて、華人は、南河国を訪問した清国の釈大汕和尚が述べているように、明代の衣服を着ていた。『海外紀事』に云う。「大唐街悉閩人仍先朝服飾」（中華街は福建人が多く、彼らは先朝の衣装を身にまとっている）と。その後、多くの家族が今も保存しているように、華人たちは満州風の衣服を着るようになった。ただし、明郷人は常に越人式の衣服を着ていた。

3　宗教、信仰

文献資料から見ても、実際上も、会安における華人と明郷人の共同体は儒教の枠組みを本としていた。即ち、尊長敬老、尊卑上下の精神を持っていた。祖先祖父母の供祀は、あらゆる者、あらゆる家族にとって、神聖な義務とされた。故に、その祖先供祀の場は、住居の中で最も重要な位置に置かれた。祭壇 bàn thờ、祭龕 khám thờ は厳粛に、整理整頓されていた。毎年の清明節、冬至節には、祖先に対する墓参り、墓掃除や供祭が執り行われた。

華人及び明郷人は多神祭祀の風俗を持っていた。それはまた、道教の影響の諸表現の一つであった。彼らによって祀られる最も普遍的な神格は、關聖帝君、天后聖母、玄天大帝、財神などである。伝説によれば、天后聖母は海上遭難者の救済を司る女神であり、航海の神であり、中華会館や福建会館の正殿において、荘重に祭られている。

關公廟は、明郷人共同体の提唱により、会安舗の中心区域に建設され、關聖帝君を祀っている。彼は忠誠、節義を象徴する神格であると同時に、除邪護命の神格であり、人々に平安をもたらす。この他、一般の華人家庭においても、大きな祭龕を設けて關聖帝君を祀るところが多い。

華人及び明郷人の多くは商業で身を立てていた。彼らが最も多く祀っていたのは財神である。彼は、「専慮頒財発禄」人々に財を分かち禄を発することを司る神格である。故に、彼はただ信仰施設において祀られるだけでなく、どの商店にも祭龕があり、発財発禄、最小の投資で最大の利益が得られるよう、願いをこめて祀られている。

会安はまた仏教の影響の濃い地域でもある。この地は、臨済宗祝聖派の発祥の地である。この宗派の草創期の和尚たちはみな福建、潮州など南中国から渡来した人々であった。会安における仏教の登場は、ここで暮らしていた華人や明郷人に影響を与えないはずは無かった。

明郷人は会安舗の中心区域に明郷仏寺を建立した。一般の華人、明郷人家庭の多くも、自宅に仏壇を持っている。

4　伝統祭礼

経済、飲食、居住などの各活動の他、華人及び明郷人の共同体は、元宵節、関聖迎、六姓迎、天后迎などのような、「中華色彩」豊かな様々な伝統祭礼を有する。

元宵節

毎年陰暦正月15日に行われる。大きな祭礼であり、共同体性が高く、中華伝統文化の性格が濃い。華人及び明郷人は、一年の最初の満月の日は、天官賜福の日であり、無病息災や豊作を祈って盛大に供祭を行う。この日はまた、創業や集落形成に功労のあった前賢たちを祀る日でもある。広肇会館と潮州会館では、元宵節は前賢の忌祭、即ち幇の「祭拝先賢」の日である。この日はまた、この二つの幇に属する華僑たちが互いに顔を合わせる日でもある。

六姓王爺寶誕

六姓王爺とは、欽王、張王、舜王、周王、黄王と十三王という、6人の明朝に忠実であった将軍のことである。17世紀、明朝が衰微し、満清が入関して中原を占領したとき、6人は満清に屈服せず、「反清復明」の反攻を企てて戦死した。6人の忠誠と義気を顕彰するために、福建人はその像を彫り、神殿を建てて供祀し、6人を自分たちの幇の前賢と同一視する。その供祭は毎年陰暦2月16日に行われる。この祭礼は会安に住む華人を引き付けるだけでなく、近隣の人々もまた、無病息災と財禄を願ってその祭礼に参加する。

天后聖母寶誕

この祭礼は華人商人の信仰から始まったものである。かつて、彼らは船で海を越えて各地で交易を行った。優しさは少なく、凶暴さばかり多い海において、彼らはしばしば天災風浪に遭遇した。しかし、不思議なことに、天災に遭遇するたびに、救ってくれる女神が現れる。それが天后聖母である。彼女のおかげで船は遭難を免れ、順風満帆に航海できる。天后聖母寶誕は陰暦の22日と23日[4]に、盛大に行われる。老人たちの語りによれば、かつて、会安における天后聖母寶誕の祭礼においては、女神の駕籠 kiệu bà や山車 xe hoa が出され、商人たちは女神を迎えるために香案を並べ、蝋燭を立て、盛大に花火を鳴らしたものだという。

關聖帝君寶誕

華人及び明郷人と会安に暮らす越人は、武聖関公を祀るため、共同で会安舗の中心区域に関公廟を建設した。関公は阮朝から勅封状を授けられ、「敕封三界伏魔大帝神威遠振天尊關聖帝君」の称号で呼ばれ、毎年その迎礼を行い、霊庭供祭を行うよう詔されている。この廟宇は関公信仰の中心地であり、毎年陰暦6月24日になると、明郷社はここで霊庭供祭を行っていた。供祭の際には、官吏、地元住民、諸国の商人たちが祭礼に参加した。廟宇における供祭の他、集落の中で天災や疫病などの不祥事が発生したときには、人々は関公の迎礼を行い、彼を駕籠に載せて街じゅうを巡遊させ、怪異を退治し、集落ぜんたいに無病息災をもたらすよう祈った。彼の駕籠が通り過ぎるたびに、会館や民家の前に香案が並べられ、沈香が焚かれ、花火が鳴らされ、幸せと平安が祈られた。

上述の主要な祭礼の他にも、明郷社の各帳簿によれば、元旦節、清明節、端午節、中秋節、冬至節、神仏誕など、様々な祭礼が行われていたことがわかる。また、朝廷の大礼である万寿節や春祭、秋祭に際しても、明郷萃先堂において祭事が行われていた。

5　結論

華人共同体及び明郷社の形成及び発展の歴史は、17世紀から19世紀に至る会安商港の発展と結びついている。商業を主要な活動とする一集落であるという特徴によって、華人及び明郷人共同体は、数世紀間において会安商港の繁栄を築く上で大きく貢献し、今日の会安古都市文化の面貌において深い文化的諸痕跡をもたらした。故に、会安古都市文化の歴史について研究する際には華人及び明郷社問題に言及することは不可欠である。逆に、この共同体の形成と発展に関連する諸問題を明らかにすることで、我々は会安古都市に関してより十分

4　天后聖母寶誕の行われる陰暦の月は記されていない。

でより全面的な認識を持てるようになる。

会安古都市の歴史的・文化的諸問題と同様に、会安における華人及び明郷社問題もまた、極めて豊富かつ多様であり、様々な内容を包含するものであり、多くの歴史的時期に及ぶものであり、内外の様々な資料源の中に眠っているものである。本報告において、筆者の叙述は、概括的・要約的なものにとどまる。それらは十分でも詳細でもない。より十分な情報を得るためには、会安においてだけでなく、広く北部及び南部において、その他の越南国内各地において、更に海外において、華人及び明郷人に関する資料収集と現地調査を行う必要がある。そうすることにより、初めて、往時の会安商港における華人及び明郷人問題に関して、正確で具体的な評価を行うことが可能になるであろう。

2007 年 11 月、会安にて。
宋国興

参考資料

〈越文〉

Borri, Christoforo

1998 *Xứ Đàng Trong năm 1621*, Hồng Nhuệ, Nguyễn Khắc Xuyên, Nguyễn Nghị dịch, Nhà Xuất bản Thành Phố Hồ Chí Minh, Thành Phố Hồ Chí Minh.（『1621 年のコーチシナ紀行』紅鋭、阮克川、阮議訳、胡志明市出版社刊）

Phan Du（潘攸）

1974 *Quảng Nam qua các thời đại*, Cổ học tùng thư, Sài Gòn.（『広南省歴代誌』古学叢書）

Tống Quốc Hưng（宋国興）

2007 "Hội quán của người Hoa ở Hội An," *Tạp chí Thế giới Di sản*, số tháng 11/2007.

Trần Văn An, Trần Ánh, Nguyễn Chí Trung, Nguyễn Đức Minh, Tống Quốc Hưng（陳文安、陳映、阮志忠、阮徳明、宋国興）

1998 *Minh Hương xã ở Hội An*, Đề tài nghiên cứu cấp tỉnh, Tỉng Quảng Nam, năm 1998.（『17 ～ 19 世紀会安の明郷社』1998 年広南省省級研究課題）

Trần Kinh Hòa（陳荊和）

1960 "Mấy điều nhân xét về Minh Hương xã và các cổ tích tại Hội An, *Việt Nam khảo cổ tập san*, năm 1960.（「会安の明郷社及び各古跡に関する数条の考察」『越南考古輯刊』1960 年号所収）

Thích Đại San（釈大汕）

1964 *Hải Ngoại Kỷ Sự*, Ủy ban phiên dịch Đại học Huế, năm 1964.（『海外紀事』順化大学翻訳委班訳）

Tưởng Quốc Học, Tống Quốc Hưng, Dương Văn Huy（蔣国学、宋国興、楊文輝）

2007 "Sự hình thành cộng đồng người Hoa và hoạt động thương mại của Hoa thương ở Hội An thế kỷ XVIII – VIII," *Tạp chí Đông Nam Á*, số 3/2007.（「17 ～ 18 世紀の会安における華人共同体の形成と華商の商業活動」越南社会科学学院東南亜研究院『東南亜研究雑誌』第 3 号所収）

〈中文〉

陳荊和

1957 「十七・十八世紀會安唐人街及其商業」『新亞學報』1957 年号所収。

葉傳華

1974 『會安今昔』會安中華會館出版。

* このほか、会安における明郷社及び華人家庭の様々な漢喃手稿文書を参照した。

ベトナムの社会と文化第８号
2018年２月10日

越南会安明郷張敦厚族[1]
会安における生活と統合の過程

チュオン・ズイ・チー［張惟智］
（新江利彦訳注）

1　歴史起源

１　人物、故郷、会安渡来時期

『張族家譜[2] Gia phả Tộc Trương』によれば、会安（ホイアン） Hội An に住んだ一族最初の人物は張茂遠 Trương Mậu Viễn、号将利 Tương Lợi である。将利公は中国福建省漳州府詔安県の出身であり、清朝康熙58年（1718）に生まれた。公は18世紀半ば、広南阮氏の武王阮福闊（武王）の治世（1738-1765）に、南河 Đàng Trong[3] の重要な港市 cảng thị であった会安に渡来した。公は1763年に会安で逝去した。

２　会安渡来時期の推定根拠

・誕生年から計算すると、公は会安に渡来した武王年間にすでに30代の成人であった。

・公の3人の子供は全て1761年以降の生まれである。

・1763年に亡くなっている。

1　Trương Duy Trí, *Tộc Trương Đôn Hậu, làng Minh Hương, Hội An, Việt Nam: Quá trình sinh sống và hội nhập tại Hội An*, tháng 11-2007（Trung tâm Văn hóa và Thể dục Thị Xã Hội An, Hội An）.

2　『張族家譜』：1992年癸酉年会安にて編纂。報告者張惟智が依拠したものは、その1993年印刷版（国語ローマ字による）。完全漢文版は現存しない。

3　南河 Đàng Trong：近世越南における北部と南部の口語表現「北河」（Băc Hà = Đàng Ngoài ＝鄭氏東京国、1555-1788）、「南河」（Nam Hà = Đàng Trong ＝阮氏広南国、1558-1774）に基づく呼称。いわゆる南ベトナム（南越）を指す。（越南口語の「中 Trong, 外 Ngoài」は「南 Nam, 北 Bắc」と同義）。

・陳荊和教授 Trần Kinh Hòa（「会安の明郷社及び各古跡に関する数条の考察」[4]『越南考古輯刊』第1号、西貢、1960年：20頁）によれば、1960年当時、周丕基翁 Châu Phi Cơ（号美川、Mỹ Xuyên Châu Phi Cơ）が、茶饒 Trà Nhiêu にあった明香社 Minh Hương Commune への正式加入[5]を希望する明香社居住者の名簿を含む明香社の嘆願書 lá đơn を2通保管していた。しかし、現在この嘆願書は所在不明であり、その名簿の中に張茂遠公の名があるかどうかを確認することはできない。張茂遠公が会安渡来の初期に茶饒に居住していたことは、『張族家譜』に記されている。

2　居住と土着化

1　明香社への加入と帰化

公は越人女性と結婚し、子供が生まれたとき、公は彼らを帰化[6]させ、17世紀半ばに会安に形成された中国系移民の集落である明香社（会安）に定住した。張族は第二世代から越南公民となった。

この時点における帰化は、張茂遠公にとって重大な一選択であった。当時、広南阮氏の朝廷は、南河国 Đàng Trong において、とりわけ会安において、当該地域の華人移民たちが安心して生活していくための前提条件をすでに整備していた。

2　会安における社会生活への適応

張茂遠公の2人の息子は張承金 Trương Thừa Kim（1761-1801）、号金光 Kim Quang, 諡号敬慎 Kính Thận と張承宝 Trương Thừa Bửu、号惟善 Duy Thiện（1763-1793）であり、彼らは会安において商業に従事すると同時に、明香社の行政に携わった。張承金公は明香社の郷長[7]を務めた。2人は越人女性と結婚し、明香社において安定した生活を築いた。越南公民として、2人の子孫たちは学業に励み、科挙を受験し、複数の者が越南阮朝朝廷において官吏に登用された。

4　Trần Kinh Hòa, “Mấy điều nhận xét về Minh Hương xã và các cổ tích tại Hoi An,” *Việt Nam Khảo Cổ Tập San, số 1,* 1960（Viện Khảo cổ, Sài Gòn）.

5　正式加入：原文「入居」nhập cư.

6　帰化：原文「入越籍」nhập Việt tịch.

7　『明香郷賢譜圖』（Minh Hương hương hiền phổ đồ, 宋国興訳、会安遺跡管理保存中心、1998年6月）を参照。

3　学業、試挙と官吏への登用

広南阮氏及び後の越南阮朝の政策[8]は、中国系移民たちを越南の社会生活に参加させるための前提条件を整備した。張敦厚族の構成員もまた、他の全ての越南公民と同様に、越南の社会生活に参加した。

明香社の複数の碑文は、張至詩公 Trương Chí Thi（1797-1852）が秀才に合格したことを記す[9]。張至詩公は、錦海二宮（Cẩm Hải Nhị Cung = chùa Bà Mụ Hội An）の正門の設計者でもある。

張至議公 Trương Chí Nghị（1784 - 1811）は嘉隆年間（1802-1820）に課生に合格した。

澄漢宮（Trừng Hán Cung = Chùa Ông Hội An）の中間に掲げられている横扉（おうひ）（扁額）は、張至謹公 Trương Chí Cẩn（？ -1859）、号香亭 Hương Đình が、明命 15 年（1834）に兵部主事 Binh bộ Chủ sự であったことを記す。張至謹公は、明命 21 年（1840）に張族祠堂を建設している。

その後の世代においても多くの者が学業に励み、科挙を受験し、阮朝歴代の朝廷で官吏に登用された。

張同洽公 Trương Đồng Hiệp（1857-1926）、号舜夫 Thuấn Phu は、成泰年間の甲午科（1894）において舉人に合格し､広南省訓導 Huấn đạo を務め､翰林院侍講（従五品文班）に昇った。1908 年、広南省大禄県収税争議 vụ nhân dân Đại Lộc nổi dậy chống sưu thuế に際し、知県 Tri Huyện が会安に逃げ帰ってきたので、当時の仏国公使は張同洽公を大禄県人民の弾圧に当てようとしたが、仏国植民地主義者の陰謀を察知した公は辞表を出して引退し、張族祠堂に私塾を設けて子供たちを教えた。公はまた明郷社[10]のために複数の碑文を立てており､その多くが現存し、明郷並びに会安の歴史と文化を研究する上で貴重な資料となっている[11]。

張同明公 Trương Đồng Minh（1806-1843）は、秀才に合格した。

張懷璞公 Trương Hoài Phác（1847 - 1901）、号素庵 Tố Am は嗣徳年間の甲子科（1864）におい

8　広南阮氏及び越南阮朝の政策：両者（1558-1774, 1802-1945）の政策は確かに親華人的であったが､一方で､西山阮氏（1777-1802）のように､短期間とはいえ会安華人虐殺を行った越人政権もあった。

9　秀才に合格したことを記す：張至詩の生年から考えて、明命年間（1820-1841）の合格であろう。

10　明郷社：明命年間（1820-1841）以後の記述に際しては、明香社を明郷社と記す。

11　澄漢宮啓定七年碑記（1922）などが現存する。

て舉人に合格し、北河[12] Bắc Hà において先興府[13] Tiên Hưng Prefecture の知府 Tri Phủ を務めた。明郷文聖廟嗣徳二十四年碑記（1871）は、彼が吏部主事充機密院に昇ったことを記す。

張庭轟公 Trương Đình Hoanh（1911-1994）、号飛瑛 Phi Anh は、1950 ～ 60 年代に会安において二つの大店(おおだな)を経営し、同時に明郷社において三寶務 Tam Bảo Vụ の社務を務めた。彼はまた 1957 年に飛瑛戯院 Hý viện Phi Anh を建設し、会安における改良劇芸術 kịch cải lương、話劇芸術 kịch nói の伝播に努めた。

張庭桄氏 Trương Đình Quang（1928 生）は、1954 年に北越に集結[14]した後も伝統音楽の研究を続け、当該領域における一専門家となった。彼もまた会安において芸術文化活動に価値有る寄与をなした。

1945 年の 8 月革命以後、張敦厚族の構成員の一人、第七世代の張庭顯氏[15] Trương Đình Hiển（1941 生）が、ソ連において物理学の博士号を取得した。彼は社会主義北越で育ち、河内総合大学物理学科に学んだ後、モスクワのソ連海洋学院に留学した（1967）。彼は、数式模型、海洋動力、海洋水文などの分野において、自ら及び同僚たちと共に、140 本、22,000 頁の学術論文を公刊した。彼は、『海洋物理』（Moscow 科学出版社、1978）、『大洋の気象循環』（Leningrad 水文気象出版社、1982）など、ソ連科学アカデミーに複数の大規模研究をもたらした唯一の越南人である。彼はまた、広義省 Quảng Ngãi Province の橘汎 Dung Quất における工業団地及び深水港計画の設計者の一人でもある。現在、張庭顯氏は、越南自然科学工芸院 胡志明市自然科学工芸院 物理院 海文工程室において上席研究員を務めている。

張惟犧氏 Trương Duy Hy（1934）、号詩好 Thy Hảo は地方文化研究者であり、広南省の歴史文化研究活動において価値有る寄与をなしている。

その他にも、学業において寄与をなした多くの人々がある。

12　北河 Bắc Hà：近世越南における北部と南部の漢文表記「北河」（Bắc Hà = Đàng Ngoài ＝鄭氏東京国、1555-1788）、「南河」（Nam Hà = Đàng Trong ＝阮氏広南国、1558-1774）に基づく呼称。いわゆる北ベトナム（北越）を指す。

13　現・興安省 Hưng Yên Province（紅河デルタ、河内城舗 Hà Nội City の東隣）。

14　集結：1954 年、越南南北分離独立と、越南民主共和国戦闘員の北越への集結、フランス共和国戦闘員の南越への集結を定めた ジュネーヴ仏越停戦協定に基づき、民主共和国の戦闘員だけでなく、その支持者の多くが北越に集結（避難）することを選択した。南越に残留した民主共和国支持者、共産党支持者は、その後、越南共和国（南越）の政府により投獄されるなどの虐待を受けた。

15　黄明仁「張庭顯と我が友人たち」『中部の渇望』労働出版社、2006 年（Hoàng Minh Nhân, “Trương Đình Hiển và bạn bè của tôi,” *Khát vọng miền Trung*, Nhà Xuất bản Lao Động, 2006）641 頁から引用。

4　地元の人々との結婚

一族の構成員たちは、成人して所帯を持つ際に、民族及び文化問題において困難に直面することはなかった。このことは、会安において、華越両民族の社会関係がいまだかつて衝突･緊張したことがないことを反映している。そのことは、明郷の氏族及び会安のその他の華系越人に共通している。このことは、越化の過程を加速すると共に、会安において一族の者が生活していく上で有利となった。

20 世紀以前及び 20 世紀初頭において、婚姻は封建的礼教の重い支配を受けていた。族人男女は父母の命令に従って所帯を持った。多くの者は、必要なときに自分たちの家族を助けてくれるような、同じ地方の、同じ階層の者と通婚することを望んだ。そのため、婚姻においては、種族問題よりも、近所・同郷であることが重視された。明郷人を取るか、華人を取るか、越人を取るかというのは、最優先される選択ではなかった。

張族の男女は、学識と社会的地位を持つ家庭の子弟、或いは道徳があるとされる地元の庶民の子弟と通婚した。明郷社住民或いは広南省内の明郷人集落の者である必要は無かった。范畯公 Phạm Tuấn の正室となった張氏遂 Trương Thị Toại 夫人（第五世代）はその一例である。

范畯公は嗣德 5 年（1852）生まれ、広南省奠磐府延福県 huyện Diên Phước, phủ Điện Bàn, tỉnh Quảng Nam の人である。彼は咸宜乙酉科（1885）において進士に合格し、成泰戊戌科（1898）. において再び進士に合格している。彼はその年に成泰帝から五鳳齊飛[16] Ngũ Phụng Tề Phi の称号を授けられた 5 人の広南省出身の進士たちのうちの一人であった。

20 世紀末から、国内の移動が容易かつ当たり前のようになったため、張族の族人たちもまた、遠く南部や北部の異なる地方の人々と所帯を持つようになった。

3　中国起源の諸風俗及びその衰退過程
（明郷の複数の氏族と会安の華系越人の家庭の比較）

中国からもたらされた諸風俗と、張族において採用された越南の諸風俗

大変残念なことに､張族の筆記資料の多くは失われて､現存していない｡しかし､節日､忌祭､

16　欧陽修『帰田録』に見える宋朝太宗（在位 976-997）が 5 人の成績抜群だった同郷の進士に与えた称号。ここでは、この故事にあやかって阮朝成泰帝（在位 1889-1907）が 5 人の成績抜群だった広南省 Quảng Nam Province 出身の進士に与えた称号。

命名などに残る習慣の中に、福建華人が越南にもたらし、長期間維持されてきた風俗の一端を見ることができる。そのうちの幾つかは今もなお実行されている。

（節日）

『張族家譜』（国語ローマ字版、現在張族祠堂に所蔵）によれば、1950年代まで、張族祠堂は冬至節（陽暦12月22日）の供礼を維持していた。この供礼においては、チェーチョイヌオック chè trôi nước（餅の入った甘汁）が用いられ、茶碗の中には赤いしるしのついたチョイヌオック（白玉）が入っていた[17]。祖先の供礼に際しても、依然として複数の福建料理が作られていた。たとえばコアイニュック khoai nhục（里芋と焼豚、ナムズー茸 nầm dự、赤チャオ chao đỏ で作る）、ファッソイ・ズオンチャー phạt xồi dường chả（ファッソイ［發粿］は「発財」の広東語発音と重なり、縁起がよい）などである。しかし、今日では、これらの供礼はもはや実行されていない。張族祠堂には今も關聖帝君 Quan Thánh Đế Quân の祭壇 trang thờ があるが、そのお香の煙は昔と違ってもはや焚かれない。この現象は、会安旧市街の明郷系の諸家庭にある、以前に作られた祭壇においても同様に見られる。新築の祝いに際しては、關聖の祀りを維持する代わりに、明郷系の人々は、越人のように仏婆観音 Phật bà Quan Âm を祀る。元旦節、春祭、秋祭、端午節、土神供礼、定福灶君に際しても、供祭の儀式は越南の風俗に基づいて行われる。

（諡号）

張族構成員の墓碑の記載には、一般的に言って、その人物が逝去したときの社会的地位により、二つの書き方がある。フエ朝廷の官吏を務めた人々は、国号大南を記し、存命中の称号・職務、或いは逝去に際して贈られた諡号を記す。一方、庶民においては、その原貫である明郷或いは明江を記し、或いは遡って福建詔安と、或いは詔安明郷と記す。墓碑の全情報は、20世紀以前の越人の墓碑と同様に、全て漢字で記されている。

明命3年（1822）、フエ朝廷は清朝の諸規定の一つを採用し、官吏の正室が逝去したときに贈る諡号を位階ごとに定めた。

一品：正室は「夫人」の諡号を贈られる。

17　チェーチョイヌオック：中国における「冬節圓」と思われる。台湾の福建人家庭では、冬至に紅白の白玉を入れた甘い汁を飲む習慣がある。会安華人やシンガポール華人はこの白玉を「湯圓」（thang viên）と呼ぶ。

二品：「端人」

三品：「淑人」

四品：「恭人」

五品：「宜人」

六品〜七品：「安人」

八品〜九品：「孺人」

フエ朝廷において官吏に登用された張敦厚族の構成員の妻もまた、その夫の位階に相当する諡号を贈られている。現在、この風俗は依然として会安における複数の華僑家庭の告別式通知 tờ cáo tang において見られる。一般的に使用される称号は孺人である。例えその夫が八品でも九品でもなかったとしても。

越人の各大家族と同様に、張敦厚族もまた、祖先の供祀のための族祠堂を建設した。家譜の中の情報によれば、族内各派は会安の地に三つの族祠堂を建設した。しかし、今日では、会安市社潘周禎舗 Phan Chu Trinh Street 69/1 地址に 1 箇所だけ残っているに過ぎない。

（族祠堂）

張族祠堂（会安市社潘周禎舗 69/1 地址）は明命 21 年（1840）庚子年 11 月 5 日朝 5 時に起工された。これは、陽暦の 1840 年 11 月 28 日に相当する。当初、第三世代の張至謹公が、今日の潘周禎舗に面する場所を選んで祠堂を建設した。1906 年、この場所が 1897 年の成泰帝の旨諭に基づく会安市街の北側への拡張計画地域の中に編入されたため、第四世代の張同洽公が建物を解体させ、現在の場所に移築させた。祠堂は 5 つの建物から構成される。

1. 正門 cổng chính：西向き。
2. 正殿 chính điện：西向き。祖先を祀るのに用いる。
3. 住家間 gian nhà ở：南向き。家族の生活の場として用いる。
4. 香家間 gian nhà hương：西向き。家族の生産の場（工廠）として用いる。
5. 灶家間 gian nhà bếp：住家間の後ろにある。

張族祠堂は会安の金蓬社 Kim Bồng Commune の木匠（木大工）たちや青霞社 Thanh Hà Commune の瓦匠（瓦葺き職人）たちを代表する建築作品の一つである。今日までに張族祠堂は 1906, 1950, 1992, 1994, 2001 年の 5 回重修されている。2004 年、会安旧市街の張族祠堂は、越南に残る4000棟の古民家の中の、6つの最も代表的なものの一つとして、越南民間伝統住居保存事業において、国連教育科学文化機関（UNESCO）から認定書（Award of Merit）を贈られる栄誉を得た。

（冠婚葬祭）

供祀と祭祀は、一般的に言って、会安においては、越人であっても華人であっても、氏族ごとの違いは少ない。とはいえ、長幼の序に基づく席順 phân chia ngôi thứ lớn nhỏ は統一的ではない。ある時には越人式に、世代が上の者に対しては、例え彼が年下であっても目上の呼称を用いる。しかしある時には華人式に、たとえ自分より次世代の者であっても、年齢が上の者に対しては目上の呼称を用いる。

婚礼・葬礼もまた、20世紀以降は、『壽梅家禮』（トーマイジャレー）[18]（Thọ Mai Gia Lễ）という越人の風俗に従って行われ、現代越南社会における変化に基づいて簡略化されている。

（命名）

今日も維持されている風俗の一つに、一族の新たな構成員に対する命名の方法がある。

広東、福建などの南中国各省から会安に渡来した各氏族は、渡来に際してみな自分たちの家族の荷物の中に一対の対聯を入れていた。その対聯の字の一つ一つが、一族の男性構成員の世系（世代、generation）を表す通字（tên lót, middle name）として用いられた。現在、会安においては、明郷社出身の張敦厚族だけでなく、明郷社出身の他の一族や華系越人も、自分たちの対聯の文字を世代を表すために使っている。福建系明郷人の王族 tộc Vương、同じく福建系明郷人の張敦穆族 tộc Trương Đôn Mục、広東系明郷人の周族 tộc Châu、会安福建幫の沈族 tộc Trầm、同じく会安福建幫の蔡族 tộc Thái、海南幫の潘族 tộc Phan など、いずれもこの習俗を遵守している。

張族の族人なら誰でも知っている現在張族祠堂に掲げられている対聯は18字、二句から成る。

---

18 『壽梅家禮』：越南の家庭儀礼書。伝・胡士賓撰（『欽定越史通鑑綱目』32-34巻）。黎朝永治年間（1676-1680）の作。また、『胡尚書家禮』ともいう。河内・越南社会科学院 漢喃研究院（漢文・チュノム研究所）所蔵。嶋尾稔氏 SHIMAO Minoru（慶應義塾大学言語文化研究所）による研究及び電子データベース化がある。http://www.icl.keio.ac.jp/shimaos/shiryo.htm

越南会安明郷張敦厚族

	第一	第二	第三	第四	第五	第六	第七	第八	第九
第一句	Mậu	Thừa	Chí	Đồng	Hoài	Đình	Duy	Bách	Thế
	茂	承	至	同	懐	庭	惟	百	世
	第十	第十一	第十二	第十三	第十四	第十五	第十六	第十七	第十八
第二句	Hiếu	Hữu	Truyền	Hậu	Tự	Phái	Diễn	Vạn	Niên
	孝	友	伝	厚	緒	派	演	万	年

現在、張族の子弟は、すでに第十世代、「孝」字の世代に達している。

張族の血統を継承する者は、自らの世代の通字を知っていなければならない。また、かつての張族には、越南社会において漢字が重要な位置を占めていた当時において、もう一つの決まりがあった。それは、同一世代において先に生まれた者の命名に使用された漢字と同じ部首（radical）を持つ新しい漢字を捜し求め、目上の構成員たちと名前が重ならないようにする（tránh việc đặt trùng tên）ことである。この習俗は、一族の者が外で同姓の者に会った際に、単に同じ姓であるだけなのか、それとも原貫を同じくする一族であるかを推察するのに役立った。しかし、越南社会において漢字が占める位置は徐々に低落する傾向にあり、張敦厚族においても、命名において部首を同じくする習俗は、第三世代から第六世代において遵守されただけであった。

第一世代の構成員はただ一人であり、第二世代も男子 2 人だけであったため、この両世代においては、部首が同じ漢字を命名に使用した形跡はない。とはいえ、第三世代以降においては、この習俗はかなり厳しく守られていた。

第三世代においては、言（ごんべん）の部首を持つ漢字が命名に使用された。

張 至 謹 Trương Chí Cẩn

張 至 講 Trương Chí Giảng

張 至 議 Trương Chí Nghị

張 至 詩 Trương Chí Thi

張 至 諄 Trương Chí Truân

第四世代においては、氵（さんずい）の部首を持つ漢字が命名に使用された。

張 同 洽 Trương Đồng Hiệp

張 同 流 Trương Đồng Lưu

張 同 溥 Trương Đồng Phổ

第五世代においては、玉（たまへん）の部首を持つ漢字が命名に使用された。

張 懷 琚 Trương Hoài Cư

張 懷 璵 Trương Hoài Dư

張 懷 璥 Trương Hoài Kính

張 懷 璞 Trương Hoài Phác

張 懷 璨 Trương Hoài Sán

張 懷 瑫 Trương Hoài Thao

第六世代においては、木（きへん）の部首を持つ漢字が命名に使用された。

張 庭 柏 Trương Đình Bá

張 庭 筆 Trương Đình Bút（木筆）

張 庭 棣 Trương Đình Đệ

張 庭 梅 Trương Đình Mai（轟 Hoanh）

張 庭 棨 Trương Đình Khải

張 庭 楠 Trương Đình Nam

張 庭 集 Trương Đình Tập

張 庭 書 Trương Đình Thơ（木書）

このように、通字のほかに、もう一つ、部首を世代ごとに共通にする一字名（單名 đơn danh）で名づけるという細かい決まりがあった。即ち、姓一字、通字一字、名一字の三字とする決まりである。命名におけるこの特性は越人にも華人にも、その他の明郷人にも見受けられる。

1930年代になると、越南社会における漢字の地位が低下し始め、命名に際しては通字だけが遵守されるようになった。また､漢字で書かなければならない場合において､族人たちは、庭と廷、惟と維の区別ができなくなった。庭と惟の通字を持つ世代を逆転させてしまった例（第六世代に惟、第七世代に庭をつける）があり、幼少のときに北越に集結した張族の者たちの中には、対聯の語句を覚えておらず、自分の子供に自分と同じ通字をつけてしまい、1975年の越南和平、南北統一後に帰郷して、初めて命名の規定を知った例もある。

上述の命名規定は族人男性に厳格に適用された。一方、族人女性の方は純越式に「氏 Thị」を中字とし、一字名（単名）をつけた。この命名方法は20世紀末まで維持された。20世紀末以降、全ての族人女性がそうであるわけではないが、一部で女性に対しても「氏」ではなく男性と同じ通字をつけ、更に二字名（双名）をつけるという新しい命名方法が現れた。これもまた、現在の越南社会において発生した傾向と軌を同じくしている。

漢人の上記の命名方法は、三国時代の人物には見られない。羅貫中撰『三国演義』の登場人物は全て、姓（単姓もあれば双姓もある）と名（単名のみ）であって、通字も双名も無い。

4　今日の会安における張敦厚族及びその他の明郷人家庭の位置づけ

今日、張敦厚族は、会安渡来以来250年を経て、すでに越南の氏族となっている。多くの族人が、自分たちの起源が中国福建省であることを知らず、またそのことに関心を持たない。彼らにとって、他の多くの明郷系氏族の族人にとってそうであるのと同様に、父祖の地は今や広南省であり、会安市社である。彼らはこの土地で生まれ育ち、この地で暮らし、この地に貢献してきた。研究、考証を行っている者だけが、氏族の起源や明郷社の形成の歴史に関心を寄せる。彼らの研究は、狭義には会安の歴史研究に、広義には広南阮氏の南進過程の研究に寄与する。

実際上、現在、民族学的な観点において、もはや明郷人という概念は存在しない。明命8年（1827）にフエ朝廷が明香社を明郷社と改名してより、明郷社は他の越人集落と完全に同一の越南集落となった。1975年以後、明郷社と会安社が合併し、今日の会安市社明安坊Minh An Wardとなってからは、明郷の字は行政文書においても使用されることはなくなった。それがあったとしたら、それはただ、上述のように、歴史研究論文の中だけのことなのである。

付録：会安華人及び明郷人の命名規定

1　福建系会安明郷王族

会安明郷王族の原貫は中国福建省泉州府晋江県南門外[19]の太原郡丙州郷土都 quận Thái Nguyên, làng Bính Châu, Thổ đô, bên ngoài Cửa Nam Huyện Tấn Giang, phủ Tuyền Châu, tỉnh Phúc Kiến, Trung Quốc である。 越南会安における最も新しい世代は第六世代である。現在王族が

19　晋江県南門外：福建省泉州府にあった地名。数多の華人・華僑を輩出し、『晋江県南門外陳家家譜』等がインターネット上でみられる。http://blog.yam.com/user_data.php?BLOG_ID=changhua

使用する通字は

国、尚、見、俊

である。今日の王族の子弟は、命名に当たり伝統的な規定を必ずしも遵守しない（王隆勇翁 Vương Long Dõng 談）。

2　福建系会安明郷張敦穆族

会安明郷張敦穆族の原貫は中国福建省泉州府同安県、中左所 Trung Tả sở, huyện Đồng An, phủ Tuyền Châu, tỉnh Phúc Kiến, Trung Quốc である。越南会安における最も新しい世代は第十三世代である。張敦穆族もまた、あらかじめ対聯に定められた文字を世代ごとの通字を命名に使用する規定いう伝統風俗を遵守している。また、同じ世代においては同じ部首を使用する漢字を命名に使用する規定も持っている。

『張氏歴代尊圖』（張敦穆族の族祠堂に所蔵されている文献）によれば、既に使用された通字は

×、×、×、弘、進、增、承、永、玉、金、餘、維

である。

第一世代から第三世代までは号だけが残り、実名がわからないため、通字の存在は確認できない（×）。

第四世代の通字は弘、漢字の部首は規定が無い。

第五世代の通字は進、漢字の部首はネ（しめすへん）である。

第六世代の通字は增、漢字の部首はイ（にんべん）である。

第七世代の通字は承、漢字の部首は糸（いとへん）である。

第八世代の通字は永、漢字の部首は宀（うかんむり）である。

第九世代の通字は玉、漢字の部首は王（たまへん）である。

第十世代より以後は金、餘、維であり、部首は決まっていない。この世代は越南社会において漢字が地位を失った時期の世代である（張維俊翁 Trương Duy Tuấn 談）。

3　会安福建幫沈族

会安福建幫沈族の原貫は中国福建省漳州府詔安県、花敦村 thôn Hoa Đôn, huyện Chiếu An, phủ Chương Châu, tỉnh Phúc Kiến, Trung Quốc である。越南会安における最も新しい世代は第八世代である。現在沈族が通字に使用している対聯は以下である。

NGUYÊN BẢN CƠ DUY THẾ BỒI ĐỨC TRẠCH

越南会安明郷張敦厚族

源　本　奇　維　世　培　德　澤

PHÚC ĐÔN TRIỆU KHẢI PHI CHẤN GIA THANH

福　敦　肇　丕　振　家　聲

会安に最初に渡来した族人（第一世代）は沈源順公 Trầm Nguyên Thuận である。公は原貫においては第二四世代であったという。なお、福建幫長諸位の位牌には、公の名は沈盛美 Trầm Thạnh Mỹ と記されている。

第2世代及び第三世代の通字には、対聯のような本や奇の字ではなく、玩、生などが使用されている。第三世代に関しては、他の支流の族人たちは規定の通字を使用せず、佐、毓などを用いた。第四世代においても、対聯にある維の字の他に、經、盈、雄などの字が使用された。

なお、命名に際して部首の規定は無かった（沈培文翁 Trầm Bồi Văn 談）。

4　会安福建幫蔡族

会安福建幫蔡族の原貫は中国福建省泉州府晋江県 huyện Tấn Giang, phủ Tuyền Châu, tỉnh Phúc Kiến, Trung Quốc である。蔡族もまた、越南におけるその他の華僑と同様に、あらかじめ対聯に定められた文字を世代ごとの通字を命名に使用する規定いう伝統風俗を遵守している。現在蔡族が通字に使用している対聯は以下である。

CHÂU LỖ TÔN BANG BẢN CHI THIỆT (thật) KẾ ĐÔN NHĨ VĂN CHIÊU

周　魯　宗　邦　本　支　實　繼　敦　爾　文　昭

VINH HOA BÁCH THẾ HIỀN TÀI UÝ KHỞI TU THÂN LẬP CHÍ

榮　華　百　世　賢　才　蔚　起　修　身　立　志

越南会安に渡来した第一世代の通字は宗、越南会安における最も新しい世代の通字は第七世代の敦である。命名に際して部首の規定は無かった。越南漢字音における實(実)の「正音」はタット thật またはトゥック thực であるが、一族は「純越」式にティエト thiệt（俗音）の読みを採用している（蔡実義翁 Thái Thiệt Nghĩa 談）。

2007年11月9日初稿

2007年11月19日修正

会安にて　張惟智

参考資料

Hồ Sĩ Tân（伝・胡士賓撰）

1680 頃 *Thọ Mai Gia Lễ*.（『壽梅家禮』、引用参照訳本は不明）

Hoàng Minh Nhân（黄明仁）

2006 Trương Đình Hiển và bạn bè của tôi. *Khát vọng miền Trung*, Nhà Xuất bản Lao Động, Hà Nội.（「張庭顯と我が友人たち」『中部の渇望』労働出版社刊所収）

Trần Kinh Hòa（陳荊和）

1960 Mấy điều nhận xét về Minh Hương xã và các cổ tích tại Hội An, *Việt Nam khảo cổ tập san*.（「会安の明郷社及び各古跡に関する数条の考察」『越南考古輯刊』1960 年号所収）

Tống Quốc Hưng dịch（宋国興訳）

1998 *Minh Hương hương hiền phổ đồ*, Trung tâm Quản lý và Bảo tồn Di tích Hội An, Hội An.（『明香郷賢譜圖』）

Trương Đình Hoanh（張庭轟）

1993 *Gia phả Tộc Trương*.（『張族家譜』）

* このほか、会安における碑文、扁額、対聯や、漢喃手稿文書、ならび筆者自身の聞き取り資料を参照した。

ベトナムの社会と文化第8号
2018年2月10日

カム・チョン先生の業績

樫永真佐夫

はじめに

ベトナムで公定されている53少数民族の中で、ターイに関する民族学・人類学的な研究には、目立った特徴がある。まず、ベトナム語による報告と研究が極めて多いことである。次に、自民族文化研究が盛んなことである。つまりターイ出身者自身によるターイの社会、文化、歴史研究が豊富である。最後に、彼らの伝統固有文字による文書とフィールドワークを結合した研究が進展してきたことである。

ターイ研究において文献学とフィールドワークが結合した民族学研究が実現している背景には、次のような事情がある。1950年代以降ハノイの職業的民族学者による西北地方諸民族研究は、ターイ社会における土着の知識人が縁の下の力持ちとなって支えてきた。彼らが伝統文字で記された文書の内容をベトナム語への通訳者、翻訳者として、またインフォーマントとして有能であったからだけではない。モン・クメール語群、カダイ語群、チベット・ビルマ語群などに属し、ターイの周辺に山居する諸民族の村々への案内役をつとめ、通訳として協力してきたからである。1950年代以前、国道、町、市場からのアクセスが悪く、人口規模の小さい民族の自給性が高い村落にベトナム語ができる人がほとんどいなかった一方、植民地期以前のターイへの経済的、政治的従属関係ゆえにターイ語ができる人はいたのである。さらに1990年代以降になると、ターイ出身者がターイ研究を名実ともに牽引するようになった。こうしたターイ研究の礎を築く立役者となった両雄が、言語や文学の領域で業績をあげた故カム・クオン先生とカム・チョン先生（1934-2007）であった。

カム・チョン先生の研究者としての出発点は、民族学院の研究者たちによる西北部での調査を父カム・ビンと共に支え、西北自治区（1955-1975）教育局幹部として民族語と民族学の資料収集に寄与した1950年代に求められる。1960年には、処女作である黒タイ年代記『クアム・トー・ムオン』のベトナム語訳を共著で出版し（1）［この数字は、業績目録の文献番号に対応。以下も同様］、1978年には自治区時代の民族誌的成果をまとめた民族誌『西北ベトナムのターイ』（9）をハノイで刊行した。これが国内外の民族学者や人類学者に高い評価を受け、2000年には同書が与えた学問的インパクトから国家表彰を受賞した。半世紀にわたって数多くの著作を執筆し、ベトナムおよびターイ研究で国際的にも高い評価を得ていた先生は、こうしてベトナムを代表する民族学者としての地位を揺るぎないものにしたのである。

筆者は、1997年にベトナム民族学博物館で国立民族学博物館の田辺繁治先生と田村克己先生から先生をご紹介いただいて以来、没するまで10年あまりにわたって師事してきた。その研究の概要とベトナムでの評価については、本特集のグエン・ティ・ホン・マイ稿に詳しいが、筆者なりに簡単に経歴を紹介しておきたい。

1　人と研究

カム・チョン先生は、1934年にムオン・ムアッすなわち現ソンラー省マイソン県で生まれた。ムオン・ムアッ首領カム・オアイ（*Cằm Oai,* Cầm Oai）［1871-1934］が祖父、その次男カム・ビン（*Cằm Vỉnh,* Cầm Vinh）［1907-1988］が父である。先生の少年時代は、ベトミンに共感した父カム・ビンが、ムオン・ムアッ最後の首領をつとめた長兄カム・ズン（*Cằm Dung,* Cầm Dung）［1905-1978］とともに抗仏活動を展開した第二次世界大戦までの時期と重なっているが、先生が最初に父から黒タイ文書を読む手ほどきを受けたのもその頃であった。

インドシナ戦争期（1946-1954）が始まった1946年、先生はフランスが再進駐してきたソンラー、マイソンを逃れ、家族とは離れて芸術児童団（Đoàn Thiệu Nhi Nghê Thuật）に入団（1-4年生）し、戦火を逃れて東北地方山間部を転々としながらベトナム語と音楽を習った。1951～53年は中央学舎区師範学校（Trường sư phạm sơ cáp khu học xá trung ương）（5-7年生）でベトナム語による諸科目を履修した。この時期は、中国広西省（現広西壮族自治区）南寧に学級ごと逃れて就学した。

1953年にイエンバイ省のギアロがフランス支配から解放されると、ベトナム民主共和国による西北地方初の小学校をギアロに開設した。ギアロの盆地は、大半をターイ（黒タイ）とムオンが占め、周辺にはモンやザオも多い。先生はすぐに教員として派遣され、黒タイとモンの生徒に黒タイ語とベトナム語を教え、インドシナ戦争が終わった1954年、今度はマイソンにほど近いソンラーに戻って西北区教育局（sở giáo dục Tây Bắc）[1]幹部となった。この時期、先生は黒タイ文字の文書の蒐集と解読に精力的に取り組んだ。

1959年にはハノイの中央山地師範学校（Trường Sư phạm miến núi trung ương）に入学し、1962年に西北自治区教育局（sở giáo dục Khu tự trị Tây Bắc）幹部としてトゥアンチャウに赴任するまで、ハノイでダン・ギエム・ヴァンらから民族学を学んだ。先述の年代記『クアム・トー・ムオン』［Cầm và Cầm(dịch) 1960］のベトナム語訳をハノイで処女出版したのもこの時期だったのである。また、ダン・ギエム・ヴァンら民族学者の黒タイ語通訳兼インフォーマントとして西北地方への調査旅行にも同行している。

先生は、中央山地師範大学に3年通学したあと、またトゥアンチャウに戻って西北自治区教育局に1年勤務し、それから西北地区委員会事務所（Văn phòng Khu ủy Tây Bắc）に配属された。西北自治区幹部として勤務した1975年までは、西北地方各地を徒歩で各地の知識人を訪ねて歩き、古い文書解読と解釈のためにインタビューするのに多くの時間を費やすことができた時期であった。

ベトナム戦争が終わり、1976年にベトナム社会主義共和国が成立して自治区が解体すると、すぐにハノイにある民族学院の助手職（nghiên cứu viên）に就任した。このとき、先生の父カム・ビンが「小川にパ・ポック（ダー河に棲む大魚の一種）はいない（*nặm nọi báu xú pá pộc*）」という諺を語って、先生をソンラーから送り出したとは、先生から聞いた話である。以降、文献とそれまでの現地調査に基づいた黒タイ研究論文と書誌を次々に精力的に発表し続けた。1997年に民族学院からベトナム民族学博物館が研究博物館として独立すると、先生はベトナム民族学博物館教授に就任した。2000年に66歳で定年退官した後は、ハノイ国家大学ベトナム学研究所ベトナム・タイ学プログラム主任（chủ nhiệm chương trình Thái học Việt Nam）に就任し、ベトナムにおけるタイ系諸民族の社会と文化全般に関する研究者組織の長として、北部各地の郷土史家間の研究ネットワーク作りと後進の育成につとめた。これには裏話がある。筆者が2001年から松下国際財団の助成金アジアスカラシップを受けてハノイ国家大学に留学するにあたって、当時のベトナム学研究所長ファン・フイ・レ教授がわたしへの指導教官としてカム・チョン先生を同研究所の教官として招いてくださったのであった。

さて、現在までにベトナム・タイ学プログラムは先生が中心となって精力的に活動し、こ

1　同局は自治区が成立した1955年、ターイ・メオ自治区教育局と名前を変えた。

れまで4回の研究大会（1991, 1998, 2002, 2006）を開催し、4冊の論文集［Chương trình Thái học Việt Nam (biên soạn) 1992, 1998, 2002, 2006］（15, 17, 20, 26）によって計210篇の論文をこれまで刊行している。思うに、大学や研究所に籍を置く研究者のみならず、郷土誌家など在野の研究者を交えた新しい形の研究者交流ネットワークを築いた功績は大きい。5回目の研究大会を、2009年に黒タイの英雄祖先ラン・チュオンの居城があったとされるディエンビエンで開催しようと、語れば語るほど膨らむアイディアをあたためていた最中の死であった。

2　主要業績

存命中カム・チョン先生は筆者に、「数えてみたら、この40年間で60も著書を執筆していた」とおっしゃったことがある。筆が速く多作な先生のことだから、それほどの誇張ではないであろう。膨大な数量の先生の業績を、ここに要約するのは容易ではない。2007年に先生が整理された主要業績目録のメモに基づいて、オリジナルなデータに基づいて執筆された著作と論文（実際にはほぼ単著だが、共著として出版されている著書、論文も含む）を中心に、以下の通り主要業績を選定してみた。そこから、大別して3本の研究の柱が浮かび上がってくる。

i) 黒タイを中心とするターイの風俗習慣に関する民族誌（5, 6, 8, 9,16, 18, 23, 24, 25, 28）
ii) 黒タイ文書の翻字・翻訳と、それに基づく黒タイ民族史（1, 2, 3, 4, 7, 10, 19, 21, 22, 27）
iii) タイ系民族を中心とする東南アジアの国家形成論（11, 12, 13, 14, 16）

本特集で新江氏が紹介している通り、先生は1970年代から中部高原のジャライ村落でも調査し民族誌論文（11, 12）を残しているが、それらの成果は、カム・チョン先生個人としてはターイ文化との比較という意義も大きかったため、便宜上iii)に含めたい。

1. Cầm Trọng và Cầm Quynh
1960　*Quắm Tố Mướn (Kể chuyện bản mường)*, Hà Nội : Nhà xuất bản Sư học.（『クアム・トー・ムオン（バーン・ムオン物語）』）
2. Đặng Nghiêm Vạn và Cầm Trọng
1965　Những hoạt động của Hoàng Công Chất trong thời kỳ ở Tây Bắc, *Tạp chí Nghiên cứu Lịch sử* 81.（「ホアン・コン・チャット（黄公質）の西北地方における諸活動」『歴史研究』）

3. Ban Nghiên cưú lịch sử Đảng khu ủy Tây Bắc

1968 *Sơ thảo lịch sử cách mạng Tháng Tám khu Tây Bắc*, Sơn La: Ban Nghiên cưú lịch sử Đảng khu ủy Tây Bắc. (西北区委員会党史研究班編『西北区八月革命史草稿』)

4. Cầm Trọng và Đặng Phong

1971 Chế độ phìa tạo và các quan hệ ruộng đất vùng Thái Tây Bắc trước cách mạng, *Tạp chí Nghiên cứu Kinh tế* 81. (「革命前西北部におけるフィアタオ制度と田地」『経済研究』)

5. Ban Dân tộc khu ủy Tây Bắc

1973 *Nhân dân các dân tộc Tây Bắc chống thực dân Pháp*, Sơn La: Ban Ban Dân tộc khu ủy Tây Bắc. (西北区委員会党民族班編『仏領期西北地方諸民族の人民』)

6. Bùi Văn Tịnh, Cầm Trọng, Nguyễn Hữu Ưng

1975 *Các tộc người ở Tây Bắc Việt Nam*, Ban Dân tộc Tây bắc Xuất bản. (『西北ベトナムの諸民族』)

7. Đặng Nghiên Vạn (chủ biên), Cầm Trọng, Khà Văn Kiến Tòng Kim Ăn

1977 *Tư liệu về lịch sử xã hội dân tộc Thái*, Hà Nội: Nhà xuất bản Khoa học xã hội. (『ターイ族歴史社会資料』)

8. Cầm Trọng

1978 Kháng, La Ha, trong Viện Dân tộc học (biên soạn), *Các dân tộc Ít người ở Việt Nam (Các tinh phía Bắc)*, Hà Nội: Nhà Xuất bản Khoa học Xã hội. (「カーン」「ラハ」民族学院編『ベトナムの少数民族（北部各省)』)

9. Cầm Trọng

1978 *Người Thái ở Tây Bắc Việt Nam*, Hà Nội: Nhà xuất bản Khoa học xã hội. (『西北ベトナムのターイ』)

10. Hà Văn Năm, Cầm Thương, Lò Văn Sĩ, Tòng Kim Ân, Kim Cương, Hương Huyền (sưu tầm và biên dịch)

※ Kim Cương がカム・チョンのペンネーム

1978 *Tục Ngữ Thái*, Hà Nội: Nhà xuất bản Văn hoá dân tộc. (『ターイの俗諺』)。

11. Cầm Trọng

1981 Gia Rai, trong Đặng Nghiêm Vặn (chủ biên), *Các dân tộc Tỉnh Gia Lai-Công Tum*, Hà Nội: Nhà Xuất bản Khoa học Xã hội. Tr.53-104. (「ジャライ」ダン・ギエム・ヴァン編『ジャライ・コントゥム省の諸民族』)

12. Cầm Trọng

1986 Gia Rai, trong Viện Dân tộc học (biên soạn), *Các dân tộc Ít người ở Việt Nam (Các tinh phía Nam)*, Hà Nội: Nhà Xuất bản Khoa học Xã hội. Tr.221-234. (「ジャライ」民族学院編『ベトナムの少数民族（南部各省)』)

13. Trần Quốc Vượng và Cầm Trọng

1987 Thái đen, Thái trắng và sự phân cư dân Tày – Thái cổ ở Việt Nam, *Nghiên cứu Lịch sử* 236-237: 35-47, 104. (「黒タイ、白タイ、およびベトナムにおけるタイー・ターイ諸民族の区分」『歴史研究』)

14. Cầm Trọng

1987 *Mấy vấn đề cơ bản về lịch sử kinh tế xạ hội người Thái Tây Bắc Việt Nam*. Hà Nội: Nhà Xuất bản Khoa học Xã hội.（『西北ベトナムのターイの古代的社会経済の歴史に関する基本的諸問題』）

15. Chương trình Thái học Việt Nam[2] (biên soạn)

1992 *Hội thảo Thái học* (Kỷ yếu, lần thứ I 25-26/11/1992), Hà Nội: Nhà xuất bản Văn hoá Dân tọc.（『タイ学会議（第１回ベトナム・タイ学会議紀要）』）

16. Cầm Trọng và Phan hữu Dạt

1995 *Văn hoá Thái Việt Nam*, Hà Nội: Nhà xuất bản Văn hoá Dăn tộc.（『ベトナムのターイ文化』）

17. Chương trình Thái học Việt Nam (biên soạn)

1998 *Văn hoá và lịch sử người Thái ở Việt Nam*, Hà Nội: Nhà xuất bản Văn hoá Dân tọc.（『ベトナムにおけるターイの文化と歴史』）

18. Cầm Trọng

1999 Ma thuật chữa bệnh ở xã hội Thái cổ truyền, Bao tang Dân tộc học Việt Nam (biên soạn) *Các công trình nghiên cứu của Bao tang Dân tộc học Việt Nam* (1), Hà Nội: Nhà xuất bản Khoa học Xã hội, tr.207-216.（「ターイ伝統社会における治療呪術」ベトナム民族学博物館編『ベトナム民族学博物館の研究業績 (1)』）

19. Ngô Đức Thịnh và Cầm Trọng

1999 *Luật tục Thái Việt Nam (tập quán Pháp)*, Hà Nội：Nhà xuất bản Văn hoá dân tộc.（ゴ・ドゥク・ティン＆カム・チョン『ベトナムのターイの律俗（慣習法）』）

20. Chương trình Thái học Việt Nam(biên soạn)

2002 *Văn hoá và lịch sử các dân tộc trong nhóm ngôn ngữ Thái Việt Nam – Kỷ yếu Hội nghị Thái học Việt Nam, lần thứ III tại Hà Nội*, Hà Nội: Nhà xuất bản Văn hoá Thông tin.（『ベトナムにおけるタイ語系諸集団の文化と歴史（第３回ベトナム・タイ学会議紀要）』）

21. Cầm Trọng và Kashinaga Masao

2003 *Danh sách tổ tiến họ Lò Cầm Mai Sơn -Sơn La*, Hà Nội：Nhà xuất bản Thế giới.（『ソンラー省マイソンのロ・カム一族の祖霊簿』）

22. Cầm Trọng

2004 *Dân tộc Thắi*, Hà Nội：Nhà xuất bản Chính trị Quốc gia.（『ターイ族』）

23. Cầm Trọng

2004 Phi một- một phương pháp chữa bệnh của người Thái ở Việt Nam, trong Ngô Đức Thịnh (biên soạn) *Đạo mẫu và các hình thức Shaman trong các tộc người ở Việt Nam và Châu Á*. Hà Nội: Nhà xuất bản Khoa học xã hội. Tr.478-483.（「フィー・モット――ベトナムにおけるターイの病気治療法」ゴ・ドゥック・ティン編『ベトナムとアジア諸民族の聖母道とシャーマニズム』）

24. Cầm Trọng

2　ベトナム・タイ学プログラム（Chương trình Thái học Việt Nam）の紀要４冊に関しては、副主任、主任として編集し、論文も寄稿している。

2005 *Những hiểu biết về người Thái ở Việt Nam*, Hà Nội：Nhà xuất bản Chính trị Quốc gia.（『ベトナムにおけるターイに関する諸考察』）

25. Cầm Trọng

2006 *Người Thái*, Hà Nội：Nhà xuất bản Trẻ.（『ターイ人』）

26. Chương trình Thái học Việt Nam(biên soạn)

2006 *Đóng góp của các dân tộc nhóm ngôn ngữ Tày – Thái trong tiến trình lịch sử Việt Nam*, Hà Nội：Đại học Quốc gia Hà Nội.（『ベトナムの歴史過程におけるタイー・ターイ言語諸民族の位置づけ』）

27. Kashinaga Masao and Cam Trong

2007 *Genealogies of the chiefly families of Tai Dam in Vietnam*(Senri Ethnological Report 70), OSAKA: National Museum of Ethnology.

28. Nsưt Bùi Chí Thanh (chủ biên) - Cầm Trọng

2007 *Xoè Thái: Một giai đoạn phát triển độc đáo*, Hà Nội：Hội nghệ sĩ múa Việt Nam.（『ターイ舞踊——独自性発展のステップ』）

ベトナムの社会と文化第8号
2018年2月10日

カム・チョン
『西北ベトナムのターイ』の功績による2002年国家表彰受賞者

グエン・ティ・ホン・マイ[1]
（樫永真佐夫訳・注）

やりたいことをやって人生を過ごしてこられたのは、本当に願ったり適ったりです。そのうえ、約束されていたはずがない栄光さえ、今日手にできるとは、夢にも思っていなかったことです。国土の花園に飛び込んで取り乱しているわたしの気持ちにあわせて、わたしのちっぽけな心臓が、なにか不意な理由からこのうえない幸福を手に入れて、いきなりテンポをあげるよう無情にも急き立てられるなんてことは、たぶんもうないでしょう。

ベトナム社会主義共和国政府は、チャン・ドゥック・ルオン（Trần Đức Lương）国家主席の記名で2000年9月1日に公布された391/CI/CTNの決定にしたがい、すぐれた科学の成果に対する表彰を授与した。上の歓喜のことばは、ハノイ市オペラ座で開催された、その厳粛

1　本稿は、Nguyễn Thị Hồng Mai, 2003, Cầm Trọng, người được nhận giải thưởng nhà nước năm 2002về công trình người Thái ở Tây Bắc Việt Nam, trong Nguyễn Đức Tồn (chủ biên), *Những cuộc đời – những trang thơ: kỷ niệm 50 năm thành lập Trung tâm Khoa học Xã hội và Nhân văn Quốc gia (1953-2003)*, Hà Nội: Nxb Khoa học xã hội. の全訳である。本稿は、ベトナム民族学博物館保存室長であるグエン・ティ・ホン・マイ（ThS. Nguyễn Thị Hồng Mai）が、国家人文社会科学院設立50周年記念の出版事業の一環でカム・チョンの業績をたたえて執筆した論考である。カム・チョンの人生と、その2003年までの業績が非常に要領よくまとめられているので、広く日本の読者にカム・チョンの業績を紹介するのに適していると判断し、ここに全訳を収録することにした。

な国家セレモニーの席でカム・チョン氏が述べたものである。こうしてカム・チョン氏は、『西北ベトナムのターイ』(ハノイ：社会科学出版社、1978年)[2]という著作により、栄誉ある国家表彰者の一人となった。

カム・チョンは、1934年5月2日、ソンラー省マイソン県チエンマイ社バーン村[3]で、ムオン・ムアッ(マイソン)におけるターイの貴族出自の家族の間に生まれた。一族は、ベトナム封建朝廷に忠誠を尽くした祖先をもつことで知られ、父はカム・ヴァン・ヴィン(Cầm Văn Vinh)[1908-1989]であった。

カム・チョンは、とりわけ貴族階層の歴史と社会と文化のみならず、広く西北地方のターイ全体に対して造詣が深いが、父から受けた薫陶を抜きにそれを語ることはできない。彼の父は、自分たちの古今の文化に通暁していたばかりでなく、ラオの文化にも精通し、フランス語をも駆使した。カム・チョンは、「父や祖父がターイについて知っていたことをすべて語り尽くしたと祖父が認めてくれるのがいつになるかわからない。『西北ベトナムのターイ』の本も、後の他の著作と同様に、ほんの一部を伝えているに過ぎない」と言う。

氏の母サ・ティ・ゾー(Sa Thị Gió)は、ムオン・サン(モクチャウ)の貴族出自の女性で、自分たちの祖先について熟知していた。氏は幼少の頃から母が「サー・カー・サム(Xa Khăm Xam)は足を負傷したまま馬上で息子を背負い、サップ川(*Nặm Xặp*)[4]縁で刀を振るって、漢人匪賊をなぎ払った」などといった、祖先たちの逸話を聞く機会に恵まれた。ターイ社会の歴史研究者となって、カム・チョンは漢越文をクオックグーに翻字した正史を読んで、サー・カー・サム(Sa Khả Sâm)[5]別名サー・カー・ラム(Sa Khả Lam)が、ラムソン義軍に従い[6]、明を駆逐し、国土に独立の権を得るのに大功を挙げたために、1427年にレ・ロイ帝によっ

2 CẦm Trọng, 1978, *Người Thái ở Tây Bắc Việt Nam*, Hà Nội: Nhà xuất bản Khoa học xã hội.

3 bản Ban, xã Chiềng Mai, huyện Mai Sơn, tỉnh Sơn La

4 モクチャウ県に源があり、イエンチャウ県で北に流れダー河に注ぐ川。

5 Sa Khả Tham[車可参]のことであろうと思われる。

6 1406年に、明朝の永楽帝が、現ベトナム中南部を支配していた占城(チャンパー)の要請を受けて、大軍を紅河デルタに侵攻させた。明軍は、南はタインホア、ゲアンまで占領するが、1407年以降、明は陳氏の抵抗を受け、1418年にはタインホアのラムソンで豪族黎利(レ・ロイ)が反乱を起こし、以降1424年まで山地を中心にゲリラ活動で抵抗を続けた[桜井 1999a：185-188]。そのことを示している。

て同平章事、沱江知[7]、尚伴上鎮（上伴の鎮守）、関復侯（関復の侯爵）に封じられ、入内司空になったことを知った。そこでレ・ロイが戊申の年の3月15日（1428年3月15日）に黎朝皇帝に即位すると、サー・カー・サムは国姓を賜りレ・カ・サム（Lê Khả Sâm）となったのである。

カム・チョンの人格形成に多大な影響を与えた人物には、伯父のカム・ヴァン・ズン（1905-1978）もいる。革命によってホアロー（ハノイ）にあるフランス植民地政権による暗鬱をきわめた刑務所から解放されたとき、その伯父はすでに50歳であった。伯父はカム・チョンを養子とし、自分の生き写しのような性格にするべく教育した。その徳性とは、まさしく、義父を踏みつけにしたあらゆる不条理に対して示したような不屈の慷慨（こうがい）であった。その反面、親しい人には、いつも明るく、真情味あふれ、愛情を惜しまなかった。

1945年8月、故郷には黄星紅旗が映えた。当時11歳、いかにも利発そうなカム・チョンは、チャン・クエット（Trần Quyết）、ゴック・ティン［カム・ヴァン］（Ngọc Tình［Cầm Văn］）、フン・クオン（Hùng Cường）らベトミン幹部から直に教育を授けられ、マイソン州救国児童団組織（Đoàn Nhi Đồng Cứu quốc châu Mai Sơn）の一員として訓練された。

1946年末から1947年にかけて幼少期を送ったソンラーでは革命が進行中で、フランスによる植民地侵略とアメリカの干渉という、百倍もの軍事力を有する敵に立ち向かっていた。そのうえライチャウからも敵軍はじりじりとソンラーを脅かしていた。このような緊迫した状況の中で、ソンラー省委員会の頭領であった同士チャン・クエット書記は、マイソンの救国児童団に選ばれた子どもたちを安全な高地に移住させた。カム・チョンも学友たちと共にしばらくフートー省委員会にかくまわれた。そのとき、ハノイからやってきた音楽家リュウ・ヒュウ・フオック（Lưu Hữu Phước）[8]に会った。彼はフートー省委員会からのターイ族生徒たちを受け入れ、音楽や芸術の才能がある少年たちを選抜し、キン族児童たちと合わせて抗戦宣伝歌劇児童団（Đoàn thiếu nhi Nhạc kịch Tuyên truyền Kháng chiến）を正式に結成した。結成から3ヶ月にも満たないあいだに、この歌劇団はリュウ・ヒュウ・フオック作の歌劇「玉のウサギ（Con thỏ ngọc）」の公演をフートー市で行い、大観衆の動員に成功した。この歌劇団は群衆の熱烈な歓迎を受け、財政支給を受けて存続することになった。教育省大臣グエン・カイン・

7　沱江知は、ダー河下流部に置かれた州県の知事である。

8　1921年ハウザン省カントー出身、1989年に没。ベトナムを代表する作曲家で、作品「青年への呼びかけ（Tiếng gọi thanh niên）」は、南ベトナム政府によって国家として用いられた。インドシナ戦争期には、北部の山間部でも文化芸術活動を行っていたので、その時期にカム・チョンは会ったのである。

トアン教授（Nguyễn Khánh Toàn）[9]から抗戦宣伝歌劇児童団の好評はホーおじさん（ホー・チー・ミン）にも伝えられ、絶賛されたからである。ホー主席は、歌劇団を「芸術児童団（Đoàn thiếu nhi nghệ thuật）」と改名し、グエン・カイン・トアン教授の庇護下におくことを、教授へ直々に命じられた。芸術児童団は公演を通して、丘陵部、越北地域、西北地域と北部デルタの一部におけるフランス侵略地域における抗戦活動に奉仕した。芸術児童団はホーおじさんの前で歌舞を披露し、栄誉の褒賞として一緒に座って記念撮影した。カム・チョン宅には今でもホーおじさんと一緒に写った写真が飾られている。氏の家族や親族はみな、この唯一無二の写真の御利益にあずかろうと拝み、のみならず、目指すべき模範としている。

児童芸術団に所属していた頃の
ホー・チ・ミンとの記念写真

1951-1953年に、芸術児童団の中から氏を含むターイ出身の少年たちを、グエン・カイン・トアン教授は中国の南寧に設置された中央学舎区（Khu học xá Trung ương）に送り、初級師範になるための勉強をさせた。卒業後、氏は西北自治区教育局に戻り、ターイ文字研究の仕事に従事した。1958-1961年、役所は氏をハノイにあった中学、中央山地師範学校（Trường Sư phạm miền núi Trung ương）に遊学させた。卒業すると、また氏は西北自治区教育局に戻って、ターイ文字研究の仕事を続けた。その後、氏は西北自治区文化局への配置換えを受け、2,000冊にも及ぼうというターイ古文書を収集し、系統だて、整理した。1963-1975年には、党歴史研究班事務所と、西北区委員会所管の民族班の研究幹部に登用された。

1950年代から1970年代にかけて、氏は、西北部の道と呼べる道を行き尽くし、すべてのむら（*bản*）、くに（*mường*）を渡り歩くことができた。氏の言葉を借りると、まさに「黄金期（thời gian vàng）」であった。その頃氏は、どんなことがあっても、なおざりにしてもならない3つ

9　1905年、ゲアン省ヴィン出身、1993年没。1945年8月革命以来1982年まで、ベトナムの教育と社会科学の建設と発展に多大な功績を挙げた。

の義務を自らに課していた。その3つとは、

1. 休日はないこと、

2. どんなターイ文字の本でも、読み、学び、理解していること、

3. 西北部のどんな「字義に明るい人物（*mo năng sư*）」にも会い、文言の真意を問い、理解を十分に書き記すこと」。

黄金期とは、また、マルクス＝レーニン主義理論の3部門である哲学、政治経済、科学的社会主義を読み、学び、理解すべしという意味でもあった。氏の本懐にしたがい、「科学（研究）の道を至上のものとしてきわめんとする者に疲れているいとまはない、というポリシーに従うことを自らに課した」のである。

1976年1月1日、氏はベトナム社会主義委員会の民族学院における役職を得た。以来、家族の日頃の面倒を見る妻と別居することになった。妻カム・ティ・チャウ（Cầm Thị Châu）は、西北自治区保養院の看護婦としてソンラー省で勤務していた。妻は愛国的な伝統が強い貴族階級の家族の中で育った。父は抗仏戦争中に厚生局長を勤め、定年退職前にはソンラー省とライチャウ省の厚生局長をも兼任したカム・ヴァン・チュン（Cầm Văn Chung, 1891-1978）で、母はカム・ティ・ムオン（Cầm Thị Muôn, 1899-1979）であった。父方祖父カム・ヴァン・トゥは、ドイ・カン（Đội Cấn）とルオン・ゴック・クエン（Lương Ngọc Quyến）が指揮するタイグエン蜂起[10]に参加し、1917年にフランス軍によって殺害されていた。夫と別居したあとも、チャウは二人の父のために尽くし、夫の分まで「孝」の字をしっかり胸に刻み、戦後のひどい物質窮乏のなか4人の子を立派に育てながら、看護婦としての本分をもしっかりと勤めあげた。それを夫チョンは見上げたものと感じるがゆえに、いつも頭が上がらない。氏は次のように言う。

「自分の百年の友であり、貞節な妻であるのみならず、孝行な嫁でもあり、4人の子の優しい母であり、すばらしい国家への奉仕者であり、わたしにとっては恩人でもあった」。

1960年に『クアム・トー・ムオン（バーン・ムオン物語）』[11]を翻訳、注釈、紹介した共著書を氏が処女出版して以来2003年に至る43年間について語ることにしよう。この43年間の、

10　第一次世界大戦でフランス本国の動乱中、ベトナム独立運動が各地で展開される。1917年には、タイグエン兵営で兵士と囚人の反乱が起こり、一時期タイグエン省全体を占拠した［桜井　1999b：325］。

11　CÀm Trọng vø CÀm Quynh, 1960, *Quắm Tố Mướn (Kể chuyện bản mường)*, Hà Nội : Nhà xuất bản Sư học.

個人的で、ありきたりで、真摯で、市井の人と同様にあたりまえの生活についてだけではなく、カム・チョンの研究上の成功について、以下の2点に焦点を当てて述べたい。

1　基礎研究

総じて氏の人文社会科学的活動を一貫しているのは、基礎研究であると言える。もっとも長かったのは民族学院に所属していた時期（1976-1995）で、民族学博物館（1996-1999）に勤務し、2000年に定年退職してから現在に至るまで、50以上の刊行物のうち、単著は少なく、多くが共著書（論文は何十あるか不明）であるとはいえ、興味深い基礎的な研究上の問題を提起し続けてきたがために、カム・チョンの名声は国内外に知れ渡っている。

氏の研究の大業の中心は、我が国でターイと称されている民族集団に関する基礎研究の業績の数々である。これらの成果に則り、氏は、南中国、インドシナ半島および東南アジア大陸部におけるタイ・カダイ語群タイ語系言語を話す諸民族集団に関する理解と知識を深めた。1994年4月には、チュラロンコーン王立大学の政治経済学科がタイのバンコクで、氏の著作が提起する研究上の諸問題に関するシンポジウムを主催した。こうして、ひろく研究者たちに「カム・チョンはベトナムのターイに関する民族学をタイ研究の域に昇華させたこと」が認められるようになった。氏のこれまでの研究成果については、以下の通りである。

1　一次資料

「粉はこねないとネバネバにならない」というポリシーに従い、氏は一次資料を収集し、系統立てる作業を非常に重要視した。それを総括してこそ、書籍となり科学論文となるのである。氏が言うには、書庫の中で眠っている毛筆、手書きの資料は2000葉を下らない。書誌学的手続きを経て本にして出版するには古ターイ文字を記述するための条件がまだ不十分であるが、こうした成果として、氏は同業者と連繋し、『クアム・トー・ムオン（バーンムオン物語）』（ハノイ：史学出版社、1960年）を処女出版し、ハノイの社会科学出版社からダン・ギエム・ヴァン主編により『ターイ族歴史社会資料』[12]（版型13 × 19.5cm、350頁）を刊行している。

注釈以外にも、氏はダン・ギエム・ヴァンともに30冊以上の古ターイ文字による『クアム・

12　Đặng Nghiêm Vạn (chủ biên), Cầm Trọng, Khà Văn Kiến Tòng Kim Ăn,1977, *Tư liệu về lịch sử xã hội dân tộc Thái*, Hà Nội: Nhà xuất bản Khoa học xã hội.

トー・ムオン』写本を校考し、11世紀から1945年8月革命までの『西北部ターイの首長年表』[13]を整理している。非常に残念なことに、当時の印刷技術のレベルでは、古ターイ文字による原文を掲載することができなかったため、書誌学的な体裁が行き届いていない。『クアム・トー・ムオン』のあと、キム・クオン（Kim Cương）というペンネームを用いて共著出版した『ターイの俗諺』[14]（版型13 × 19.5cm、155頁、ハノイ：民族文化出版社、1978年）では、クオックグー表記に基づくローマ字表記によるターイ語原文と、ベトナム語訳による2部構成を採用した。1999年には、国家人文社会科学センター民間文化院の助成に基づき、氏はゴ・ドック・ティン（Ngô Đức Thịnh）と『ターイの律俗（慣習法）』[15]（版型13 × 19.5cm、1230頁、ハノイ：民族文化出版社、1978年）を世に送り出した。同書には、見開きの左頁にベトナム語への逐語訳を、右頁に古ターイ文字による原文を掲載している。

さらに、氏の民族学フィールド報告は数十編に及び、一番早いのは1953年にすでに書かれている。

同時代の諸資料を通じて、ターイのみならず、タイ・カダイ語群タイ語系言語集団に属する諸民族、及び西北地方の他の語系諸民族、さらにはベトナム各地の諸民族に関する氏の理解は、すこぶる深く、そして広くなった。

70歳間近の現在も、氏は依然として一次資料に向き合い著書や論文を執筆するかたわら、国家大学ベトナム研究交流センターに所属する日本とタイからの研究生の指導にあたっている。一次資料について聞かれると、氏は冗談っぽく「たぶんこの世を去るときまでに、タイ・カダイ語群タイ語系諸民族に関して自分が持っている資料を使い切れないだろう」と答えるのが常である。氏の冗談は続く、

「貴重な古ターイ文字文献資料を、なんとか世に出したいとは思っているんだ。そこの資料は、言ってみれば、書棚で寝っ転がってわたしが死ぬのを待っているんだからね」。

13　Niên biểu các tù trưởng Thái ở Tây Bắc (các châu mường chính)。この年表は、『ターイ族歴史社会資料』に添付資料として挟み込まれ、カム・チョンによるその修正版が以下である。

Đặng Nghiêm và Cầm Trọng, 2002, Niên biểu các thủ lĩnh Thái ở Tây Bắc(các châu mường chính), trong Chương trình Thái học Việt Nam(biên soạn), *Văn hoá và lịch sử các dân tộc trong nhóm ngôn ngữ Thái Việt Nam – Kỷ yếu Hội nghị Thái học Việt Nam, lần thứ III tại Hà Nội*, Hà Nội: Nhà xuất bản Văn hoá Thông tin, Tr. 161-171.

14　Hà Văn Năm, Cầm Thương, Lò Văn Sĩ, Tòng Kim Ân, Kim Cương, Hương Huyền (sưu tầm và biên dịch) , 1978　*Tục Ngữ Thái*, Hà Nội: Nhà xuất bản Văn hoá dân tộc.

15　Ngô Đức Thịnh và Cầm Trọng,1999, *Luật tuc Thái Việt Nam (tập quán Pháp)*, Hø NÈi: Nhø xuất bản Văn hoá dân tÈc.

2 「母たる本（cuốn sách mẹ）」

ベトナムの諸民族とタイ・カダイ語群タイ語系諸民族のうち、とくにターイに関する研究にとくに精力を費やしてきたカム・チョンは、過去43年間に50以上の本と数十の論文を著していて、ここでそのすべてを網羅して紹介することはできない。したがって、ここでは氏が「母たる本」と呼んでいる業績群を要約するにとどめたい。これら基礎的な作品群に基づいて、ときには研究者仲間と一緒に、たくさんの「子たる本（cuốn sách con）」や論文を国内外で発表してきたからである。

2.1 『西北ベトナムの諸民族』[16]（版型 13 × 19.5cm、400頁、西北自治区委員会民族班と区文化局から出版、1975年）

複数の共著者の一人として名があがっているが、力の入った編者として筆を執っている。民族班長であり、またカム・チョン氏が当時勤務していた機関の長であったブイ・ティン氏（Bùi Tịnh）自らが編集と草稿のチェックを行い、グエン・ヒュウ・ウン氏（Nguyễn Hữu Ưng）が校正した。

西北地方に住むキン族を含む21の民族集団を最初に確定したのが、この本である。各民族集団は、人文生態系に近い経済・文化類型の観点から分けられた。同書では、西北地方における人文生態系におけるターイ文化の特徴を、盆地文化としてモデル化し、紹介している。

2.2 『西北ベトナムのターイの経済と社会の歴史をめぐる基本的諸問題』[17]（版型 13 × 19.5cm、318頁、ハノイ：社会科学出版社刊、1975年）

構造論の視点から、現在のターイがもっとも原初的な祖先であることを証明する親族術語カテゴリーを今でも有していること、人類社会の黎明期に出現した社会組織形態を有していたことを氏は発見した。この原初的な社会組織とは、ベトナム語で胞族、氏族（クラン）、部落と呼ばれるものであるが、ターイ語ではダム（*dẳm*）やダム・オアン（*đẳm oăng*）と呼ぶ。この語は、社会史的、精神史的な術語であるが、西北部のターイ語のみならず、南中国や東南アジア大陸部のタイ系諸民族の間すべてで一般的である。

16　Bùi Văn Tịnh, Cầm Trọng, Nguyễn Hữu Ưng, 1975, *Các tộc người ở Tây Bắc Việt Nam*, Ban Dân tộc Tây bắc Xuất bản.

17　Cầm Trọng, 1987, *Mấy vấn đề cơ bản về lịch sử kinh tế xạ hội người Thái Tây Bắc Việt Nam*, Hà Nội; Nhà Xuất bản Khoa học Xã hội

2.3 『西北ベトナムのターイ』（版型 13 × 19.5cm、596 頁、ハノイ：社会科学出版社刊、1978 年）

この本は、6 部構成であるが、中心となる主題は以下の二つである。

・ターイはベトナム民族の成分である一民族集団である。ターイの祖先は、国土がまだ西甌（タイオウ）や甌越（オウエツ）、駱越（ラクエツ）、甌駱（オウラク）などと呼ばれていた時代にまで遡る。数千年の間に、愛国的伝統を育み、兄弟的な民族と共に建国に参加してきた。共産党主導の世になると、その貴重な伝統はより強固で、完璧に発揮された。

・1945 年 8 月革命以前のベトナム西北部におけるターイの生活を形作っているバーンムオンという社会組織モデルを緻密に分析し、明らかにした。

2.4 『ベトナムのターイの文化』[18]（版型 13.5 × 20.5cm、542 頁、ハノイ：民族文化出版社刊、1995 年、ファン・ヒュウ・ザットとの共著）

ベトナムでターイといわれている民族集団が、タイ研究の研究対象の一つである。文化シンボルを分けたり、合わせたりしながら、彼らの古い祖先は明らかにベトナム、南中国、東南アジア大陸部における文化の形成と発展の過程に関与してきた。分類の指標を満たすものとして、タイの文化は 4 つの基本的特徴によって表現される。この 4 つの線が互いに混じり合い、一つの民族集団文化のさまざまな集いの場、アイデンティティの芯を作りだしている。

現在、『西北ベトナムのターイ』と『ベトナムのターイの文化』はグエン・フオン（Nguyễn Hương）によってフランス語に訳され、雑誌『Peninsule』（パリ）に掲載される予定である。

2.5 『ゲアン省キーソンにおける諸民族の文化的特徴と革命の伝統』[19]

この本は、ゲアン省キーソン県の県委員会、人民会堂および人民委員会が、1995 年にハノイの国家政治出版社から刊行された。カム・チョンは 7 人の執筆者の一人として、民族の歴史、ターイ族に関する章全体と、モンの宗教と信仰について執筆している。

カム・チョンは次のような問題提起をしている。白タイ（Thái Trắng）は、タインホア省やゲアン省の西部では、しばしばタイ・ゾー（Tày Dọ）あるいはタイ・ムオン（Tày Mường）、ハン・

18　Cầm Trọng và Phan hữu Dạt, 1995, *Văn hoá Thái Việt Nam*, Hà Nội: Nhà xuất bản Văn hoá Dăn tộc.

19　Huyện ủy, Hội đồng Nhân dân và Uỷ ban Nhân dân huyện Kỳ Sơn, tỉnh Nghệ An (biên soạn), 1995, *Đặc trưng văn hoá và truyền thống cách mạng các dân tộc ở Kỳ Sơn Nghệ An*, Hà Nội: Nhà xuất bản Chính trị Quốc gia.

トーン（Hàng Tổng）と称されていて、イエンバイ省、ラオカイ省、ハザン省、カオバン省西部を流れる紅河上流域、ロ川、ガム川、チャイ川流域[20]に現在居住しているタイー・カオ（Tày Khao）すなわち白タイー（Tày Trắng）と同根である。スピリチュアルな意味での「白い服の人（*Cần Slửa Khoa*）」と言う名を持つ白タイ、白タイ—及びタイ—は、バイックハック、ヴィエトチ、フート付近に栄えた文郎国（ヴァンラン）[21]を建てた雄王の時代にいたタイ語系集団の後裔と考えられる。

3　ターイ以外の民族集団の研究への参加

『西北ベトナムの諸民族』で、カム・チョンはターイ以外の20の民族集団を紹介した。氏が民族学院に勤務中の1976-1985年に刊行された『ベトナムにおける少数民族（北部各省）』（ハノイ：社会科学出版社、1983年）中で記したカーンとラハーに関する記事は、この本の記述に基づいている。

同じ時期に、氏は民族学院のメンバーとして中部高原における諸民族の調査にも同行している。1981年に社会科学出版社から刊行された『ジャライ＝コントゥム省の諸民族』のジャライ族については、氏が執筆している。また、『ベトナムにおける少数民族（南部各省）』（ハノイ：社会科学出版社1984年）のカーン、ラハー、ジャライに関する記事、『ベトナム諸民族に関するノート』（ハノイ：社会科学出版社1985年）中の数編も執筆している。

4　「母たる書」が提起する科学的諸問題

氏は、何十ものシンポジウムに国内外で参加してきた。1994年4月に、タイ国バンコクにあるチュラロンコン王立大学政治経済学科が氏を招待して、氏の提起に基づくタイ研究の諸問題に関するパネルを開催した。ロシア、オーストラリア、タイ、フランス、ドイツ、日本、ラオスなど各国の大学や研究機関を研究交流や講演のために訪れている。

上に、列記した「母たる書」を総合すると、氏が現在のタイ研究に対して提起した大きな問題は次の二つに要約できる。

20　いずれも、越北地方を流れるホン河支流。

21　紀元前一千年期中頃、紅河流域に雄王を王としていただく文郎国があったという伝承があり、前257年頃、安陽王を王とした甌貉国が文郎国を併合し、古螺城（コーロア城）を築いたという。前3世紀には、番禺（今の広州）を都とする南越国が甌貉国を滅ぼした［新田　1999：37］。

4.1. 歴史区分に関する意見

氏は、もともとタイ語系に起源をもついくつかの単語と、他言語から借用した専門用語を用いて、南中国と東南アジア大陸部に居住するすべてのタイ語系民族集団の過去数千年の歴史の歩みを、「(I) ダム→ (II) バーンムオン→ (III) 国家（*pa thiết*）」という三大区分で示すことを最初に提唱した人物である。

社会の黎明期に、タイ語系の人々は、ダムと呼ばれる共同体の中で生活していた。ダムは、最初はダム・ナーイ（*đẳm nai*）やダム・ター・ナーイ（*đẳm ta nai*）と呼ばれる母系集団、すなわちベトナム語で母系氏族と呼ばれる共同体であり、その後にダム・プー（*đẳm pú*）やダム・プー・ザー（*đẳm pú da*）と呼ばれる父系集団、ベトナム語で言う父系氏族という共同体になる。

ダムの後、バーンムオンと呼ばれる社会組織に移行する。カム・チョンによると、バーンムオンとは、核を中心として円が取り巻いている形態の社会システムであり、1945 年以前の西北部にはまだこれが存在していた。他の地域のタイ語系諸民族集団の間では、この何千年かの間にすでに失われてしまったが、バーンムオンが存在した痕跡は、この語が「故郷のくに」を示す字義の名詞に転じて用いられているところに残っている。

13 ～ 15 世紀に始まり、ラオスとタイ国という 2 地域に住むタイ語系集団は、民族国家（nation）を形成発展する条件があった一方で、他の地域の集団は、バーンムオンを形成するにとどまったか、タイ語系集団以外による国家に編入された。タイ国とラオスでムオンというタイ語起源の名詞では、民族国家機構まで含意できなかったので、インド起源のパーリ・サンスクリット語起源のパティエットの語が借用された。しかし、タイ人もラオス人も、正しくはパティエットという名詞を用いるべき場合でも、ムオンの語をなくしてしまってはいない。カム・チョンによると、フォークロアの範疇では引き継がれ、プロト・タイ的な特色の痕跡を留めている。したがって、ムオン・タイ（タイ国）、ムオン・ラオ（ラオス）という呼び方も一般には通用している。またバーン、ムオンに関する他の例を挙げると、上記 2 国家（パティエット）の社会においても、中央から地方を組織する級システムの中に取り入れられている。

氏が、第 3 回国際タイ研究会議と、1987 年 7 月にオーストラリア国立大学（ANU）ではじめて示した報告の内容は以上の通りである。

4.2 ベトナム文化の形成と発展に対するタイ文化の寄与したことを明らかにするのに協力

単著以外にの協力として、チャン・クオック・ヴオン教授との共著を、1984 年 8 月に開催された第2回国際タイ研究会議で発表した。その後、ファン・ヒュウ・ザット教授との共著書『ベトナムのターイ文化』2章でその成果を含んでいる。

ベトナム語（キン語）の中にあるタイ語の要素は研究されはじめたばかりである。ファム・ドゥック・ズオン教授（Phạm Đức Dương）による一連の言語学的な研究によると、キン族の水稲文化はタイ語系集団の人々と同根である。

カム・チョンと共著者たちは、我が国のターイの精神文化に始まり、次に南中国と東南アジア大陸部のタイ語系諸集団全体の系統を探り、さらにそこから、対立するシンボル群を統合する文化の相似性を考察し、タイ語系諸民族の祖先に関する結論を導き出した。これは、キン族の形成史及びベトナム文化の形成と発展とも大きく関わりを持つ。

精神文化の伝統に則すると、黒タイは自らを水（川、淵）に棲む竜（*ngu hấu*）[22]の類をシンボルとする母祖が、陸（山）にいる鳥（ツバメ）の類をシンボルとする父祖と結合して生まれたと考えている。また白タイも、自らを水に棲む竜の類をシンボルとする母祖から生まれたと考えている。

こうした精神文化現象に基づき、氏は興味深い二つの考察を新しく導き出した。

･黒と白とは、まさしく母方と父方の両親族集団を特徴づける文化シンボルの区分である。両者の区分の起源は、合したり、分かれたりした氏族の区分であったが、それが数千年の歴史的経過により変化し、現在では、民族集団内の下位区分を示す特徴としてみられるようになった。

・その区分の客観的基準は、ベト人（キン族）の起源にある文化的モチーフにもあらわれている。母祖嫗姫（オウコー）は、陸（山）に棲むラックという鳥であり、父祖貉竜君（ラックロンクアン）は水（川、海）に棲む竜であった[23]。つまり、ベト人及び白タイとは、視点を広げれば、スピリチュアルな意味での白い服の人という名を持つタイ―や白タイ―、大タイ、旱タイなど父方集団に起源があるすべての人々である。これに対して、黒タイとは、視点を広げれば、スピリチュアルな意味で黒い服の人という名を持つヌン、「黒」という語義の名

22　グー・ハウ（*ngu hấu*）は黒タイ語でコブラのことである。コブラは竜のメタファーで、両者は儀礼や歴史物語の文脈ではしばしば同一視される。

23　ベトナムの有名なくにづくりの話。嶺南（現南中国からベトナム北部）のキン・ズオン王が洞庭湖に棲む竜王の娘と結婚して生まれたのが、ラックロンクアンと称されるようになった英雄、崇濫（スンラム）。水の神を母とするラックロンクアンが、山の神の出であるオウコーを娶り、百人の子を授かる。その百人が百越の祖となり、フォントー付近に残った長男が雄王と称され文郎（ヴァンラン）を建国したベトナムの民族英雄である［冨田（編訳） 1991：9-23、158-159］。

を持つ壮族[24]、小タイ、水タイなど母方集団に起源があるすべての人々である。

2　実践的な研究活動

氏の長い研究生活においては、実践的な活動も大きな特徴を占めている。

1. 幼少時より愛父より受け継いだ古タイ文字研究の蓄積に基づき、西北地方で勤務していた時期（1953-1975）に、氏はターイ文字改訂と統一の研究で大きな功労をなした。それから氏は教科書編纂や、印刷・発行にも直接貢献した。また、教員養成に直接携わったうちの一人として、ターイ語教育への参加を142学級にまで延ばすのに寄与した。まず姓とは、西北区全体の1～4学級と、数百の非識字撲滅学級、および文化クラスの補習で、1953年から1964年まで学習した。

2. 民族学院勤務期（1976-1995）に、氏は北部山地部室長（1981-1982）をつとめ、第2期ベトナム歴史学会執行班委員（1989-1994）に任命された。ベトナム民族学博物館勤務期（1996-2001）に、氏は第1期ベトナム民族学会執行班委員（1996-2001）および第2期の同委員（2001-）に選ばれた。

1995年から1999年まで、氏はベトナム民族学博物館の同僚と、ターイ、ラオ、ルー、ラフー、ラハ、ラチー、ザオといった諸民族の物質文化を数百点収集した。収集資料のうち最大のものは、ターイの高床家屋である。当時、氏はすでに60歳を過ぎていたが、まだ高い山を越えて、シンマン県（ハザン省）のラチーの物質文化収集に回っていた。のみならず、博物館の写真入りカタログの民族紹介も執筆していた。氏が定年退官するとき、ベトナム民族学博物館前館長グエン・ヴァン・フイ助教授（Nguyễn Văn Huy）は氏の仕事を次のように総括した。

「思うに、今日ここに参席できた同僚、出席できなかった同僚の誰もが、ベトナム民族学博物館の基礎を築いた草分けとしての仕事と業績に対して、これまでよりさらに高い評価を与えていくことになるでしょう」。

24　カム・チョンによると、壮（チュワン）とは *xuan* という現地語の漢語訛音であり、*xuan* とは黒タイ語でも「黒」を含意するという。

3. ベトナム・タイ研究プログラム（Chương trình Thái học Việt Nam）という組織の構築に参加。1987 年 7 月にオーストラリア国立大学で開催された国際タイ研究会議に参加し帰国したあと、カム・クオン助教授（Cầm Cương）、レ・シー・ザオ助教授（Lê Sỹ Giáo）、ホアン・ルオン助教授（Hoàng Lương）とともに、我が国のタイ研究の形成に着手するために研究組織を成立させるための働きかけを行った。1989 年 9 月 7 日、ベトナム・タイ学プログラム（ハノイ国家大学ベトナム研究・文化交流センター所属）という名称の組織が活動を開始した。氏は最初の副主任を務め[25]、1998 年 6 月 24 日には、ベトナム・タイ学プログラム主任に就任して、現在に至っている。

ベトナム・タイ学プログラムは、成立以来 3 回のシンポジウムを開催している。1998 年 6 月 24 日に開催された第 1 回および、2002 年 4 月 26 日にハノイで開催された第 2 回は、氏自身がオーガナイザーを務め、またその紀要を 2 冊刊行した。1 冊目が『ベトナムにおけるターイの文化と歴史』[26]（68 論文所収、996 頁、版型 14.5 × 20.5cm、ハノイ：民族文化出版社、1998 年）、2 冊目が『ベトナムのタイ語系諸民族の文化と歴史』[27]（115 論文所収、902 頁、版型 A4、ハノイ：文化情報出版社、2002 年）である[28]。

また氏は、ハノイ国家大学ベトナム研究・文化交流センター長からの委任を受け、タイ研究の研究生を 3 人直接指導している。日本からの樫永真佐夫、岡田雅志と、タイからのユーティ[29]である。特に 1998 年から 2003 年まで 5 年間にわたり直接指導している樫永は、現在博士論文を執筆中である。彼はターイ語を流暢に話し、古ターイ文字にも通じている。さらにファン・フイ・レ教授（Phan Huy Lê）が主監するベトナム家譜研究プロジェクトにも参加し、師カム・チョンと共に『マイソンにおけるロ・カム一族の祖先名簿』という 200 頁の本を脱

25　初代の主任は、カム・クオンであった。

26　Chương trình Thái học Việt Nam(biên soạn), 1998, *Văn hoá và lịch sử người Thái ở Việt Nam,* Hà Nội: Nhà xuất bản Văn hoá Dân tọc.

27　Chương trình Thái học Việt Nam(biên soạn), 2002, *Văn hoá và lịch sử các dân tộc trong nhóm ngôn ngữ Thái Việt Nam – Kỷ yếu Hội nghị Thái học Việt Nam, lần thứ III tại Hà Nội,* Hà Nội: Nhà xuất bản Văn hoá Thông tin.

28　なお、2006 年にもカム・チョンを主任とするカオバンでシンポジウムが開催され、以下の紀要が出版された。

Chương trình Thái học Việt Nam(biên soạn), 2006, *Đóng góp của các dân tộc nhóm ngôn ngữ Tày – Thái trong tiến trình lịch sử Việt Nam,* Hà Nội: Đại học Quốc gia Hà Nội.（『ベトナムの歴史過程におけるタイー・ターイ言語諸民族の位置づけ』

29　Yukti Mukdawijitra、現在タマサート大学社会学・人類学部専任講師。

稿し、印刷中である[30]。

『西北ベトナムのターイ』の研究業績を通した氏の貢献により、氏は国家から最高の栄誉である表彰を授与された。カム・チョンが誇りに思ってやまない山緑あふれる西北部のふるさとがあって、自らの文化研究に没頭して長生できた一人の人間が生まれたのである。

ハノイにて、2003 年 5 月 2 日

引用文献（訳注）

桜井由躬雄

1999a 「亜熱帯の中の中国文明」石井米雄・桜井由躬雄編『新版世界各国史 5　東南アジア 1 －大陸部』山川出版社、177-193 頁。

1999b 「植民地下のベトナム」石井米雄・桜井由躬雄編『新版世界各国史 5　東南アジア 1 －大陸部』山川出版社、303-346 頁。

新田栄治

1999 「先史時代」石井米雄・桜井由躬雄編『新版世界各国史 5　東南アジア 1 －大陸部』山川出版社、17-40 頁。

冨田健次（編訳）

1991 『大人と子どものための世界の昔話 15　ベトナムのむかし話』偕成社

30　その直接の成果が以下の 2 冊である。

Cầm Trọng và Kashinaga Masao, 2003, *Danh sách tổ tiến họ Lò Cầm Mai Sơn -Sơn La*, Hà Nội: Nhà xuất bản Thế giới.

Kashinaga Masao and Cam Trong, 2007, *Genealogies of the chiefly families of Tai Dam in Vietnam*(Senri Ethnological Report 70), Osaka: National Museum of Ethnology.

ベトナムの社会と文化第8号
2018年2月10日

カム・チョン先生とジャライの水の王

新江利彦

若きカム・チョンと中部高原

南ベトナム革命（1975年4月30日）から間もない1980年代、若き日のカム・チョン［琴重］先生が、タイグエン（［西原］、ベトナム中部高原）の諸民族、特にジャライに関して複数の人類学論文を発表していることに気づいたのは、綾部恒雄編『世界民族事典』（弘文堂、2000）の項目執筆に参加したときのことである。その後、末成道男編『ベトナム人類学文献解題』（東京外国語大学アジア・アフリカ言語文化研究所叢書、2008）の項目執筆に参加した際、中部高原人類学に関する幾つかの先行研究を読み、改めてカム·チョン先生の業績の重要さに驚いた。先生は、研究とは別に、同時代人として、幾つかの、革命直後の中部高原の動向に関する極めて貴重な記述を残していたのである。

南ベトナム革命の直後、南ベトナム人類学の巨人—ギエム・タム［厳審］が変死した。そのタムが主査を務め、序文を書いたフイン・キム・ヴィン［黄金栄］『国家開発事業の中の山地民族同胞問題』（ダラト大学政治経済大学卒業論文、1971）に、「プレイクー省フーティエン郡［富善郡］に近いプレイアマン（アマン村）に住むプタオ・イア（水の王）はすでにベトコン［越共］によって殺害され、後継者も確認されていない。」という記述がある。わたしは長い間この記述を信じ込んでいた。実際、最近の研究や報道に現れるのはプタオ・アプイ（火の王）ばかりで、水の王はほとんど言及されていなかった。中国の民族簡誌叢書に倣って編まれたベトナム民族学院編『ベトナム少数民族誌（南方各省）』（ベトナム社会科学出版社、1986）[1]は、ベ

1　Viện Dân tộc học (biên soạn), *Các dân tộc Ít người ở Việt Nam (Các tỉnh phía Nam)*, Hà Nội: Nhà Xuất

トナム人類学における基本工具書であり、そのジャライの項目（カム・チョン先生執筆、221～234頁）に水の王と風の王の村がアユンパ県チュッタイ社にあり、火の王の村がチュップロン県イアロップ社にあることが書かれている。しかし、筆者は水の王については長い間その実在を確認することができなかった。

二人の水の王、シウ・ニョット氏とロチャム・チュイッチ氏

実際には、『ベトナム少数民族誌（南方各省）』出版の5年前に、水の王について、カム･チョン先生自身が、ダン・ギエム・ヴァン編『ジャライ・コンツム省民族誌』[2]のジャライの章に王の名前を明記していた。2008年現在、火の王の村はジャライ省フーティエン県イアケー社プレイオイ（「王の村」の意）であるが、これは妻方居住のために変わったらしく、1981年のカム・チョン先生調査時においては、火の王の村はジャライ省チュップロン県イアロップ社プレイプタオ（ここもまた「王の村」の意）であり、水の王の村のほうがジャライ省アユンパ県チュッタイ社プレイオイ（県・社の名称は変わったが村の名は同じである）であった。ここでカム・チョン先生は実際に当時69歳であった水の王オイ・ニョット（シウ・ニョット氏）と会見していたのである。不思議なことに、この会見の詳細をカム・チョン先生は記さない。水の王と共産党政権の関係は、火の王と比べると、やはりあまりよくなかったようである。フイン・キム・ヴィンが「ベトコンが水の王を殺害した」「後継者はいない」と記しているだけではない。最近─2007年10月22日付け『辺防報』記事「タイグエン［西原］の最後の水の王の話」においても、取材班は、「王位を自ら放り出した」前･水の王ロチャム･チュイッチ氏の半生について、南ベトナム国軍への従軍歴や、メンタルヘルス関係の病歴、離婚歴や再婚相手の再婚回数などプライバシーを暴くような失礼な質問を連発し、彼を不快にさせ、ぶざまにもインタビューを途中で一方的に打ち切られている（あまりにぶざまなためであろう、この「貴重」な新聞記事はベトナムの新聞としては珍しく「無署名」である）。無神経な辺防報記者と異なり、常に相手を思いやり、場を和ませる発言を心がけるカム・チョン先生は、きっと故シウ・ニョット氏から「水の王」のうらみつらみを聞き出したであろう。そして、その故人の秘密を棺桶まで持っていってしまった。残念といえば残念であるが、誠実で人間味ある先生らしい話ではある。

---

bản Khoa học Xã hội, 1986.

2　Đặng Nghiêm Vặn (chủ biên), *Các dân tộc Tỉnh Gia Lai-Công Tum*, Hà Nội: Nhà Xuất bản Khoa học Xã hội, 1981.

プレイオイとタイの縁

このプレイオイは、カム・チョン先生の出身民族であるタイと、ちょっとした縁がある。昔プレイオイが属していたチュッタイ社（今イアケー社）は、「タイの山」という意味の、新造地名であったらしい。2008年3月7日付け『人民公安報』の記事「新春にジャライの王の村を訪ねる」（記者—レー・クアン・ホイ［黎光回］）に拠れば、現在のプレイオイは多民族集落で、多数民族はジャライの65%、残りはタイと、少数のキン（ベト）であるという。ジャライやエデはもともとラオと象交易を盛んに行っており、ラオ・ムノン両民族からなる隊商が、カンボジアとジャライの間を往来していた。中部高原はラオの商業圏であり、キン以外の諸民族の共通語・商業語はラオ語であって、フランスはこの地を征服した後、1904年まで、ここをラオスに線引きしていたぐらいなのである。このラオ語とベトナム北部山地のタイ諸語（黒タイ語、タイー語など）は基本的に同系統である。若きカム・チョン先生は、プレイオイで、昼はタイ語（ラオ語）でジャライの長老たち相手に聞き取り調査を行い、夜も近くのタイ移民村の娘たち相手にタイ語で楽しくおしゃべりしていたのであろう。合掌。

文献

Báo Biên Phòng, October 22, 2007.

Báo Công an Nhân dân, March 7, 2008

Cầm Trọng

1981 "Gia Rai," Đạng Nghiêm Vạn (chủ biên), *Các dân tộc Tỉnh Gia Lai-Công Tum,* Nhà Xuất bản Khoa học Xã hội. Hà Nội: 53-104.

1986 "Gia Rai," Viện Dân tộc học (biên soạn), *Các dân tộc Ít người ở Việt Nam (Các tỉnh phía Nam),* Nhà Xuất bản Khoa học Xã hội. Hà Nội: 221-234.

Huỳnh Kim Vinh

1971 *Vấn đề đồng bào Thượng công cuộc phát triển quốc gia,* Đại học Chính trị-Kinh doanh – Viện Đại học Đà Lạt, Đà Lạt.

ベトナムの社会と文化第８号
2018年２月10日

カム・チョン最終講義

樫永真佐夫

カム・チョン先生を思い出させる、別の死があった。

初夏の夕方、勤務先の民博からモノレールの駅へと万博公園を抜けて帰宅途中、名誉教授の江口一久先生が、お連れさんを３人引き連れて向かって歩いてきた。半年くらい見かけない間に、先生の体が少ししぼんだような気がして、「先生、痩せられたんじゃないですか？」と声をかけると、握手した手を放さないまま「そら、君の目ェがどないかなってんのとちゃうか。」と返した。その後の会話は忘れてしまったが、立ち話しの別れ際に「君、ええ本出したな」と褒めてもらったのは、はっきり覚えている。2007年に、カム・チョン先生と出版した『黒タイ首領一族の系譜文書』のことであろう。お礼を言ったあと、急いで振り返って「カム·チョン先生、亡くなりました。昨年末です！」と呼びかけると、一言「そおかぁ」と返事した。その後ろ姿が、わたしの目に映った最後の生前の姿である。その夜、江口先生は事故で逝去した。

告別式では、民博名誉教授の栗田靖之先生に久しぶりに会った。「カム・チョン先生、元気か？」と、先生に尋ねられた。そういえば退官直前の2002年、わたしの滞在中に栗田先生もハノイに来て、カム·チョン先生と食事したことを思いだした。栗田先生は、カム·チョン先生がわたしのことを弟子として、じつに大切に思っているらしいことが印象深かったのだ、と言う。わたしは胸がつまった。

先生は、遠くに

「カム・チョン先生は、遠くに去ってしまった (thay cam trong da di xa)」。カム・チョン先生の孫タインからこんな電子メールを受け取ったのが、2007年12月11日（陰暦11月1日）の夜。これが訃報であった（享年73歳）。

後々聞いた話だと、先生は、病院のまずくて冷めた食事を嫌い、わたしが日本から送った生八つ橋を「バイン・マサオ（マサオのお菓子）」を呼び、とても好んでいた。その日も食事のあと、バイン・マサオを食べたいと言って、生八つ橋をほおばった。身の回りの世話をしている出稼ぎの夫婦が食事の後片付けに出ていた数分の合間に、先生は静かに亡くなっていたのだという。

先生は9月に脳梗塞と心筋梗塞を併発し、以来、ほとんど入院しっぱなしであった。病室の環境はよくなかったし、なによりも先生がすっかり落胆していたことが、ずっと気になっていた。快活な饒舌家の半身が、オモリのようにベッドに沈み込んだままで、話すこともままならない。そのこと一つだけでも、どれだけ先生を悲観させたことだろう。それでも、わたしは、リハビリしているうちに少しずつ体も気持ちも回復することを願っていたというか、むしろ、いずれよくなるものと呑気に信じていた。日本の医療事情を引き合いに出しても仕方ないが、やはりベトナムと日本とでは、死に神の歩く速度があまりに違っている。わたしにとっても、あまりに早く先生は亡くなられた。

タインから受け取った訃報は、わたしにとっても、身の振り方を考えるときが来たことを告げる、いわば突然の宣告だった。この7年間くらい、先生の知識に依って仕事をしてきたわたしは、呆気なく、一人になってしまったのである。

翌日、ハノイで行われた告別式には参列できず、代わりにハノイで勤務していた妻、祐子が出席してくれた。他には宗教研究家の大西和彦氏が、そして福田康男氏もハイフォンから駆けつけてくださった。病院での告別式は午後には済み、先生の遺体はハノイで雇われた車に運び込まれ、ソンラーにある先生のご長男のお宅へと走り去った。ソンラーでの正式な葬儀を行うためである。運転手が西北部への険しい山道を運転したことがなく、しかも夜道なので運転を怖がって、道中難儀したという話を、裁判官をつとめる、先生の長女の夫が、後日おもしろおかしく話してくれた。

野ざらしの碑文

先生が亡くなった数日後、わたしは南部で開催された国際会議に出席するためベトナムに赴いたが、ソンラーの墓所を訪ねることができたのは没後10日以上経ってからである。2000年くらいから先生に黒タイ文書を読むことを習っていた、タマサート大学のユーティ夫妻もタイから駆けつけ、3人でソンラーを訪ねた。彼らも、2000年くらいから先生に黒タイ文書を習っていた、いわば門下生だった。

先生の墓所は、省の幹部たちを埋葬するための墓地にあった。風が抜ける、見晴らしのいい斜面にある木陰、人好きな先生のために道の近くにあった。幹部墓地には黒タイの伝統的な御霊屋を築くことを許されず、遺族が口惜しがった。かわりに建てる恒久的な墓石、墓標がまだできあがっていないので、埋葬した場所はまだコンクリートで覆われただけであった。コンクリートの中央には穴があり、地中の棺桶に結ばれた白い糸が、穴から外へと伸びていて、その先が寄木の棒に

写真1　ソンラー市街地近くにある大池。20世紀初頭までは、当地の黒タイ首領がここで水の神である龍を祭り、向こうに見える山の麓に、くにの霊的象徴である「くにの柱（ラック・ムアン）」をたて、水牛供犠を伴う共同体の祭礼を行った。土地にまつわるこういった記憶もすでに多くの人に忘れられ、池は有刺鉄線で囲われた養魚池に変貌している。(2008年4月28日、ソンラーにて)

写真2　没後12日の先生の墓地。線香を供え、お供えの上に伝統的な織物を被せた。

写真3　小ブタの丸焼きを祭壇に供えた。祭壇の上の中央に、先生の祖父カム・オアイと父カム・ビン、その左に先生の母、その左に先生の遺影が飾られている（2007年12月23日、ソンラーにて）

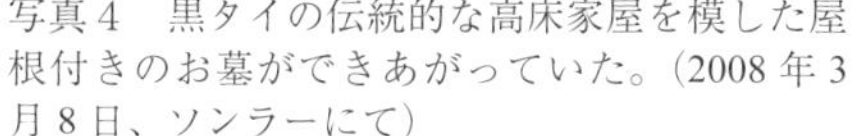

写真４　黒タイの伝統的な高床家屋を模した屋根付きのお墓ができあがっていた。（2008年3月8日、ソンラーにて）

写真５　先生との最後のギアロ訪問の際に撮った、黒タイの伝統的な御霊屋。屋根はトタンになっていた。（2006年11月2日、ギアロにて）

絡められていた。この細い木綿の糸一本が、先生の霊魂を天に送るのである。わたしたちは先生の奥さん、長女ネム、従兄弟のケオとともに、コンクリートの上に線香を立ててお供えし、来訪を報告し、死を悼んだ。先生の好きな豚の丸焼きを中華系の商人に注文していたので、それを先生の家の祭壇にお供えし、それから親族たちとともに共食し、酔いつぶれるまで飲んだ。

その翌日、ケオを誘って、先生の生まれ故郷のあるかつてのムオン・ムアッ（マイソン）中心部を4人で訪ねた。もうすでに首領の館を偲ぶよすがとてないが、20世紀初頭に先生の祖父であった首領カム・オアイが父カム・タインの廟に建てた石碑や、「ブタの洞窟」には黒タイ語と漢字の碑文が残されている。

廟址の石碑は、6年前には確かに田んぼの中に立っていた。しかし、見あたらない。野良仕事をしていた男に聞いて、ようやく見つけた。石碑は、田んぼと田んぼの間にこんもり残った土盛りの片隅で、横倒しになって折れ砕け、草に埋もれかけていた。4人で掘り出し、草をむしって面を拭き、寝かせた状態で原型を復元して、写真だけ撮った。先生の誇りにしてきた首領一族の魂が、野ざらしにされていたようで、悔しい、泣きたいような気持ちであった。

それから「ブタの洞窟」に行って、碑文の写真を撮った。ケオが言うには、洞窟の縦長の割れ目の奥にも、黒タイ文字の刻文があるらしい。ベトナム戦争中は、空襲を避けるためケオも中に避難したことがあるが、当時はそのために、まず洞窟内のサソリを燻し出したそうだ。サソリの巣窟に眠る碑文は、ベトナムの研究機関と合同で調査する必要があるだろう。

ケオも「ブタの洞窟」は数十年ぶりだった。彼は、いつも歌や物語を教えてくれたり、コーヒーを入れてくれたりした、教養豊かな伯母の思い出を語った。1945年代以前は、その伯

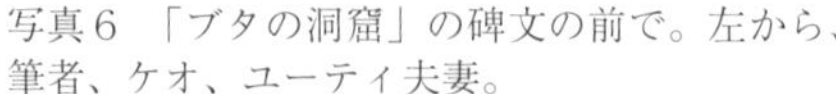
写真６　「ブタの洞窟」の碑文の前で。左から、筆者、ケオ、ユーティ夫妻。

写真７　半分に割れていたブタの石像（2007年12月23日、マイソンにて）

母の入れるコーヒーを飲みにフランス人が遠くからも飲みに来たそうだ。定職に就かず、結婚もしないまま50歳を過ぎた今、1970年以前の楽しかった少年時代をかなしく振り返った。

そもそも「ブタの洞窟」とは、カム・オアイが作らせたブタの石像に因んだ名前である。わたしたちが見つけ出した小ブタは、主を失い、大きな岩の蔭で、湿った竹の葉や泥をこびりつけたままふるえていた。すぐ横には、大きな、まだ生温かそうな、人のものらしい糞まで落ちていた。石像は割れていたが、1928というアラビア数字の銘はまだはっきり読め、雨風でかすれているとはいえ、顔や尻尾の曲線も優美であった。こんな貴族趣味の彫り物が叢林にうち捨てられている。明らかに首領たちの栄華が過ぎ去ったことを意味していた。そんな時代の空気の語り部になり得たかもしれない先生も、すでに過去の人だ。ケオは、われわれが「ブタの洞窟」付近をウロウロしているのに気づいて興味を持って寄ってきた少年たちに声をかけて、ここには大事な文化遺産がたくさんあるから粗末にしないように諭していた。少年たちが聞き分けよく頷いているのが、わたしには多少の救いに思えた。

最後の授業とは

翌日には、わたしたちはハノイへと発った。帰りの車の中で、ユーティの奥さんが、「マサオは死んでも、まだカム・チョン先生から『タイ・プー・サック（父祖の征戦物語）』を習うつもりなのか」と、祭壇に供えた帳簿に書いたことを引き合いに出して揶揄した。

１年以上前から、わたしは先生から年代記『タイ・プー・サック』を習っていた。ことばも古くて、諧謔（かいぎゃく）も多い、難解なこの年代記を、5分の1しかまだ理解していなかった。先生も、「このペースだと自分が全部教える前に死んでしまうから何とかならないか」と、亡くなる前年からずっと気にしていた。「じゃあ、それだけに集中できる時間をつくろう」と、先生を民博の客員教授として1ヶ月間招聘することにした。「2008年2月15日に日本に行くのだ」と、病床でも訪日予定日を口にする執念を見せていたが、言うまでもなく、果たせなかった。先生にこの本の読み方を教えてくれた、かつて首領に仕えた司祭たちは死に絶え、この本をきちんと読みこなせる人は、世界中探しても、もういないかもしれない。

さて、わたしはユーティの奥さんの問いに「ぼくは1年以上かかって少ししか読めなかったから、死んでから当分退屈しないね」とこたえた。それから、「それはそうと、マジメな話、ぼくは先生の葬式に出席できなくて、内心ホッとしてもいるんだ」と付け足した。「先生は、自分が死んだら、マサオが自分のために、古式に則って葬式で『クアム・トー・ムオン（クニの物語）』（年代記の一つ）を読め、と冗談を言っていた。でも、そこまでぼくは黒タイのようになれていないし、自分は研究のために、先生の葬式をやはり記録しないといけないだろう。先生の奥さんたちもそうしろ、と言うだろう。もちろん首領の末裔の葬式への興味は大ありだ。でも、ぼくはどんな顔して、その場にいたらいい。純粋に調査者として、そこにいることができるだろうか。葬式こそ、先生が僕たちのためにとっておいた、最後の授業だったのかもしれないけれど」。

実は、彼女も同じ気持ちだと、ユーティと話していたのだと言った。

年代記『タイ・プー・サック』

先生の、わたしへの最後の授業は、2007年9月22日（土）だった。

夕方6時頃まで、先生のご自宅で年代記『タイ・プー・サック』を読むのを習っていた。奥さんの話では、わたしが帰宅したあと、ふだん通り食事をしてテレビを見て、10時頃に布団に入ったのだという。それから1時間ほどすると、嘔吐して苦しみだしたので、救急車を呼んで緊急入院した。

わたしはその日の講義ノートを取り出して繰ってみた。しかし、いつものようにいろいろな単語や言い回しをメモしているだけだった。暗示めいたことは何も記していない。ホッとしたような、物足りないような気がした。また、その前日は、社会科学院で大学院生のための先生の特別講義があった。学生たちにわたしを紹介したいからと言うので、先生にご一緒させてもらって、わたしは教室の一番前の席に座って、ベトナムのターイの歴史と文化に関する、わたしにとっては、もう聞き慣れた概説を拝聴したところであった。そのときのメモを繰っても、至ってふつうである。5年前くらいのように、身振り手振りを交えながら、何時間もぶっ通しで話すようなことはなくなったが、入院される直前まで、平素と特に変わった様子もなかったのである。

病床の先生に見舞いに伺ったとき、先生の筆跡による『タイ・プー・サック』を見せながら「先生、まだこれ読み終わっていないから、病気に負けないでくださいよ」とたきつけて、元気づけようとした。先生はその年代記を冒頭から、必死に声をしぼりだして歌おうとした。

水があれば水路がある。
クニがあれば草分けがいる。
それからサー[1]を討ち、草分けが追い、戦い合った。

先生の奥さんも、先生のことばをあとから追いかけながら、ことばの先を促した。しかしそれに続く「その頃、テーンの末っ子に……」は、もう涙があふれ、声にならなかった。

『タイ・プー・サック』は、黒タイの各首領の祖先が、周辺の異民族を駆逐して領土を広げ、安定したクニを築くまでを記した韻文年代記である。先生は、始祖的なラン・チュオンの末裔としての出自を大切にし、自分の祖先の来歴を、そして黒タイの歴史を知るために、『タイ・プー・サック』を本気で読み、こよなく愛していた。難解さゆえに人々に忌避される文書に対する先生の熱い思いを、わたしは少ししか受け継ぐことができなかった。先生の無念さは、わたしの中で、マイソンの田畑の片隅で野ざらし、雨ざらしのままであった石碑群のイメージと重なり合っている。不肖ぶりを詫びようにも、もう遅い。

レクイエム

葬式はかなり伝統に則って行われたらしい。深夜12時に、弔文文書(*xống xán*)を読み始めた。故人の魂がどのような道筋をたどって天上世界に昇り、どのような道筋をたどって祖霊として子孫たちのもとに戻ってくるかを故人に語り聞かせるためである。招かれた祈祷師は、ソンラーでは有名な物知りであったが、長い弔文の全文を唱えることは、おそらく社会主義化以来珍しかったのだろう。弔文を途中までしか暗記していなかったために、途中から読むのがおぼつかなくなった。そこで、トゥアンチャウから駆けつけていたブオン・チュン氏がかわって読んだ。読み終わると、もう3時だった。

かつてはこの弔文を読む前に、世界の成り立ち、地上を治めた歴代首領の事績を記した年

1　先住異民族の総称で、モン・クメール系やカダイ系などの集団である。

写真８　詩人ブオン・チュン氏を訪問した。左から先生の弟ギエップ、先生、筆者、氏ご夫妻、右端が氏の娘さん。先生にとって、これがブオン・チュン氏との最後の対面となった（2007 年 9 月 12 日、トゥアンチャウにて）

代記『クアム・トー・ムオン』を朗読し、これからどういう祖先たちと天上世界で暮らすことになるのかを、故人に読み聞かせた。しかし、先生の葬式では、『クアム・トー・ムオン』は読まれなかった。社会主義化以降、打倒されるべき封建領主たちを賞賛する文書として批判の対象になり、これを葬式で読む習慣がすでに廃れてしまったからである。

しかし、先生への弔いとして『クアム・トー・ムオン』を、いつか先生のために読もうとおもう。冗談でも先生は、自分の葬式のときにわたしに読めと言ったのだから。先生に習った『クアム・トー・ムオン』は以下のように始まっている。冒頭だけ、以前にわたしが翻訳したものから引用しよう。

> ぬし（故人）が笠をつかんでいるのは[2]、地上世界に下りてどれほど古いか。杖をついているのは地上に下りてどれほど長いか。また長生して幾年もの刈り入れを経た。老いて、地上世界の長[3]に対して 10 万代も仕え、ぬしが木として一代尽きてようやく空に昇り、ぬしが人として一代尽きて天上世界に昇る。おのずから人間世界よりも天上世界を好み、地上世界より空の世界を好む。おのずから笠をつかんで、天へと急ぎ、馬[4]を御して空に駆けのぼる。人たるもの、10 万代も経てようやく尽きる。まさかりを木に打ち込むように、代から代がつがれていく。投げ槍が尽きれば、長槍がつぐ。人が老い尽きれば、若い人がつぐ。古い森がなくなって大きな森が茂るように、彼らがいなくなって我々がいる。残された人々が、亡き人の帰らぬのを口惜しみ、やってきて座を借りる。

---

2 「笠をつかむ」、次の「杖をつく」とともに、老人を形容する文句である。

3 タオ（*tạo*）、チャウ（*chẩu*）ともに長、首領などの意味であるが、タオを「長」、チャウを「首領」と訳しわけた。なお、タオについては、貴族出自の者を意味していることもある。

4 *mạ*（馬）を「馬」と訳したが、ここでは *mạ pík*（翼のある馬）のことであり、実際には、故人がなくなって天上に行くために最初に乗る霊鳥 *tô nộc cào* のことである。人は亡くなると、この霊鳥の背にまたがって次に行くべき場所に連れて行かれる。次に平民出自は、*tô nộc tiêng ngỡn* という鳥、貴族出自は *tô nộc tiêng cẫm* という鳥に乗り換え、「姓の天（*Then xính*）」に昇る。ここでまた次に行くところを教えられる。

写真９　最初に調査に同行してくださった頃のカム・チョン先生。1950年代に学校で黒タイ語を教えていたが、生徒さんたちの多くが、このころ、すでに亡くなっていた。（1997年9月6日、トゥアンザオにて）

> まず、ムオン（くに）の話を読んでお聞かせしますからね。しっかり憶えていてください。地上のことについて、天と人のことについて、しっかり憶えていてください。残された人々が言いきかせるのを、忘れないでくださいね。悲嘆にくれる人々が談じるのを忘れないでくださいね。しっかり心に留めおいてください。喉もとにいつも留めておいてくださいね……［樫永　2003：165-166］（一部訂正）。

わたしなりに先生をきちんと送っておかないと、わたし自身の新しい研究がいつまでも始まらない気がする。

文献

樫永真佐夫

2003　（注釈）クアム・トー・ムオン――ムオン・ムオイの黒タイ年代記」ベトナム社会文化研究会編『ベトナムの社会と文化』4号，pp.163-243、東京：風響社。

ベトナムの社会と文化第８号
2018年２月10日

小高泰著『ベトナム人民軍隊：知られざる素顔と軌跡』
（暁印書館、2006年、264頁、3800円＋税）

野口博史

本書は、これまで外部では知ることのできなかったベトナム人民軍の諸側面を、研究者の立場から明らかにした貴重な成果である。

ベトナムの民族自決戦争は1944年に開始され、1989年のカンボジア・ラオス撤兵によって完了するまで、短期間の休止期間を持ちながら、1946年間に渡って継続したとも言い得よう。この長さは世界的には約80年間に及んだオランダ独立戦争に続き、アジアでは近現代史上最長の民族自決戦争である。これを一貫して戦い抜き、その目的を達成したのがベトナム人民軍である。

1980年末、ベトナム人民軍の兵員数は正規軍･地方軍を合わせて160万となり、米国･ソ連･中国に続く世界第4位の巨大な軍隊を維持するに到った。米国･ソ連･中国と人口･経済水準･国土面積を比較した場合、北朝鮮・イスラエルを上回る世界最高水準の軍事国家になったという見方すら可能である。これ以前には1965年から1973年に及ぶ戦争によって米軍をインドシナ三国から撤退に追い込み、1975年には第二次大戦後、米国が最も多額の軍事・経済援助を投入したベトナム共和国を軍事的に打倒している。

こうした世界史的とも言い得る重要さを持ちながら、組織としてのベトナム人民軍はベトナム戦争中における米国研究者の一部を除けば、殆ど研究されてこなかった。日本においても、ベトナム戦争史に関しては膨大な著作がありながら、この主題は取り扱われていない。本書は従来見過ごされてきたベトナム人民軍の組織・内部事情に焦点を当てた極めて稀な業績である。

本書の著者がこれを可能にした理由は、ベトナム留学の経験に加えて在ベトナム日本大使館専門調査員としての経歴にもよるだろう。1990年代中期における一部フランス人研究者等の例外はあるが、現在でも一般の研究者が非公開のベトナム人民軍各種文献を閲覧することは不可能に近い。本書は膨大な公開資料に加えて、これら非公開資料を利用して、ベトナム人民軍の「素顔」に迫ろうとするものである。

本書は人民軍発足当初から1990年代初頭までの動向を扱っており、4部によって構成されている。

第1部は、1944年から1975年のサイゴン占領に到る人民軍史である。これらは主として公開資料によって検討されており、いわば表向きのベトナム人民軍史と言い得る。第1章においては外国からの支援もないまま、僅か12名からベトナム人民軍が発足し、抗仏戦争に勝利して、ベトナム民主共和国が安定的な支配領域を獲得するまでの歴史である。この過程においてはさまざまな試行錯誤過程と党支配貫徹が強調されている。第2章は、つかのまの平和のなか、ソ連･中国等からの援助によって各種兵科を建設しながら組織･装備の近代化･正規化を進める過程を、編成・装備・意思決定・作戦等を軸に検討している。そしてこの過程においては社会主義圏による軍事援助の貢献が強調されている。

第2部は、従来殆ど研究されてこなかった、非公開文献を用いた人民軍兵士の生活環境研究である。時期的には建軍期から抗米戦争期が主体であるが、部分的には21世紀初頭の時期まで記述されている。本部の記述は、ベトナム人民軍が民族自決戦争を担う近代化推進者であったことを明瞭に示している。個人・集団の衛生教育からカロリー計算に到る、先進国においては初等教育段階において習得される知識を試行錯誤的に獲得して行った過程､山地･森林を駐屯・作戦地域とすることに伴うマラリア対策等が具体的数値・事例を挙げながら詳細に説明されている。また、後半部分においては軍の規律維持政策とその実態について非公開の諸データを紹介しながら、ベトナム人民軍の本質が職業軍人集団ではなく農民を中心とする「アマチュア」集団であり､であるが故に近代官僚機構における規律の維持が困難であった、と指摘されている。この点も、前述した近代化の担い手としての軍隊、という特徴を示すものだろう。

第3部は、戦争終結後、特にドイモイ過程における軍の経済建設・ビジネスの役割を扱っている。しかし、農地開拓・インフラ建設のように工兵業務の外延と考えられる部門での成果と比較して、起業における経験不足等によりドイモイ期における外貨の稼ぎ手としては失敗に終わったことが述べられている。また近年の動向として、1990年代における軍装・日常業務の正規化、遠隔地における治安維持計画等が紹介されている。

第4部は、ドイモイ期における国防政策の検討である。1980年代後半のドイモイ初期は、冷戦、そしてこれと連動したベトナム民族自決戦争の終結期でもある。つまり、日常的に作戦行動を行う軍隊ではなく、訓練と演習を主業務とする軍隊への移行期を対象としている。1991年以降、国防上の脅威が中国による外からのものではなく、米国等による内側への浸透工作に移って行くことが非公開文献を用いながら検討されている。こうした状況と認識の変化は、他国と同様に、必然的に軍隊と警察の機能における重複と両者の摩擦をもたらす。具体的事例として、行政村水準における民兵組織と警察組織の並列・統合・役割分担例が紹介されている。また、1990年代初頭における国防教育と戦時移行の際における政府各部門の動員計画が説明される。そしてドイモイ期における人民軍の課題として、国内治安維持に問題が生じた場合、人民軍による武力行使が予想され、また警察業務との重複は、軍民関係に摩擦を生み得る、と予測されている。

第5部は、現在から今後にかけてのベトナムにおける、人民軍の政策、そして長所・短所の評価を主題としている。資料は公開文献・非公開文献双方が併用されている。政策においては1990年代初頭における「和平演変」論の展開が説明されている。そして、第2部で指摘されたように、社会と密接な相互作用を行う軍隊である、という強靭さを持ちつつも、現在における人民軍の短所としては、平和と経済発展の副産物とも言い得る規律・士気の弛緩が指摘され、この事象は抗仏戦争期から存在していたが、戦時から平時への移行期に顕著となる傾向が指摘されている。

続いて、冷戦終結後における米国との軍事交流過程を紹介しながら、こうした動向には米国議会の一部にも批判があること、人民軍の米国に対する警戒心が継続しながらも、米越両国の関係は拡大して行くであろう、と評価されている。

最後に、著者はベトナム人民軍とは、前近代的な社会の文化を維持、あるいは捨てきれぬまま、装備・生活面での貧しさのなかで、イデオロギーによって指導された「党によって指導された農民の軍隊」なのである、と結論付ける。

先に紹介した通り、本書は重要でありながら等閑視されてきた主題を、豊富な公開・非公開文献を駆使して書かれた興味深い研究である。また、著者が明示的に説明している訳ではないが、抗仏戦争期においては社会近代化の担い手であったベトナム人民軍が、ドイモイ期に入ると、むしろ社会進歩から遅れて行くようになる過程を、長期にわたって検討するなかで浮き彫りにしている。中国人民解放軍は、ベトナム人民軍と同様な過程を辿りながら、現在の長期高度成長過程において、農民軍から職業的近代軍への脱皮を試みている。ベトナム人民軍が、将来的にも「農民の軍隊」に留まるのか、あるいは人民解放軍のような資本集約的軍事組織への脱皮を指向するのかが将来的検討課題である。

なお、本書で主要な検討対象となっていないベトナム人民軍研究における諸課題は次のようなものである。

第一に、建国過程における軍事組織においては、その人事様態の検討が必要である。抗米戦争期において、ベトナム人民軍の将官級指導者らは、青年期に職業的軍事訓練を受けていない革命家出身者であった。そして、ベトナム民主共和国においてかかる訓練が開始されるのは1958年以降であり、この第一世代は抗米戦争終結期には概ね連隊級幹部であった。このことは、官僚機構の統合様態において、上部における水平的エリート統合・中堅以下における垂直的エリート統合の均衡が果たされた、稀な時期であったことを示している。日本の近代化過程において、この均衡は日露戦争時に達成され、後には垂直的統合に傾斜して軍幹部は社会との連繫を失って行った。ベトナム人民軍において、これら世代的相違は、インドシナ大学法学部出身のヴォー・グエン・ザップが人民軍指導者でありながらその行政能力によってしばしば党書記長や首相候補に挙げられる一方、1958年以降に生まれた職業軍人第一世代のレー・カ・ヒューが、軍内部においては優れた業績を挙げながら、党書記長として多面的な利害を調整する能力を欠いたことに象徴されよう。

また、抗米戦争開始直前における幹部の出身は、基本階級である労働者・農民以外が少将以上で60%、大佐で55%を占めていた。軍事組織が、政治・経済と比較して人間関係の不平等度が高く、上部命令者の意向がより強く働く組織であることを考慮した場合、一律にベトナム人民軍をイデオロギー組織と農民に分割し、これらの対比・緊張関係を強調することは必ずしも妥当ではない。各時期における主要指導者の経歴・出身とその変遷、他行政機構間との移動といった、エリート統合様態のより解析的な検討が行われるべきである。

第二に、誕生期から現在にかけてベトナム人民軍を検討する場合、統治人口中に占める動員比率と動員期間の検討が不可欠であろう。軍隊は、動員･復員を通じて社会と交流を持つ。動員比率とその期間は社会との交流において相反する影響を持つのである。動員比率の高さは社会との循環流動量を増大させるが、その期間が長いことは、これを減少させる。抗米戦争期の1965年から75年において、最小時56万・最大時110万におよぶ軍を維持し、同期間に総計180万の動員を行った結果、これらの均衡が最も取れていたのは、抗米戦争期から1984年頃まででである。そして、興味深いことに、社会近代化との関係において、概ねベトナム社会が人民軍と足並みをそろえていた時代なのである。

第三に、本書で指摘されている、イデオロギー組織と農民の軍隊による国家建設と民族自決は、20 世紀初期から中期のソ連・中国・北朝鮮とも共通するものである。これら諸国を比較した場合、ソ連・中国・ベトナムが成功し、北朝鮮が失敗という評価になろうが、これを分けた特質が軍事組織によるものなのかどうか。諸社会主義国軍のなかで、ベトナム人民軍の固有性とはどのようなもので、どのように変遷してきたのだろうか。

評者が指摘すべきことは、これら 3 点であるが、先に紹介したような、この主題ついての先駆的研究としての価値を減ずるものではなく、むしろ研究者にとっての将来的課題として検討されるべきものであろう。

ベトナムの社会と文化第８号
2018 年 2 月 10 日

加茂徳治著『クァンガイ陸軍士官学校：ベトナム戦士を育み共に闘った９年間』

（東京：暁印書館、2008 年、182 頁、2,000 円＋税）

小松みゆき

本書はサブタイトルがしめすように、ベトナム独立戦争に参加した日本人のひとりとして、ベトナム戦士を育て一緒に戦った 9 年間の、その残留から引き揚げまでを綴った体験記である。1945 年の敗戦を機に日本軍を離隊してベトナムに残留し独立戦争を戦った話は、インドネシアの場合とは違って公には語られなかった。著者 89 歳にして出版にこぎつけた熱情に後世の我々は何を酌むのか。

著者の軍歴を簡単に紹介すると、大正 8（1919）年福島県出身、拓殖大学専門部を 3 ヶ月繰上げの 12 月末に卒業した。まだ学生時代の 12 月 8 日、太平洋戦争の戦線布告の日に徴兵検査を受けて甲種合格。昭和 17 年 2 月、会津若松東部第二十四部隊に入営、5 月仙台予備士官学校入校、半年後に卒業し見習士官を経て原隊に復帰。

昭和 18 年 1 月ラバウルにはじまり、5 月ガダルカナル島とフィリピンに移駐し、11 月にはシンガポールへ上陸。昭和 19 年 1 月、ミャンマーに転進、7 月雲南戦線で作戦任務。昭和 20 年、インドシナに転進、カンボジアのストントレンで日本軍がフランスの植民地権力を解体した「明号作戦」（3･9 クーデタ）いわゆる仏印処理に従事。ラオスのパクセ、サバナケットで任務終了後、ベトナムのファンテェット駐留し、カンボジア国境に近いロクニンで終戦を迎えた。これが著者入隊後 3 年弱の転戦記録である。

日本人でもベトナム人でもなく

こうした経歴を持つ若い将校が、昭和 20 年 8 月 15 日を境にどのように変わってゆくのかは、読みどころといってもいい。日本軍離隊後もなお「なぜ離隊したのか」を自らに問い続けたが、「革命を理解し思想的、政治的に共鳴したのではなかった」ようだ。敗戦の日本というショックの中で、自分を必要とし、援助を求める衛国団（ベトミンの前身）幹部からの要請に気持ちが傾いてゆくことには苦悩がともなっていた。

その後、ベトナムの独立をめざすホーチミンの軍隊、つまり本書のタイトルでもあるベトナム中部にあるクァンガイ陸軍士官学校の教官としてスカウトされ、幹部養成の任務についた。後の対アメリカ戦争下の1968年3月、米軍によるソンミ村の虐殺で知られる「ソンミ事件」もこのクァンガイ省にある。

そこでの日本人教官は、第一大隊・谷本喜久男（ベトナム名：ドン・フン）、第二大隊・中原光信（ミン・ゴック）、第三大隊・猪狩和正（ファン・ライ）、第四大隊・加茂徳治（ファン・フエ）の4人で、日本人でもベトナム人でもない新ベトナム人（Nguoi Vietnam Moi）として、ベトナム名で呼ばれ、助教と通訳つきで実践授業を指導した。

著者には、チャックという通訳がついた。日本敗戦前は日本軍の通訳で、離隊後はベトミン軍への勧誘、陸軍学校での通訳もするところは奇妙でもあるが、いかにもベトナム的である。その後、著者は同校を卒業した学生とともにハノイへ北上し、ソンタイで武備学校の教育の準備を経て、1947年2月にはナムダン（ゲアン省・ヴィン西方30キロ）で実践教育。同年9月には300名の卒業生とともに中国国境に近いバッカン省に移動したが、10月には当地でフランス軍のパラシュート部隊の奇襲を受ける。それはバッカンに近いタイグエン省の一部がベトミン軍の重要拠点だったということから攻撃された。その後12月には人民軍の司令部に配属され、翌1948年には総参謀部作戦局勤務になるが、その作戦班で日本人の駒屋俊夫（クアン・トゥク）と出会う。日本が南方政策にそって人材育成のために外務省所轄で外地・サイゴンに設立した南洋学院の一期生駒屋は、ベトナム語が堪能な青年であった。その後、著者は軍訓局勤務になり「4号道路作戦」、「ホアビン作戦」が成功、フランスの陣地は狭まりベトナム解放区が広がってゆく。

1950年には前年に誕生した中華人民共和国をベトナムが承認したのち、著者の年表に多少の隙間が出始める。1952年に入ると全軍政治教育という名で「ベトナムの土地改革について学習」、1953年9月にはディエンビエンフー作戦への補充下士官訓練所責任者として転勤になり最終作戦への道程をつける。だが半年後の2月、残留日本人全員集合命令がくだる。当然ディエンビエンフー作戦の中に（勝利に沸く渦中にも）「新ベトナム人」たちの姿はない。1954年5月、彼らは、北部ジャングルの中で政治・経済・社会情勢について学習を受けている真っ最中で、それは8月まで続いた。

以上が体験記の概要である。

「新ベトナム人」たちのその後

では、その後「新ベトナム人」たちはどうなったのだろうか。

最後の「中国経由で帰国」の章によると、「1954年11月初旬、指定された集合場所ダイトゥ（タイグエン西北30キロ）に74名の日本人が集合した。病気の人、ベトナム人の奥さんと話し合いのつかなかった人など、十数名の姿が見えなかった。日本へは中国経由で帰国することを伝えられた」。だが著者のみならずとも、「中国経由？」と疑問に思うだろう。ベトナムのハイフォン港からではないのか？しかし現実はそうではなかった。中越国境を越えて南寧から天津まで列車で4日、さらに「天津で4泊した」。4泊の間、何があったかは書かれていないが、今後明らかにされることを期待したい。そしてやっと興安丸に乗船し12年ぶりの母国・日本に向かう。ここまでの9年間には、ホーチミン主席や、ヴォーグエンザップ将軍との出会いも当然あり、本書にも彼ら革命英雄の素顔の印象が記されているが、ここでは省略する。なお本書では触れられていないが残留者の中には教官のほかに正規軍、地方軍、民兵の前線指揮官として、あるいは医者、製薬方面で、また地図作成など多岐に渡って日本人が関わっていたことが近年つまびらかになりつつある。

巻末に「軍隊12戦区組織区分」「独立宣言」「全国抵抗戦争のよびかけ――1946年12月20日」などが、筆者訳の資料が添付されている。これら資料は、輝かしいベトナム革命史を理解する上で重要だが、裏舞台には「新ベトナム人」もいた。

帰国後の著者は「胸の病で入退院を繰り返さざるを得なかった」と聞く。また「ベトナム帰り」に共通することは、仕事や就職先がなかなか見つからなかったことで苦労している。著者は他の帰国者とともに日本ベトナム友好協会を設立し、ベトナム民主共和国との関係を保ち続けてきたし、ベトナム語を生かして早稲田大学や慶應義塾大学でベトナム語を教えたり、多くの翻訳に関わってきた。代表的なものだけでも『ベトナム解放宣伝隊』『ビエットバックの山々』『キムドン』『ベトナムの昔話』『ホーチミン選集』（共訳）『わが民族は英雄』（共訳）など多数ある。本書は、現在ベトナムに関わる研究者・ベトナム在住邦人はもちろん、ベトナムを「飯のタネ」にしている諸氏にもぜひ一読願いたい体験記である。

ベトナムの社会と文化第8号
2018年2月10日

板垣明美編『ヴェトナム：変化する医療と儀礼』
（横浜：春風社、2008年、239頁、2,381円）

松尾瑞穂

本書は、変容著しいヴェトナム社会を医療と儀礼という2つの局面から描き出そうとするものである。南北に長い半島に54の民族からなる、地理的にも文化的にも多様なヴェトナム社会を反映するかのように、本書に収められた論考もまた多様である。共通する点としては、執筆者全員がヴェトナムにおいて現地調査を実施していることと、医療と儀礼に着目しているということである（p.5）。南アジア地域におけるジェンダー医療人類学を専門とする評者は、ヴェトナムの医療と儀礼に関してまったくの門外漢であり、残念ながら各論考の微細な内容について適切に講評する立場にはないということを、最初に断っておかねばならない。したがって、ここでは各論を個別に検討するのではなく、全体の流れを踏まえた上で、最後にコメントを付け加えたい。

本書は、編者である板垣による「まえがき」と5編の論文、さらに巻末付録から構成されている。まず、それぞれの論考を評者なりに整理して簡単に紹介していこう。

板垣明美「変化する医療と儀礼――まえがきに代えて」では、本論集を編纂した意図が示される。それによると、医療と儀礼は「人体、政治経済、技術、気候など複雑に変化するシステムに対して人々がさまざまな知恵を構築し対処している諸相」として捉えられる（p.5）。すなわち、医療と儀礼は動態的な社会システムの重要な構成要素であり、両者に注目することによって、ドイモイ以降の急激な経済的･社会的変化のなかで、柔軟性や弾力性を示しつつ、即興的に対処している人びとの知恵と技術を見出すことができるのである。特に医療人類学を専門とする板垣は、南薬と呼ばれる、ハーブや薬膳を用いたヴェトナム固有の医療、西洋医学、漢方薬（北薬）、市販薬など多様な医療のシンクレティズム状況に注目する。そして、ドイモイ政策以降、家庭内での南薬養生法と宗教的職能者の活動が見直されてきたという点から、社会主義を経たドイモイという近代化は、ヴェトナムにおいて伝統的文化の再編という動きを生み出していることを指摘する。このように本書では、社会変化を理解するためのある種の観測地点として、医療と儀礼を取り上げることが示される。

宮沢千尋論文「パクニン省ヴィエムサー村に見る富の再配分機構としてのむら――農業生産合作社を中心に」では、北部村落の農業生産合作社を事例として、ドイモイ期以降のむらが、行政村落ではなく合作社として再編成されてきたことが論じられる。合作社は、むらのなかで富を再配分する機構として機能しており、階層化や矛盾のなかで「均質な農民像」を創出しようとする志向性を示している。こうした調査村落の合作社に見られる特徴は、宮沢によればシステムにほころびを有しつつも、生存維持と互酬性によるモーラル・エコノミーを達成しようとするものだと位置づけられる。

末成道男論文「人生儀礼――結婚と葬式」では、ハノイ青池県村落における人生儀礼のうち、婚姻と葬礼の変容に関する詳細な報告がなされている。両者の共通性としては、長期間に渡って多様な儀礼が遂行されているということや、家や年齢階梯制、族（クワンホ）といった社会関係の維持が重視されていることなどである。また、特に婚姻儀礼において顕著にみられる、各儀礼の名称の不定性や婿奉仕の期間の不定性のような、その場その場で即興的に実践されてゆく手続きや慣例は、ヴェトナム社会の弾力性を示すものだと指摘されている。

樫永真佐夫論文「ヴェトナムの黒タイ村落における伝統医療の現状」は、いまだ報告の稀少な黒タイ村落における医療の状況を、特に村落に住む10歳の少女が白血病を発症し、死去するまでの事例に寄り添いつつ論じるものである。その治療実践には、モあるいはモットと呼ばれる宗教的職能者、病院、家族・親族、村落コミュニティなどが深く関わっており、伝統医療が中心とはいえ、近代医療との併存状況も見られるものである。村人にとっては伝統医療と近代医療は混淆しているというよりは、明確に区別しつつ保持されているが、市場経済が進んだ現在においては、両者ともに治療には大きな経済的負担を伴うという共通性もある。

板垣明美論文「『南薬神効』と民間ハーブ治療－ヴェトナムと日本へ越境した『本草綱目』」は、南薬（ヴェトナムの医療）に関する古典的な医学書である『南薬神効』と、中国起源で日本にも伝来した『本草綱目』に記載された241種の薬用植物の比較を行い、両者に見られる薬草の味、気性、毒性、性質に関する記述の差異を明らかにするものである。『南薬神効』

の著者トゥエ・ティンは、ヴェトナム現地で入手できる植物を活用し、人びとの日常生活における薬草利用の方法を再評価しようとした。板垣は、こうしたことが、南薬が日常領域と東医（中国医学）の医療領域において現在まで生き続けることにつながったとする。また、比較を通して、グローバルに利用されている薬用植物のローカライゼーション（現地化）の現象を見て取る。

最後の武内房司論文「中国民衆宗教の伝播とヴェトナム化——漢喃研究所所蔵経巻簡介」は、無生老母信仰を題材に、19世紀後半から20世紀前半にかけての中国とヴェトナムの民衆宗教の交流過程について論じるものである。無生老母とは16世紀以降中国に広まった民間信仰であり、未来において人類救済を行う弥勒を地上に派遣する、上位の神格として位置づけられている。1930年代には中国民衆経典のヴェトナム語翻訳が進み、独自の解釈が付け加えられるといった宗教者や知識人の主体的な対応によって、中国の民衆宗教がヴェトナム社会にも広まったのである。

さらに巻末には、付録として『南薬神効』ヴェトナム国語版の一部に関する試訳がつけられている。内容は、野生の草類から穀類、野菜類まで幅広く網羅するものである。これは、たとえ医療実践を調査の主な対象とはしていないとしても、ヴェトナム研究をするものにとっては、現地においてしばしば耳にすると思われる、ハーブや薬膳についての理解に利用出来る貴重な資料といえるだろう。

さて、本書に収められた論考はいずれも現地調査に基づいた詳細な歴史的・民族誌的記述を特徴としており、ヴェトナム社会の「即興的弾力性」（p.26）をさまざまな局面から証左するものである。ヴェトナムを対象とする医療や儀礼の人類学的研究の蓄積が依然として限定的である状況において、本書は現代ヴェトナム社会の理解に寄与する、意欲的な論集だといえるだろう。編者があとがきで述べていることから推測するに、本書の主な読者層はヴェトナムに関心を持つ初学者であると思われるが、それだけではなく、ヴェトナム研究者にとってもデータの豊富さや巻末資料ともに有用な点は多いと思われる。このような本書の意義を認識したうえで、いくつか読後の感想を述べたい。

個人的な関心ではあるのだが、南薬、北薬、西薬のほかに、宗教的職能者による病気治療といったヴェトナム社会における医療実践の多元性について、評者は特に興味深く読んだが、同時に、こうした多元的状況が歴史的にどのように形成されたのか、という点についての簡単な記述があれば、より一層理解の助けになったのではないか、と思われた。例えば、インドでは伝統医学/民族医学とされるアーユルヴェーダは、ユーナーニ（イスラーム医学）や西洋医療との混淆的な相互作用によって形成されてきたが、19世紀後半から始まった、アーユルヴェーダを「純化」し、かつ「科学化」しようとする動きは、民族独立運動と連動するきわめて政治的な試みであった。このような「歴史的もつれ合い」[Thomas 1991]は、特に民族医療の(再)構築には顕著であり、それは中国とフランスという「植民地支配」を経て、社会主義的近代を経験したヴェトナムにおいても、同様であると思われる。ヴェトナム以外をフィールドとする研究者にとっては、こうした比較対象となる材料が本書のなかでも随所に見出されたが、通文化的な視点が明示的に採用されていなかったのは、読者層の広がりという点からも少し残念である。

また、本書に収められている論考は多様である、ということは既に紹介したとおりであるが、全体を貫くキーワードとして、タイトルにあたる「医療と儀礼」という言葉が最も適切なものなのかどうか、評者は少々疑問を感じた。厳密にいえば、必ずしも医療と儀礼を取り扱った論考ばかりではないうえに、論者の関心はそれぞれ大きく異なっているように思われるからである。もちろん、それ自体は決して否定されるべきことではないのだが、論集としてある一定の方向付けというものは明確になされることが望ましいと思う。その点からすると、本書は、医療と儀礼ではなく、社会変容論やヴェトナム社会論(弾力性、即興性)といったことが議論の出発点をなしているようにも伺える。あるいは、編者のあとがきにもあるように、「儀礼と医療と社会経済システムは相互に関連」するものであり、これらの「有機的なつながり」である日常生活こそが、「知恵が生まれ、活かされる場」(p.208)であるとするならば、「生活世界」といったものがキーワードとなりえるのかもしれない。いずれにせよ、そのなかにあって医療と儀礼がいかに重要であるかは十分に理解できるのだが、全編を通読したかぎりでは、このテーマはむしろ希薄となってしまっているように思われる。

とはいえ、これらは本書のもつ魅力を損なうものではまったくない。現代ヴェトナム社会を理解する入門書として、本書が広く読まれることを期待するものである。

文献

Thomas, Nicholas

1991 Entangled Objects: Exchange, Material Culture and Colonialism in the Pacific. Boston: Harvard University Press.

ベトナムの社会と文化第 8 号
2018 年 2 月 10 日

樫永真佐夫著『東南アジア年代記の世界：黒タイの「クアム・トー・ムオン」』

（東京：風響社、2007 年、64 頁、800 円＋税）

岡田雅志

本書は、アジア各地に留学あるいは長期調査を行ってきた若手研究者が、現地の体験に根ざした研究の成果を、日本の読者に向けて広く発信することを目的として 2007 年より風響社から刊行を開始したブックレット《アジアを学ぼう》シリーズの第 2 冊目である。本書著者も、この 10 年近くの間、ベトナム・タイバック（西北）地方の黒タイという特定の民族社会の人類学的研究を続けてきた、フィールドにこだわる気鋭の研究者の一人である。著者は、一方で文書研究にも精力を傾けており、黒タイの古文献の訳注や、2006 年には「東南アジア大陸部の書承文化」（Written Cultures in Mainland Southeast Asia）と題する国際シンポジウムを企画するなど、文字文化とローカルな社会との結びつきに関する研究を進めている。本書においては、黒タイの各首領の系譜と事跡を記した『クアム・トー・ムオン』を題材に、新しい視角から少数民族社会に残されている年代記史料の読み直すことを試みている。以下に、内容を要約した上で、評価を述べてゆきたい。

本書の構成は以下の通りである。

はじめに　年代記『クアム・トー・ムオン』との出会い
第 1 章　ベトナムにおける黒タイの生活
第 2 章　黒タイの文字文化と年代記
第 3 章　『クアム・トー・ムオン』が語る社会秩序

第4章　『クアム・トー・ムオン』の継承
おわりに

まず、『クアム・トー・ムオン』というテクストに関わる問題として、第1章でテクストを生み出し、使用・継承する主体である黒タイの社会の概略が示され、続く第2章では、社会における文字受容という観点から、黒タイ社会の文字の歴史が紹介される。黒タイ社会で伝統的に用いられた文字としては、対外的必要の中で仏領期以前に一部使われていた漢文とともに、社会の内部で使用されるテクスト（歌謡や呪術書など）を記すために用いられ、知識人の中でより広いリテラシーを獲得していた黒タイ文字があった。それが、植民地期にはじめて公教育が実施されて以降、学校という場を通じて、各時代の政権・政策の変遷とともに様々な文字がタイバック地方に導入されることになる。そこには、黒タイの知識人も参加して作られた印刷向けの改良民族文字なども含まれたが、一方で、伝統的な黒タイ文字は引き続き学校以外の場で教えられ、そうした公的な文字が黒タイ社会の文字文化に根本的な変質を迫ることはなかった。しかし、1976年の自治区廃止後は、学校教育に用いられる文字はクオックグーに一元化され、学校外においても、民族文字を学ぶ者は減ってゆく傾向にある。本書で扱う『クアム・トー・ムオン』を含む各種年代記も、伝統的な黒タイ文字を用いて書かれ、首領一族の葬式や公的行事の場で読み継がれてきたテクストであり、黒タイ社会において文字というものが、儀礼などの社会的空間の中で読誦されるという行為と結びついて受容されてきたことがわかる。このことは、経典写本の寄進や寺院での教育を通じて上座仏教が文字の受容と深い関わりを持ってきた他のタイ系言語集団と比較した場合に、黒タイの特徴をよく表しているといえよう。

第3章では、黒タイの間で継承される年代記の中でも、社会階層を問わずに読誦される機会が多く、黒タイの人々の歴史意識にもっとも関わりが深いとする『クアム・トー・ムオン』の内容について分析される。テクストの分析は、著者がすでに原文をもとに訳注をほどこし、公刊しているルオン・ヴァン・ティック写本に基づき行われる（これまでの研究は、訳者の恣意的な解釈が多分に混入しているとされるベトナム語訳本によってきた）。1960年代にムオン・ムオイのモ・ムオン（宗教役職者の長）により筆写されたこの写本では、故人への語りかけに始まり、異本とも共通する天地開闢から、始祖降誕と故地ムオン・ロのくに造りの話が続き、そしてラン・チュオン公の征戦から各首領の王統史、最後に「補遺」として社会主義化により首領制が廃された後のムオン・ムオイについて語られる。これまでの黒タイ研究においては『クアム・トー・ムオン』をややもすれば黒タイの古層の歴史記憶を保存しているものとしてとらえ、そこに記されている四十世にわたって父系で遡りうる血統（及びそれに基づく貴族姓の父系出自集団）に関心を集中させてきた。しかし、著者はあくまで『クアム・トー・ムオン』は支配者の正統性を示すための政治的作品であるという立場から、そこに表現されるイデオロギーを読み取り、これまでの首領像を相対化してみせる。例えば、首領の後継争いなどの記述から、首領によるムオン支配の安定化のためには、近隣ムオンとの婚姻を媒介とした同盟関係や外部宗主国の権威による認証が必要であったことを示す。また、年代記の記述の中で強調される、平民姓からなる長老会の役割に注目し、社会秩序の維持には首領との系譜的つながりを認知している貴族姓のみならず平民姓の協力が必要であるという規範が、そこに語られているとする。他にも、黒タイの生産活動や民族間関係について、著者の現地調査の経験もふまえた斬新な解釈が展開される。

第4章では、『クアム・トー・ムオン』がどのように継承されてきたかが考察の対象にされている。従来の文献研究では周辺の問題として扱われてきたテクストの継承に関する考察が、テクストの内容分析の後に配されているところに、テクストとそれを保有する社会とを分かたず立体的に解釈しようとする著者の研究指針が示されているといえよう。ここで著者は、『クアム・トー・ムオン』中の長老会の位置づけと、首領制の崩壊後も『クアム・トー・ムオン』が書き継がれ、継承されていることから、この作品は首領のために書かれたというよりは、「首領をシンボルとしてその権威を最大限に活用し、巧妙に長老会が実権を維持するための政治的作品だった」（p. 53）という仮説を導き出す。一方、1960年代以降、黒タイ社会は、戦争や政府による社会主義化・同化政策を経験し、近年のメディア環境の変化もあいまって、葬式の儀礼プロセスの中での『クアム・トー・ムオン』の役割は小さくなってゆく。しかし、そうして歴史記憶を形成する場が、儀礼空間からベトナムの歴史のみを教える学校教育へと変わりつつある中においても、そのベトナム史の枠内でのターイ民族史（「ターイ」は、黒タイを含むタイバック地方のタイ系集団に与えられたベトナムの公定民族カテゴリー）は、自治区時代から黒タイ出身研究者達が情熱を注いできた黒タイ文書の解読と分析の成果を中心に展開してきており、『クアム・トー・ムオン』の歴史記憶はその中に刻まれているとして論が結ばれる。

以下、評者の専門である歴史学の立場からの評価を述べる。東南アジア大陸部において以前より関心の高かったタイ系諸民族の研究は、近年においては［新谷（編）1998］のように、タイ系民族集団に固執しない形で、ゆるやかな共通の文化圏を見出し、学際的な議論が行われる段階に入っている。ひるがえって、ベトナムのタイ系集団に関する研究は、1960年代に、ゲドニー（Gedney）ら言語学者が従来の雲南南詔からの原タイ族南下説を否定し、南西タイ諸語の故地をベトナムと広西の境界付近と想定して以来、大きな関心を集めてきたものの、外国人研究者のフィールド調査が長らく困難であったことも手伝って、研究蓄積の面では大きく取り残されていた観がある。そうした中、フィールド・文献の両面で、精力的な調査を行ってきた著者の研究成果が公刊されることは、東南アジア及びタイ文化圏の研究において非常に大きな意義を有するといえる。また、文献研究にしぼって見ても、本書は注目すべき方法論をとっている。旧来、いわゆる近代歴史学においては『クアム・トー・ムオン』のような少数民族の年代記は、神話・伝承の要素を多分に含むと考えられ、そこから歴史的事実を取り出すのは困難として切り捨てられ、忌避される傾向にあった。その一方で、ナショナリズムとの親和性が高い近代歴史学は一国史の構築に貢献することによって、国民国家の中で政治的に周縁化されていった少数民族が、歴史を語る上でも構造的に無視、あるいは周縁化されるのを助長してきた側面がある。黒タイの歴史について言えば、著者も指摘しているように、黒タイ知識人の情熱により『クアム・トー・ムオン』の記述が「人文科学の鎧を着て、いつの間にかターイ（黒タイ）民族史の本丸を陣取っている」（p. 59）わけであるが、それにしてもベトナムという枠内でのみ記述が可能なのであり、『クアム・トー・ムオン』の記述は、十分な史料批判もされないまま、歴史叙述や他分野（民族学、歴史言語学）に都合の良い部分だけ利用され、それぞれベトナム・ナショナルヒストリーや、大タイ主義的な言説の構築に寄与してきた面があることは否定できない。しかし、著者はそうした国民国家の歴史と抱き合わせでの黒タイ中心史観を相対化した上で、集団的自意識に基づく黒タイという集団とそれを支える歴史意識を知るための資料としてあらためて『クアム・トー・ムオン』を用いるという立場をうち出している。そして、テクストの内容がどのように黒タイ全体の歴史意識として共有されていくのかという過程に注目し、テクストの持つプラクティカルな側面と併せて解釈しようとする文献研究の新しい可能性を提示しているのである。『クアム・トー・ムオン』のみならず、現在においてもなおローカルな社会との結びつきの中で継承されている各種テクストに対して、これは極めて有効なアプローチとして高く評価されるべきであり、他地域の研究にもアピールする力を持つものである。

しかし、疑問を感じる点もある。他のタイ系集団の年代記研究を見れば、ワイヤットの『チェンマイ年代記』の分析［Wyatt 1999］など、複数の写本間での比較研究の成果が示すのは、テクストの記述はそのテクストが成立した時点での社会背景を大きく映し出すものであるということである。それをふまえれば、本書で試みられている一写本の内容を中心とした分析を通じて、テクストの記述によって主体化される「黒タイ」の範囲を定義することなしに、どこまで「黒タイ」の歴史意識を取り出せるのかという点は問題になろう。様々な異本を校合し「あるべき原テクストの姿」を追求することは、史料の性格及び著者の研究関心からしても生産的であるとは思わない。しかし、歴史意識を読み取る資料として用いるのであれば、ルオン・ヴァン・ティック写本が成立した時間と空間（1960年代、ムオン・ムアイ）にいったん定置させた上で、他のテクストと比較しつつ、歴史意識を読み取り、黒タイ社会との関係について考察を進めるのがより有効な方法に思える。

また、主体という意味では、『クアム・トー・ムオン』を、イデオロギーを帯びた政治的作品と捉えている以上、そこに表象される社会秩序や価値観は、あくまで首領あるいはモ・ムオンのものであるはずだが、それを黒タイの社会理念として叙述してよいのかという問題もある。著者は『クアム・トー・ムオン』のテクスト編纂及び普及に関わるモ・ムオンや、年代記の記述の中で重要な役割を果たす長老会が平民を代表するものとし、平民階層側の意図も反映しているとしているように見受けられるが、世襲で継承される宗教職能者の長であり、首長の側近としてムオンの政治に深く関与しているモ・ムオンや行政役職者である長老会構成員について、彼らを平民階層を代表するものとして扱ってよいのかは別に議論が必要だろう。この点は、ロー・カム姓（貴族姓）の父系出自集団に属する人々＝貴族階層、それ以外の姓の人々＝平民階層、とする黒タイの社会構造に関する先行研究において定着させられたシェーマは本当に有効なのであろうかという疑問にもつながる。

一方、歴史意識の共有過程について、著者は、支配者（長老会を含む）の正当性のイデオロギーがこめられた政治的作品である『クアム・トー・ムオン』が、葬式での読誦を通じて黒タイの人々の歴史意識として受容されることを指摘し、公教育普及以前は、それが「自分や自分にとって身近な人の時空上の位置づけを知るために参照できるほとんど唯一の歴史だった」（p. 6）としている。人間の生死や祖霊とのつながりを意識し、過去と向かい合う場である葬式において、貴族姓・平民姓を問わず『クアム・トー・ムオン』が読誦されてきたことは興味深いが（ただし、こうした習慣がいつ頃からあるのかには注意する必要がある）、人々が自らの住む空間の歴史を感じ、そこに自らを関連づける機会は他にも多くあるはずである。口承・歌謡・俚諺・史跡及びそれにまつわる伝説、そういったものと、『クアム・トー・ムオン』は、人々の歴史意識を通じて交差しないのか、またするとすればどのような様相を見せるのか気になるところである。

著者は本書冒頭で「黒タイの人々の歴史意識や歴史記憶」を読み取る資料として『クアム・トー・ムオン』を用いることを宣言し、「同時にこのことは、民族学・歴史学で研究資料として年代記を扱う場合の可能性と限界を明白にすることを意味する」（p. 6）と述べているが、本書中ではその限界が何であるかは明示されていない。読者が本書を読むことによって、自ずから評者が感じたような疑問に至ることを想定した一種の逆説的手法を取っているのかもしれないが、それでは読者に対して不親切ではないだろうか。実際には、2006年に提出された博士論文［樫永 2006］において著者は、黒タイの祖先祭祀の場で読誦される『家霊簿』という別のテクストとの比較分析を通じ、歴史意識の形成における両者の相互補完的関係を明らかにするなど、テクスト間関係もふまえた議論を行っている。紙幅の限られたブックレットであるため、そうした議論に立ち入ることはできなかったということは無論あるだろうが、他の文献資料についても精力的に研究を進めている著者であればこそ、そうしたテクストの持つ多声性や間テクスト性に配慮した叙述は可能であろうし、その方が、変容を被りながらも絶えず継承されてゆく「閉じない」テクストとしての『クアム・トー・ムオン』の特色がより鮮明になったであろうと考える。

以上、ささやかな批判も試みたが、黒タイ研究の新たな段階の出発点を示したといえる本書の価値はいささかも減じることはない。そもそも評者も、黒タイの居住するタイバック地方の歴史研究を専門としているが、著者のように黒タイの古文書を自由に読みこなすことは恥ずかしながらできない。むしろ、これまでの著者の一連の研究の恩恵を受ける立場から、あえて書評の責を負った次第である。重ねて厚顔が許されるなら、著者の研究のさらなる進展と成果の公表を心待ちにしたい。最後に、本書は人類学の立場から見れば、さらに多くの重要な論点が抽出されうると思われるが、評者の浅学非才により、評し得なかったこと、著者及び読者のご寛恕を請う。

［追記］

本稿執筆中に、黒タイ出身の民族学者で、長年にわたり世界の黒タイ研究を領導してこられたカム・チョン（Cầm Trọng）先生の訃報に接することになった。数ヶ月間の病院での闘病の甲斐なく2007年12月10日に逝去されたとのことである（1934年5月2日生、享年73歳）。本書中にも何度も登場する先生は、研究・教育を通じてベトナム国内における黒タイ文化の振興に心を砕く一方で、著者をはじめとする外国人の学生を積極的に指導し（評者も出来は悪いが、末席で先生から多大な学恩を拝する幸運を得た）、黒タイ文字の古文書読解をはじめ、黒タイに関するあらゆる知識を、熱い情熱と共に彼らに注入してこられた。そんな先生は、著者をはじめとする弟子達による海外における黒タイ研究の昂進を殊のほか喜ばれていた。それは、先生自身がベトナムの中での研究に、どこか居心地の悪さを感じられていたからかもしれない。今回、先生の一番の愛弟子である著者の手によって、黒タイの過去と現在とをつなぐ語りを日本の多くの読者に向けて紹介する本書が上梓されたことは、先生への何よりのはなむけとなるに違いない。最後に、この場を借りて心より先生のご冥福をお祈りさせていただく。

［追記 2］

本稿脱稿後、本文中で言及した、著者の企画によるシンポジウムの報告書である Masao KASHINAGA (ed.), *Written Cultures in Mainland Southeast Asia* (Senri Ethnographical Studies no.74, National Museum of Ethnology, 2009) 及び著者の博士論文［樫永 2006］を基にした樫永真佐夫『ベトナム黒タイの祖先祭祀——家霊簿と系譜認識をめぐる民族誌』（風響社、2009）が刊行された。

参考文献

樫永　真佐夫

2006「黒タイの系譜認識と祖先祭祀——家霊簿資料を例として」東京大学大学院提出博士論文

新谷　忠彦（編）

1998『黄金の四角地帯——シャン文化圏の歴史・言語・民族』慶友社

Wyatt, David K.

1999 Southeast Asia 'Inside Out,' 1300-1800: A Perspective from the Interior. In Victor Lieberman (ed.), *Beyond Binary Histories: Re-imagining Eurasia to c.1830*, pp. 245-265, Ann Arbor: The University of Michigan Press, .

ベトナムの社会と文化第8号
2018年2月10日

京都大学地球環境学堂　国際協力プロジェクト概要
ベトナム中部・自然災害常襲地での暮らしと安全の向上支援

飯塚明子・田中　樹

京都大学大学院地球環境学堂は、ベトナム中部に位置するトゥアティエンフエ（Thua Thien Hue）省において、フエ農林大学と共同して、国際協力機構（JICA）草の根パートナー型技術協力事業[1]、“ベトナム中部・自然災害常襲地での暮らしと安全の向上支援”を実施している。本プロジェクトは2006年9月より3年間、トゥアティエンフエ省の3つの村を対象に展開している。本論にそのプロジェクトの概要を記す。

1　背景と目的

ベトナム中部は、急峻な山岳地形と狭隘な平野地形に由来する洪水や土砂災害が頻発し、農業、森林保全、家畜飼育、養魚などの生業活動や暮らしの安全に深刻な影響を与えている。これらは、地域の経済活動の停滞や資源環境の劣化の原因となるだけでなく、災害に脆弱な山間部や河川流域の農村、沿岸地域に住む人々に慢性的な被害を与えている。特に、自然災害は山岳少数民族や水上生活者、生活困窮世帯など社会的弱者層の貧困解消を阻んでいる。その一方で、例年雨季に洪水がもたらす肥沃な土壌の恩恵を受ける農民も多くいるため、従来のような堤防建設やダム建設など直接的対処だけではなく、小規模で日常的な防災努力の積み重ねや災害に対応できる生活基盤の向上に目を向けることが大切である。

1　国際協力機構（JICA）は、日本国政府の開発途上国に対する国際協力を実施する機関である。JICAの草の根技術協力事業は、開発途上国の生活改善や生計向上を目的とする草の根レベルの活動を支援し、主な支援先には日本のNGO、大学、地方自治体等がある。

本プロジェクトの実施機関は、京都大学大学院地球環境学堂とフエ農林大学で[2]、トゥアンティエンフエ省のボー川流域の山間部・平野部・海岸部の3つの村落を活動対象地域とし、地域住民による環境保護、地域防災並びに生計向上の包括的な取り組み体制を構築し、その実践を通じて、暮らしと安全の向上を図ることを目指している。これまで行われてきた国際協力プロジェクトは、環境、防災、農業など分野別のプロジェクトが多いが、地域住民の暮らしと安全の向上においてそれらの分野は相互に密接に関わっている。環境の劣化が自然災害の被害を拡大させたり、生活困窮世帯が災害の被害に遭ったりするのはその一例である。防災に特化した活動の実施は、災害に備え、災害の被害を軽減するという点で確かに有益であるが、世帯収入の向上や災害を引き起こす一因となる環境保護のような、地域に住んでいる人々の生活向上につながる包括的な取り組みが求められている。

このプロジェクトの特徴は、対象地域の様々な人々の意見を聞きながら、何度も話し合いを重ね、その地域にある知恵や可能性を最大限引き出す過程を重視した参加型手法である。カウンターパートであるフエ農林大学は1998年にホンハ村で地域住民の収入向上を目的としたコミュニティに根付いた山間部自然管理プロジェクトを実施し、キャッサバや米などの新しい品種や農業技術の導入を行った。その結果地域住民の収入は向上し、彼らの多くは極端な貧困状況から脱出することができた。このプロジェクトは一定の成果を収めたが、地元の資源を活用する持続可能な方法で、住民の生活の質を向上する必要があるという新たな課題が生まれた。そこで、2006年から行われている京都大学地球環境学堂のプロジェクトとして、活動の計画、実施における意思決定過程で住民の参加を拡大し、外部からの技術提供だけではなく、現地にある環境資源や在来知の役割を再評価する住民参加型の取り組みをフエ農林大学と共同で行うことになった。

2　対象地域

このプロジェクトの対象地域は、トゥアティエンフエ省のボー（Bo）河流域にある① 山

2　京都大学地球環境学堂とフエ農林大学の交流は2003年に始まり、それ以降協力して勉強会やワークショップ、研究を行った後、ここで紹介している“ベトナム中部・自然災害常襲地での暮らしと安全の向上支援”事業の計画を共同で立てた。このプロジェクトはそれまで学科レベルの繋がりしかなかった双方の機関に影響を与え、2007年9月15日、京都大学とフエ大学は大学間学術交流協定を締結するに至った。

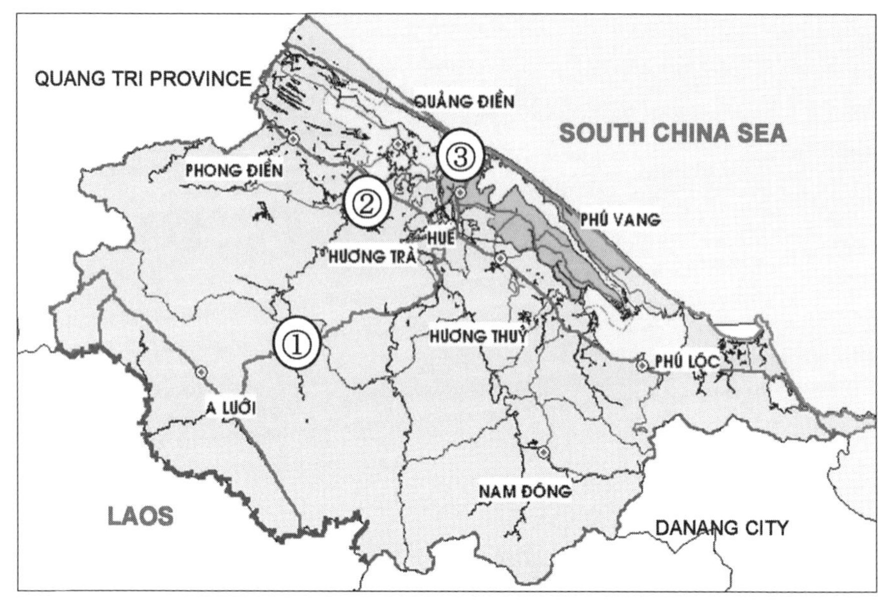

図1　プロジェクト対象地域の地図

間部のホンハ（Hong Ha）村、② フエ市近郊の平野部にあるフンバン（Huong Van）村、③ 沿岸部のフンフォン（Huong Phong）村である（図1）。

3つの村は、全てトゥアティエン省のボー川沿いに位置しているが、自然環境、文化、歴史的背景、生計手段、災害の種類など様々な側面において、異なった地域特色を持っている。以下にそれぞれの村の特徴を記す。

1　ホンハ村（図1①）

ホンハ村はラオス国境沿いのアルイ（A Luoi）郡にあり、フエ市内から南西約45kmに位置する山間部の村である。ホンハ村には5つの集落（Con Tom、Pahy、Can Sam、Paring、Arom）があり、人々はアー（Aa）川（ボー川の支流）沿いの小規模な平地を利用して住居を構え、キャッサバ、水稲、トウモロコシなどを栽培して、生計を立てている。

全人口は1,332人［Thua Thien Hue Statistical office　2006：58］で、54民族に分類されるベトナム民族のうち、カトゥ（Co-tu）：44％、タオイ（Ta-oi）：48％（パコ（Pa-co）：33％、タオイ（Ta-oi）：

10％、パヒ（Pa-hi）：4％）[3]、キン（Kinh）：8％の3民族により構成されており、山岳少数民族が多数を占めている（写真1）。多くの住民はベトナム戦争前ラオス国境付近の山岳地帯で、焼畑農業を営んでいたが、戦争の激化に伴いラオスに避難し、1974年以降北ベトナム政府の呼びかけで、ラオスから漸次ホンハ村に移住してきた。ベトナム戦争直後の貧窮状態と比べると、生活は比較的改善されたが、現在もベトナムで最も貧しい1,581の村の一つとされ、ベトナム政府の遠隔地を対象とした貧困削減プログラムの支援を受けている［Vietnamese Government Audit Department 2006: 19］。

写真1　伝統的な衣装を着て踊る住民

2　フンバン村（図1②）

フンバン村はフンチャー（Huong Tra）郡にあり、フエ市内から北西20kmに位置する村である。フンバン村にはボー川沿いに、5つの集落（Lai Thanh、Long Khe、Son Cong、Lai Bang、Khe Trai）があり、水稲、トウモロコシ、養豚、果物等で生計を立てている。全人口は、6,892人［Thua Thien Hue Statistical office 2006：55］で、ケチャイ（Khe Trai）集落に住んでいる96人のバンキュー族（Van Kieu）以外は、キン族である。ヒアリング調査によると[4]、バンキュー族の人々は、クアンチ（Quang Tri）省フンホア（Huong Hoa）郡から1982年にケチャイ集落に移住し、1985年にケチャイ集落はフンバン村に統合された。

ボー川沿いに位置するフンバン村は例年9月から11月の間に洪水に見舞われ、家屋やインフラ設備の損壊、農作物や家畜の被害に度々遭う（写真2）。毎年洪水が発生するため、各家庭、集落、村レベルで災害前後の対策がとられているが、想定を超える大規模な洪水が発生した場合、対応が困難である。最近では1999年、2004年、2007年に豪雨や台風に伴う大洪水が発生し、甚大な被害を与えた。

3　一般的に、パヒ族、パコ族はタオイ族と文化や慣習が似ているため、行政区分上は同属とされているが、ホンハ村の住民はそれらを区別している。

4　2007年6月23日にバンキュー族の文化生活様式や現状を調査した。

写真２　洪水により腐った果樹

写真３　養殖池の周りのごみ

3　フンフォン村（図1③）

フンフォン村はフンチャー郡にあり、フエ市内から北12kmに位置し、ボー川とフォン（Huong）川、並びにタムジャン（Tam Giang）ラグーンに囲まれた平地である。フンフォン村には6つの集落（Van Quat Dong、Thuan Hoa、An Lai、Van Quat Thuong、Thanh Phuoc、Thien Thanh）があり、人々は漁業、養殖業、水稲を主に営んでいる。全人口は10,824人で［Thua Thien Hue Statistical office 2006：56］、キン族である。地理的な理由から、ラグーンや川沿いに位置するバンクアットドン（Van Quat Dong）集落とトゥアンホア（Thuan Hoa）集落の人々は、主に養殖や漁業に従事し、他の集落は、主に稲作や家畜飼養を営んでいる。フンフォン村は、他の2対象地域と比べて人口が多いため、本プロジェクトでは災害の被害に遭いやすく、環境劣化が著しい沿岸部のバンクアットドン集落とトゥアンホア集落のみを対象としている（写真3）。これらの地域はボー川とフォン川がタムジャンラグーンに流れ込む地域にあるため、例年深刻な洪水が発生し、沿岸地域は台風や竜巻の被害にも遭いやすい。2007年10月には、漁に出ていた夫婦が竜巻に遭い、船が転覆して死亡したり、フンフォン中学校の屋根が竜巻で破壊され、先生や生徒数十名が重軽傷を負う被害に遭った。

3　活動実施状況

上記に記した3つの対象地では、それぞれの状況やニーズに合わせて、防災、環境保護、生計の向上に関する草の根レベルの活動が行われている。活動実施にあたって、基礎的な世帯調査、社会的グループに分けたグループディスカッション、村歩きなどをとおして、多くの地域住民から意見を聞き、地域住民とプロジェクト関係者の間で何度も議論を重ねた上で具体的な活動を実施している[5]。活動実施後1年以上経つ活動もあれば、調査段階又は計画段階の活動もあり、活動により進捗状況は異なるが、いずれの活動も地元の資源を活用しながら、地域住民が主体となって意欲的に活動に取り組む過程を重視している。以下に活動内容ごとにその経緯と進捗状況[6]を記す。

1 ホンハ村での取り組み

1）伝統的技法によるコミュニティハウスの建築

調査の結果、ホンハ村の住民の多くが失われつつある伝統的なコミュニティハウスの建築を希望していることが分かった。計画の段階で地元のコミュニティハウス運営委員会とプロジェクト担当者が、立地場所、デザインや材料など、何度も議論を重ねた結果、ホンハ村の住民自身が地元の材料の収集、加工、建設を行うことになり、2007年9月に完成した。現在このコミュニティハウスは、文化的な行事、研修、織物教室、会議などに利用されている。

2）ヤギ飼育

地域住民による提案と、ホンハ村は土地が広くヤギの飼料が豊富にあることと、ヤギ肉の需要が高く、他の家畜と比べて比較的病気になりにくいという点を調査した上で、世帯収入向上と安定のために、2007年6月から5世帯でヤギの試験飼育を始めた[7]。ヤギを提供する前に、村内外のヤギ農家を訪れて、村人どうしが知識や情報を交換する機会を提供した。その後それぞれ地元の材料を使い、独自のヤギ小屋を作り、ヤギを飼育している。2007年12月の時点で15頭中3頭のヤギが病気で死亡し、9頭の子どもが生まれている。

3）伝統的織物教室の実施

伝統的な織物を次世代に伝えたいという思いと、織物を購入する出費を抑えたいという理由から、ゼン[8]（*zeng*）という伝統的織物を習いたいという女性が多くいることが調査で明ら

5　ホンハ村では、2006年8月～9月に基礎世帯調査（273世帯）、12月～1月にグループディスカッション（延べ約150名）と村歩きを実施し、ホンバン村では、2005年12月に基礎世帯調査（300世帯）とグループディスカッションを実施した。フンフォン村では、2007年5月に基礎調査（200世帯）、6～7月にグループディスカッション（延べ約100名）と村歩きを実施した。一通りの調査の後も、課題別に引き続き調査を行っている。

6　2008年3月時点の進捗状況である。

かになり、織物教室を実施することになった。2007 年 4 月から織物教室が始まり、ホンハ村のタオイ族の女性を先生として、11 名の女性が週に 3 ～ 4 回織物を習っている。

4）小中学校での環境教育活動

ホンハ村の大部分の人々は森林や田畑、川といった自然資源に依存して生活しているため、教育を通して環境保護の意識の向上が必要とされている。現地の小中学校の先生の発案を元に、プロジェクト担当者と学校の先生が議論を重ねた後、環境についてのお絵かき、校庭での植樹、村の清掃などの活動を実施している。

5）新規作物の導入

世帯収入の安定と向上のための新規作物の導入として、バニラやマカデミアナッツの試験栽培を行っている。バニラは熱帯性のラン科の植物で、市場価値が高く、生育のために支えになる木を必要とするため、屋敷林の多様化を促進する。2006 年の 6 月からホンハ村の 8 世帯でバニラ苗を植え、順調に生育していることが確認されたため、2007 年に新たに 7 世帯でも始めた。

2 フンバン村での取り組み

1）共同型バイオガスの建設

家畜用豚の糞尿を発酵させて生成されるメタンガスを家庭用燃料として利用するバイオガスは、フンバン村ですでに導入されていたが、豚の頭数によってガスの量が決まるため、ガスが余る世帯と不足する世帯があることが調査により分かった。そこで、数世帯でガスを共有する共同型バイオガスを計画し、2 世帯が一つのバイオガスプラントを利用する共同型バイオガスが 2008 年 1 月に完成し、使用状況を記録している。

2）中学校での環境防災教育活動

2007 年 4 月にフンバン中学校で、生徒 50 名から成る環境保護クラブを設立し、クラブが主体となって環境や防災に関する活動を実施している。これまで行われた活動としては、防災教育ワークショップ、毎週日曜のごみ拾い、ごみを利用したリサイクルグッズの作成と展示などがある。

3）家畜組合の設立

2007年5月に、21名の女性からなる家畜組合を設立し、コミュニティリソースセンターで、家畜や災害に関する情報を共有したり、組合員への小規模融資を行ったり、研修やスタディーツアーを開催したりしている。発酵したキャッサバの葉を栄養価の高い豚の飼料として与えたり、新しい豚の品種を飼育したりする試験も行われている。

4）コミュニティ防災マップの作成

地域住民からの聞き取りにより、災害に脆弱な地域を記す防災マップを作成している。各家庭の過去の被災状況や家屋の強度をもとに、災害に脆弱な地域を色別に分けて、地図を作成している。

5）各種研修の実施

調査結果から地域住民のニーズの最も高い、家畜飼養、農作物、農業市場についての研修を村役場で実施した[9]。フンバン村の獣医、フエ農林大学やフエ経済大学の講師を招き、毎回の研修に約20～30名の村のリーダーや家畜組合の人々が参加した。

3 フンフォン村での取り組み

プロジェクト開始前から基礎調査を実施していた上記2地域とは違い、フンフォン村はプロジェクト開始以降、村の人々との信頼関係を築きながら基本的な調査を始めた。そのため、1年目は基礎調査やグループディスカッション、村での聞き取りなどに費やし、2008年以降具体的な活動を実施する。これまでの調査結果から次の5つの活動を行うこととなる：①養殖池の改善、②市場近辺のごみ問題の解決、③世帯収入安定と向上のためのきのこ栽培、④家畜糞尿の処理と衛生環境の改善のためのバイオガスプラントの建設、⑤フンフォン中学校での環境防災教育活動。現在それぞれの活動について、フンフォン村の地域住民と話し合いながら、計画している段階である。

4　対象3地域間の交流

1）子ども交流キャンプ

プロジェクトの3つの対象地域の住民の交流を図る取り組みの一環として、子ども交流キャンプがある。3地域共通の活動項目である環境防災教育をテーマに、3地域の小中学生が集う合同キャンプ"環境防災教育キャンプ"を2008年3月に実施した。自然条件や生活様式、文化が異なる地域の子ども達の交流と学びあいを促進し、山間部・平野部・海岸部のつながりを体験することが目的である。この取り組みを端緒として、他活動でも異なる3地域の様々な住民の交流を今後図っていく。さらに、地域住民、地方自治体、関係省庁が参加する地域研修会などの実施と、情報発信による環境保全と地域防災能力向上のための連携ネットワーク構築も展開していく。

文献

Thua Thien Hue Statistical Office

2006 *Nhien Giam Thong Ke Thua Thien Hue, Statistical Year Book 2006*, Hue, pp. 55, 56, 58.

Vietnamese Government Audit Department

2006 *Audit Plan for Programe of Economic and Social Development for Extremely DifficultCommunes of Ethnic Minorities in Mountanous Areas in 2006*, Hanoi, pp. 19.

ベトナムの社会と文化

休刊案内

1999年6月の創刊以来、皆様のご支援を頂戴して参りましたが、本号を持ちまして休刊いたしますことをお知らせいたします。本誌はベトナムを対象とする文化人類学・地域研究・歴史学の最前線をご提供する年刊誌として刊行されました。しかしながら、諸般の事情により4号以降毎年の刊行は厳しくなり、本号も前号7号から10年を経てようやく刊行できた次第です。したがって掲載原稿の多くがすでに時間の経った情報となってしまっております。執筆者の方々には長い期間お待ちいただいたことをお詫び申し上げます。また、読者の皆様にも何卒ご理解賜りますよう、どうかよろしくお願いいたします。これまで多大なるご支援を賜りましたことを心よりお礼申し上げます。(編集部)

Xã hội và Văn hóa Việt Nam

Số 08 / 2018

MỤC LỤC

Luận văn

Luận văn

Đặc san: Cộng đồng người gốc Hoa tại phố cảng Hội An

Công trình nghiêu cứu của Cầm Trọng

Society and Culture of Vietnam

Vol.8 / 2018

CONTENTS

Articles

Research Notes

Special Theme: Two Different Chinese Communities in Hoi An

Special Theme: In Memory of Professor Cam Trong

執筆者紹介（掲載順／2017年11月時点）

福田　康男（ふくだ　やすお）　　ハノイ大学日本語学部非常勤講師
関本　紀子（せきもと　のりこ）東京女子大学非常勤講師、日本女子大学非常勤講師
柳沢　英輔（やなぎさわ　えいすけ）同志社大学文化情報学部助教
比留間洋一（ひるま　よういち）星城大学リハビリテーション学部准教授
宮川　修一（みやがわ　しゅういち）岐阜大学名誉教授
稲村　達也（いなむら　たつや）京都大学大学院農学研究科教授
伊藤まり子（いとう　まりこ）　　ハノイ国家大学・日越大学・地域研究プログラム教員、JICA専門家
三尾　裕子（みお　ゆうこ）　　慶応義塾大学文学部教授
トン・クオク・フン［宋国興］
ベトナム・クアンナム省ホイアン市人民委員会文化情報室長
新江利彦（しんえ　としひこ）　静岡大学国際連携推進機構特任准教授
チュオン・ズイ・チー［張惟智］
ベトナム・クアンナム省ホイアン市人民委員会文化体育センター専門員
樫永真佐夫（かしなが　まさお）国立民族学博物館教授，総合研究大学院大学教授
グエン・ティ・ホン・マイ　　前ベトナム民族学博物館幹部
野口　博史（のぐち　ひろし）　南山大学総合政策学部准教授
小松みゆき（こまつ　みゆき）　ＶＯＶ５日本語放送アドバイザー
松尾　瑞穂（まつお　みずほ）　国立民族学博物館准教授、総合研究大学院大学准教授
岡田　雅志（おかだ　まさし）　大阪大学大学院文学研究科招へい研究員
飯塚　明子（いいづか　あきこ）宇都宮大学留学生・国際交流センター助教
田中　　樹（たなか　うえる）　総合地球環境学研究所 客員教授／フエ大学 名誉教授

ベトナムの社会と文化　第8号

2018年2月10日発行
編集　ベトナム社会文化研究会
編集代表　末成道男
編集事務局　国立民族学博物館　樫永研究室
発行　株式会社風響社
東京都北区田端 4-14-9
TEL：03-3828-9249
FAX：03-3828-9250
印刷所　モリモト印刷